LABOR COST CONTROL

HR TOP 10 LEGAL SKILLS

人力成本管控

HR

十大必备法律技能

邓杰文——著

法律出版社 LAW PRESS · CHINA

Preface | 序　言

成书之际，感慨万千，先从本书写作的初衷说起吧。

起初，我只是想做知识梳理。粗略统计了一下，从我律师执业以来，截至2020年1月，我处理过的劳动争议诉讼、非诉讼案件累计超过了300件。这300余件案件是我亲自办理的真实案例，很多案件细节至今记忆犹新，案件细分种类涵盖了大多数常见的劳动争议类型。这些案件就像一个“核反应堆”，加以梳理总结可以提炼出很多很有价值的东西。譬如，把案例涉及的零散劳动法知识进行整理归类，有利于扎实基本功；把有亮点的案例进行提炼，可以作为很好的法律讲座素材；从众多案件成败中总结出的经验教训，可以给管理者带来诸多启发；从案例中推衍出法律文书、工作表单的写作要领，可用于指导实务。

总结梳理的成果用于日常工作后很快收到了令人愉快的反馈。例如，不同的客户往往会咨询相同的劳动法问题，我直接把研究成果推送给客户，大大提高了工作效率，且能保证每次答复一致，避免“同问不同答”的情况。再如，我要跟客户、同行进行专业分享交流时，制作课件或讲稿的素材信手拈来，有质量也有效率。还有，在代理诉讼案件或承办非诉专项业务时，也可直接把之前类似案件的观点用于办案。如此种种，带来的便利与惊喜令人振奋！我想，得到如此之多的肯定与积极反馈说明这件事很有意义，何不把它汇集成册。

本书从立意、选材到写作、修改再到审核、定稿共历时约12个月，几乎耗尽笔者所有的业余时间，仅目录调整就多达18稿，可谓是泣血之作。全书27万余字，共计10章25节，每节为一个实务话题，每个话题分为背景知识、成本提示、配套案例、实操技能、配套文书五个板块。其中，背景知识（全书共计77则）是每节话题相关的基础知识介绍；成本提示（全书共计59条）是用工风险提醒，往往提炼自后面的配套案例；配套案例（全书共计 63 个）均摘录或改编自真实案例，其中大部分为笔者亲自办理；实操技能（全书共计 86 条）是笔者根据经验总结的实务操作指南；配套文书（全书共计 32 份）是与每节话题相关的法律文书范本，供读者借鉴参考。

劳动法博大精深、包罗万象，很难做到面面俱全。与大部头的理论书籍或法律大全不同，本书是一本指导日常工作开展的实务书，重点介绍实务经验、实操技能，相关专业知识未做过于深入的探讨。本书从人力资源管理者的视角出发，以传送人力资源管理中的十大法律技能为主线，旨在帮助用人单位依法合规用工，规避用工风险，降低用工成本。总的来说，本书是服务于用人单位的实务书，这是本书的基本定位。围绕这个定位，笔者做了方方面面的考量。用语方面，笔者尽量避免使用晦涩的专业术语，而是尽可能使用通俗易懂的语言，让读者易于理解和接受；选材方面，可谓真材实料，笔者相信"有细节才有真相"，尽量保持案例的原汁原味，以便读者从案件细节中感知法律技能的作用，故本书案例所占篇幅比其他同类书籍长。话题方面，考虑到本书旨在帮助读者解决实务中高发、常见的问题，故摒弃了生冷、偏门的"犄角旮旯"，以人力资源从业者喜闻乐见的话题为主，兼顾新近热点问题，便于大多数从业者学习掌握。实用性方面，笔者在本书每节中附赠了实用的合同、表单、规章制度、方案，读者可以借鉴参考，将其运用于人力资源管理工作之中。鉴于本书定位和特点，本书更适合人力资源从业者、企业法务、初级律师、在校学生阅读。

需要特别说明两个问题。一是关于本书观点的正确性问题。劳动法呈现区域化特点，在不同的省份对同一劳动法问题持有不同观点是常事，这不足为奇。笔者作为律师执业区域主要在重庆，对有争议的问题，往往优先采用重庆地区的主流裁判观点行文，同时兼顾其他省份的观点。二是笔者立场和态度问题。本书笔者是站在用人单位的立场，为用人单位做好人力资源法律风险防控出谋划策，但这并不意味着笔者打算触碰劳动者的"奶酪"，确切地说，这也是笔者力不能及的事。法律是分割用人单位与劳动者双方利益的一把"尺子"，这把尺子掌握在立法者的手中，法律规定的尺度对双方基本公平，这是法律与生俱来的属性决定的。笔者能做的，只是在法律规定的尺度内，帮助用人单位实现权益最大化。劳动者也有法律赋予的各项权利，市面上也有大量教劳动者如何维权的书籍，只是站的角度不同罢了。

本书付梓，非常感谢给予我大力支持的编辑、同事及家人，没有他们的帮助，本书难以成册。衷心希望本书能引起读者朋友们的思考或共鸣,能给你们的工作带来些许启发或便利。笔者水平有限,成书仓促,多有不足之处,望读者朋友们多多指正,欢迎来信交流探讨,电子邮箱地址:dengjiewen@ exceedon. net。

本书成书期间,恰逢新型冠状病毒肺炎暴发。一时间,疫情肆虐,蔓延至全国,大部分单位停工停产,很多人在家自我隔离长达2个多月。然而,很多人力资源从业者不惧艰难,坚持线上办公,为配合抗击疫情、稳定用工局面、出台用工政策、核发薪酬待遇等方方面面的事务日夜操劳。谨以本书献给英勇战斗在第一线的人力资源从业者!

邓杰文

2020 年 4 月 19 日于重庆渝北

Contents | 目　录

上篇　职业能力

下 篇 专业技能

上篇

职业能力

第一章 证据固定

导 语

笔者经常见到个别员工不但不服从管理，反而与用人单位公开“叫板”的情况，这主要因为用人单位缺乏有力证据，难以服人。在劳动争议诉讼中，用人单位也时常捉襟见肘甚至狼狈败诉，究其根源，大多也是因为没有充分的证据来支持己方观点。最后，员工走了，官司输了，钱也赔了，老板问责，HR难免沦为“背锅侠”，其中苦楚笔者感同身受。随着立法的日臻完善、劳动者法律意识的逐步提高，人力资源管理需要越来越精细化，尤其在调岗、降薪、离职等涉及员工切身利益的领域，务必要保留好过程中形成的证据，做到依法用工、合规管理，否则在日后发生分歧或对簿公堂时，用人单位难免再尝苦果。大多证据在日常人力资源管理中便已形成，如疏于固定或根本没有固定证据的意识，待到发生争议时，木已成舟，根本无法补正，那就为时晚矣。从某种程度上说，人力资源管理的过程就是证据形成及固定的过程。人力资源从业者必须具备证据意识及常见证据固定技巧，这与控制好人力成本息息相关，是每位人力资源从业者的必修课。本章笔者将结合真实案例及自身体会，与读者分享如何培养证据意识，介绍常见证据固定操作要点。

第一节 证 据 意 识

内容提要	
热点专题	证据意识
背景知识	1. 举证责任 2. 举证责任倒置
成本提示	1 条
配套案例	1. 事发当时未固定证据，过后员工矢口否认 2. 安排年休假不留假条，给了费用还得赔钱
实操技能	1. 加强学习，培养证据意识 2. 更新工作方式，完善工作流程
配套文书	1. 面谈记录表 2. 解聘员工申请表

背景知识

1. 举证责任

举证责任，是指当事人对自己提出的主张有收集、提供证据的义务，并有运用该证据证明自己主张成立或有利于己的责任。法谚云，“举证责任之所在，败诉之所在”，意即承担举证一方不能完成自己的举证责任，将承担败诉的责任。法官不是案件的亲历者，不追求案件的客观真相，而是依靠双方当事人举示的证据来认定法律上的事实。当案件事实处于真伪不明的状态时，依然不能阻碍法官作出判决，因为举证责任分配给谁，谁就败诉。

2. 举证责任倒置

所谓举证责任倒置，是指基于法律规定，将通常情形下本应由提出主张一方当事人承担的举证责任转移给对方当事人的举证责任分配制度。适用举证责任倒置时，如果对方当事人不能完成举证，则推定提出主张一方当事人的主张成立。民事诉讼中，“谁主张，谁举证”是一项基本原则，举证责任倒置制度属于原则之外的“例外”。既然这种“例外”打破了原则，必定有非常严格的适用条件，即只有法律作出明确规定时才适用举证责任倒置，否则只能遵循“谁主张，谁举证”的原则。

劳动者对用人单位有人身依附属性，处于用人单位的管理与控制下，属于弱势一方。为了平衡劳动者和用人单位之间的利益,我国劳动立法倾向于对劳动者的保护,以抵消这种实质上的不平等。由于很多证据由用人单位掌握,劳动者很难获得甚至根本无法接触,如果让劳动者举证是不公平的。因此,在劳动争议诉讼中,法律规定了用人单位对大量的事实承担举证责任。例如,《劳动争议调解仲裁法》第六条规定:"发生劳动争议,当事人对自己提出的主张,有责任提供证据。与争议事项有关的证据属于用人单位掌握管理的,用人单位应当提供;用人单位不提供的,应当承担不利后果。"再如,《最高人民法院关于审理劳动争议案件适用法律若干问题的解释》第十三条规定:"因用人单位作出的开除、除名、辞退、解除劳动合同、减少劳动报酬、计算劳动者工作年限等决定而发生的劳动争议,用人单位负举证责任。"

成本提示

"打官司就是打证据",在法治社会的今天,证据观念早已深入人心。在诉讼中,因为举证不能而承担败诉责任的案例比比皆是。在日常管理中,因为没有证据证明员工存在过失,员工拒绝接受处罚的情况时有发生。毕竟,除非证据确凿,谁也不会轻易承认自己存在过错,这是人之常情。证据的固定往往具有时效性,如果事发当时未及时固定相关证据,日后补正往往效果不尽如人意,甚至可能证据已消失,再无法取得。管理人员,特别是从事人力资源管理的一线从业人员,如果不具备证据意识,不能在事发当时尽快固定相关证据,不但会导致争议产生,管理难度加大,管理成本增加,而且也会给日后问题的解决增加不确定性,甚至直接导致损失的发生。

配套案例

案例1:事发当时未固定证据,过后员工矢口否认

黄某是某餐饮公司旗下一家餐厅的店长,负责该餐厅的日常管理。在一次财务例行巡查中,公司督导孙某发现店长黄某存在将顾客餐费2000余元占为己有的违规行为。黄某眼见行迹败露,主动向督导孙某交代侵占餐费2000余元的事实,并主动将餐费退还单位入账,且承诺日后不会再犯,请求单位宽大处理。次日,督导孙某向公司人力资源部通报该事件,要求人力资源部经理李某按照公司规定处置此事。人力资源经理李某得知此事后,认为既然黄某承认侵占顾客餐费

的事实，晚几天处理也无妨。于是按照原工作计划安排了为期 5 天的外地出差。

李某出差回来后，查询了公司制度，准备对店长黄某扣减奖金 1000 元并给予全公司通报批评的处罚。店长黄某认同扣减奖金 1000 元，但坚决不同意进行全公司通报批评，觉得这样处理让自己在公司丢了面子，今后无法立足。人力资源经理李某认为自己按照规章制度办事，给予店长黄某如此处理并不为过，于是在与店长的面谈中，坚持要给黄某前述处罚。岂料黄某当场矢口否认自己侵占客户餐费的事实，也不承认之前对督导孙某的供述，要求单位拿出证据予以证明；并且宣称，如果单位硬要处罚她，她将以单位克扣劳动报酬，损害员工名誉权为由起诉公司。

事已至此，人力资源经理李某意识到双方可能发生争议，遂向律师咨询如何处理。律师告知，应当固定店长黄某侵占客户餐费的证据，收集入账单、现金日记账、店长黄某签字认可侵害客户餐费的书面谈话笔录、督导孙某的证言等一系列证据。得到律师帮助后，人力资源经理李某次日赶到餐厅取证，结果发现，所有的账目已经被店长黄某调整至正常状态，除了督导孙某的证言，其他相关证据全部无法取得，现在处理此事，已经非常棘手。如果依照公司制度处罚店长黄某，可能激化双方矛盾，甚至可能引发诉讼；如果不依照公司制度处罚她，公司的管理秩序被破坏，其他员工可能效仿，公司管理权威受到挑衅。此事的处理陷入两难境地。

最后，公司为了维护管理秩序，以支付双倍经济补偿为代价，与店长黄某协商解除了劳动关系。

■ 律师评析

本案是一起用人单位缺乏证据意识的非诉讼案例。如果在督导孙某发现店长黄某侵占客户餐费时立即封存相关书面材料，人资经理李某当日固定黄某签字认可的谈话笔录，此事的处理将不再显得那么困难，店长黄某矢口否认也成为不可能，单位更无须以支付双倍经济补偿为代价来解除与店长黄某的劳动关系。

通过此案，足见一线管理人员证据意识、取证时机把握的重要性。在事发当时能迅速想到要用证据固定案件事实就是具备证据意识的表现，这种意识需要培养，需要成为 HR 在人力资源管理中的常规思维模式。具备了证据意识，就等于掌握了管控好人力成本的一柄“利器”。

案例2：安排年休假不留假条，给了费用还得赔钱①

梁某于2012年3月24日到某物业公司上班，担任会计职务。2017年3月27日，梁某以某物业公司未安排年休假也未支付年假工资为由，向劳动仲裁委申请劳动仲裁，主张解除双方劳动关系，并要求某物业公司支付2013年3月至2017年3月期间未休年休假工资15,681元。

某物业公司辩称，梁某入职以来，公司每年都以组织员工旅游5～10天的方式安排了年休假，并全额承担旅游期间发生的所有费用，不同意支付年休假工资。

劳动仲裁委认为，某物业公司称以组织员工旅游的方式安排了年休假，但在庭审中未举示证据证明其在安排旅游时已明确告知梁某组织旅游即是安排年休假。且梁某认为公司是按照惯例为员工提供的福利，不是安排年休假，因此，对某物业公司的主张不予采信。某物业公司未举示证据证明安排了梁某休年休假或支付年休假工资，应承担举证不力的法律后果。梁某要求某物业公司支付未休年休假工资，仲裁委予以支持，遂裁决某物业公司支付梁某2013年3月至2017年3月期间的未休年休假工资15,681元。

■ 律师评析

本案是一起缺乏证据意识而导致败诉的诉讼案例。尽管从管理层面看用人单位确实做得十分到位，不但安排员工休年休假，而且为员工提供如此丰厚的待遇，真可谓是一家人性化管理的好企业。但从法律层面上看，用人单位却是“哑巴吃黄连，有苦说不出”。反思其管理过程，该单位仅凭口头通知安排休年休假，并未固定任何书面证据，才导致在诉讼中无法提供任何书面证据证明安排了梁某休年休假而败诉。即便仲裁员也明知单位以该种方式安排了员工休假，但最终用人单位也因缺乏证据难逃败诉厄运。本起案件单位败诉的根源在于缺乏证据意识，忽视了及时取证的重要性，甚至未曾料想在这种“与民同乐”的事情中居然会产生纠纷。如果当时HR让每位愿意接受以组织旅游方式安排年休假的员工填写请假申请单，并且完善休假期间的考勤记录，这起诉讼便是另一结果。可见，证据意识是否到位对做好人力成本管控来说至关重要。

---

① 本案例摘自碚劳人仲再字（2018）第1号仲裁裁决书。

法条链接

《职工带薪年休假条例》

第五条第一款 单位根据生产、工作的具体情况，并考虑职工本人意愿，统筹安排职工年休假。

实操技能

1. 加强学习，培养证据意识

人力资源六大模块中的劳动关系管理板块有涉及劳动争议诉讼的相关法律知识，但并未强调证据环节。实践中，员工与单位的矛盾不会轻易付诸诉讼，大多纠纷均通过双方沟通协商得到解决，HR 的证据意识未在实务中得到强化。甚至很多 HR 觉得取证是律师的工作，如果发生诉讼，自己配合律师取证即可，不用自己来取证。这其实是误区！如前述案例，证据往往需要事发当时固定，然而事发当时可能双方并未发生矛盾或矛盾未激化到需要律师介入的地步。等到律师介入时，事情往往已经比较棘手，此时取证或补正可能已经来不及。一线经办人能够经历事件发生的全过程，接触一手资料，才是取证的最佳人选。“兵马未动，粮草先行”在证据领域很适用！在预料可能发生争议时提前取证是一种良好的职业素养。即便今后未发展到用诉讼解决纠纷的地步，及时取得对己方有利的证据，也可在协商谈判中占据主动。从另一个角度来看，这也是人力资源精细化管理的必然要求，在人力资源管理的重要环节均有相关证据作为支撑，是管理水平的体现。HR 应当学习《民事诉讼法》《劳动争议调解仲裁法》，了解诉讼中举证、质证、认证规则；同时，在实务中，通过案例吸取经验教训，做到言之有据。

2. 更新工作方式，完善工作流程

人力资源管理中，很多工作均是通过口头沟通，并未留下书面材料。经年日久，便无据可查。如果遇到人员更迭，因无任何资料移交，后续的工作人员就不清楚事件的经过，更无从谈起如何处理。笔者主张“雁过留痕”，工作方式由口头变为书面，尽量保留工作记录，以便日后提醒自己或他人工作进程或办理结果。当然，事无巨细均保留书面记录是不可能做到的，这样做也不利于提高工作效率。采用“抓大放小”的做法比较妥帖，对重要事项、可能产生争议事项、持续时间较长的事项保留书面材料，并且及时整理归档，定会对提升工作质量大有裨益。

言词证据可以书面方式固定，以防日后生变。在实务操作过程中，一般由两人组成工作组，一人面谈，一人记录。面谈过程中，可以根据实际情况采用同步录音录像，形成证据锁链，相互印证。通过这样的工作流程，一是让员工有仪式感，觉得管理很规范，单位很重视；二是在面谈中面谈者可以了解面谈对象的态度、观点、双方分歧点等相关信息，同时通过面谈可以对面谈对象进行解释、规劝、疏导，消化、分流、处理一些问题；三是固定一手证据，有利于今后通过诉讼或非诉讼的方式解决问题；四是形成工作记录及档案，便于向领导汇报工作或日后移交工作。

其他用人部门需要解聘员工时，HR 可让其他部门报送拟解聘员工的基本情况，填写解聘理由，移交相关资料，以便全面了解情况，分清责任。避免其他用人部门无根据地解聘员工，却要人力资源部为其他部门的违法行为善后，到处找证据，绞尽脑汁想解聘理由。“其他部门动动嘴，人力部门跑断腿”的现象通过改变工作流程可能得到改观。

配套文书

表 1-1　面谈记录表

<table>
<tr><td>面谈时间</td><td colspan="3"></td></tr>
<tr><td>面谈地点</td><td colspan="3"></td></tr>
<tr><td>面谈人</td><td></td><td>职务</td><td></td></tr>
<tr><td>记录人</td><td></td><td>职务</td><td></td></tr>
<tr><td>面谈对象</td><td></td><td>职务</td><td></td></tr>
<tr><td colspan="4">面谈内容
1. ____________________；
2. ____________________；
3. ____________________。</td></tr>
<tr><td colspan="4">焦点问题
1. ____________________；
2. ____________________；
3. ____________________。</td></tr>
<tr><td colspan="4">面谈结论
1. ____________________；
2. ____________________；
3. ____________________。</td></tr>
<tr><td colspan="4">以上内容经本人认真阅读，确认准确无误。
面谈对象签字：　　　　　签字时间：</td></tr>
</table>

表 1－2　解聘员工申请表

<table>
<tr><td>申请部门</td><td></td><td>申请人</td><td></td><td>申请时间</td><td></td></tr>
<tr><td colspan="6">解聘人员基本情况及解聘理由</td></tr>
<tr><td>姓名</td><td>性别</td><td>年龄</td><td colspan="2">岗位</td><td>入职时间</td></tr>
<tr><td></td><td></td><td></td><td colspan="2"></td><td></td></tr>
<tr><td>工作年限</td><td>工资标准</td><td>参保情况</td><td colspan="2">公积金缴纳情况</td><td>劳动合同签订情况</td></tr>
<tr><td></td><td></td><td></td><td colspan="2"></td><td></td></tr>
<tr><td>工伤情况</td><td>年休假情况</td><td>竞业限制情况</td><td colspan="2">生育情况</td><td>其他</td></tr>
<tr><td></td><td></td><td></td><td colspan="2"></td><td></td></tr>
<tr><td>解聘理由</td><td colspan="5">□员工主动辞职　□协商一致解除　□员工单方解除
□试用期不符合录用条件　□严重违纪　□给单位造成重大损失
□双重劳动关系影响本单位工作或拒不改正　□欺诈致使劳动合同无效
□被追究刑事责任　□医疗期满不能返岗也不能从事其他工作
□不能胜任工作经培训或调岗仍不能胜任　□经济性裁员
□情势变更，劳动合同无法继续履行，未能协商变更劳动合同　□其他</td></tr>
<tr><td colspan="6">基本情况描述：</td></tr>
<tr><td colspan="6">解聘证据（证据附件附后）：</td></tr>
<tr><td colspan="6">部门领导意见：
签名：　　　　日期：　　年　　月　　日</td></tr>
<tr><td colspan="6">人力资源部意见：
签名：　　　　日期：　　年　　月　　日</td></tr>
<tr><td colspan="6">法律顾问意见：
签名：　　　　日期：　　年　　月　　日</td></tr>
<tr><td colspan="6">总经理意见：
签名：　　　　日期：　　年　　月　　日</td></tr>
<tr><td colspan="6">填写说明：
1. 用人部门需解聘员工时需据实填写本申请表，并附解聘依据（证据）。
2. 人力资源部初审后发现解除依据不充分的，可以退回用人部门补充收集解聘证据，但应当提出需要补充收集的证据清单；必要时，人力资源部可以依职权收集相应证据。
3. 法律顾问根据收集的证据作出法律风险提示及相关建议，由总经理决定是否解聘。
4. 人力资源部根据总经理的意见办理解聘手续、社会保险移交手续、档案资料及证据材料固定、保管手续。</td></tr>
</table>

第二节 证 据 固 定

内容提要	
热点专题	证据固定
背景知识	1. 证据种类 2. 证据保全
成本提示	2 条
配套案例	1. 貌似败诉无疑,关键证据逆转 2. 求胜心切造伪证,偷鸡不成蚀把米
实操技能	1. 当事人的陈述 2. 书证 3. 物证 4. 视听资料 5. 电子数据 6. 证人证言 7. 鉴定意见 8. 勘验笔录
配套文书	劳动报酬福利待遇清算确认书

背景知识

1. 证据种类

证据种类,是指表现证据事实内容的各种外部形式。证据种类实际上是证据在法律上的分类,是证据的法定形式。证据种类的划分具有法律约束力,不具备法定的外部表现形式的证据资料不能进入诉讼程序,不会得到法院的采信。我国民事诉讼中认可的证据种类包括八种,分别是当事人的陈述、书证、物证、视听资料、电子数据、证人证言、鉴定意见、勘验笔录。

2. 证据保全

证据保全,是指人民法院在起诉前或在对证据进行调查前,依据申请人的申请或当事人的请求,以及依职权对可能灭失或今后难以取得的证据予以固定和保存的行为。人民法院审判案件必须依靠证据认定案件事实,证据灭失或难以取得会给当事人举证、质证和法庭调查带来困难,因此证据保全制度很有必要。

证据保全必须满足两个条件:第一,证据可能灭失或以后难以取得;第二,证据保全应在举证期限届满前提出。证据保全措施，一般是法院根据申请人申请采取的。但在法院认为必要时，也可以由法院依职权主动采取证据保全措施。保全证据的范围，应当限于申请人申请的范围。申请人申请诉前证据保全可能涉及被申请人财产损失的，人民法院可以责令申请人提供相应的担保。

采取证据保全措施时，应当根据不同证据的特点，采取不同的方法。例如，对证人证言，可以采取作笔录或录音的方法；对书证的保全，应当采取拍照、复印的方法；对物证的保全，可以采取通过现场勘验，制作笔录、绘图、拍照、录像、保存原物的方法等。

成本提示

1. HR 在人力资源管理过程中要学会使用证据来固定重要案件事实，如果不清楚证据特点，不懂证据规则，没掌握证据固定的基本技能，在日常工作中难以处理好可能产生争议的事件。在劳动争议诉讼中，根据“谁保管，谁举证”的原则，与争议事项有关的证据属于用人单位掌握管理的，用人单位应当提供，否则可能承担举证不力的法律后果。如果 HR 平时不注意收集可能发生争议事项的证据，诉讼很可能因缺乏证据而陷入被动甚至败诉，致使人力成本增加。

2. 我国《民事诉讼法》规定的证据形式包括：当事人的陈述、书证、物证、视听资料、电子数据、证人证言、鉴定意见、勘验笔录八大类。当事人可以自行收集证据，但注意避免使用侵害他人合法权益、违反法律禁止性规定或者严重违背公序良俗的方法形成或者获取证据，这些证据不得作为认定案件事实的根据。也就是说，如果取证方法违法，不但达不到证明目的，还可能侵犯他人合法权益。

配套案例

案例 1：貌似败诉无疑，关键证据逆转①

邹某于 2008 年 9 月进入某水泥公司，从事机械工程管理工作。邹某称某水泥公司未依法为其缴纳社会保险，也未安排年休假及支付年休假工资、工资及加班工资。邹某于 2016 年 1 月 3 日以邮寄送达的方式向某水泥公司提出解除劳动

① 本案例摘自（2016）渝 0151 民初 631 号民事判决书。

关系，经仲裁前置程序后起诉至人民法院，要求某水泥公司支付其失业保险待遇损失16,800元、加班工资20,000元、带薪年休假工资29,502元、2015年12月工资6500元、2015年年终奖25,000元、经济补偿金68,752元。

某水泥公司辩称，邹某是2013年9月1日入职，其在某水泥公司工作期间，公司已为邹某依法缴纳了所有社会保险，支付了年休假工资，2015年12月工资及该年奖金均已付清，没有安排其加班，不存在加班工资。某水泥公司同意双方劳动关系于2016年1月3日解除，但不同意支付邹某主张的所有款项。

法院经审理认为，邹某于2013年2月5日从其他公司辞职，后于2013年9月1日与某水泥公司签订3年的劳动合同，故双方建立劳动关系的时间应是2013年9月1日。本案中，某水泥公司从2013年10月至2016年1月为邹某缴纳了养老、医疗、工伤、生育、失业保险，邹某向某水泥公司主张失业保险待遇，法院不予支持。邹某主张加班工资，但未举示存在加班事实的证据，故对邹某主张的加班工资不予支持。从邹某与某水泥公司签订的2014年、2015年《劳动报酬福利清算确认书》可看出，某水泥公司已支付了邹某所有工资、年休假工资、年终奖，故法院对邹某要求某水泥公司支付2015年12月工资、年终奖、带薪年休假工资、经济补偿金的诉讼请求不予支持。遂判决驳回原告邹某的全部诉讼请求。

■ 律师评析

本案是一起因为证据固定得力而减少用工成本的成功案例。某水泥公司由于历史遗留问题，未安排员工休年休假也未支付年休假工资是很大的管理漏洞。近几年，某水泥公司效益逐年下滑，员工都想拿到一笔钱然后离职，类似诉讼已经发生了近百起。在重庆地区的裁判规则下，未支付带薪年休假工资也被视为克扣劳动报酬，劳动者可以依据《劳动合同法》第三十八条的规定单方解除劳动关系，并主张经济补偿。在以往的诉讼中，劳动者屡试不爽，以该条理由提起诉讼均获得胜诉并顺利拿到经济补偿，某水泥公司用工成本陡增。后来，某水泥公司接受了法律顾问的建议，每年年终与员工签订《劳动报酬福利待遇清算确认书》，以便规避法律风险。

本案，原告邹某显然采取"撒大网"的诉讼策略，主张了2015年12月工资、年终奖、未休年休假工资、加班工资，意在锁定单位欠薪的事实，因为只要其中一项成立，单位欠薪的事实便可以认定，便可进一步主张经济补偿。其实邹某的主要目的在于主张经济补偿，该项请求金额最大。至于失业保险待遇损失，邹某纯属虚张声势，某水泥公司系国有企业，社会保险参保的工作做得比较扎实，不是败诉点。

显然，《劳动报酬福利清算确认书》成为本案某水泥公司胜诉的关键证据。某水泥公司的 HR 接受法律顾问的建议，制作格式范本，每年年终让员工签署确认，然后归档保存。该证据在本案起到了“定海神针”的作用，不但使本案逆转败局，也对今后类似案件的处理起到了示范作用，在帮助单位减少用工成本支出方面起到了积极作用。从证据种类上，该证据属于书证，可由单位制作，但务必确保由员工本人亲自签署，字迹工整。该文本可每年一签，以阻断当年度的风险。如果员工在签署该文件时提出异议或拒签，单位可以趁机查询账目明细，核对清楚后排除员工疑虑；如确实账目有问题，则可以尽快补发相关待遇后完善该文本的签署。长此以往，定能对单位法律风险的控制起到积极作用。

■ 法条链接

《中华人民共和国劳动合同法》

第三十八条第一款 用人单位有下列情形之一的，劳动者可以解除劳动合同：

（一）未按照劳动合同约定提供劳动保护或者劳动条件的；

（二）未及时足额支付劳动报酬的；

……

第四十六条 有下列情形之一的，用人单位应当向劳动者支付经济补偿：

（一）劳动者依照本法第三十八条规定解除劳动合同的；

……

案例 2：求胜心切造伪证，偷鸡不成蚀把米

周某于 2009 年 9 月 17 日入职，在某酒店公司担任采购经理职务。2016 年 8 月 18 日，周某离职。周某在职期间，某酒店公司由于经常出现资金紧张或报销流程冗长的情况，周某为了完成采购任务，累计为某酒店公司垫付了采购款 20 余万元。某酒店公司从 2015 年 9 月起陆续分批向周某支付了 12 万余元垫付的采购款，但周某离职后，某酒店公司无故拒绝支付剩余垫付款。周某诉至法院要求某酒店公司支付剩余的垫付采购款 8 万余元。庭审中，某酒店公司举示《结算单》一

份，拟证明周某离职时，双方已经把所有款项全部结清，不存在拖欠。周某回忆离职时确实签署了一堆文件，但认为《结算单》上的签名不是本人签署，于是当庭申请笔迹鉴定。后某酒店公司自认《结算单》上的签名确系伪造，主动要求与周某调解。法院以某酒店公司伪造证据，妨碍人民法院审理案件，对其进行了罚款。最终，经过法院调解，某酒店公司同意在15日内付清周某剩余8万余元垫付款并承担全部诉讼费。

■ 律师评析

本案中，某酒店公司为了获得胜诉竟然伪造证据，反而让自己陷入被动境地。最终，某酒店公司不但输了官司，还因为伪造证据被法庭罚款。诚实信用是民事诉讼的一项基本原则，以严重侵害他人合法权益、违反法律禁止性规定或者严重违背公序良俗的方法形成或者获取的证据，最终也不会得到法庭采信。诉讼成败虽然重要，但法律底线不可逾越。用工成本的控制需要在日常管理的各个环节中落实，某酒店公司这种"临时抱佛脚"的行为使自己"偷鸡不成蚀把米"，显然是不可取的。

■ 法条链接

《中华人民共和国民事诉讼法》

第一百一十一条第一款 诉讼参与人或者其他人有下列行为之一的，人民法院可以根据情节轻重予以罚款、拘留；构成犯罪的，依法追究刑事责任：

（一）伪造、毁灭重要证据，妨碍人民法院审理案件的；

……

实操技能

了解八类证据的特点，掌握常见取证技巧，为解决日常管理中遇到的问题提供依据，也为可能发生的诉讼奠定良好的证据基础。下面，结合相关法律规定介绍证据固定的操作要点。

1. 当事人的陈述

当事人的陈述即当事人自己对案件事实的陈述，可以口头或书面的方式，但为了避免"空口无凭"，最好采用书面方式固定证据。日常人力资源管理中，要注意避免不利自认，特别是书面的自认，否则在纠纷的处理中可能被对方抓住把柄，让自己陷入被动。诉讼中，当事人如果作出于己不利的陈述，视为自认，对方无须提供证据证明。因此，在庭审中当事人的当庭陈述或在向法院提交的书面材料中，如起诉状、答辩状、代理词需要特别注意避免形成不利自认。

当事人的陈述还需要注意前后一致，避免逻辑矛盾。如果对同一案件事实之前的说法与之后的说法不一致，又不能给出合理解释，按照诚实信用原则中的“禁止反言”规则，法院可能采信不利于己的陈述。人民法院对当事人的陈述，通常会结合本案的其他证据，综合认定能否作为认定事实的根据。当事人故意作虚假陈述妨碍人民法院审理的，人民法院将根据情节进行处罚。

另外，我国设有专家辅助人制度，允许在举证期限届满前申请 1 ~ 2 名具有专门知识的人出庭，代表当事人对鉴定意见进行质证，或者对案件事实所涉及的专业问题提出意见。具有专门知识的人在法庭上就专业问题提出的意见，视为当事人的陈述。

总之，当事人陈述的裁判规则要求当事人本着诚信原则谨慎发言，“说出去的话，泼出去的水”，一言不慎，覆水难收。

2. 书证

书证即书面证据，是指以其内容来证明待证事实的有关情况的文字材料。凡是以文字、符号、图案来表达意思，其内容对待证事实具有证明作用的物品都是书证。人力资源管理中最常见的证据形式就是书证，如劳动合同、竞业限制协议、应聘登记表、解除劳动合同通知书等各类协议、工作表单均属书证。因书证可能被伪造，故打印件、复制件、节录本、截图、照片除非经比对与原件一致或经过其他证件印证属实，否则不容易被法院采信。这个规则提示我们在人力资源管理过程中要重视对原件资料的固定与保管，特别是具有法律意义的重要人事档案资料。

由于大量人力资源管理的书面资料由用人单位保管，按照证据规则，应当由用人单位承担举证责任。关于书证的保管期限，《工资支付暂行规定》第六条第三款规定：“用人单位必须书面记录支付劳动者工资的数额、时间、领取者的姓名以及签字，并保存两年以上备查。用人单位在支付工资时应向劳动者提供一份其个人的工资清单。”《保障农民工工资支付条例》第十五条第一款规定：“用人单位应当按照工资支付周期编制书面工资支付台账，并至少保存 3 年。”《劳动合同法》第五十条第三款规定：“用人单位对已经解除或者终止的劳动合同的文本，至少保存二年备查。”可见，类似工资支付资料、劳动合同文本等常见的人力资源管理书面材料至少应当保管2～3年。

3. 物证

物证，是指能够证明案件真实情况的一切物品痕迹。物证是以物品的外部特征、物质属性以及它所处的位置，来反映一定的案件事实。与书证一样，物证也可能被仿制或伪造，故在诉讼中，应当提交原件或原物，提交原件或者原物确有困难的，可以提交与原件比对无误的复制品、照片、副本、节录本。在人力资源管理的过程中，常见的物证如证明存在劳动关系的安全帽、工作服、工作牌或门禁卡，又如证明考勤方式的考勤机等。与书证一样，物证也需要注意保管原件。

4. 视听资料

视听资料，是指借助电磁、光电、电子计算机设备等技术手段所记载和再现的声音、图像、数据等信息资料，包括录音资料和影像资料。该类证据需要提供原件以便人民法院辨别真伪。视听资料还需结合案件的其他证据，审查确定能否作为认定事实的根据。人力资源管理过程中常见的视听资料通常有谈话录音、视频监控。该类证据对证明员工违纪、消极怠工或发生工伤、工亡事故等事实有直接的证明作用，是其他证据无可比拟的。

在收集视听资料时，应注意避免侵害他人合法权益、违反法律禁止性规定或者严重违背公序良俗。原则上，安装监控设备应当限定为过道、大厅等公共办公区域，录音录像前应当征求谈话对象的意见，以免侵犯他人隐私。另外，视听资料需要及时保存，以免原件被覆盖或被删除，保存的期限应当尽可能长。诉讼中，录音对话还需要整理成文字资料，以便裁判者阅读，同时注意到关键对话环节。

5. 电子数据

电子数据，是指基于计算机应用、通信和现代管理技术等电子化技术手段形成的包括文字、图形符号、数字、字母等客观资料。《最高人民法院关于民事诉讼证据的若干规定》(2019年修订)第十四条规定："电子数据包括下列信息、电子文件：(一)网页、博客、微博客等网络平台发布的信息；(二)手机短信、电子邮件、即时通信、通讯群组等网络应用服务的通信信息；(三)用户注册信息、身份认证信息、电子交易记录、通信记录、登录日志等信息；(四)文档、图片、音频、视频、数字证书、计算机程序等电子文件；(五)其他以数字化形式存储、处理、传输的能够证明案件事实的信息。"存储在电子介质中的录音资料和影像资料，适用电子数据的规定。

因电子数据高效、便捷、成本低等特点，在人力资源管理中被广泛采用，如钉钉考勤、OA 系统、聊天记录、邮件等。根据证据规则，当事人以电子数据作为证据的，应当提供原件。虽然电子数据有不可替代的优势，但在司法实践中，因存在被篡改或伪造的可能，法庭对待该类证据比较谨慎。如不能与原件比对一致或获得对方认可，通常需要采用证据保全的方式（如公证机关出具公证文书）才能被法庭采信。对该类证据的管理，需要注意及时妥善保存。类似微信聊天记录、QQ 聊天记录这类电子数据，实践中经常出现由于存储介质空间短缺而无法获得原件导致证据效力大打折扣的情况。

6. 证人证言

证人证言，是指证人就自己所知道的与案件有关的情况向司法机关所作的陈述。证人原则上应当亲自出庭作证，接受双方当事人当庭质证。证人只出具书面证词，不出庭作证，其证词原则上不能作为定案的依据。

关于证人资格。凡是知道案件情况的单位和个人，都有义务出庭作证，但不能正确表达意思的人，不能作证。因此，即便证人是自己亲属、朋友、同事等与自己有利害关系的人，也具备证人资格，只是证言的效力可能降低。

关于证人证言效力。因证人可能作虚假陈述，也可能由于感受、记忆、表达等方面的原因而使证言失实，更可能陈述具有主观倾向性而不客观，故证人证言通常需要结合其他证据相互印证才能被采信。仅有证人证言而无其他证据佐证的，无法作为定案的依据。

关于证人出庭作证的程序。需要申请证人出庭作证一方在举证期限届满前向法院提出申请，经人民法院许可，证人方能出庭作证。证人作证前不能旁听庭审，以免证言具有倾向性或不真实。为了避免证人被“污染”，申请证人出庭作证一方应当提示证人开庭时离开审判区，直至法庭通知证人到庭作证方可进入。否则，证人旁听了庭审就丧失了出庭作证的资格。

关于证人出庭作证的费用。我国证人出庭率较低，为提高证人出庭率，鼓励公民作证，现行法律要求申请证人出庭一方承担证人因履行出庭作证义务而支出的交通、住宿、就餐等必要费用。人民法院准许证人出庭作证申请的，应当通知申请人预缴证人出庭作证费用。

在人力资源管理过程中，证人证言是常见的证据形态。日常管理中，可以及时固定证人证言以便查清基本事实。如发生诉讼，可以依法申请证人出庭作证。

7. 鉴定意见

鉴定意见，是指鉴定人接受当事人或法院委托后，就专门性问题按照法定程序作出的专业判断意见。当事人可以就查明事实的专门性问题向人民法院申请鉴定。当事人申请鉴定的，由双方当事人协商确定具备资格的鉴定人；协商不成的，由人民法院指定。当事人对鉴定意见有异议或者人民法院认为鉴定人有必要出庭的，鉴定人应当出庭作证。经人民法院通知，鉴定人拒不出庭作证的，鉴定意见不得作为认定事实的根据。

在人力资源管理的过程中，鉴定意见并不常见。但如果发生劳动争议诉讼，就专门问题申请司法鉴定就在所难免，最常见的是笔迹、指纹鉴定。例如，员工主张劳动合同上的签名并非本人签署，要求用人单位支付未签订劳动合同二倍工资，为了验明签名真伪，用人单位在诉讼中则需要启动司法鉴定程序，申请鉴定机构作出鉴定意见。原则上，鉴定费由败诉方承担，如果用人单位明知签字并非员工本人所签，则要从诉讼成本角度考虑是否申请司法鉴定。

8. 勘验笔录

勘验笔录，是指勘验人根据勘验物证或现场情况制作而成的笔录。人民法院认为有必要的，可以根据当事人的申请或者依职权对物证或者现场进行勘验。勘验时应当保护他人的隐私和尊严。人民法院可以要求鉴定人参与勘验。必要时，可以要求鉴定人在勘验中进行鉴定。该类证据在人力资源管理的过程中一般不会涉及，在劳动争议诉讼中也很少用到。

配套文书

表 1－3　劳动报酬福利待遇清算确认书

劳动报酬福利待遇清算确认书

本人于________年____月____日与贵公司建立劳动关系，在贵公司担任__________职务。经公司和本人仔细核对，本人确认：截至________年____月____日之前的劳动报酬（包括但不限于工资、业绩提成、加班加点工资、年休假工资、奖金、津贴、补贴、年终奖、其他货币性收入）、福利待遇、社会保险等各项费用计算准确无误，并已全部支付给本人，不存在任何拖欠。

特此确认！

确认人（签名）：

年　月　日

第二章 压力谈判

导 语

有人说，谈判是世上最快的赚钱方式。在人力资源管理中，谈判则是最快的省钱方式。HR 经常会遇到各种需要代表单位与员工谈判的情形，如调岗降薪谈判、离职索赔谈判、伤害赔偿谈判等。这些谈判场景中，参与谈判的双方往往观点分歧巨大，利益严重对立，属于敌意谈判、压力谈判。HR 处理得当，则可能"化干戈为玉帛"，迅速息事宁人，还节省了人力成本；操作失误，则可能激化矛盾，引起不和谐事件甚至激起双方对簿公堂。本章笔者将介绍人力资源管理中几类常见的谈判场景，帮助读者了解谈判流程，掌握谈判技巧，以期达到"不战而屈人之兵"的效果。

第一节 调岗降薪谈判

内容提要	
热点专题	调岗降薪谈判
背景知识	1. 调岗 2. 调薪
成本提示	1 条
配套案例	1. 策略时机把握到位，省事省力永绝后患 2. 一意孤行强调岗，败诉赔款没商量

续表

内容提要	
实操技能	1. 谈判准备阶段 2. 谈判预热阶段 3. 谈判攻坚阶段 4. 谈判成交阶段
配套文书	变更劳动合同协议书

背景知识

1. 调岗

调岗,即用人单位调整劳动者的工作岗位,包括升职、平调、降职三种形式。调岗在法律上属于变更劳动合同的主要内容,如无用人单位单方调岗的法定事由,原则上应当与劳动者协商一致。法律规定了一些情形,用人单位有权单方调岗,主要包括:

(1)患病或者非因工负伤调岗。根据《劳动合同法》第四十条第(一)项的规定,"劳动者患病或者非因工负伤,在规定的医疗期满后不能从事原工作,也不能从事由用人单位另行安排的工作的",用人单位可以依法解除劳动合同。该条规定间接赋予用人单位对医疗期满后不能从事原工作的员工进行调岗的权利。

(2)不胜任工作调岗。根据《劳动合同法》第四十条第(二)项的规定,"劳动者不能胜任工作,经过培训或者调整工作岗位,仍不能胜任工作的",用人单位可以依法解除劳动合同。该条间接规定了用人单位可以对不能胜任工作的员工进行调岗。

(3)情势变更调岗。根据《劳动合同法》第四十条第(三)项的规定,"劳动合同订立时所依据的客观情况发生重大变化,致使劳动合同无法履行,经用人单位与劳动者协商,未能就变更劳动合同内容达成协议的",用人单位可以解除劳动合同。该条没有直接规定用人单位调岗的权利,但在此种情况下,经用人单位提供岗位后双方就调岗协商不成的,用人单位可以解除,间接说明用人单位占据调岗的主动权。

(4)经济性裁员调岗。根据《劳动合同法》第四十一条第一款第(三)项的规定,"企业转产、重大技术革新或者经营方式调整,经变更劳动合同后,仍需裁减人员的",可以裁员。该条也规定了用人单位在因为转产、重大技术革新或者经营方式调整后需经济性裁员的情形下,单方变更劳动合同(包括调岗)的权利。

（5）脱密期调岗。原劳动部《关于企业职工流动若干问题的通知》第二条规定："用人单位与掌握商业秘密的职工在劳动合同中约定保守商业秘密有关事项时，可以约定在劳动合同终止前或该职工提出解除劳动合同后的一定时间内（不超过六个月），调整其工作岗位，变更劳动合同中相关内容……"脱密期内，用人单位为了脱密需要，可以调整员工工作岗位。

（6）孕期调岗。《女职工劳动保护特别规定》第六条第一款规定："女职工在孕期不能适应原劳动的，用人单位应当根据医疗机构的证明，予以减轻劳动量或者安排其他能够适应的劳动。"该条规定为孕期女职工调岗提供了法律依据，是对孕期女职工的特别保护条款。

（7）职业禁忌调岗。职业禁忌，是指劳动者从事特定职业或者接触特定职业病危害因素时，比一般职业人群更易于遭受职业病危害和罹患职业病或者可能导致原有自身疾病病情加重，或者在从事作业过程中诱发可能导致对他人生命健康构成危险的疾病的个人特殊生理或者病理状态。根据《职业病防治法》第三十五条第二款的规定，"……对在职业健康检查中发现有与所从事的职业相关的健康损害的劳动者，应当调离原工作岗位，并妥善安置"。第五十六条第三款规定："用人单位对不适宜继续从事原工作的职业病病人，应当调离原岗位，并妥善安置。"

（8）尘肺病调岗。《尘肺病防治条例》第二十一条规定："各企业、事业单位对已确诊为尘肺病的职工，必须调离粉尘作业岗位，并给予治疗或疗养。尘肺病患者的社会保险待遇，按国家有关规定办理。"

（9）工伤调岗。《工伤保险条例》第三十六条规定，"职工因工致残被鉴定为五级、六级伤残的，享受以下待遇：……（二）保留与用人单位的劳动关系，由用人单位安排适当工作……"

（10）默示调岗。《最高人民法院关于审理劳动争议案件适用法律若干问题的解释（四）》第十一条规定："变更劳动合同未采用书面形式，但已经实际履行了口头变更的劳动合同超过一个月，且变更后的劳动合同内容不违反法律、行政法规、国家政策以及公序良俗，当事人以未采用书面形式为由主张劳动合同变更无效的，人民法院不予支持。"

用人单位在对劳动者的岗位进行调整时，不能随意调动，除了合法性之外，应遵循合理性原则。一般而言，调岗前后的工作岗位应存在一定的关联，工作性质及所需要的工作技能、知识结构无明显差别；调岗前后的工资水平调整幅度合理；调岗后的工作地点不应给劳动者带来明显不便，不明显增加劳动者的出行时间及出行成本;调岗前后的工作时间亦应相差不大,且在法律规定的合理范围内;调岗的目的需正当,不能具有侮辱性和惩罚性。

2. 调薪

《劳动法》第四十七条规定,用人单位根据本单位的生产经营特点和经济效益,依法自主确定本单位的工资分配方式和工资水平。该条规定赋予了用人单位薪酬分配权。与调岗一样,调薪亦属于变更劳动合同的主要内容,原则上应当与劳动者协商一致,尤其在降低劳动者薪酬水平时。

如用人单位单方调薪,则更应谨慎,调薪是争端的高发原因。通常,以下几种情况,用人单位可以单方调薪:

(1)因岗位调整而调薪。调岗往往伴随调薪,“薪随岗动”符合一般人的认知。如无特殊情况,同岗不同薪会扰乱用人单位的薪酬体系,引发不公平现象。因调岗而调薪,前提是调岗本身合法,而且规章制度或劳动合同有关于“薪随岗动”的约定。

(2)因员工违纪而调薪。劳动者违纪,用人单位可以按照规章制度对其降薪。要确保该项操作合法,首先,用人单位必须有明确的规章制度,规章制度中规定了降薪的具体情形,而且此类规定不能违反法律的规定且尺度具有合理性。其次,用人单位据以调薪的规章制度本身合法,经过了民主程序和公示程序。最后,还须有确凿的证据证明劳动者有违纪的事实。

(3)非因劳动者原因停工、停产而调薪。《工资支付暂行规定》第十二条规定,非因劳动者原因造成单位停工、停产在一个工资支付周期内的,用人单位应按劳动合同规定的标准支付劳动者工资。超过一个工资支付周期的,若劳动者提供了正常劳动,则支付给劳动者的劳动报酬不得低于当地的最低工资标准;若劳动者没有提供正常劳动,应按国家有关规定办理。对于没有提供正常劳动的,各个省市的规定不一。

(4)因浮动薪资结构而调薪。一般而言,绩效工资、奖金、提成属于浮动工资,浮动工资与用人单位的经营状况密切关联。如劳动者的工资结构由固定工资和浮动工资构成,用人单位经济效益下浮时,可以对劳动者的浮动工资部分进行调整。这样的调薪,用人单位要确保薪酬制度本身的合法性。调薪后,依然不能低于当地最低工资标准。

成本提示

升职加薪无论员工还是用人单位都乐意，是皆大欢喜的局面，很少发生争议。调岗降薪则不然。调岗降薪在法律上属于变更劳动合同的主要内容，原则上应当与劳动者协商一致，最好签订书面变更协议。但实践中，让员工签署这类协议比登天都难！这种情况员工往往士气低落，觉得自己职场发展不顺，萌生异动之心，甚至可能已经在收集证据、谋划诉讼方案，准备拿起法律武器维权，对他不利的协议往往会一概拒签。调岗降薪的谈判难度不小，操作不慎可能被认定为不按劳动合同约定提供劳动条件、克扣劳动报酬，用人单位可能被责令支付克扣部分劳动报酬，还可能支付加付赔偿金、经济补偿。

配套案例

案例1：策略时机把握到位，省事省力永绝后患

钱某是某物流公司货运部经理。从 2015 年钱某上任以来，货运部的业绩总是不温不火，没太大起色。除去市场竞争激烈的因素，某物流公司认为钱某在管理能力及业务创新方面表现平庸，以致货运部的业绩增长水平低于同行业的发展速度。钱某在业绩指标完成方面，连续两年考核结果为不合格。某物流公司认为钱某不能胜任货运部经理的工作，但碍于解聘风险及成本，打算将其降为货运部主管，薪资水平由原来的经理级别降为主管级别。于是 HR 代表公司与钱某协商调岗降薪事宜。

在调岗降薪的谈判中，HR 拿出近年来钱某所在业务部门的业绩考核结果，认为钱某考核结果不合格，属于不能胜任工作。但钱某认为货运部业绩增长幅度不大有诸多客观原因，与自己无关，况且业绩虽然增幅不大也没有出现亏损的情况，故认为不能认定为不能胜任。HR 告知钱某，根据公司的规章制度，连续两年考核不合格的，视为不能胜任工作，单位有权调岗降薪。如果钱某不服从公司的管理，公司要考虑与钱某解除劳动合同。如果钱某接受单位的安排，只要将来钱某达到晋升的条件，仍然有机会再次升任经理职务。钱某一番考虑后，勉强接受了 HR 的说法，表示同意接受公司的调岗降薪。当日，某物流公司人力资源部向钱某发放了调岗通知书，安排钱某于 3 日后到公司货运部主管岗位报到。

次日，HR 在与法律顾问的业务沟通中顺带提及此事，律师认为 HR 的工作未

做到位，建议某物流公司立即与钱某签订《变更劳动合同协议书》，确定双方变更劳动合同的意思表示。HR 按照法律顾问的建议，与钱某补签了变更协议。

钱某到货运部主管岗位工作了不到半个月，觉得很委屈，又找到公司 HR 要求恢复货运部经理职务且调整成原工资水平。HR 告知其双方已经签订《变更劳动合同协议书》，不同意调整。没过几日，钱某觉得自己不再适合继续留在公司，要另谋高就，以个人发展原因向人力资源部提出辞职。某物流公司同意了钱某的辞职申请，几日后钱某办理完离职手续离开了公司。

■ 律师评析

本案是一次成功的调岗降薪谈判。调岗降薪使员工的既得利益受到减损，一定要在谈判中有事实依据、有制度支撑、有法律规定，否则很难让员工心悦诚服。即便 HR 准备充分，员工也难免以各种理由拒绝用人单位的调岗降薪，这都是正常现象。本案中的 HR 在谈判前准备了钱某考核不合格的书面材料及单位规章制度，为认定事实做好了准备。谈判中，HR 给员工介绍了单位调岗降薪的缘故，深入分析利弊，耐心沟通，使双方达成一致。谈判后，HR 及时按照法律顾问的意见巩固了谈判成果，签署了《变更劳动合同协议书》，即便钱某后来反悔也无可奈何。可以说，正是 HR 做好了本次调岗降薪谈判各个环节的工作，才使钱某自知理亏，最后选择主动辞职。公司不但避免了再生事端，也节省了用工成本。

■ 法条链接

《中华人民共和国劳动合同法》

第三十五条第一款　用人单位与劳动者协商一致，可以变更劳动合同约定的内容。变更劳动合同，应当采用书面形式。

案例 2：一意孤行强调岗，败诉赔款没商量

杨某是某村村民。某物资公司在某村投产建设时，杨某选择就近就业，于 2004 年 3 月入职，在某物资公司先后从事保安、物料看守、料场管理等工作。

2015 年 5 月 15 日，某物资公司将杨某从料场管理岗位调整成为保安岗位。杨某认为这样的调整不合理，向公司提出异议。公司 HR 告知杨某这是公司的统一安排，如果不到新岗位报到，公司将按照旷工处理。杨某无奈，到保安岗位任

职。6 月 15 日，杨某发现工资由原来的 4000 元降为 2000 元。杨某再次找到 HR 提出异议，公司 HR 称新的岗位当然执行新的工资标准，而且杨某已经到新岗位工作超过一月，视为双方已经达成调岗调薪的协议，不同意恢复。

杨某看中这份工作离家距离近的优势，可以兼顾工作与家庭，但认为公司强行调岗，态度蛮横，而且调岗降薪幅度过大，具有侮辱性，不可能通过协商谈判解决分歧。于是，2015 年 7 月 15 日以某物资公司未按照劳动合同约定提供工作岗位、克扣劳动报酬为由，单方解除了劳动关系。随后，杨某提起诉讼要求某物资公司支付被克扣的工资 2000 元及经济补偿 5 万余元，法院经过审理，支持了杨某的请求，某物资公司败诉。

■ 律师评析

本案是一次失败的调岗降薪谈判。反观本次谈判，不难看出，HR 缺乏事前准备，调岗降薪理由不充分，谈判中态度生硬，最后难免败诉。从案例中可以判断，杨某虽然不情愿被调整到保安工作岗位，但依然按照公司的安排到保安岗位上任，说明他对调岗是勉强接受的。真正触碰到杨某底线的是公司大幅度的降薪。如果 HR 能在杨某第二次提出异议时给予合理处置，例如，减小降薪幅度、给予合理解释、耐心仔细规劝，或许不会酿成诉讼，更不至于一次性支出大笔经济补偿。

■ 法条链接

《最高人民法院关于审理劳动争议案件适用法律若干问题的解释（四）》

第十一条　变更劳动合同未采用书面形式，但已经实际履行了口头变更的劳动合同超过一个月，且变更后的劳动合同内容不违反法律、行政法规、国家政策以及公序良俗，当事人以未采用书面形式为由主张劳动合同变更无效的，人民法院不予支持。

实操技能

很多 HR 认为，调岗降薪容易激化矛盾，谈判难度大，不愿意触碰。但这项工作是人力资源管理过程中经常要处理的，是 HR 的工作职责所在，不得不面对。其实，只要掌握了调岗降薪谈判的规律及技巧，这项工作也并非不能驾驭。下面笔者结合实务经验谈谈调岗降薪谈判的实务操作要领：

1. 谈判准备阶段

(1)了解基本案情。HR 需要通过审阅资料或询问访谈的方式,了解拟谈判员工的年龄、性别、入职年限、健康状况、生育情况、工资水平、工作岗位、职务变动情况、为人处事风格等信息。

(2)找到调岗降薪的理由,并准备相关证据材料。例如,如员工患病或非因工负伤在规定的医疗期届满后不能从事原工作需要调岗降薪的,则准备病假申请单、考勤记录、返岗通知及公司规章制度;如不能胜任工作调岗降薪的则准备考核结果、考核制度等资料。

(3)制订谈判方案,设置谈判上下线。谈判方案中需要设计如何与员工沟通,预估员工可能提出的异议及相应对策,明确必须要坚持的条件和可以妥协的条件。

(4)做好法规、判例及相关文书的准备工作。具体而言,应当准备相关法律法规、类似判例及公司管理制度以备查阅;准备《变更劳动合同协议书》《调岗通知单》等相关法律文书以备签署;安排参加谈判的人员,确定主谈人员和记录人员;确认谈判的时间、地点。

2. 谈判预热阶段

(1)切入话题。可以选择开门见山,直接表明意图;也可以日常寒暄开场,渐入核心话题,具体视情况而定。总之,尽力营造相对和谐的谈判氛围。

(2)了解对方观点及理由。对方可能接受或不接受调岗降薪,需要摸清对方的基本态度,以及持有该种态度的基本理由及依据。

(3)陈述己方观点及理由。可以直接向员工明确公司对调岗降薪的看法,以及这种观点事实、法律、制度方面的依据。必要时,可以向员工进行直接展示。

(4)缩小分歧,总结焦点。对已经达成一致意见的事实、观点、证据进行总结梳理,缩小双方争议话题,逐步聚焦核心分歧观点。

3. 谈判攻坚阶段

经过前一阶段的谈判,双方聚焦了核心分歧观点,谈判进入攻坚阶段。这一阶段,可以考虑使用以下策略,促成谈判成功。

(1)利弊分析。可以站在公司及员工的立场设身处地地就双方核心分歧进行利弊分析,帮助员工进行权衡。

(2)案例引证。可以举示员工知晓的案例或公司之前处理过的类似案例,利用从众心理说服员工妥协。

(3)实力展示。如员工固执己见或态度偏执，可以考虑适时展示公司的实力，例如，告知员工对方公司对本次事件证据掌握的情况或诉讼计划，让员工感知可能发生的不利后果。

(4)恰当妥协。如分歧过大，无法逾越，可考虑在恰当时机在己方底线范围内进行必要的妥协，以缩小差距，达成共识。

(5)耐心劝说。如果员工提出质疑，可多方面予以回应，消除员工疑虑；如果员工犹豫不决，可以多些耐心，疏导员工产生的不良情绪，排除后顾之忧，让员工看到日后可能再次晋升的机会。

前述办法并非一成不变，而是需要根据实际情况灵活运用，交替进行，才能达到好的效果。

4. 谈判成交阶段

如果当场谈妥，应当及时签订相关协议、签发调岗通知，尽快办理调岗交接手续，确保员工在任期间的工作、资料、财务得到全面清算，明确交接人与接任人的责任。

如果双方分歧过大，没有当场达成一致，则可以给员工几天考虑时间，并要求员工在限定的时间内给予公司答复。此后应当及时跟进，如有谈成可能，不妨再次磋商，尽量促成一致。

配套文书

变更劳动合同协议书

用人单位(甲方)：____________________

劳动者(乙方)：__________，身份证号码：__________

甲乙双方在平等、自愿的基础上经过友好协商，就变更双方于________年____月____日签订的《劳动合同书》的部分内容达成如下协议：

1. 将《劳动合同书》第____条第____款变更为____________________。

2. 将《劳动合同书》第____条第____款变更为____________________。

3. 本协议未变更的，按照原《劳动合同书》执行。

4. 本变更协议一式两份，双方各执一份，经甲乙双方签字或盖章后生效，具有相同法律效力。

甲　　方：　　　　　　　　乙　　方：

授权代表：

签订日期：　　　　　　　　签订日期：

第二节　离职索赔谈判

内容提要	
热点专题	离职索赔谈判
背景知识	1. 劳动关系解除 2. 劳动关系终止 3. 不得解除/终止的情形
成本提示	1 条
配套案例	1. 步步为营踏实干，巧借外力过难关 2. 一厢情愿难成事，强扭的瓜不会甜
实操技能	1. 谈判准备阶段 2. 谈判预热阶段 3. 谈判攻坚阶段 4. 谈判成交阶段
配套文书	解除劳动合同协议书

背景知识

1. 劳动关系解除

劳动关系解除，根据解除主体划分，可以分为双方协商一致解除、劳动者单方解除、用人单位单方解除。协商一致解除，用人单位与劳动者可以就解除时间、解除条件、经济补偿等各类事项进行约定。原则上，双方意思表示真实，内容合法，法律不会干预，这属于双方当事人自由处分自身权利的范畴。存在法定情形的，劳动者、用人单位均可单方解除劳动合同。不同的解除情形，需满足不同的解除条件，解除前的前置程序、是否支付经济补偿也不相同。关于劳动关系解除的法定情形，详见表 2－1。

表 2－1　劳动关系解除的法定情形

解除情形		解除条件	前置程序	经济补偿
协商解除	单位提出	无任何限制条件	无要求	需支付
	员工提出		无要求	无须支付

续表

解除情形		解除条件	前置程序	经济补偿
员工单方解除	预告解除	无任何限制条件	提前30日书面形式通知用人单位	无须支付
		在试用期内	提前3日书面形式通知用人单位	无须支付
	随时通知解除	未按照劳动合同约定提供劳动保护或者劳动条件	随时通知	需支付
		未及时足额支付劳动报酬	随时通知	需支付
		未依法为劳动者缴纳社会保险费	随时通知	需支付
		规章制度违反法律、法规的规定，损害劳动者权益	随时通知	需支付
		以欺诈、胁迫的手段或者乘人之危，使对方在违背真实意思的情况下订立合同，致使劳动合同无效	随时通知	需支付
		法律、行政法规规定的其他情形	随时通知	需支付
	即时解除	以暴力、威胁或者非法限制人身自由的手段强迫劳动者劳动的	立即解除无须通知	需支付
		违章指挥、强令冒险作业危及劳动者人身安全	立即解除无须通知	需支付
用人单位单方解除	过失性解除	在试用期间被证明不符合录用条件	随时通知	无须支付
		严重违反用人单位的规章制度	随时通知	无须支付
		严重失职，营私舞弊，给用人单位造成重大损害	随时通知	无须支付
		劳动者同时与其他用人单位建立劳动关系，对完成本单位的工作任务造成严重影响，或者经用人单位提出，拒不改正	随时通知	无须支付
		以欺诈、胁迫的手段或者乘人之危，使对方在违背真实意思的情况下订立合同，致使劳动合同无效	随时通知	无须支付
		被依法追究刑事责任	随时通知	无须支付

续表

<table>
<tr><th colspan="2">解除情形</th><th>解除条件</th><th>前置程序</th><th>经济补偿</th></tr>
<tr><td rowspan="7">用人单位单方解除</td><td rowspan="3">无过失性解除</td><td>患病或者非因工负伤，在规定的医疗期满后不能从事原工作，也不能从事由用人单位另行安排的工作</td><td>提前 30 日通知或支付代通知金</td><td>需支付</td></tr>
<tr><td>不能胜任工作，经过培训或者调整工作岗位，仍不能胜任工作</td><td>提前 30 日通知或支付代通知金</td><td>需支付</td></tr>
<tr><td>劳动合同订立时所依据的客观情况发生重大变化，致使劳动合同无法履行，经用人单位与劳动者协商，未能就变更劳动合同内容达成协议</td><td>提前 30 日通知或支付代通知金</td><td>需支付</td></tr>
<tr><td rowspan="4">经济性裁员</td><td>依照企业破产法规定进行重整</td><td rowspan="4">提前 30 日向工会或全体职工说明情况，听取工会或职工意见后，裁减人员方案经向劳动行政部门报告</td><td>需支付</td></tr>
<tr><td>生产经营发生严重困难</td><td>需支付</td></tr>
<tr><td>企业转产、重大技术革新或者经营方式调整，经变更劳动合同后，仍需裁减人员</td><td>需支付</td></tr>
<tr><td>其他因劳动合同订立时所依据的客观经济情况发生重大变化，致使劳动合同无法履行</td><td>需支付</td></tr>
</table>

2. 劳动关系终止

劳动合同终止，是指劳动合同订立后，因出现某种法定的事实，导致用人单位与劳动者之间形成的劳动关系自动归于消灭，或导致双方劳动关系的继续履行成为不可能而不得不消灭的情形。劳动合同终止主要是基于某种法定事实的出现，其一般不涉及用人单位与劳动者的意思表示，只要法定事实出现，一般情况下，都会导致双方劳动关系的消灭。关于劳动关系终止的法定情形，详见表 2－2。

表 2－2　劳动关系终止的法定情形

终止情形	经济补偿
劳动合同期满，用人单位不同意续订	需支付
劳动合同期满，用人单位降低劳动条件续订劳动合同，劳动者不同意续订	需支付
劳动合同期满，用人单位维持或者提高劳动条件续订劳动合同，劳动者不同意续订	无须支付
劳动者达到法定退休年龄，但未享受基本养老保险待遇	有争议

续表

终止情形	经济补偿
劳动者达到法定退休年龄，并开始享受基本养老保险待遇	无须支付
劳动者死亡，或者被人民法院宣告死亡或者宣告失踪	无须支付
用人单位被依法宣告破产	需支付
用人单位被吊销营业执照、责令关闭、撤销或者用人单位决定提前解除	需支付
法律、行政法规规定的其他情形	不确定

3. 不得解除/终止的情形

劳动者有下列情形之一的，用人单位不得援引《劳动合同法》第四十条、第四十一条关于无过失性解除、经济性裁员的理由单方解除劳动合同：

（1）从事接触职业病危害作业的劳动者未进行离岗前职业健康检查，或者疑似职业病病人在诊断或者医学观察期间的；

（2）在本单位患职业病或者因工负伤并被确认丧失或者部分丧失劳动能力的；

（3）患病或者非因工负伤，在规定的医疗期内的；

（4）女职工在孕期、产期、哺乳期的；

（5）在本单位连续工作满15年，且距法定退休年龄不足5年的；

（6）法律、行政法规规定的其他情形。

如劳动合同期满，用人单位准备终止劳动关系，但劳动者存在上述情形之一的，劳动合同应当续延至相应的情形消失时终止。

成本提示

员工离职，意味着员工与用人单位的劳动关系结束，不再受用人单位管理和牵制，以后不再与单位发生瓜葛，这是人力资源管理中风险高发环节。员工在职期间“端人碗，受人管”，碍于情面或压力，很多诉求不好提或不敢提。到了离职环节，长时间积压的矛盾集中爆发，员工很可能在此刻要和用人单位把“新仇旧恨”一并清算。如果HR在日常管理中不注重用工风险防范，这个环节必将是一场恶战。员工可能把劳动关系存续期间的所有权利主张一并提出，索赔金额方面也可能“狮子大开口”，让人猝不及防。总之，员工离职是矛盾集中爆发的环节，是人力成本集中支出的环节，也是较难处理的环节。用人单位可能支出经济补偿、赔偿金、劳动报酬、假期待遇、二倍工资等劳动关系存续期间的各种类型的人力成本，还可能面临来自社会保险征缴机构或住房公积金中心责令补交社会保险费或住房公积金的成本，甚至还有劳动监察部门或其他主管部门对用人单位违法行为的行政处罚成本。

配套案例

案例1：步步为营踏实干，巧借外力过难关

某实业公司系一家国有企业，由于产能过剩，产品滞销，公司从2014年10月开始出现大幅亏损。此后，公司采取了一系列降本增效的措施，但仍未扭亏为盈。至2015年7月，某实业公司难以为继，经请示上级公司，准备以“生产经营发生严重困难”为由，宣布关停企业，对全体100余名员工进行经济性裁员。

为了妥善安置员工，某实业公司从实体及程序两方面开展了经济性裁员的工作。实体方面，某实业公司向上级公司、当地主管政府部门报送了关停公司的请示、资产负债表、利润及损益表等材料，以证明公司生产经营发生严重困难；程序方面，某实业公司全面摸排了全体员工的情况，制作了裁员方案及裁员名单，向职代会、工会征求意见。代表员工提出，按照法定标准支付经济补偿标准太低，要求支付2N(2倍经济补偿)。单位未支付加班工资、年假工资、年终奖，要求一并补发。单位未按本人工资标准参加社会保险、部分员工未缴纳住房公积金，应当全部补交。对于不能补交的，要求折算成现金一并支付给员工。公司进行了梳理，对员工提出的合法要求予以同意，对不合法的诉求给予了解释并统一书面作答。经过几轮意见答复，单位与员工就大部分问题达成一致。但关于经济补偿支付标准，双方仍然存在较大分歧，裁员工作推进遇阻。

为了促进裁员顺利进行，某实业公司邀请当地劳动行政部门的工作人员到现场进行普法宣传，最大限度地排除员工疑虑。最终，双方各自妥协，按照N+1的标准支付经济补偿。裁员方案敲定后，某实业公司向劳动行政部门进行了报备。最后，某实业公司按照裁员方案执行，向被裁减人员发放《解除劳动合同通知书》，支付经济补偿等费用，补交了社会保险及住房公积金，完成了裁员任务。

■ 律师评析

本案是一起经济性裁员的案例，一次性解除多人劳动关系，非常具有代表性。

这种类型的离职谈判涉及人数众多，利益关系盘根错节，如果处理不当容易激化双方矛盾，不利于工作的推进，甚至可能引发罢工、上访等影响社会安定团结的群体性事件。集体离职谈判呈现出敏感度高、牵涉面广、处理难度大的特点，在进行该类离职谈判时，特别讲究方式方法，既要从宏观层面做到解聘方案的依法合规，也要从微观层面灵活处理个别特殊问题。某实业公司从程序及实体方面做好了准备工作。裁员方案是代表单位对解聘员工开出的条件，它的出台拉开了集体离职谈判的帷幕。员工对裁员方案提出异议，公司对员工异议作出答复的过程，实质上是双方在讨价还价，是谈判的预热阶段。经济补偿的支付标准，是谈判的攻坚阶段，某实业公司借助政府部门的公信力消除了员工的疑虑，顺利与员工达成一致。最后是谈判成交阶段，某实业公司依法向员工支付经济补偿等费用并办理相关手续，为裁员工作画上圆满的句号。整个裁员过程一气呵成，遵循了集体离职谈判的基本规律，在控制成本的前提下完成了裁员任务、避免了群体性事件，实现了平稳过渡，是一起成功的案例。

■ 法条链接

《中华人民共和国劳动合同法》

第四十一条 有下列情形之一，需要裁减人员二十人以上或者裁减不足二十人但占企业职工总数百分之十以上的，用人单位提前三十日向工会或者全体职工说明情况，听取工会或者职工的意见后，裁减人员方案经向劳动行政部门报告，可以裁减人员：

（一）依照企业破产法规定进行重整的；

（二）生产经营发生严重困难的；

（三）企业转产、重大技术革新或者经营方式调整，经变更劳动合同后，仍需裁减人员的；

（四）其他因劳动合同订立时所依据的客观经济情况发生重大变化，致使劳动合同无法履行的。

裁减人员时，应当优先留用下列人员：

（一）与本单位订立较长期限的固定期限劳动合同的；

（二）与本单位订立无固定期限劳动合同的；

（三）家庭无其他就业人员，有需要扶养的老人或者未成年人的。

用人单位依照本条第一款规定裁减人员，在六个月内重新招用人员的，应当通知被裁减的人员，并在同等条件下优先招用被裁减的人员。

案例2：一厢情愿难成事，强扭的瓜不会甜

牛某是某金融公司的部门经理，2018年6月，以个人发展原因向某金融公司申请辞职。某金融公司次日对牛某作出免职安排，并通知牛某履行为期6个月的脱密期。从2018年7月开始，牛某在未完成工作交接的情况下未到岗上班。某金融公司认为牛某未完成移交手续，故迟迟未向其发放《解除劳动合同证明书》。2018年9月，某金融公司突然收到了牛某寄送的《被迫解除劳动关系通知书》。牛某以某金融公司克扣2018年7～9月的工资、未支付2014年至2018年的加班工资、未提供劳动条件为由，单方解除与某金融公司的劳动关系，并向某金融公司提出索赔。此后，牛某还不断到劳动监察行政部门投诉，要求某金融公司给予赔偿。

某金融公司为了和平解决此事，派HR与牛某进行协商，但牛某并未出面，而是委托了律师与某金融公司进行谈判。第一次谈判，双方均表明愿意以和解的方式处理纠纷，某金融公司要求牛某明确具体诉求及计算方法以利于后续谈判。事后，牛某提出了工资、加班工资、提成工资、绩效工资、年终奖、经济补偿等10项主张，共计约124万元的赔偿。某金融公司针对牛某的诉求全面了解了情况，收集了相关证据，经过仔细测算，认为牛某系主动向单位申请辞职，劳动关系应当于2018年7月已经解除，且不应当支付经济补偿。按照最高标准计算，双方劳动关系存续期间某金融公司未支付给牛某的各种费用共计金额最多20万元，牛某主张金额过高，双方差距过大。

于是，某金融公司约牛某进行第二次谈判，希望缩小差距后达成一致。按照牛某指定的时间、地点，某金融公司派HR前往，但此次谈判牛某依然未露面，也是委托律师代为谈判。此次谈判中，牛某委托的律师态度较为傲慢，认为牛某主张金额比较合理，如果赔偿金额少于100万元就免谈，对某金融公司提出的各项质疑，也拒绝回应。第二次谈判草草收场，宣告失败。最终，牛某提起诉讼，通过司法途径解决纠纷。

■ 律师评析

本案是一起个体离职的案例，是HR经常要面对的情形。从结果而论，此次谈判是一次失败的谈判。但从谈判技术及策略角度审视，某金融公司并无操作失

误之处。通过本次谈判，某金融公司得知了牛某的观点、针对牛某的诉求全面梳理了证据、评估了解聘成本，虽然没有通过谈判解决问题，也为后期通过诉讼解决分歧做了成本测算、风险评估、证据梳理方面的准备工作。

谈判，尤其是离职谈判，因为双方分歧过大而谈崩的情况时有发生，不必为了追求成交而过度牺牲自己利益。谈判是一个你来我往、相互妥协的过程，只有双方均带诚意参加谈判，能在谈判中相互让步，双方的利益底线都能满足才能谈成。案例中双方的差距过大是谈判失败的根本原因。双方为何差距如此巨大？这源于双方对谈判底线的设置不同。谈判之前，应当根据了解到的情况及掌握的证据进行谨慎评估，设置合理的谈判底线和高线，预留波动幅度。谈判的底线和高线还需要结合谈判的进展情况、影响谈判权重因素的变化而进行适时调整。

在离职谈判中，用人单位除了考虑人力成本，还需要考虑员工离职对管理秩序的冲击、对职场氛围的影响以及舆论导向、主管部门处罚等因素，应当站在管理、法律、财务等多维角度综合分析判断。有时，迫于某一方面的压力，用人单位在离职谈判中投鼠忌器，被迫接受员工的条件。当然，也有可能用人单位抓住了员工的软肋，例如，员工急于到其他用人单位报到入职、员工因为犯错怕影响自己声誉等，迫使员工主动离职，单位不支付任何离职成本。

■ 法条链接

《中华人民共和国劳动合同法》

第三十七条 劳动者提前三十日以书面形式通知用人单位，可以解除劳动合同。劳动者在试用期内提前三日通知用人单位，可以解除劳动合同。

第三十八条 用人单位有下列情形之一的，劳动者可以解除劳动合同：

（一）未按照劳动合同约定提供劳动保护或者劳动条件的；

（二）未及时足额支付劳动报酬的；

（三）未依法为劳动者缴纳社会保险费的；

（四）用人单位的规章制度违反法律、法规的规定，损害劳动者权益的；

（五）因本法第二十六条第一款规定的情形致使劳动合同无效的；

（六）法律、行政法规规定劳动者可以解除劳动合同的其他情形。

用人单位以暴力、威胁或者非法限制人身自由的手段强迫劳动者劳动的，或者用人单位违章指挥、强令冒险作业危及劳动者人身安全的，劳动者可以立即解除劳动合同，不需事先告知用人单位。

实操技能

1. 谈判准备阶段

无论是哪种类型的离职谈判，谈判前的准备工作都显得特别重要。古人云"知己知彼，百战不殆"，尽可能多地占有、消化材料，是赢得一场谈判的必要前提。

（1）明确解除劳动关系的理由。《劳动合同法》从第三十六条到第四十一条以及第四十四条规定了各种类型的解除及终止劳动合同的方式，如果遇到模棱两可的情形，要下意识地向某一明确的解除或终止事由集中或靠近，避免思路混乱。实践中，不排除劳动者与用人单位对解除或终止劳动合同理由认识不一致，故在离职谈判这个敏感的时期，把握时机行使解除或终止劳动合同的权利也至关重要。

（2）证据固定。这与确定解除理由密切关联，非常关键，甚至解除理由可能根据证据的组织情况需要进行调整。离职谈判的过程从另一个维度解读，也是证据的组织及固定过程。为了进行离职谈判，HR 需要全方位了解员工的基本信息。例如，入职时间、工作岗位、工资水平、社会保险参保情况、年假安排情况等。HR 也应当充分预计员工可能提出的诉求及理由，并针对性地准备相关材料。除了书面材料外，有的与案情相关的情况不一定是通过书面材料反映的，HR 应当找相关知情人了解。总之，在离职谈判前，HR 需要把与谈判对象相关的所有情况及材料都进行准备并消化，确保在谈判前尽量不遗漏重要信息。

（3）勾画谈判方案，设置谈判的上下线。在占有并消化资料的基础上，可以初步分析离职谈判中哪些项目属于必须支出的成本，哪些是可以争取不支出的项目，哪些是要坚守的底线不能妥协的项目，并且测算出成本的上限与下限。

（4）做好法规、判例及相关文书的准备工作。具体而言，应当准备相关法律法规、类似判例及公司管理制度以备查阅；准备《解除劳动合同协议书》《解除劳动合同通知书》等相关法律文书以备签署；安排参加谈判的人员、时间、地点。必要时，可对双方离职谈判的内容进行同步录音录像，为后期解决分歧固定证据。

2. 谈判预热阶段

谈判的预热阶段以双方第一次正式接触并围绕离职事宜交换意见为标志性事件。与调岗降薪谈判一样，离职索赔谈判需要经历切入话题、了解对方观点及理由、陈述己方观点及理由、缩小差距聚焦核心分歧等几个环节。作为承上启下的过渡阶段，该环节过程可能很短。谈判实践中，HR 需要掌握谈判进程及规律，主动引导对方提出明确的观点并了解对方的理由。在表达己方观点时，需要谨慎，要留有余地，切忌在该阶段抛出谈判底线。同时，在谈判中 HR 需要总结及归纳双方分歧的焦点，必要时与对方就核心分歧进行确认，以此推动谈判进程。

3. 谈判攻坚阶段

该阶段是整个离职谈判中最为激烈、最为胶着的阶段，也是谈判决胜的关键阶段，可以考虑使用以下谈判策略。

（1）利弊分析。可以从员工可得赔偿数额、在职场名誉、今后就业难度、维权的时间及经济成本、公司的管理秩序等角度，深入全面进行利弊分析，帮助员工进行权衡取舍。

（2）案例引证。可以从正反两面援引案例，引导员工认识到其中差别和得失。例如，可以举员工熟悉的案例进行阐释，引导员工按照惯例处理。也可举例说明，双方谈崩后，进入诉讼解决分歧，最后员工得不偿失。

（3）实力展示。基于前期准备工作，可以在恰当的时候向员工透露公司已经掌握的关键证据、过往胜诉判例以及处理类似案例的经验等，让员工感觉到压力、阻力和困难，迫使对方知难而退。

（4）恰当妥协。对于可以妥协的项目，可以视谈判的进程在恰当的时候进行妥协。有时，妥协是表达诚意，让对方觉得我方希望通过谈判解决问题。有时，妥协是为了以退为进，换取对方也进行妥协。但谈判中的妥协一定是一种交换，不是无条件的退让。

（5）用耐心、平常心对待。与调岗降薪谈判不同，离职后员工可能今后不再与公司发生关系，员工可能会尽可能多地主张权利，态度可能很强硬，谈判可能很费劲，时间也可能持续较长。在离职谈判中，HR 需要预判过程可能较为曲折，难以速战速决，需要耐起性子，不急不躁、不卑不亢地处理。既要避免态度高冷让对方望而却步，失去谈判的机会；也要避免态度卑微让对方觉得有机可乘，输掉谈判的气势。对待是否谈成需要抱以平常心，因为影响谈判成功的因素，有些可以自己人为控制，有些却要取决于对方的态度。“一个巴掌拍不响”，任何谈判的成功均是双方努力的结果。双方差距过大而未达成谈判一致的情况太正常不过，需以平常心对待。

4. 谈判成交阶段

不是每一场离职谈判都能进入成交阶段。如果双方谈判顺利，HR 应当及时与员工签订解除劳动合同协议书、签发解除劳动合同通知书、办理社会保险移转手续、按约支付相关费用。另外，应当督促员工办理离职交接手续，确保员工在任期间的工作、资料、财务得到全面清算，明确交接人与接任人的责任。如果双方分歧过大，也可给双方一些回旋余地，等待机会组织下次谈判。

配套文书

解除劳动合同协议书

用人单位（甲方）：________________

劳动者（乙方）：___________，身份证号码：___________

甲、乙双方本着平等自愿、诚实信用的原则，就双方解除劳动关系达成如下协议，以资共同遵守：

1. 双方确认于______年___月___日建立劳动关系并已签订劳动合同。

2. 现甲乙双方根据《劳动合同法》第_____条的规定，于______年___月___日解除劳动合同。此后，乙方不得再以甲方名义开展工作，乙方应于______年___月___日前办理工作移交手续，涉及相关后续工作的，乙方有义务协助甲方进行持续交接和相关事项协调。

3. 双方确认，从本协议签订之日起，解除双方的一切权利义务关系，包括但不限于劳动关系与社会保险（养老、医疗、工伤、失业、生育）等。

4. 乙方办理完毕工作移交手续后，甲方于______年___月___日前支付乙方各项费用共计___________元（大写：___________）。上述费用包括：___________等全部货币性收入。乙方指定的收款账号：__________，开户行：__________，户名：________。

5. 乙方确认，甲方付清前述费用后（甲方有权依法扣除代扣代缴的各项税费），甲方对乙方不存在任何形式、任何金额的欠款。乙方如有未交回甲方的款项，应及时向甲方交纳。否则，甲方可以从应支付给乙方的前述费用中予以抵扣，不足部分有权向乙方追偿。同时，因乙方在工作期间产生的问题应由乙方承担责任并负责解决。

6. 本次清算为一次性了断，如有漏算款项，乙方自愿放弃。乙方不得以任何理由再向甲方主张双方劳动关系存续期间的其他一切权利，且乙方承诺不得提起劳动仲裁或诉讼，否则甲方有权要求乙方返还本协议所指款项，并有权向乙方主张违约金______万元。

7. 乙方对所了解的甲方的一切信息、资料及本协议内容负有保密义务，乙方不得以任何形式向任何人泄露，否则自愿承担违约金______万元。

8. 本协议签订时，甲乙双方均了解《劳动合同法》等相关法律法规的规定，均对协议约定条款充分阅读并理解，知晓其中含义，认可其内容，签署本协议是双方真实意思表示。

9. 本协议一式两份，甲乙双方各执一份，经双方签字或盖章生效，具有同等法律效力。

甲　　方：	乙　　方：
授权代表：	
签订日期：	签订日期：

第三节 伤害赔偿谈判

内容提要	
热点专题	伤害赔偿谈判
背景知识	1. 工伤及拟制工伤情形下，用人单位的法律责任 2. 非因工负伤情形下，用人单位的法律责任 3. 雇员受伤，雇主的法律责任 4. 承揽人受伤，定作人的法律责任
成本提示	1 条
配套案例	1. 工伤判定无异，重点放在算账 2. 用工主体责任，发包单位担责 3. 下班途中自己全责，工伤认定难获成功 4. 提供劳务受害，责任需要划分 5. 承揽人受伤，发包单位拒赔
实操技能	1. 谈判准备阶段 2. 谈判预热阶段 3. 谈判攻坚阶段 4. 谈判成交阶段
配套文书	工伤赔偿协议书

背景知识

1. 工伤及拟制工伤情形下，用人单位的法律责任

（1）工伤根据不同伤残等级，用人单位需要根据《工伤保险条例》第三十五条至第三十七条的规定，支付相关待遇。参加了工伤保险的，一次性伤残补助金、伤残津贴、一次性医疗补助金、住院伙食补助费等费用由工伤保险基金支付，一次性就业补助金、停工留薪期工资、住院期间护理费（用人单位未派员护理的）等待遇依然由用人单位自行支付。用人单位未为劳动者参加工伤保险的，所有费用由用人单位承担。

（2）用工单位违反法律、法规规定将承包业务转包给不具备用工主体资格的组织或者自然人，该组织或者自然人聘用的职工从事承包业务时发生工伤的，用工单位承担工伤保险责任，相关待遇按照前述工伤待遇执行。

（3）个人挂靠其他单位对外经营，其聘用的人员因工负伤的，被挂靠单位承担工伤保险责任，相关待遇按照前述工伤待遇执行。

2. 非因工负伤情形下，用人单位的法律责任

非因工负伤是指劳动者不在工作时间、不在工作地点或不是因为工作原因受到伤害。非因工负伤的，用人单位对员工所受伤害不承担赔偿责任，但应当给予员工医疗期。在医疗期内，用人单位不能解除劳动合同，并且应当支付病假待遇。

3. 雇员受伤，雇主的法律责任

雇员在从事雇佣活动中受伤的，雇主应当承担赔偿责任。雇佣关系以外的第三人造成雇员人身损害的，赔偿权利人可以请求第三人承担赔偿责任，也可以请求雇主承担赔偿责任。

4. 承揽人受伤，定作人的法律责任

承揽人在完成工作过程中对第三人造成伤害或者造成自身伤害的，定作人不承担赔偿责任。但定作人对定作、指示或者选任有过失的，应当承担相应的赔偿责任。

成本提示

伤害赔偿的常见形式是工伤赔偿，除此之外，还包括非因工负伤、提供劳务者受伤、承揽人受伤后要求赔偿的情形。要处理好各种伤害赔偿事宜，首先要厘清法律关系及相应的法律后果，区分具体情况分别对待，这是谈判的前提。同样的伤情，不同的法律关系，法律责任就不一样。针对每种不同的情况，用人单位需要支付的成本也不同。

配套案例

案例1：工伤判定无异，重点放在算账

付某于2016年入职某家具厂，从事木工工作。一天，付某在切割木材的过程中不慎将无名指第一指节割断，发生伤害。后认定为工伤，伤残等级评定为十级。伤情痊愈后，付某单方解除了与某家具厂的劳动关系并主张工伤赔偿。

■ 律师评析

付某为某家具厂员工，也是在工作时间、工作地点因为工作受伤，符合工伤认

定的条件，此种情况应当由某家具厂承担工伤赔偿责任，没有争议。这种类型的谈判，重点应当放在赔偿项目、赔偿金额的计算上面。如果参加了工伤保险，可以选择待工伤保险基金支付费用后与员工清算；如员工急于离职，用人单位可以考虑垫付由工伤保险基金支付的费用，基金支付的费用申领成功后，归属用人单位。

■ 法条链接

《工伤保险条例》

第十四条 职工有下列情形之一的，应当认定为工伤：

（一）在工作时间和工作场所内，因工作原因受到事故伤害的；

……

案例2：用工主体责任，发包单位担责

某建筑公司是某项目的总包单位。承接工程后，某建筑公司将部分建筑劳务发包给包工头王某，王某聘用钟某为其做工。一日，钟某在工作过程中被高处掉下来的钢筋砸中受伤。钟某认为自己所受伤害为工伤，向某建筑公司索赔。

■ 律师评析

虽然钟某日常工作的安排、工资的发放均是由包工头王某负责，但包工头王某是自然人，不具有用工主体资格，根据相关法律规定，应当由具有用工主体资格的某建筑公司承担工伤赔偿责任，即便某建筑公司可能认为未与钟某建立劳动关系，甚至都不认识钟某。因此，本案定性及责任承担主体应无异议，作为某建筑公司的HR，这种类型的谈判重点应当为引导钟某到劳动能力鉴定委员会评定伤残等级，然后计算清楚赔偿项目及赔偿费用，通过谈判达成工伤赔偿协议，尽量争取降低损失。另外，可以依据某建筑公司与包工头王某签订的承包协议，向王某追偿全部或部分损失。需要特别注意的是，与钟某达成的工伤赔偿协议中约定的工伤赔偿费用不宜过低，否则钟某可以协议显失公平为由撤销该协议，并主张赔偿差额。实践中，关于赔偿费用的最低线各地有不同规定，例如，重庆规定实际赔偿费用不应低于法定标准的75%。

法条链接

《最高人民法院关于审理工伤保险行政案件若干问题的规定》

第三条 社会保险行政部门认定下列单位为承担工伤保险责任单位的,人民法院应予支持:

……

(四)用工单位违反法律、法规规定将承包业务转包给不具备用工主体资格的组织或者自然人,该组织或者自然人聘用的职工从事承包业务时因工伤亡的,用工单位为承担工伤保险责任的单位;

……

案例3:下班途中自己全责,工伤认定难获成功

胡某在某房地产经纪公司从事置业顾问工作。某日中午下班,胡某无证驾驶无牌摩托车回家。途中,因违章变道与一轿车发生碰撞而受伤。经交警现场勘查,认定胡某为全责。胡某认为自己在上下班途中发生交通事故,应当按照工伤处理,向公司索赔。

律师评析

胡某在下班途中的交通事故中是全责,不符合《工伤保险条例》第十四条“在上下班途中,受到非本人主要责任的交通事故或者城市轨道交通、客运轮渡、火车事故伤害”的规定,不应当认定工伤。该种情况,HR 的谈判重点应当为向胡某阐明不能认定工伤的理由,拒绝胡某提出的工伤赔偿的主张。不过,胡某属于非因工负伤,某房地产经纪公司可以安排胡某休病假,在医疗期内,向胡某支付病假待遇。

法条链接

《工伤保险条例》

第十四条 职工有下列情形之一的,应当认定为工伤:

……

(六)在上下班途中,受到非本人主要责任的交通事故或者城市轨道交通、客

运轮渡、火车事故伤害的；

……

案例 4：提供劳务受害，责任需要划分

杨某是聋哑人，经人介绍为某餐厅清运餐厨垃圾。他的工作是每天晚上 19 点到店，按照某餐厅的指示将餐厨垃圾运离并送至指定垃圾回收站，劳务费按月结算。某日，杨某未穿戴劳保用具，在清运餐厨垃圾中因地面湿滑摔倒致伤。经鉴定，为伤残十级，杨某向某餐厅全额索赔。

■ 律师评析

杨某与某餐厅之间是劳务关系，杨某在提供劳务的过程中受到伤害，某餐厅应当承担赔偿责任。因双方属于劳务关系，不受《工伤保险条例》的调整，不能参照工伤的赔偿项目及计算方式来处理，只能按照人身损害的规定来处理。赔偿费用包括医疗费、误工费、住院伙食补助费、营养费、交通费、残疾赔偿金、精神损害抚慰金、鉴定费等项目，计算方法也与工伤赔偿项目的计算方法不同。另外，因杨某未穿戴劳保用具，对造成的自身损害存在一定过错，应当承担部分责任，而不能按照工伤的无过错责任全部由某餐厅承担。该人员受伤事宜的谈判重点应当围绕赔偿项目及计算方式、双方过错分摊比例进行。另外，在管理上，某餐厅可以通过购买商业保险（雇主责任险）的方式转移用工风险。

■ 法条链接

《最高人民法院关于审理人身损害赔偿案件适用法律若干问题的解释》

第十一条第一款　雇员在从事雇佣活动中遭受人身损害，雇主应当承担赔偿责任。雇佣关系以外的第三人造成雇员人身损害的，赔偿权利人可以请求第三人承担赔偿责任，也可以请求雇主承担赔偿责任。雇主承担赔偿责任后，可以向第三人追偿。

案例 5：承揽人受伤，发包单位拒赔

鲁某是专业维修工，注册了个体工商户对外承接管道、线路、设备安装维修工

作。某广告公司天花板漏水,请鲁某前来维修。鲁某在进入天花板内部排查漏水原因时,因管道年久失修,不能承重,导致鲁某从三米多的高空跌落致伤,经鉴定,为九级伤残。鲁某认为是在为某广告公司维修管道的过程中受伤,应当由某广告公司承担全部赔偿责任。

■ 律师评析

鲁某与某广告公司系承揽关系,不是劳动关系或劳务关系。对鲁某在完成承揽工作时所受伤害,某广告公司不应当承担赔偿责任。本案的谈判重点,主要围绕双方法律关系及某广告公司在选任鲁某作为承揽人时不存在过错进行。考虑到鲁某可能不会轻易接受拒赔的结果,某广告公司应当收集相关证据,尽早为诉讼做准备。

■ 法条链接

《中华人民共和国民法典》

第一千一百九十三条 承揽人在完成工作过程中造成第三人损害或者自己损害的,定作人不承担侵权责任。但是,定作人对定作、指示或者选任有过错的,应当承担相应的责任。

实操技能

1. 谈判准备阶段

(1)了解案情,厘清法律关系

同样的伤情,放在不同的法律关系项下,适用的法律不同,是否承担赔偿责任或赔偿责任的大小也不相同。处理人身伤害谈判,需要在了解案情的基础上,区分法律定性,锁定是哪种类型的人身伤害。实务中,劳动关系与劳务关系容易混淆。在人身伤害处理的问题上,虽然雇主方都可能承担责任,但工伤和人身损害适用不同的赔偿责任体系,两者详细区别见表2-3。

表 2－3　劳动关系与劳务关系的区别

	主体资格	隶属关系	权利义务	适用法律	认定依据
劳动关系	只能一方为劳动者，另一方为用人单位。劳动者需要主体适格，在校学生、退休人员等不是适格劳动者。	具有人身隶属性及经济隶属性。即建立关系后，劳动者是用人单位的员工，受用人单位规章制度的约束，形成领导与被领导的关系。	需要为员工办理社会保险；劳动风险完全由用人单位承担；用人单位需要遵守最低工资制度、最高工作时长、同工同酬、劳动安全与卫生等规定；用人单位可以按照规章制度对员工进行奖励、惩戒。按照工资支付周期定期支付，通常按月支付。	受《劳动法》《劳动合同法》及相关劳动行政法规、部门规章调整；国家干预度较高；发生争议，必须仲裁前置，通过两审一裁的程序解决；仲裁时效为 1 年。	劳动合同；工资支付凭证或记录、社会保险费缴纳记录；“工作证”“服务证”等能够证明身份的证件；劳动者填写的用人单位招工招聘“登记表”“报名表”等招用记录；考勤记录；其他劳动者的证言等。
劳务关系	无特殊要求，劳务提供方可以是自然人，也可是法人或其他组织。	双方始终处于平等地位，只体现财产关系，不存在人身隶属关系。	无须办理社会保险；双方按照合同约定执行，不受最低工资制度、最高工作时长、同工同酬、劳动安全与卫生的约束；只能依据合同约定要求对方承担违约责任，不能对提供劳务者给予纪律处分；根据合同约定支付劳务费，往往一次性结清或按阶段支付。	受《合同法》调整；国家干预度较低；发生争议，可直接向法院起诉，两审终审。诉讼时效为 3 年。	劳务合同；证人证言；劳务费发放记录或证明。

从形式上看，劳务关系与承揽关系都是一方按照另一方的指示完成一定工作任务，比较类似。但在处理人身损害的问题上，这两种法律关系需要承担的责任截然不同。如何区分劳务关系与承揽关系，详见表 2－4。

表 2-4 劳务关系与承揽关系的区别

	控制关系	劳动工具	提供内容	结算方式	责任承担
劳务关系	原则上劳动过程中雇员要受到雇主的管理和支配，不具独立性。	雇员只提供劳动，劳动工具、设备原则上由雇主提供。	一般只提供劳动能力，注重劳动过程。	定期支付或一次性支付。以劳动力获取对价。	提供劳务过程中受伤的，一般由雇主承担责任，但雇员存在故意或重大过错的，需要分担责任。
承揽关系	完成工作过程具有独立性，不存在或很少存在支配服从的关系。	承揽人一般自带劳动工具。	需承揽人以特有的工作技能提供劳动成果，其次是劳动力，注重劳动结果。	一般为一次性结算。对工作成果获取对价。	承揽人受伤，定作人不承担责任，除非定作人对定作、指示、选任存在过错的，根据过错分摊责任。

(2)审阅资料，计算出赔偿明细

审查资料后获取的信息更加准确，在此基础上，可以初步计算出赔偿明细，为设置谈判底线提供赔偿金额方面的参考。赔偿明细的计算可分为以下三种不同的情况：

①工伤或拟制工伤。如果是工伤或拟制工伤，则按照《工伤保险条例》的相关规定，计算出费用赔偿明细。以重庆地区的工伤赔偿项目为例，如果未构成伤残等级的，赔偿费用明细详见表 2-5。

表 2-5 未造成伤残等级的一般工伤

	支付数目与计算方式	支付人	法律依据
医药费	凭单据(医保范围内)	基金	《工伤保险条例》第三十条第三款
住院伙食补助费	8 元/天(2011 年 1 月 1 日起职工住院治疗工伤的伙食补助费标准按每人每天 8 元标准执行，由工伤保险基金支付)	基金	《工伤保险条例》第三十条第四款 《重庆市人力资源和社会保障局关于〈工伤保险条例〉(修订)实施有关政策问题的通知》第四条
交通费	①条件：A. 医疗机构证明；B. 经办机构同意；C. 统筹地区外就医。 ②凭票据据实报销	基金	《工伤保险条例》第三十条第四款 《重庆市人力资源和社会保障局关于〈工伤保险条例〉(修订)实施有关政策问题的通知》第五条

续表

	支付数目与计算方式	支付人	法律依据
食宿费	途中伙食补助按每人每天 50 元标准执行，发生了住宿费的按每人每天不超过 100 元标准执行，由工伤保险基金支付。	基金	《工伤保险条例》第三十条第四款《重庆市人力资源和社会保障局关于〈工伤保险条例〉（修订）实施有关政策问题的通知》第五条
康复性治疗费	凭单据	基金	《工伤保险条例》第三十条第六款
假肢、矫形器、假眼、假牙、轮椅费用	国家规定标准	基金	《工伤保险条例》第三十二条
工资、福利	医疗期内，原待遇不变，停工留薪期原则上不超过 12 个月	用人单位	《工伤保险条例》第三十三条
护理费	条件：A. 生活不能自理；B. 停工留薪期间（12 个月内）	用人单位	《工伤保险条例》第三十三条第三款

注：上表系结合重庆地区地方规章列明，其他省市规定可能不同。

对伤情比较严重达到伤残等级的工伤，除了表 2－5 所列的赔偿项目，还有其他赔偿项目，具体明细如表 2－6。

表 2－6　造成伤残等级的工伤

<table>
<tr><td rowspan="2">生活护理费</td><td colspan="3">生活自理障碍程度</td><td colspan="2">完全不能自理</td><td colspan="2">大部不能自理</td><td colspan="3">部分不能自理</td><td>备注</td></tr>
<tr><td colspan="3">支付标准：</td><td colspan="2">50%</td><td colspan="2">40%</td><td colspan="3">30%</td><td>基金以受伤之日或诊断为职业病之日统筹地区上年度职工月平均工资为基数按月计发，期限至其生活能自理为止，最多不超过 20 年。</td></tr>
<tr><td>伤残等级</td><td>一</td><td>二</td><td>三</td><td>四</td><td>五</td><td>六</td><td>七</td><td>八</td><td>九</td><td>十</td><td>以劳动能力鉴定委员会鉴定结论为准。</td></tr>
<tr><td>一次性伤残补助金（月）</td><td>27</td><td>25</td><td>23</td><td>21</td><td>18</td><td>16</td><td>13</td><td>11</td><td>9</td><td>7</td><td>①一次性伤残补助金（基金支付）＝月数×本人工资。②一至四级，保留劳动关系，退出工作岗位。</td></tr>
</table>

续表

伤残津贴	90%	85%	80%	75%	70%	60%					①以本人工资为基数，低于最低工资标准的按最低工资标准支付。②一至四级，保留劳动关系，退出工作岗位，待遇由基金支付；五至六级，保留劳动关系，难以安排工作的，待遇由单位支付。
一次性医疗补助金（月）					12	10	8	6	4	2	一次性医疗补助金（基金支付）＝月数×本市上年度职工月平均工资，以解除或终止劳动关系为支付前提。
一次性伤残就业补助金（月）					60	48	15	12	9	6	①一次性伤残就业补助金（单位支付）＝月数×本市上年度职工月平均工资×系数，以解除或终止劳动关系为支付前提。②解除或终止劳动关系时年龄距退休年龄每增加1岁，一次性伤残就业补助金减少10%，达到法定退休年龄的，不计发一次伤残就业补助金。

注：1. 本人工资为工伤职工受伤害或患职业病前12月平均月缴费工资。
2. 上表系结合重庆地区规章制度列明，其他省市规定可能不同。

②非因工负伤。对于非因工负伤的，用人单位无须支付赔偿费用。但根据《企业职工患病或非因工负伤医疗期规定》（劳部发〔1994〕479号），用人单位需要给予员工3个月到24个月的医疗期。在医疗期内，员工病假工资、疾病救济费和医疗待遇按照各个省份的相关规定执行。

③提供劳务受伤或承揽人受伤。对于因提供劳务或承揽工作中受伤的，虽然两者在法律定性上有所区别，但具体到赔偿项目及赔偿费用，均是根据《最高人民法院关于审理人身损害赔偿案件适用法律若干问题的解释》的相关规定来处理。赔偿项目及计算方法如表2-7。

表 2－7　人身损害赔偿项目及计算方式（适用于劳务关系、承揽关系）

赔偿项目	计算公式	备注
医疗费	医疗机构出具的医药费、治疗费等收款凭证所载费用之和。	包括已经发生的医疗费及后续医疗费。后续医疗费可以申请司法鉴定。
误工费	1. 受害人有固定收入，按实际减少的收入计算赔偿； 2. 受害人无固定收入，但能举证证明其最近三年平均年收入的，计算公式＝最近三年平均年收入×误工期限（天）÷365（天）； 3. 受害人无固定收入，且受害人不能举证证明其最近三年平均年收入的，计算公式＝受诉法院所在地相同或相近行业上一年度职工年平均工资×误工期限（天）÷365（天）。	可以申请误工时限鉴定
护理费	1. 护理人员有收入（参照误工费的规定计算） ①护理人员有固定收入：按实际减少的收入计算赔偿； ②护理人员无固定收入：最近三年平均年收入×误工期限（天）÷365（天）。 2. 护理人员无收入或雇佣护工 按当地护工从事同等级别护理的劳务报酬计算。	护理期限：①护理至受害人恢复自理能力为止；②因伤致残不能恢复的，护理期限结合受害人年龄、健康状况等确定合理期限，最长不超过二十年。可申请护理期限鉴定。
交通费	正式票据所载实际交通费用之和。	包括受害人及其必要的陪护人员因就医或转院治疗实际发生的交通费用，票据所载事项应与就医地点、时间、人数、次数相吻合。
住院伙食补助费	1. 可以参照当地国家机关一般工作人员的出差伙食补助标准予以确定； 2. 受害人确有必要到外地治疗，因客观原因不能住院，此时住院伙食补助费还包括受害人及其陪护人员实际发生的住宿费和伙食费。	住院天数参见病历
残疾赔偿金	1. 受害人为城镇居民（或农村居民符合参照城镇居民标准计算条件的） ①≤60 周岁：受诉法院所在地上一年度城镇居民人均可支配收入×20 年×伤残赔偿系数； ②60～75 周岁：受诉法院所在地上一年度城镇居民人均可支配收入×［20－（实际年龄－60）］年×伤残赔偿系数； ③≥75 周岁：受诉法院所在地上一年度城镇居	需申请伤残等级鉴定

续表

赔偿项目	计算公式	备注
残疾赔偿金	民人均可支配收入 ×5 年 ×伤残赔偿系数。 2. 受害人为农村居民 ①≤60 周岁:受诉法院所在地上一年度农村居民人均纯收入 ×20 年 ×伤残赔偿系数; ②60 ~75 周岁:受诉法院所在地上一年度农村居民人均纯收入 ×[20 -(实际年龄 -60)]年 ×伤残赔偿系数; ③≥75 周岁:受诉法院所在地上一年度农村居民人均纯收入 ×5 年 ×伤残赔偿系数。	
被抚养人生活费	1. 被扶养人为城镇居民(或农村居民符合参照城镇居民标准计算条件的) ①≤18 周岁:受诉法院所在地上一年度城镇居民人均消费性支出 ×(18 -实际年龄) ÷扶养人数 ×伤残赔偿系数; ②≤60 周岁(被抚养人无劳动能力又无其他生活来源):受诉法院所在地上一年度城镇居民人均消费性支出 ×20 年 ÷扶养人数 ×伤残赔偿系数; ③60 ~75 周岁:受诉法院所在地上一年度城镇居民人均消费性支出 ×[20 年 -(实际年龄 -60)] ÷扶养人数 ×伤残赔偿系数; ④≥75 周岁:受诉法院所在地上一年度城镇居民人均消费性支出 ×5 年 ÷扶养人数 ×伤残赔偿系数。 2. 被扶养人为农村居民 ①≤18 周岁:受诉法院所在地上一年度农村居民人均生活消费支出 ×(18 -实际年龄) ÷扶养人数 ×伤残赔偿系数; ②≤60 周岁(被扶养人无劳动能力又无其他生活来源):受诉法院所在地上一年度农村居民人均生活消费支出 ×20 年 ÷扶养人数 ×伤残赔偿系数; ③60 ~75 周岁:受诉法院所在地上一年度农村居民人均生活消费支出 ×[20 年 -(实际年龄 -60)] ÷扶养人数 ×伤残赔偿系数; ④≥75 周岁:受诉法院所在地上一年度农村居民人均生活消费支出 ×5 年 ÷扶养人数 ×伤残赔偿系数。	受害人一级伤残赔偿系数为1,二级伤残赔偿系数为0.9,三级伤残赔偿系数为0.8,伤残等级每减少一级,系数减少0.1,依次类推。

续表

赔偿项目	计算公式	备注
精神损害抚慰金	根据侵权人的过错程度、侵害手段、场合、行为方式、侵权行为造成的后果、侵权人的获利情况、侵权人经济赔偿能力、受诉法院所在地平均生活水平等因素确定。	一般伤残等级高一级，增加 5000 元，由法院综合认定。
财产损失	根据估损清单及相应财产有效凭证主张。	需要确定原因力。
残疾辅助器具费	残疾辅助器具费按照普通适用器具的合理费用标准计算。伤情有特殊需要的，可以参照辅助器具配制机构的意见确定相应的合理费用标准。辅助器具的更换周期和赔偿期限参照配制机构的意见确定。	需申请鉴定

实践中，无论是哪种类型的伤情，用人单位都可能存在垫付医疗费、生活费、护理费等费用的情形。对于已经支付的部分，在计算赔偿金额的时候，需要相应予以扣除，避免重复支付。根据以上标准计算得出的赔偿金额在人身损害的情形下，通常并非全额赔偿。用人单位可以参考双方过错程度、经济承受能力、医治伤情所需要的实际花费等因素综合考量，划分责任比例，用赔偿总额乘以责任比例，得到较为公允的赔偿金额。

（3）制订谈判方案，设置谈判上下线

谈判上下线的设定跟伤情定性密切关联。如果是工伤，则伤残等级评定适用的标准为《劳动能力鉴定职工工伤与职业病致残等级》；如果是提供劳务或承揽中受伤，属于人身损害，适用最高人民法院、最高人民检察院、公安部、国家安全部、司法部联合发布并于 2017 年 1 月 1 日起施行的《人体损伤致残程度分级》。同样的伤情，适用的伤残评定依据不同，鉴定出的伤残等级是不同的。总体而言，人身损害的评残标准比工伤的评残标准要严格些。另外，工伤与人身损害的赔偿项目及计算方法也是不同的。工伤赔偿无须区分伤者是城镇居民或农村居民，但人身损害需要进行区分，两者赔偿标准差异很大。正是因为伤情定性、伤残等级、赔偿项目及方法、户籍类型等因素影响了最终的赔偿金额，对这些因素的认识和判断经常成为谈判双方争议的焦点。把握这些关键因素，结合相关证据，确定哪些是无争议的，哪些是可能发生争议的；如果发生争议，哪些因素是可以让步的，哪些是必须坚持的；如果让步，让步到哪个程度，确定好双方讨价还价的区间，从而综合确定谈判的最高线和最低线，做到账已算清，策略已明，胸有成竹。

(4)准备相关法律法规、类似判例及法律文书

法律法规方面,通常需要准备《民法典》《工伤保险条例》《最高人民法院关于审理人身损害赔偿案件适用法律若干问题的解释》等以备查阅。判例则需要检索与本次谈判案情类似且是本辖区内近期生效判决。法律文书通常需要《工伤认定书》《劳动能力鉴定结论》或对伤残等级、误工时限、后续医疗费、残疾辅助器具费等项目进行鉴定的鉴定意见以及可能用到的赔偿协议书范本。

2. 谈判预热阶段

(1)切入话题。人身损害谈判与其他类型的谈判不同,不宜以开门见山的方式切入话题,更适合在谈判之前,真诚地关切、慰问伤者的伤情及康复情况,给予必要而适度的关心,有利于缓和双方对立的情绪,为谈判营造良好的开端。然后渐入核心,切入正题。

(2)了解对方观点及理由。重点需要了解对方关于人伤法律性质的认识,属于工伤还是人身损害;需要了解赔偿项目及计算方法,明确每一赔偿项目的具体算法,给出具体金额;需要了解对方是否同意责任分摊,如果分摊,分摊比例是多少;如果可能,尽可能了解对方提出请求所依据的证据,重点审查对方的依据是否充分,能否支持对方所提赔偿要求。

(3)陈述己方观点及理由。听了对方陈述,需要向对方表明己方的观点和态度。对于谈判而言,可以开宗明义,表明希望通过谈判与对方达成共识,在遵守法律的基础上,本着相互谅解、经济高效的原则,找到双方诉求及利益的平衡点,通过谈判解决问题。此后,可以沿着对方思路,从人身损害法律定性、具体赔偿项目及计算方法、责任分摊、所依据证据等方面进行一一回应。出于谈判技巧,或许对方不会过早暴露掌握的核心证据,且主张的赔偿金额会高于实际金额,预留了讨价还价的空间,这些都是常见情形。同理,用人单位代表方在回应对方主张的时候,也需谨慎发言,不宜过早把关键信息或证据暴露,要为下一步磋商预留必要的空间。须知,如果该阶段过早作出承诺,后期如要反悔,会让对方占据谈判制高点,会让对方觉得己方反复无常,影响谈判进程及效果。

(4)缩小分歧,总结焦点。对已经达成一致意见的事实、观点、证据或赔偿项目及金额进行总结梳理,缩小双方差距,逐步聚焦核心分歧观点。

3. 谈判攻坚阶段

经过前一阶段的谈判,如果双方对法律定性等重大问题未达成一致,赔偿金额差距过大,则通过谈判解决分歧的可能性就较小,应当考虑通过诉讼途径解决

纠纷并做好相应的准备。实践中，伤者及其家属可能认为诉讼程序比较漫长且不确定因素太多，坚持要求用人单位通过协商解决，但又不愿意妥协退让。这种情况比较难办，谈判已经进入僵局。此时，双方比拼的不只是证据和法律，还有双方意志、耐心、定力等软实力的角逐。作为用人单位，此时既要善于坚持观点，也要适时变通，做到"观点坚定，态度柔和"。避免伤者及其家属采取过激行为，扩大事态。需要给对方预留沟通渠道，时时关注对方观点和举动，寻找恰当的时机引导对方重回谈判正轨。必要时，可寻求第三方中立机构的介入，推动谈判，如人民调解委员会、相关政府部门。

如果双方对人身损害事件的法律定性一致，赔偿项目及金额差距不算大，也有妥协的余地，那么谈判可以进一步深入。该阶段需要聚焦核心分歧观点，谈判进入攻坚阶段。这一阶段，可以考虑使用如下策略，促成谈判成功。

(1)利弊分析。可以站在公司及伤者的立场设身处地地就双方核心分歧进行利弊分析，帮助伤者进行权衡。重点是赔偿金额的核算，可以展望如果双方发生诉讼，双方将投入的时间、金钱成本。

(2)案例引证。可以举示伤者知晓的案例或与本案类似的案例，帮助对方厘清认识，走出误区。

(3)实力展示。如双方僵持不下，而对方的要求比较无理，可以考虑恰当地展示公司掌握的核心信息或证据，打消对方获得虚高赔偿的念头。

(4)恰当妥协。谈判的艺术在合理的妥协，可以根据谈判的进程和实际情况，在前一阶段规划的谈判上下限之内，给予适当的妥协。"说出去的话，泼出去的水"，切记妥协务必谨慎。一旦妥协，就需要执行，做到言而有信。当然，妥协也不完全是赔偿金额的退让，也可能是付款方式、附加条件甚至与本次谈判无关事项的配合。

(5)耐心规劝。在谈判过程中，伤者及其家属可能存在诸多质疑或顾虑，迟迟不敢成交。此时需要给予耐心解答，争取信任，打消对方疑虑。

前述办法在实践中没有先后顺序，也没有定势可寻，需要谈判者根据实际情况灵活运用。

4. 谈判成交阶段

经过前几轮交锋，进入本阶段，实乃幸事。双方如对赔偿金额这个核心问题无异议了，还要考虑在处理工伤赔偿时是否需要一并解除劳动关系(一至四级工伤除外)，因为一次性医疗补助金、一次性就业补助金以解除劳动关系为支付前提。当然,如果其他类型的人身损害赔偿,则不用考虑该问题。支付方式也是必须要考虑的问题。对于工伤赔偿,有用人单位垫付费用及不垫付费用两种处理方式。对于已经参加工伤保险的,可由用人单位垫付全部赔偿费用,工伤保险基金理赔下来的费用归属用人单位;也可不垫付费用,用人单位只支付一次性就业补助金(如解除劳动合同)、停工留薪期工资、护理费等依法应当由用人单位支付的费用,待工伤保险基金支付了一次性伤残补助金、一次性医疗补助金(如解除劳动合同)、住院伙食补助费等费用后,用人单位全额支付给伤者。如果用人单位未参加工伤保险,则全部由用人单位支付所有赔偿费用。其他类型的人身损害,不存在基金支付部分赔偿费用的问题,应当由用人单位按照谈定的金额全额赔偿。如用人单位投保了商业保险,可以转移风险,用保险理赔所得费用弥补自身损失。另外,是不是一次性了断、申领保险金归属、违约责任、支付时限、收款人信息等重要问题也应当面协商好,为签订正式合同做好准备。

前述问题都谈妥,就差一份协议来明确双方的意思。临门一脚,需要严谨而慎重,全面而翔实。这一纸协议是双方谈判的成果,也是双方权利义务的准据,约定不清或未妥善签署,可能节外生枝甚至前功尽弃。顺利签约后双方按照协议各自履行义务,就算案结事了,大功告成。

配套文书

工伤赔偿协议书

用人单位(甲方):__________

劳动者(乙方):____________,身份证号码:__________

鉴于:

1. 乙方于________年____月____日在工作中发生工伤,经劳动能力鉴定委员会鉴定为______级伤残。

2. 乙方于________年____月____日入院治疗,于________年____月____日出院,住院时间共计______天。

3. 乙方受伤前的工资标准为________元/月,工作年限为______年。

现乙方提出与甲方解除劳动关系,甲乙双方根据《工伤保险条例》及相关法律法规规定,就劳动关系解除和工伤保险待遇有关事宜达成如下协议:

1. 乙方自愿且主动向甲方提出辞职,甲、乙双方一致同意,双方于________年____月____日解除劳动关系。

2. 甲方向乙方一次性支付医疗费、停工留薪期工资、住院伙食补助费、交通费、护理费、残疾器具费、一次性伤残补助金、一次性伤残医疗补助金、一次性伤残就业补助金、鉴定费、生活津贴、经济补偿金等费用共计________元（大写：________元），甲方在乙方办理完毕一切离职手续后以银行转账方式付至乙方个人账户上，户名：__________，开户银行：________________，银行账号：______________________。

3. 乙方应当配合甲方向工伤保险基金办理理赔手续，并配合甲方签署相关文件。理赔所得款项，归甲方所有。

4. 本协议为一次性全面了断，甲方向乙方支付本协议第 2 条约定的费用后，乙方及第三方不得以任何理由再向甲方主张任何法律、法规或政策规定的补偿、补助、赔偿、待遇或违约责任，否则，甲方有权要求乙方退还基于本协议支付给乙方的所有费用，并主张支付违约金________元。

5. 本协议签订后，双方劳动关系存续期间的一切权利义务均消灭，如有未结算费用，乙方自愿放弃。

6. 本协议生效后，双方解除劳动关系及社会保险关系，乙方所有个人行为与甲方已无任何关系，乙方不得再以甲方名义从事任何社会及经济活动，不得擅自保留甲方的公司文件资料，否则，甲方将依法追究乙方法律责任。

7. 甲乙双方均清楚《劳动合同法》《工伤保险条例》等相关法律的规定，了解自身的权利及义务，签订本协议是双方真实意思表示。

8. 本协议一式两份，甲乙双方各执一份，自双方签字或盖章之日起生效，具有同等法律效力。

甲　　方：　　　　　　　　乙　　方：
签约代表：
签订日期：　　　　　　　　签订日期：

第三章 文书写作

导　语

HR 在日常工作中要动笔写作的材料很多，最常见的是人力资源管理的各种工作表单。工作表单虽然是以表格、通知、证明、确认单等"单证"形式体现，但内容同样重要，一点不能马虎。用人单位对外发送的工作表单代表了用人单位的意思表示，用人单位需要对其负责。如工作表单是为员工出具的，则是用单位的资信为员工背书，操作不妥当会惹来麻烦。笔者将结合真实案例谈谈工作表单起草的注意事项及操作细节。

合同类的文书属于法律文书，草拟的合同通常是为解决某种问题。不合格的合同不但不能解决问题，还可能导致法律风险。起草合同，除了具备人力资源的专业知识，还需要熟悉《民法典》《劳动法》的规定。此外，积累各式各样的模板是很有必要的。遇到具体问题，在已有文书模板的基础上进行修改加工，这样效率更高。不过，也不排除事情太特殊，无法套用模板，HR 需要自行起草文书，难度会更大一些。本章将给读者介绍合同起草的原则及注意事项。

毋庸置疑，文书写作中难度最大的是规章制度的拟定。起草规章制度相当于制定企业内部的"法律"，需要起草者拥有"立法者"的素质。用人单位规章制度体系建设工作量非常大，通常是委托人力资源公司或专业律师团队来完成。但用人单位需要新增某项制度或对现行规章制度进行修改，这样的工作量，HR 责无旁贷。笔者将介绍规章制度的写作思路，以及框架、要点、方法。

第一节 工 作 表 单

内容提要	
热点专题	工作表单
背景知识	工作表单
成本提示	2 条
配套案例	1. 开除学历造假的不诚信员工，《员工入职履历表》成制胜关键 2.《收入证明》被员工“活用”为证据，用人单位多赔 30 万元
实操技能	1. 采集全面，标注提示 2. 信息真实，表意准确 3. 完整填写，控制用途 4. 用印谨慎，签收备份
配套文书	应聘登记表

背景知识

为了采集、传递、汇总各种信息或数据，HR 在日常管理中要使用各式各样的表格和单证，我们统称为“表单”或“工作表单”。根据阅读对象，我们把工作表单分为对内表单、对外表单两类。对内表单由 HR 掌握，用于采集各种信息或数据，提高工作效率，一般不向管理对象——劳动者发放。常见的例如应聘登记表、员工花名册。对外表单是 HR 代表用人单位行使人事管理权的工具，承载了用人单位对外作出的意思表示，加盖用人单位印章后能产生某种法律效果。对外表单中，常见的形式有各种通知书、确认单、证明，如录用通知书、薪酬确认单、收入证明等。

成本提示

1. 招聘过程中用人单位要求应聘者填写《应聘登记表》是用人单位采集劳动者基本信息的方式，劳动者应当如实填写。这些信息影响着用人单位是否录用的判断和决定。如劳动者故意隐瞒或虚构信息致使劳动合同无效的，这份《应聘登记表》便是用人单位维护权利的有力证据。

2. 为了帮助员工达成某种目的，如贷款购房、买车等，用人单位常常出具加盖印章的证明文件。这样的证明文件往往还留有空白，任由员工自己填写。这样做方便了劳动者，把风险留给了用人单位。该等证明文件被员工作为诉讼中的呈堂证供，杀伤力堪比“投枪匕首”。

配套案例

案例1：开除学历造假的不诚信员工，《员工入职履历表》成制胜关键①

2015年5月5日，于某入职某网络科技有限公司。当日，于某填写了《员工入职履历表》，载明在2007~2011年期间，于某在上海信息管理专修学院取得本科学历，并声明“我对每一个问题的回答及所提供的资料都是真实的，同意公司获取关于我过去及目前雇主的所有信息及其他合适的资料……我知道歪曲这份求职申请表上任何信息都可能被无偿解聘”。于某向某网络科技公司提交了《普通高等学校毕业证书》，载明于某于2007年9月至2011年7月在该校计算机学院计算机信息管理专业学习，修完本科课程，成绩合格准予毕业，落款为“上海信息管理专修学院”并盖章。

后来，某网络科技公司多方核实，发现于某虚构学历，属于欺诈，于2017年11月1日向其送达了《解除劳动合同通知书》。于某不服，相继向劳动仲裁委、人民法院提起仲裁、诉讼。最终，人民法院采信某网络科技公司的主张，依法确认于某与某网络科技公司之间在2015年5月5日至2017年11月1日期间建立的劳动关系属于无效劳动关系，双方订立的劳动合同无效。劳动合同关系无效系因于某提供虚假信息所致，某网络科技公司与其解除劳动关系并无不当，故对某网络科技公司无须支付于某违法解除劳动关系赔偿金的主张予以支持。

■ 律师评析

尽管于某在诉讼中称，在2015年5月5日签订的劳动合同中并不存在有关学历的问题，其未向某网络科技公司提交涉案的毕业证书，不存在欺诈。某网络科技公司在招聘时对学历没有明确要求，于某提供的虚假学历不足以使网络科技公司作出错误的意思表示，其不存在欺诈的主观恶意，不应被解除劳动合同。但于

① 本案例摘自北京市第一中级人民法院（2018）京01民终7258号民事判决书。

某在入职之时，填写了《员工入职履历表》且签署了有关如实陈述的申明。于某提供的所有关于其学习、工作履历情况，系某网络科技公司决定是否录用于某的重要考量依据。于某自认其在入职之时向某网络科技公司提交的毕业证书为虚假证书，其行为显然属于以欺诈手段使得某网络科技公司与其建立劳动关系，最终不被法院支持。

本案中，《员工入职履历表》这份表单及表单中"我对每一个问题的回答及所提供的资料都是真实的，同意公司获取关于我过去及目前雇主的所有信息及其他合适的资料……我知道歪曲这份求职申请表上任何信息都可能被无偿解聘"的表述是本案某网络科技公司胜诉的关键因素。

■ 法条链接

《中华人民共和国劳动合同法》

第二十六条 下列劳动合同无效或者部分无效：

（一）以欺诈、胁迫的手段或者乘人之危，使对方在违背真实意思的情况下订立或者变更劳动合同的；

（二）用人单位免除自己的法定责任、排除劳动者权利的；

（三）违反法律、行政法规强制性规定的。

对劳动合同的无效或者部分无效有争议的，由劳动争议仲裁机构或者人民法院确认。

案例 2：《收入证明》被员工"活用"为证据，用人单位多赔 30 万元

李某与某钢结构公司发生劳动争议，诉请主张补发工资、加班工资、经济补偿、失业保险待遇等共计约 100 万元。某钢结构公司举示了李某的工资表、工资发放的银行流水，认为李某的工资标准为 1.5 万元/月，但各项请求均按照 3 万元/月主张，计算方法错误。李某认可工资表、银行流水的真实性，称为了避税，另外一半的工资是公司每月用现金发放的，并且举示了某钢结构公司盖章的《收入证明》，证明自己的月薪为 3 万元/月。最终，人民法院认为李某的证据更有说服力，采信了李某的说法，判决某钢结构公司支付李某各项赔偿 65.56 万元。两种工资标准，判决金额相差 30 余万元。

■ 律师评析

影响本案赔偿金额工资基数的关键证据是某钢结构公司盖章的《收入证明》。尽管单位称该收入证明是空白的,金额是李某自行填写,而且是为了配合李某贷款买房而出具,这些理由都不足以改变法官的判断。人民法院认为,《收入证明》上面的公章是真实的,收入金额用人单位有义务据实填写,给员工空白的收入证明视为用人单位认可员工填写的金额。从证明力角度看,李某举示的证据效力明显优于某钢结构公司,故予以采信。

从法院的说理可以看出法院的态度,用人单位出具的加盖印章的表单,对银行等外部机构具有证明效力,用人单位也要对证明内容负责。这个案例给 HR 制作工作表单一个很大的启示,即应当根据员工的情况,核查清楚,据实填写。另外,对外出具的证明文件需要限定用途。必要时,可以要求员工备注用途,以防作他用。

■ 法条链接

《最高人民法院关于适用〈中华人民共和国民事诉讼法〉的解释》

第一百零八条第一款　对负有举证证明责任的当事人提供的证据,人民法院经审查并结合相关事实,确信待证事实的存在具有高度可能性的,应当认定该事实存在。

实操技能

HR 要用到的表单何止万千,每个表单都有其不同的目的和背景,不一而足。好在万变不离其宗,从不计其数的案例可窥其规律,得其要领。掌握了制作该类文书的要领就能守住底线,信手拈来各式各样的表单。笔者结合实务经验,谈谈表单设计与使用过程中的几个基本原则。

1. 采集全面,标注提示

向员工采集信息而设计的工作表单应当力求全面,这样对员工会有更全面的认识。笔者经常见到很多单位的入职登记表设计非常粗糙,只有基本身份信息及意向职务、薪酬等栏目,而忽略了竞业限制、职业病、劳动关系解除状况、文书送达地址等重要信息。此外,对于员工填写表格时应履行如实告知义务,应当进行特别提示。

2. 信息真实，表意准确

对外出具的表单，要么是代表用人单位的意思表示，要么是用人单位对相关信息的确认或证明，用人单位均要承担责任。这类表单设计的第一原则，便是真实、准确。例如，向劳动者发送的录用通知书，需要准确地载明录用员工的岗位、薪酬、报到的时间和地点、报到资料明细。向员工出具的薪酬确认单、收入证明等涉及收入的证明文件，需如实载明薪酬金额，不得为了帮助员工达到避税等目的进行夸大或缩小。

3. 完整填写，控制用途

很多时候用人单位在向员工出具加盖印章的表单时内容为空白，让员工自行填写，这是大忌！这样做意味着用人单位认可表单记载的所有信息，包括员工手写部分。正确的做法是用人单位查明情况后据实出具，完整填写表格内容。如有空格或空行，宜用“/”符号划去，表明此处没有内容。此外，为了保证表单在规定的用途使用，可以在文书的空白处载明“本文书仅作为×××使用，其他用途无效”字样。

4. 用印谨慎，签发备份

几乎所有对外出具的表单都要加盖用人单位的公章，为了做到签发有据，亦对用印的表单进行登记造册，让领用表单的人员签字确认。表单的制作形式方面，可以用一式两联的方式。两联文件内容完全一致，一联由用人单位备份保管，一份签发给领用人。就算签发的表单出了问题，用人单位也可尽快查清是什么环节出了问题。

配套文书

表3－1　应聘登记表

<table>
<tr><td colspan="6">个人资料</td><td rowspan="4">照　　片</td></tr>
<tr><td>姓　　名</td><td></td><td>性　　别</td><td></td><td>身份证号码</td><td></td></tr>
<tr><td>体　　重</td><td></td><td>身　　高</td><td></td><td>健康状况</td><td></td></tr>
<tr><td>民　　族</td><td></td><td>政治面貌</td><td></td><td>婚姻状况</td><td>□已婚□未婚</td></tr>
<tr><td>最高学历</td><td></td><td>毕业院校</td><td></td><td>专　　业</td><td colspan="2"></td></tr>
<tr><td>职　　称</td><td></td><td>手　　机</td><td></td><td>邮箱/QQ</td><td colspan="2"></td></tr>
<tr><td>期望薪资</td><td></td><td>期望岗位</td><td></td><td>可到岗日</td><td colspan="2"></td></tr>
</table>

续表

紧急联系人		关　　系		联系方式	
通讯地址		收件人		联系电话	
累计工龄		是否在职	□是　□否	是否解聘	□已解除　□未解除
职业病	□有　□无	工伤情况	□有　□无	竞业限制	□有_____（单位名称）　□无
获奖情况	□是　□否	获奖类型	□全国性　□省部级　□市县级　□单位内部 获得时间：________名称：________		
处分情况	□是　□否	处分类型	□刑事　□行政　□司法　□单位内部 处罚时间：________具体情况：________		
应聘方式	□猎头　□人才市场　□招聘会　□网络　□报纸　□其他 □推荐（推荐人：________单位：________电话：________）				

受教育情况	请列出主要学习经历与曾接受的培训及获证情况			
起始年月	学校（培训机构）名称	专业/培训课程名称	学历/证书	学历情况

任职记录	请按年份先后填写最近三个以内所任职之单位					
单位一	任职时间		单位名称		单位性质	
	主营业务		单位人数		单位地址	
	任职部门		担任职务		下属人数	
	月　　薪		离职原因		证明人/电话	
	主要职责及业绩描述：					
单位二	任职时间		单位名称		单位性质	
	主营业务		单位人数		单位地址	
	任职部门		担任职务		下属人数	
	月　　薪		离职原因		证明人/电话	
	主要职责及业绩描述：					

续表

<table>
<tr><td rowspan="5">单位三</td><td>任职时间</td><td></td><td>单位名称</td><td></td><td>单位性质</td><td></td></tr>
<tr><td>主营业务</td><td></td><td>单位人数</td><td></td><td>单位地址</td><td></td></tr>
<tr><td>任职部门</td><td></td><td>担任职务</td><td></td><td>下属人数</td><td></td></tr>
<tr><td>月　　薪</td><td></td><td>离职原因</td><td></td><td>证明人/电话</td><td></td></tr>
<tr><td colspan="6">主要职责及业绩描述：</td></tr>
</table>

<table>
<tr><td colspan="4">特长 & 技能水平</td></tr>
<tr><td>英语水平</td><td></td><td>其他语种及水平</td><td></td></tr>
<tr><td>电脑水平</td><td></td><td>兴趣及爱好</td><td></td></tr>
<tr><td>技术专长</td><td></td><td>驾驶能力/取证类别</td><td></td></tr>
<tr><td colspan="4">自我评价（你的性格特征、优点和弱点）</td></tr>
<tr><td colspan="4">对所应聘职位的理解</td></tr>
</table>

<table>
<tr><td colspan="5">家庭主要成员及工作单位</td></tr>
<tr><td>与本人关系</td><td>姓名</td><td>年龄</td><td>工作单位</td><td>工作职位</td></tr>
<tr><td></td><td></td><td></td><td></td><td></td></tr>
<tr><td></td><td></td><td></td><td></td><td></td></tr>
<tr><td></td><td></td><td></td><td></td><td></td></tr>
<tr><td></td><td></td><td></td><td></td><td></td></tr>
<tr><td colspan="5">声明：本人所填内容均属实，不存在任何虚构或隐瞒，否则，愿接受公司作出的任何处理决定。

填 表 人：
填写日期：</td></tr>
<tr><td colspan="5">备注：依法受过刑事处罚的应聘者，应当如实向用人单位报告自己曾受过刑事处罚，不得隐瞒。犯罪时不满 18 周岁被判处 5 年有期徒刑以下刑罚的，免除前述报告义务。</td></tr>
</table>

第二节　合　　同

内容提要	
热点专题	合同
背景知识	合同
成本提示	2 条
配套案例	1. 模板合同暗藏陷阱，用人单位被判支付双重赔偿 2. 劳动合同未约定送达地址，员工成功索要经济补偿金
实操技能	1. 准备阶段 2. 起草阶段 3. 检查阶段
配套文书	劳动合同书

背景知识

合同是平等主体的自然人、法人、其他组织之间设立、变更、终止民事权利义务关系的协议。合同的内容由当事人约定，一般包括当事人的名称或姓名、住所、标的、数量、质量、价款或报酬、履行期限、地点及方式、违约责任、争议解决方法等条款。人力资源管理中，经常用到各种合同来约定用人单位与员工之间的权利义务关系，常见的有劳动合同、服务期协议、竞业限制协议、保密协议、借调协议、劳动合同变更协议、劳动关系解除协议、工伤赔偿协议等。每类合同都有其特定的目的，合同起草者的任务是围绕合同目的，组织不同合同条款来构建合同全文，实现双方的合同目的。值得注意的是，劳动法领域的各种合同、协议并非完全意思自治，起草合同时需特别留意法律的相关规定。

成本提示

1. 套用模板起草合同一定要全文审查，确保合同内容与缔约双方的意思一致。合同是双方当事人的合意，一旦签署，对双方当事人均产生约束力。久而久之，合同当事人可能已经忘却合同中对自己不利的约定。有所动作前，特别是“危险动作”，熟悉合同内容，避免违约，是明智的选择。

2. 法律文书通常需要送达到对方才能产生法律效力，否则就是“一张漂亮的废纸”。合同中约定送达条款特别重要，它确保了往来函件的有效送达，这是实践中经常被忽视的。

配套案例

案例1：模板合同暗藏陷阱，用人单位被判支付双重赔偿

刘某是一名高管，某天然气公司与他签订了为期5年的劳动合同。后双方发生劳动争议，刘某主张用人单位违法解除劳动合同，要求支付赔偿金。另外，刘某还要求根据合同约定支付违约解除劳动合同的违约金。某天然气公司莫名其妙，认为即便是违法解除，顶多就支付赔偿金，怎么同时还要支付违约金呢？原来，刘某入职时签订的劳动合同是HR从网上下载的模板合同，签订时未作仔细审查，其中一条约定“甲乙双方同意，如一方违约解除本合同，违约方需按乙方年薪2倍标准计算，向守约方支付违约金”，HR因疏忽未删除。

人民法院经审理，认定某天然气公司以刘某“营私舞弊，损害用人单位利益”为由单方解除劳动合同，证据不足，属于违法解除，判决某天然气公司支付刘某违法解除劳动合同赔偿金84,225元。此外，也依据劳动合同约定判决某天然气公司支付刘某违约金216,000元。

■ 律师评析

《劳动合同法》规定除劳动者违反服务期约定或违反竞业限制约定可以要求劳动者承担违约金外，其他情形不得与劳动者约定由劳动者承担违约金，但法律未对用人单位向劳动者支付违约金作出禁止性规定。用人单位与劳动者缔约时，只要不存在一方以明显缔约优势侵犯相对方利益，双方当事人可以适用意思自治的合同法原则。

本案中，劳动者与用人单位约定由用人单位承担违约金的条款应属于双方当事人意思自治的范畴，双方约定的违约金与违法解除劳动合同的赔偿金属于不同性质。违约金属于当事人意思自治的约定，赔偿金系法律的规定，故人民法院既支持赔偿金又支持违约金。

HR在起草劳动合同时未仔细阅读全文而导致了合同存在对用人单位极其不利的条款，这是用人单位支付违约金的直接原因，值得反思。

■ 法条链接

《中华人民共和国劳动合同法》

第二十五条　除本法第二十二条和第二十三条规定的情形外，用人单位不得与劳动者约定由劳动者承担违约金。

案例2：劳动合同未约定送达地址，员工成功索要经济补偿金

某制革公司原是集体企业，涂某于1992年6月进入该公司上班。由于经营不善，公司长期亏损，涂某感觉前途渺茫，于1997年2月在未办理任何手续的情况下不辞而别。某制革公司知晓涂某离职事宜，本想以旷工为由，向涂某送达《解除劳动关系通知书》，但双方签订的劳动合同中未对通信地址作约定，涂某入职时填写的登记资料也遗失，苦于找不到涂某的送达地址，最终某制革公司未作任何处置。1997年5月，某制革公司停产，通知所有在职员工停薪留职。2016年5月20日，某制革公司经批准进行改制前的清算，依法向全体停薪留职的员工支付经济补偿后解除劳动关系，这批员工纷纷领取了经济补偿。涂某闻讯而来，认为自己也是停薪留职的员工，起诉至法院，要求某制革公司支付经济补偿7万余元。

某制革公司认为涂某在停产前不辞而别，双方劳动关系已经解除，涂某不符合"在职员工"的标准，不应获得经济补偿。而涂某认为是某制革公司让其在家待业，应当享受安置政策。最终，人民法院认为，某制革公司与涂某之间属于"长期两不找"的情形，用人单位未尽管理义务，对未到岗上班的涂某未作任何处置，双方劳动关系依然存续，支持了涂某的诉求。

■ 律师评析

用人单位对自动离职的劳动者负有通知义务，并且通知的形式也必须严格，即应以书面形式直接送达为原则。严格规定用人单位对劳动者的通知义务，既体现了用人单位应当对劳动者负责的精神，也符合用人单位作为管理者的职责。作为处于优势地位的管理者，用人单位应当对劳动者的行为进行管理，并根据劳动者行为的具体情况及时作出相应处理。涂某因某制革公司经营不善未到厂上班，某制革公司应履行通知义务，通知其回单位报到或办理离职手续。对于符合旷工认定条件的，应当送达解除劳动合同通知书，劳动关系才算终止。某制革公司并

未尽到通知义务，也未对劳动关系解除事宜作出适当处置，是败诉的重要原因。

如果直接送达有困难的，可以考虑邮寄送达、留置送达等手段，但前提都是要有明确的送达地址。

实操技能

起草人力资源领域的合同需要遵循合同起草的一般原则。不过，与民商事领域的合同相比，也有自己的特点。一般而言，起草合同需要经过准备、起草、检查三个环节。

1. 准备阶段

准备阶段主要为起草合同做准备工作，是合同起草的前奏。一般而言，可以从以下几方面做准备：

（1）了解合同背景

起草合同，总是要满足合同双方的特定目的，有必要收集并阅读相关资料，与经办人员沟通，了解背景情况。例如，起草一份工伤赔偿协议，需要收集并阅读的资料包括工伤认定书、伤残评定结论、工资表、住院病历、工伤保险参保记录、伤者的身份证复印件、劳动合同等。通过审阅这些资料，我们可以了解到伤者姓名、性别、年龄、受伤的情况、住院天数、工资标准、是否参保、是否认定工伤、伤残等级、与用人单位是否建立劳动关系等基础信息。这些信息是起草合同的基本要素，涉及各项赔偿的计算和条文的表述，是必不可少的。

除了审阅资料，抓取关键信息，还有必要向了解情况的经办人员了解一些纸质资料无法反映出来的情况。例如，用人单位是否派员对伤者进行护理、是否垫付医疗费、是否支付停工留薪工资、是否向行政部门递交申领工伤待遇的资料、理赔的进度等情况。此外，还需要征求用人单位与劳动者的意向，是否解除劳动关系，这涉及一次性就业补助金、一次性医疗补助金是否支付。双方对工伤赔偿金额的意向，是双方能否达成协议的关键点。

起草的合同不同，需要了解的具体情况也就不同。不过，万变不离其宗，作为合同起草者，充分占有资料，了解合同签署的目的、双方权利义务、双方的特殊要求等相关背景，总是不会错的。

（2）检索消化法规、判例

人力资源领域涉及的法律法规呈现多、散、杂的特点，法律层面的规定比较原则，可操作性不够。很多指导具体实务开展的，更多的见诸司法解释、行政法规、部门规章、地方法规、政府规章等,法律法规的检索难度比较大。除了法律规定,司法判例,特别是最高人民法院公布的公报案例,有重要指引作用。人力资源领域的司法裁判观点变化比较快,各个省份掌握尺度不一,要注意本省的裁判观点。

检索法律法规要注意实用性、时效性,即检索到的法律规定需与合同所涉事项匹配,且是现行有效的。检索途径一般可以查阅法规书籍,使用北大法宝、无讼、威科先行等检索工具。检索方法方面,知道法律法规名称的,可以以名称来查询法律规定;不知道法律法规名称的,可以通过查询关键词、制定部门、案例来反向检索。

检索法律法规的目的是熟悉法律规定,弄清哪些是法律允许的,哪些是法律禁止的;哪些是必须按照法律规定执行的,哪些是可以由当事人自行约定的;哪些是法律有明文规定的,哪些是生效判例确定的先例的。检索并消化法规、案例,对确保合同约定的合法性、合理性有重要意义。在合同起草准备阶段,可全面阅读法规案例,筛选出重要条文并进行摘录、整理备用。起草合同过程中亦可能遇到新的法律问题,带着问题反过来检索法规、案例,可以作为补充手段。

(3)收集、启用类似文本

参考类似的范本能起到事半功倍的效果,在合同起草的过程中也是不可或缺的一个环节。范本可以提供起草思路、合同框架、条文表述,运用范本能提高合同起草效率和质量。优质的合同范本是很有价值的,人力资源从业者在工作、交流、学习中宜留心收集。对优质的合同范本加以仔细研读,领悟起草者的用意、学习合同框架结构、理解权利义务安排、吸取精妙的表达方式,定会受益匪浅。把范本的精华内化成自己的知识储备,长此以往,才可以凭借大量的摄入而做到自由输出,拟写合同条文才能驾轻就熟。遇到具体工作任务,从已有的文本库中筛选契合度最好的范本,结合实际情况,加以调整修改,便可成为一篇可用协议。实践中,也会遇到没有范本或范本匹配度不高的情况,此时只能依靠起草者平时的积累和素养来完成。

2. 起草阶段

准备工作就绪后,下一步便要进入合同起草的主体工作阶段。每个合同具体如何拟写,我们不一而足,但站在合同起草执笔者的角度,从各类合同拟写中抽象出合同拟写的关键点,却是可以做到的。一般而言,一份好的合同应该是主体适格,目的正当,内容、形式和程序有效,各方权利与义务关系均衡,具有可操作性,结构合理。

（1）合同主体

人力资源领域的合同签订主体通常为用人单位与劳动者两方，例如，劳动合同为用人单位与劳动者签订。也不排除三方甚至多方主体，例如，借调协议的签约主体为借出单位、借进单位、劳动者三方签订。无论是几方协议，审查并确定合同主体方法都是一样的。单位一方按照营业执照载明的名称录入，如是个体工商户，还需载明经营者姓名，不能使用用人单位的商号或简称。劳动者一方需按照身份证上的名字、身份证号录入，不能使用曾用名、昵称、外号。

（2）合同目的

合同目的，即是当事人签订合同的意图。HR 作为用人单位一方的工作人员，签署合同主要是行使管理职责，达到管理目的，而合同相对方——劳动者的意图也需要弄清。只有明确了双方的真实意图，才能界定双方法律关系，确定合同的性质，给合同起个准确的名称。在此基础上，才能更好地设置双方权利和义务，确保合同的有效性。

例如，甲公司是位于上海的世界 500 强企业，乙公司是甲公司在重庆的子公司。应甲公司的要求，需要从乙公司抽调尖端科研人员甘某到甲公司参与某个重点项目的紧急技术攻关，工作强度很大。项目完成之后，甘某可以获得出国深造的机会，深造费用 60 万元由乙公司全额支付（其中 30 万元的资金来源于甲公司），但甘某必须在乙公司服务满 3 年。在甲公司参与技术攻关期间，甘某的工资由甲公司支付，五险一金仍然由乙公司缴纳。对于这种情况，乙公司的 HR 应该与甘某签订什么协议呢？就合同目的而言，甲公司的合同目的是从乙公司借调甘某参与紧急技术攻关，甘某是为了获得免费出国深造的机会，乙公司的目的是让甘某在本公司服务满 3 年。为了实现三方的合同目的，乙公司的 HR 可以安排签署两份协议，即甲公司、乙公司、甘某三方签署的《借调协议》以及乙公司、甘某签署的《服务期协议》。

（3）合同的有效性

合同无效的情形，《民法典》第一百四十四条、第一百四十六条、第一百五十三条、第一百五十四条及《劳动合同法》第二十六条有明文规定，起草合同时要多加注意。人力资源领域，容易出现合同内容违反法律、行政法规的强制性规定而导致无效的情形。例如，用人单位与劳动者签订协议约定不缴纳社会保险，该协议必然无效，因为该协议的内容违背了《社会保险法》关于要求用人单位与劳动者缴纳社会保险的强制性规定。再如，用人单位与劳动者在劳动合同中约定了劳动合同终止的条件，这与《劳动合同法实施条例》第十三条“不得在劳动合同法第四十四条规定的劳动合同终止情形之外约定其他的劳动合同终止条件”的规定相抵触。

(4)合同的均衡性

所谓合同的均衡性，是指合同双方权利与义务要基本平衡，避免出现权利或义务向一方过分倾斜的情况。权利与义务是一对相生相伴的产物，享受了相应的权利，必然履行对应的义务，一方当事人的权利内容应与另一方当事人的义务相对应。权利与义务必须“匹配”，不应出现有权利主体而没有义务主体或有义务主体而没有权利主体的情形。可以说，合同是双方利益妥协的结果，应该让双方的利益诉求都得到体现，过分强调一方的权利，忽视合同相对方的利益，是得不到认可的。即便双方签署，亦有可能被事后认定为“重大误解”“显失公平”。

合同的均衡性并不要求权利义务绝对平等，也不排斥合同的特别约定。因此，合同允许“强势”一方出现。例如，相对于劳动者，用人单位便是强势一方，在劳动合同中顶格约定试用期、加班工资基数按基本工资计算、年终奖按用人单位的制度计发等，都在法律允许的范围。

(5)合同的可操作性

订立合同实质上就是合同各方对合同所涉事项的事先安排和设计，这种安排和设计，除了对各方角色的定位，也是对交易程序、交易内容做具体安排。大而化之的表述，会令合同各方当事人产生不同的看法，出现纠纷后会出现“没有约定”或“约定不明”的情况。

所谓“合同的可操作性”，主要是指合同条文约定具体翔实，易于操作，这是合同起草者应当追求的价值理念。合同缺乏可操作性主要表现在对合同约定过于抽象，合同各方的权利义务约定不明确或不同的理解方式。在合同的起草过程中，应当尽量细化各种情形，把能够提前预料到的每种情况都列入合同。

遣词造句方面，宜多使用主动语态，少使用被动语态；宜多使用陈述句，不宜使用问句；宜多使用表意准确的名词、动词，避免使用模糊抽象的形容词，如“巨大的”“合理的”；宜使用表达准确的数词、量词，不使用模棱两可的副词，如“大约”“相当”。前后文用词需保持一致，不要使用容易引起混淆的词语或频繁更换语境不一致的词，如前文用“经济补偿”，后文使用“经济赔偿”。对于下文要使用简称表达的，第一次提及需要有注明；对可能产生不同理解的专业术语或关键词，需对其进行定义。使用数字要同时使用汉字和阿拉伯数字，即大小写并用。

(6)合同结构的合理性

合同结构是指合同组成部分的安排和搭配的形式。结构合理的合同读罢给人一种清晰可辨的感觉。合同通常由首部、内容、尾部三部分组成。首部一般包括标题、合同编号、双方当事人名称或姓名、统一社会信用代码或公民身份证号码、住所、法定代表人、通信地址、联系方式等;内容一般包括签订合同的依据和目的(通常为鉴于条款)、标的物、数量和质量、价款或酬金、履行方式、地点和期限、违约责任、合同生效及终止、不可抗力、争议解决方式、法律适用、声明和保证、保密、权利放弃或转让、继承者和受让人、修订和变革、可分割性、未尽事宜、通知与送达、附则与附件等;合同结尾一般包括签约双方盖章或签字、授权代表签字、签约时间、签约地点等。

并非每个合同都需要遵循上述如此严格的体例安排。一般遵循"量体裁衣"的原则,即根据合同内容的复杂性、重要性来安排合同体例。一般重要、复杂的事项,宜追求合同全面而完备;简单的事项,能满足合同双方的要求,把核心条款说清说透即可,对不可抗力、争议的解决方式、法律适用、保密、通知与送达等通用条款可做适当取舍。

3. 检查阶段

合同起草完成后,接下来就是重新审视合同文本,借此机会,修正不恰当之处,让合同文本更加完美。本阶段,可以从篇章结构、交易细节、遣词造句等几方面去检查。

篇章结构方面,阅读完整个合同,要给人逻辑明了、结构合理、条文完备、表意清晰之感。合同双方在合同中权利义务基本平衡,合同条文所传达的意思均能实现合同双方的目的,不存在含混不清、表意不明或有歧义的情况。交易细节方面,更多的是关注交易的重点是否罗列齐全,确保不存在遗漏或过度重复。遣词造句的考量,重点是审查对专业术语的使用前后是否一致;句式是否冗长烦琐,晦涩难懂。如存在该种情况,则可在表意清楚的前提下,改为简短易读的句式。最后,注意错别字、标点符号的适用是否存在错误。

配套文书

合同编号：

劳动合同书

用人单位(甲方)：________________
法定代表人：________________
通信地址：________________
联系方式：________________

劳动者(乙方)：________________
公民身份证号码：________________
通信地址：________________
联系方式：________________

甲、乙双方就建立劳动关系事宜，根据《劳动法》《劳动合同法》等相关法律法规的规定，在甲方已向乙方如实告知涉及劳动合同的有关情况基础上，双方本着合法、公平、平等自愿、协商一致、诚实信用的原则签订本合同，双方承诺共同信守本合同所列各条款。

1. 合同的前提条件

1.1 甲、乙为本劳动合同的当事人。

1.2 甲方系在中华人民共和国注册的合法用工主体，具有用工资格。

1.3 乙方向甲方保证，在本劳动合同签订之时，与任何第三方不存在劳动关系或雇佣关系，亦未在有关竞业限制期限内，且乙方保证与原用人单位之间没有任何足以影响本合同生效和履行的事宜。

1.4 乙方保证受聘于甲方后，从事甲方交付的任何工作均不会侵犯此前曾受聘单位的商业秘密及其他合法权益。如有违反，乙方将自行承担相应的法律责任。

2. 合同期限

2.1 甲、乙双方就合同期限选择以下__________类劳动合同。

2.1.1 固定期限合同：本合同期限自________年____月____日起，至________年____月____日止。其中试用期为______个月，自________年____月____日起，至________年____月____日止。

2.1.2 无固定期限合同：本合同期限自________年____月____日起履行，其中试用期为______个月，自________年____月____日起，至________年____月____日止。如终止条件出现，劳动合同即行终止。

2.1.3 以完成一定工作任务为期限的合同：本合同期限自________年____月____日起履行，至__________________工作完成时止，并以__________________为该工作任务完成并终止合同的标准。

2.2 本合同试用期结束前，乙方未以书面形式通知甲方解除劳动合同的，甲方有义务以口头或书面形式通知乙方有关转正事宜；乙方试用期内不符合有关录用条件的或具有本合同第10.2.5条规定的情形时，甲方可解除劳动合同。

2.3 本合同期满，且不具有法定续签情形的，则本合同即行终止。

2.4　如本合同签订的起始日期与实际用工之日不一致，则甲、乙双方的劳动关系自实际用工之日起建立，劳动合同期与试用期期限亦自实际用工之日起算。

3. 工作内容及工作地点

3.1　甲方根据生产经营需要，安排乙方在__________________工作。乙方应履行本岗位的工作职责，按时、按质、按量完成其本职工作。

3.2　乙方的工作地点在__________________。随着甲方经营范围的扩大，甲方在与乙方协商一致后，可委派乙方至其他城市工作。

3.3　甲方根据经营需要、乙方工作能力、工作表现及身体状况等因素，可依法合理变更本条中规定的乙方工作部门、工作内容及工作地点。

4. 工作时间和休息休假

4.1　甲方实行标准工时制，具体工作时间由甲方制定或变更。每天的劳动时间不包括午餐及休息时间。

4.2　甲方可根据部分岗位特征、业务状况，经劳动行政部门批准，实行不定时工作制或综合计算工时工作制。

在本合同期内，乙方所在岗位经劳动行政部门批准实行不定时工作制或综合计算工时工作制，则本合同约定的工作时间自动变更为不定时工作制或综合计算工时工作制。

4.3　甲方可以根据工作需要安排乙方加班，甲方将依法支付超时工作的劳动报酬，或给予调休。

加班须根据相关规定办理加班申请手续。甲乙双方一致同意，加班加点工资按乙方的基本工资作为计算基数。

4.4　乙方所在工作岗位申请不定时工作制或综合计算工时工作制后，加班报酬按照相关法律执行。

4.5　乙方享有国家规定的法定节假日和婚假、丧假、年休假等假期。

5. 劳动报酬

5.1　乙方正常出勤并在规定的工作时间内保质保量完成甲方安排的工作任务后，有权获得劳动报酬。

甲方实行岗位绩效工资制度，乙方工资收入＝岗位工资＋奖金＋津贴。甲方根据乙方的工作岗位和实际技术业务水平，确定乙方的月岗位工资收入标准为________元；乙方奖金与其工作数量、工作质量、服务水平、出勤率等挂钩；津贴按国家和公司的相关规定执行。其中，试用期月工资为人民币________元。

5.2　甲方薪资核算周期为自然月，发薪日为次月 10 日。甲方有合理解释延迟支付劳动报酬的，不属于拖欠乙方工资。工资支付方式按照甲方规定执行。

5.3　本条第 1 款所列乙方收入为税前收入，乙方应依法缴纳个人所得税。

5.4　甲方有权根据自身经营状况、经济效益及乙方的业务能力、绩效情况、岗位、地点变化等对乙方的劳动报酬进行合理调整，包括提高或降低，乙方愿意服从甲方的决定。

5.5　奖金、津贴根据甲方内部规章制度执行。甲方有权根据需要制定、修改、完善或废止奖金、津贴制度。

5.6　除本合同第 5.1 条约定的劳动报酬，甲方有权根据自身经营情况决定年终奖、全勤奖、13 薪等福利待遇的发放规则。

6. 社会保险及福利待遇

6.1　甲方应按照国家和×××省/市有关规定，按比例为乙方缴纳社会保险，乙方也应当按比例缴纳其应承担的部分,并由甲方在工资内代为扣除。乙方保证其将及时向甲方递交办理社会保险的有效凭证,如因乙方迟延递交而造成的任何后果,乙方应承担相应责任。

6.2 乙方因病或非因工负伤期间待遇按法律、法规及相关规定执行。

6.3 乙方因工负伤及女职工孕期、产假和哺乳假等待遇按照相关法律、法规执行。

6.4 甲方将根据公司相关规定,结合乙方的工作岗位、工作地点向乙方支付或调整其他补贴及福利费用。具体标准由甲方制定。

6.5 培训员工、鼓励个人发展是甲方的政策之一,甲方会有计划地为乙方提供职业培训。除各种内部培训活动外,甲方也鼓励乙方自己参加一些外部的培训活动或课程。

如甲方提供专项培训费用对乙方进行专业技术培训的,则甲方有权与乙方约定服务期,服务期期限至少为______个月。在服务期内,如乙方提出辞职或因过失被甲方解除劳动合同,乙方须向甲方支付违约金。

服务期违约金 =(应服务月数 - 已服务月数)/应服务月数×培训费总额。

如甲、乙双方另行签订培训协议的,该协议为本合同附件。存在冲突之处以另行签订的培训协议为准。

6.6 甲方可根据自身经营状况、经营效益等相应调整乙方的各项福利待遇。

7. 劳动保护、劳动条件和职业病防护

7.1 甲方为乙方提供符合国家规定的劳动安全卫生标准的工作环境,确保乙方在人身安全及人体不受危害的环境条件下从事工作。

7.2 甲方根据乙方岗位实际情况,按照国家有关规定向乙方提供必要的劳动防护用品。

7.3 甲方将按照国家及当地政府的相关规定,积极采取职业病防护措施,确保乙方的人身安全及人体不受危害。

8. 劳动纪律

8.1 甲方有权在不与法律法规相抵触的情况下,遵循民主原则,制定员工手册及其他各项规章制度。甲方依据前述制度对乙方进行劳动纪律的日常管理。乙方应严格遵守甲方制定的前述制度,否则甲方可根据单位规章制度,给予相应的处分。

8.2 甲方制定的各项规章制度将及时予以公示。甲方要求乙方认真阅读相关内容,以保证及时了解掌握甲方的各项信息。如乙方因不在公司而无法阅览,甲方要求乙方在返回公司出勤后的一周之内及时进行阅览。如出现乙方未能及时阅览上述信息而造成的后果,由乙方承担一切责任。

8.3 在履行本合同期间,甲方可以对其员工手册及其他各项规章制度进行修订,或者制定新的规章制度。如果原规章制度与甲方新的制度不一致,乙方同意按照甲方新的规章制度执行。

8.4 乙方应妥善保管甲方财物,乙方因任何原因离职时,均须归还甲方财物,包括但不限于电脑、软件、光盘、技术文档等。如乙方疏忽丢失或蓄意损坏,应予以赔偿。

8.5 乙方保证其向甲方提供的所有信息、资料、证明等均属真实、有效,并承担相应责任。

8.6 乙方因尚未与原用人单位解除或终止劳动合同关系而致甲方损失的,应当予以赔偿。

9. 保密及知识产权归属

9.1 甲、乙双方确认，乙方在履行工作职责时必然会接触到的甲方的商业秘密及与知识产权相关的保密事项，前述事项均属于甲方的财产和权利，乙方负有当然的保密义务。

9.2 从本合同生效之日起，乙方必须遵守甲方的任何保密规章、制度，履行与其工作岗位相应的保密职责。未经甲方书面同意或非为履行本合同项下的职责和义务，乙方不得向任何第三方（包括不得知悉该项秘密的甲方其他员工）泄露甲方的任何商业秘密。

9.3 甲、乙双方确认乙方因职务上的需要所持有或保管的一切记录着甲方秘密信息的任何形式的载体，均归甲方所有。

9.4 乙方在甲方任职期间，因履行甲方交付的工作任务或主要利用甲方的物质和技术条件、业务信息等完成的发明创造、计算机软件、技术秘密、著作权等，其相关的知识产权归属甲方（应属于乙方的身份性权利除外）。

9.5 乙方保证，正确使用并妥善保管属于甲方或者虽属于他人但甲方承诺有保密义务的秘密信息，不得利用前述信息为自己或任何第三人牟利。除了履行职务外，乙方承诺其在职期间及离职后，未经甲方书面授权，不得以泄露、告知、公布、发布、出版、传授、转让或者其他任何方式使任何第三方知悉属于甲方或者虽属于他人但甲方承诺有保密义务的秘密信息，也不得在履行职务之外使用这些秘密信息，直至甲方宣布解密或保密信息实际上已经公开。

9.6 甲、乙双方劳动关系解除或终止后，乙方必须将所有机密信息和资料及其复印件返还给甲方，并向甲方保证本人不再有任何使用该资料或者信息的权利，并申明已将该资料和信息的所有原件及复印件退还给甲方。如甲方发现乙方未及时归还前述资料，造成甲方损失的，乙方必须承担相应的赔偿责任。

9.7 凡未经甲方书面同意或非为履行本合同项下的职责和义务而以直接或间接、口头或书面等形式提供给第三方涉及保密内容的行为均属泄密，造成甲方损失的，乙方必须承担相应的赔偿责任。

10. 合同的变更、解除及终止

10.1 劳动合同的变更

10.1.1 本合同订立时所依据的法律、法规、规章或政策规定发生变化，本合同应变更相关内容。

10.1.2 由于不可抗力致使本合同无法履行，经双方协商同意，可以变更合同相关内容。

10.1.3 甲、乙双方协商一致，可以对本合同的部分条款进行变更。

10.1.4 甲方对乙方的工作岗位、工作地点或职务所作的调整，如果双方未签订书面变更合同或协议，且乙方自到岗后一个月内未提出书面异议的，视为乙方同意该调整。

10.2 劳动合同的解除

10.2.1 甲、乙双方经协商一致，可以解除本合同。

10.2.2 乙方解除本合同，应当提前三十日以书面形式通知甲方，辞职书呈交主管或人事部门，双方协商确定乙方最后工作日期。乙方在试用期内辞职的，须提前三日书面通知甲方。

10.2.3 甲方有法律、法规规定的情形的，乙方可解除劳动合同。

10.2.4 有下列情形之一的，甲方可以解除劳动合同，但是应当提前三十日以书面形式通知乙方或额外支付乙方一个月工资：

10.2.4.1　乙方患病或者非因工负伤，医疗期满后，不能从事原工作也不能从事由甲方另行安排的工作的；

10.2.4.2　乙方不能胜任工作，经过培训或者调整工作岗位仍不能胜任工作的；

10.2.4.3　劳动合同订立时所依据的客观情况发生重大变化，致使原劳动合同无法履行，经双方协商不能就变更劳动合同达成协议的。

10.2.5　有下列情形之一的，甲方可以随时解除劳动合同且不支付经济补偿金，双方依法办理退工手续：

10.2.5.1　乙方在试用期内被证明不符合录用条件的；

10.2.5.2　乙方严重违反劳动纪律或甲方规章制度的；

10.2.5.3　乙方严重失职、营私舞弊给甲方造成重大损害的；

10.2.5.4　乙方被依法追究刑事责任的；

10.2.5.5　乙方被查实在应聘时向甲方提供虚假资料的；

10.2.5.6　乙方与其他用人单位建立劳动关系，对完成甲方的工作任务造成严重影响或者经甲方提出，拒不改正的；

10.2.5.7　以欺诈、胁迫的手段或乘人之危，使甲方在违背真实意思的情况下订立劳动合同而致本合同无效的；

10.2.5.8　法律、法规规定的其他情形。

10.3　有下列情形之一的，劳动合同终止：

10.3.1　劳动合同期满的；

10.3.2　甲方被依法宣告破产的；

10.3.3　甲方决定解散、被吊销营业执照、责令关闭或者被撤销的；

10.3.4　乙方开始依法享受基本养老保险待遇的；

10.3.5　乙方死亡，或被人民法院宣告死亡或者宣告失踪的；

10.3.6　法律、行政法规规定的其他情形的。

10.4　乙方有下列情形之一的，甲方不得依据本合同第 10.2.4 条的规定解除或终止劳动合同；法律另有规定的从其规定：

10.4.1　乙方从事接触职业病危害作业的，未进行离岗前职业健康检查，或者乙方因疑似职业病在诊断或医学观察期间的；

10.4.2　乙方患职业病或因工负伤并被确认丧失或者部分丧失劳动能力的；

10.4.3　患病或者非因工负伤，在规定的医疗期内的；

10.4.4　女职工在孕期、产期、哺乳期内的；

10.4.5　在甲方连续工作满十五年，且据法定退休年龄不足五年的；

10.4.6　法律、行政法规规定的其他情形。

10.5　在解除或终止劳动合同时，甲方如需支付经济补偿金，按照法律法规执行。

10.6　在最后工作日前，乙方必须根据甲方的要求并配合所在部门及其他部门办理完所有的工作交接手续，包括但不限于：

10.6.1　归还所有代表公司员工身份的证明文件，如工作证、介绍信函、员工信息卡等；

10.6.2　归还所有公司文件、资料、记录、设备、工具、文具、通信设备等；

10.6.3　归还员工保管的所有公司的钥匙；

10.6.4　向继任者或公司指派的其他同事交代清楚所有工作；

10.6.5　与财务部门结算所有应付款项、应收款项；

10.6.6　____；

10.6.7　其他根据公司规定必须移交的物品。

办理工作交接的程序根据甲方的要求进行。工作交接完毕，由甲方在工作交接清单上签字确认。乙方不按规定办理交接手续，造成甲方损失的，甲方有权要求乙方赔偿。

11. 违约及赔偿责任

11.1　在本合同期限内，如乙方接受甲方提供的出资培训，或者约定竞业限制的，依照双方约定办理。乙方违约，应承担违约责任，乙方给甲方造成的损失超过违约金数额的，乙方还应赔偿超过违约金部分的损失。

11.2　甲乙双方任何一方违反本合同规定，给对方造成损失的，应予以赔偿。

11.3　乙方侵占甲方财产给甲方造成损失的，乙方应返还相应财物，并赔偿甲方损失。没有法律规定或者合同约定获得甲方利益的，乙方应将所获不当得利返还甲方。

12. 其他事项

12.1　本合同如与现行相关法律、法规、规章不一致，应以相关法律、法规、规章为准。如果相关法律、法规、规章进行变更，应以新的有效的法律、法规、规章为准。

12.2　本合同未尽事宜，双方另有约定的从约定；双方没有约定的，遵照相关法律、法规、规章执行；法律、法规、规章没有规定的，双方应遵循平等自愿、协商一致的原则，另行签订协议作为本合同的补充协议。

12.3　因履行本合同产生的争议，甲、乙双方应友好协商，协商不成的，任何一方可向有管辖权的劳动争议仲裁委员会提起劳动仲裁。不服仲裁裁决的，可依法向人民法院提起诉讼。

12.4　释义：

本合同中所称“法律”“法规”“规章”，若未作特殊说明，系指中华人民共和国及甲方所在地的法律、法规、规章。

本合同中所称第三方，若未作特殊说明，系指除甲方、乙方之外的第三方。

12.5　本合同一式二份，经双方签字、盖章后生效，双方各执一份。两份合同具有同等法律效力。

乙方确认：

1. 劳动合同期内，乙方户籍所在地址、联系地址、联系方式等发生变化，应当在3日内及时告知甲方。如乙方以上事项变更事宜，没有及时通知甲方，甲方依此信赖邮寄相关文件及法律文书按合同首部乙方联系地址邮寄，将视为已经送达。

2. 乙方在签订本劳动合同时，已详细阅读，对合同内容予以全面理解，并已知晓甲方的各类规章制度。规章制度包括但不限于《员工手册》《岗位说明书》等，作为劳动合同的附件，与劳动合同其他附件一起，与劳动合同同等有效。

甲　　方：	乙　　方：
签约代表：	
签订日期：	签订日期：

第三节　规章制度

内容提要	
热点专题	规章制度
背景知识	规章制度
成本提示	2 条
配套案例	1. 规章制度内容被判违法，人民法院不予认定其效力 2. 规章制度遗漏严重违纪规定，开除员工缺乏制度依据
实操技能	1. 结构完备 2. 内容全面，合法合理 3. 用语规范
配套文书	考勤管理制度

背景知识

规章制度，又称管理规范，是用人单位管理中各种制度、标准、办法、守则等的总称。《劳动法》《劳动合同法》赋予了用人单位用工自主权，允许用人单位根据自己的实际经营情况制定规章制度管理员工。合法制定并经公示的规章制度是企业内部的“法律”，它告诉劳动者在职场中什么可以做，什么必须做，什么禁止做，是用人单位管理员工的依据。

规章制度具有普遍性，它不是针对某个人，而是适用于用人单位的某个群体，甚至全体人员；规章制度具有规范性，它告诉员工言行允许和禁止的范围；规章制度具有强制性，它对全体员工都有约束力，任何人不得违反，违反者均有相应的后果；规章制度具有相对稳定性，一经实施，在一段期间内将保持不变；规章制度具有民主性，要求制定时与员工进行民主协商，听取员工的意见；规章制度具有公开性，要求向员工公示，让员工能够学习、知晓其中内容；规章制度一般不能溯及既往，原则上只能规范颁布实施之后员工的行为。其中，民主性、公开性是《劳动合同法》对规章制度的要求。

“没有规矩，不成方圆”，自古以来，人们都非常强调制度的重要性。规章制度是用人单位向员工传达价值理念、行为规范、赏罚界限的载体，它可以帮助员工明确工作流程和工作权限，保证日常工作的顺利和高效，减少和避免工作中出现的错误，使企业管理更加多元、有序、规范、高效。科学管理企业，也离不开规章制度。人管人很难，制度管人比较容易，要做到用制度管人，用人单位必须要有一套体系健全的规章制度。用规章制度管人，就要给它以最大的权威性，在企业规章制度面前，人人平等。规章制度的约束可以让企业的每位员工都调整到最佳的工作状态，同时还能实现管理的公平性，用制度说话，管理者才能从常态的琐碎纠纷事务中解脱出来，专注于更重要的工作。

成本提示

1. 规章制度违法分为实体违法和程序违法。实体违法，即规章制度的内容本身违反法律、法规的规定，由劳动行政部门责令改正，给劳动者造成损害的，应当承担赔偿责任，劳动者还可以据此主张解除劳动合同并要求支付经济补偿。程序违法即规章制度未通过法律要求的民主程序制定或未依法向劳动者公示，这样的规章制度不能作为处理劳动争议的依据。

2. 规章制度贵在全面、细致深入、贴近用人单位的管理实际，并且结合经营管理状况不断保持更新。大而空的制度，显得形同虚设，不能起到应有的作用。照搬照抄的舶来品，可能与本单位的实际情况水土不服。一成不变的制度，容易跟不上管理需要，与现实情况脱节。

配套案例

案例1：规章制度内容被判违法，人民法院不予认定其效力①

段某是某机械公司的职工。2008 年 12 月 16 日，段某受某机械公司指派驾驶公司所有的重型汽车起重机与骑自行车的王某相撞，发生交通事故，致使王某当场死亡。2009 年 1 月 13 日，公安机关经过现场勘查，认定段某负此事故的次要责任，王某负主要责任。

某机械公司以单位规章制度明文规定为由，强令段某承担交强险赔偿款之外的 21 万元赔偿款，起重机停车费 1000 元，修理费 600 元。2009 年 1 月 19 日，段某与王某亲属在公安机关主持下签订了《交通事故损害赔偿调解书》，约定受害者王

---

① 本案例摘自（2013）徐民再终字第 0004 号民事判决书。

某各项损失合计45.7141万元,由某机械公司职工段某承担32万元,其他损失双方各自承担。次日,段某向受害人王某的亲属支付了协议约定的赔偿款32万元,其中包含保险公司支付的交强险赔偿金11万元。

段某认为:事发当日驾驶车辆系职务行为,因此造成他人伤害应由某机械公司承担赔偿责任,某机械公司制定的相关规章制度违法;故诉至法院,请求判令某机械公司返还交通事故赔偿款21万元,起重机停车费1000元,修理费600元,并支付利息1266元。

本案一审法院驳回了段某全部诉讼请求。二审法院认为,虽然用人单位经过法定程序制定的内部规章制度明确规定"对于工作中职工造成第三人的损害由职工自行承担",但该内部规章制度因违反法律规定,免除了用人单位自身的法定责任,损害了劳动者的合法权益,故应认定为无效。于是,二审法院撤销了一审判决,判令某机械公司返还段某交通事故赔偿款72,858.4元。二审之后,段某申请再审,某高级人民法院指令二审法院再审。最终,二审法院经过再审后,判令某机械公司返还段某交通事故赔偿款138,856.4元。

■ 律师评析

尽管法律赋予用人单位制定规章制度的权利,给了用人单位行使用工自主权的空间,不过该项权利的底线是不违反法律、法规的规定。《劳动合同法》第三十八条第一款第(四)项规定,用人单位的规章制度违反法律、法规的规定,损害劳动者权益的,劳动者可以单方解除劳动合同。此外,正如本案例所示,这样的规章制度最终将被人民法院认定为违法,不能作为裁判的依据。

■ 法条链接

《最高人民法院关于审理劳动争议案件适用法律若干问题的解释》

第十九条 用人单位根据《劳动法》第四条之规定,通过民主程序制定的规章制度,不违反国家法律、行政法规及政策规定,并已向劳动者公示的,可以作为人民法院审理劳动争议案件的依据。

案例2:规章制度遗漏严重违纪规定,开除员工缺乏制度依据

某物业管理公司接到举报,称公司市场部经理冉某利用职务便利收取回扣

300元。某物业公司经过调查，认定冉某收受回扣属实，准备以违反公司廉洁规定为由给予冉某解除劳动合同处分。人事经理在经办解除手续时，发现某物业公司《廉政自律八项规定》中只是很笼统地规定"员工在开展工作的过程中，应当廉洁自律，不得以任何理由收受客户、供应商的财物"，并未具体区分违纪情形并规定相对应的处罚措施。某物业管理公司担心解除行为违法，举棋不定，向劳动监察部门咨询。劳动监察部门认为，公司作为用人单位，有健全规章制度的义务。目前的廉洁规定属于倡导性的规定，并未区分情况并规定相应的处理方式，可以说是"无法可依"，给予劳动者解除劳动合同处分，违反解除劳动合同的风险较大。某物业管理公司碍于缺乏制度依据，最终放弃了给予冉某处分。

■ 律师评析

本案冉某收取回扣，金额虽小，但性质恶劣，用人单位本可以给予解除劳动的处理，以正视听。碍于规章制度过于粗糙，未直接规定用人单位可以直接解除劳动关系，最终不得不放弃，甚是遗憾。通过本案，足见规章制度完整、全面、细致的重要性。在制定规章制度时，可以借鉴其他单位的管理经验，也可以采用"头脑风暴法"尽可能多地设想各种情形，并根据情节轻重明确相应的处理措施。

单就本案案情而言，某物业管理公司也可以考虑以员工违反职业道德、违背公序良俗为由来解除劳动合同，不过考虑到金额较小，可能给予解除劳动合同的处理方式与冉某行为的过错、危害程度不匹配，造成"罚大于过"的现象，某物业公司最终选择放弃。

■ 法条链接

《中华人民共和国劳动合同法》

第三十九条　劳动者有下列情形之一的，用人单位可以解除劳动合同：

（一）在试用期间被证明不符合录用条件的；

（二）严重违反用人单位的规章制度的；

……

实操技能

起草一份好的规章制度绝非易事，一般要经历确定管理对象、分析约束内容、编写具体内容、制定并修改、公示并颁布①几个步骤。笔者结合实务经验,站在一名执笔者的角度,从规章制度结构、内容、语言三方面谈谈起草规章制度的具体操作。

1. 结构完备

规章制度的结构好比人体的骨架,勾勒出全文框架后,制度便初具模型。笔者认为,一份完备的规章制度通常由标题、前言、正文、附则四部分构成。

(1)标题

规章制度的标题即名称,应能概括整个规章制度的内容。标题应当力求简洁明了,切忌冗长烦琐,一般由制度发布主体、制度主题、制度种类三部分组成。发布主体为企业名称,制度主题即制度规制的核心事项,制度种类即制度的表现形式。例如,"×××集团有限公司员工招聘管理办法"中,"×××集团有限公司"为发文主体,"员工招聘管理"为制度主题,"办法"为制度种类。标题中除引用的法规、规章的名称需加书名号外,一般不加标点符号。如主标题不能完整概括制度内容,可以考虑使用副标题。

(2)前言

前言主要交代规章制度的制定目的、制定依据、适用范围。制定目的主要说明制定制度的动机及所要实现的结果。制定依据重在说明制度指定的政策、文件、法律依据。适用范围主要划定本制度的适用人群、适用范围。

(3)正文

正文部分是制度的核心,通常包括权责归属、管理内容及要求、违规责任等几个部分。权责归属,主要规定实施管理行为的主体,明确主管部门和协作部门,以及他们的相互关系、分工界限、职权范围、责任形式。管理内容及要求应详细规定该项规章制度所涉及的全部内容和应达到的要求、采取的措施和办法。违规责任主要规定责任原则与形式,以及对违规情形的具体处理办法。

(4)附则

附则是制度的尾部,主要交代实施期限、解释权归属、其他事项。实施时间主要明确本制度正式生效实施的时间。解释权归属是指对制度的解释和制度执行的监督具有专属权的规定。其他事项一般说明该制度与其他制度间的关系,与之有关的其他制度是否同时有效、废止,还是部分废止。如制度本身附带表格、范

---

① 孙宗虎、李亚慧:《员工手册编写范本》(第4版),人民邮电出版社2017年版,第7页。

本、引用文件、修正案也可放在该部分。

前述几个部分并非所有的制度都必须包括，起草者可以根据事项的简繁、复杂程度，重要程度来决定制度文本的体例和结构。

2. 内容全面，合法合理

框架搭建好了之后，下一步就是填充具体内容。具体的内容，有赖于起草者集思广益，在借鉴高质量范本的基础上，结合本单位的实际情况，全面、细致地加以罗列。规章制度的内容属于企业内部的“法律”，是国家法律、法规和政策的延伸和细化，不得违反法律、法规、政策的规定，这是规章制度的底线。此外，还应当本着公序良俗原则，相关规定符合普遍道德标准和一般人的认知水平，让规章制度更具有合理性、可操作性。

(1)熟悉相关法规

起草制度之前，全面检索与制度相关的法律法规并进行全面浏览，梳理出需要重点注意的条文，以防制度起草设计、起草中的认知因素违法。

(2)全面细致地罗列规定

做到全面、细致是一件非常不容易的事，完全的凭空编造是不现实的。实践中，执笔者可以多方收集范本，取其精华，借鉴他人合理的成分。再结合本单位的实际情况，列举规制要点，吸收进入本单位的制度中。规章制度草案拟定好了之后，要多方征求意见，广泛听取不同部门、不同层级代表的声音。必要时，可以就专门问题、疑难问题进行专项论证，获得专家的支持。一份合格的制度，往往要经过多次征求意见、多次讨论、多次论证才能最终出炉。

(3)合规性审查

制度起草完成后，交由法律专业人士作全面合规审查，以确保制度内容合法。

3. 用语规范

规章制度属于比较严肃的文件，在用语风格方面，无须辞藻华丽，但务求严谨、准确、规范。

(1)使用书面语言。规章制度的用语必须是正式的、规范的书面语言，做到不使用方言俚语、不滥用生僻词。对于文件中要反复提及的较长的专用名词，第一次使用时，规定该名词的简称，下文均使用同一简称。如文件中反复用到“中国农业银行股份有限公司重庆分行渝北鲁能支行”，可以在第一次提及时注明以下简称为“农行鲁能支行”。

(2)使用专业术语。对于具有特定含义的专业术语，不可随意替换或交叉使用。规章制度很多需要结合法律规定制定，免不了使用法言法语。具有特定含义的词语，应当前后均使用同一词语，不可随意替换。例如，“解除”不可与“终止”混淆，“劳动关系”与“劳务关系”不能交替使用。

(3)用语精简。表述应当言简意赅，切忌繁冗重复。规章制度的文字既要做到语言简洁，又要做到文义完备。对于较为复杂的意群，可以拆分为几个层次，按照一定的逻辑次序来表达。相同的意思，表达一次即可，不可重复。

(4)逻辑严密。规章制度的语言力求逻辑严密，经得起推敲。有些用人单位的规章制度表述前后矛盾，语言漏洞较多，因而难以严格执行下去。规章制度的严密性，体现在内容上就是要面面俱到，在文字表述上则是全面周到。每一章节、每一条款甚至每一词语都必须有确定的属性，人们对每一条款、每一词语的理解必须是一致的，文字表述不严密，则会出现盲区和误区，影响执行效果。

配套文书

考勤管理制度

1. 制定目的

为了保证工作秩序，规范考勤管理，使员工的工资核算做到有法可依。

2. 制定依据

根据《劳动法》《劳动合同法》《劳动合同法实施条例》等相关法律法规，结合公司实际情况，制定本制度。

3. 适用范围

本制度适用于与公司签订劳动合同的所有员工，包括试用期内员工。

4. 管理权责

公司人力资源部负责制定、修订考勤管理制度，日常考勤管理；行政部负责员工考勤情况的检查、抽查和统计工作；财务部负责根据考勤统计数据核算工资。

5. 工时制类别

部门负责人及以上人员实行不定时工时制，其他员工实行标准工时制。

6. 不定时工时制

实行不定时工时制的，参照标准工时制规定的工作时间出勤。

7. 标准工时制

实行标准工时制的，每周工作 5 天，每天工作时间上午 9:00 - 12:00，下午 13:00 - 18:00。其中，午休时间不计入工作时间。

8. 公休日及法定节假日

公司按国家规定执行公休日及法定节假日。

9. 考勤方式

公司实行指纹考勤，员工工作日上班下班各打卡一次。

10. 考勤周期

每月考勤周期为当月第一日起当月最后一日止。

11. 外出公务或出差

员工外出公务或出差,应在 OA 上填写外出公务或出差申请。

12. 忘记打卡情况

员工因个人原因忘记打卡的,应于当日或次日在 OA 上完成《考勤异常申诉》。

13. 考勤内容

考勤按照在岗、特殊出勤、迟到早退、旷工四类情况统计。

13.1 在岗

13.1.1 员工应当严格按照公司规定工作时间上下班。

13.1.2 员工在工作时间外出公务或出差须经直接领导同意。

13.2 特殊出勤

13.2.1 对因工作需要特殊出勤的员工,工作日出勤早于 6:00 或晚于 20:00 的,每次给予 50 元特殊岗位补贴。

13.2.2 早于 4:00 或晚于 22:00 的,每次给予 100 元特殊岗位补贴。

13.3 迟到早退

13.3.1 无正当理由工作日打卡时间晚于 9:00 的,视为迟到;早于 18:00 的,视为早退。

13.3.2 每月迟到或早退 1 次(含)的,扣发全勤奖的 50%;迟到或早退 2 次(含)的,扣发所有全勤奖。

13.4 旷工

13.4.1 员工有下列行为之一的,可视为旷工:

13.4.1.1 正常工作日工作时长不足 4 小时的;

13.4.1.2 无故缺勤且没有履行请假、出差或打卡异常等审批程序的;

13.4.1.3 未履行完辞职程序擅自不到岗的;

13.4.1.4 公司依法调整工作岗位后,员工未在规定的时间内到新岗位报到工作的;

13.4.1.5 其他类似上述行为的。

13.4.2 旷工的处罚

出现上述旷工行为不超过 4 小时(含)的,记为 0.5 天;超过 4 小时不超过 8 小时(含)的,记为 1 天;旷工日不计薪。

13.4.2.1 员工每旷工 0.5 天,扣罚当月全勤奖;

13.4.2.2 年度累计旷工达到 2 天(含)时,给予书面警告;

13.4.2.3 连续 2 天(含)旷工或年度累计旷工超过 3 天(含)的,视为严重违反公司规章制度,公司有权单方解除劳动合同。

14. 内容更新

本制度内容并非固定不变,有关内容可能随公司业务发展、组织结构变动、外部法律环境,公司政策、规章和制度等因素调整而随之变化,公司将依据一定程序对本制度作出修订、补充、更新。

15. 解释权属

制度任何部分无效或不再有效,不影响其他部分的有效性,对于无效或不再有效部分，将由公司尽快制定新的内容予以取代，或者被法律的强制性要求自动取代。公司拥有本制度的变更、终止权利和最终解释权。

16. 施行日期

本制度从颁布之日起施行，原《考勤管理办法（试行）》作废。

第四章

危机公关

导 语

常言道“宁犯天条，不犯众怒”，集体罢工便是用人单位“犯众怒”后劳资双方矛盾集中爆发的体现。集体罢工涉及人员众多，矛盾尖锐，敏感度高，处理不慎容易酿成群体信访、集体诉讼等事件。对用人单位而言，这绝对是一场危机，如处理不善，轻则引起管理上的骚乱，重则可能停产歇业。此等棘手的事件，在处理方法上必定非常讲究。本章笔者将结合亲自处理的案例，讲述集体罢工的处理方法及实际操作经验。

人员死亡事件是人力资源管理领域处理难度更大的危机事件。正所谓“人命关天”，发生了人员死亡事件总是牵动着死者亲属的心。对于用人单位，轻则可能面临民事赔偿，重则可能因为安全生产事故被行政处罚，甚至被追究刑事责任。对于政府部门，可能是桩民生案件，生怕处理不妥引起社会动荡，诱发群体事件。用人单位发生了人员死亡事件，HR 必定身处事件处理的最前线。面对多方面的密集关注，众多敏感的神经，如何给死者家属一个合理的解决方案，同时又控制好用人单位处理该事件的成本，是个值得研究的问题。笔者将结合真实案例，抛砖引玉，探讨解决之道。

第一节 集体罢工

内容提要	
热点专题	集体罢工
背景知识	1. 因经营主体发生各种变更引发的罢工 2. 因经济性裁员或组织机构整合裁除冗员而引发的罢工 3. 因"钱少事多"引发的罢工 4. 因用人单位存在明显违法行为引发的罢工
成本提示	1 条
配套案例	1. 引入新股东，引发大罢工 2. 经济性裁员，引发群体性怠工 3. 加班不给钱，闹出大问题 4. 老板不买社保，引起员工众怒
实操技能	1. 事件处理准备阶段 2. 事件处理预热阶段 3. 事件处理攻坚阶段 4. 事件处理成交阶段
配套文书	谈判备忘录

背景知识

我国法律没有赋予劳动者罢工权，员工罢工并无法律根据。虽然如此，近年来，随着经济增长速度减缓及供给侧结构改革，各行各业在调整产业结构时难免出现劳资矛盾，大规模的罢工事件经常见诸媒体。结合笔者见闻及亲自办理的案件，根据罢工原因，大致可以分为以下几类：

1. 因经营主体发生各种变更引发的罢工

例如，股权交易、股东变更、公司合并、公司分立等变化引发的罢工。虽然《劳动合同法》第三十三条、第三十四条规定前述变更不影响原劳动合同的履行，但实践中，这种变化可能触及劳动者既得利益，也可能引发他们对未来的不安或恐惧。往往他们要求对之前工作年限进行清算，要求"买断工龄"，用人单位面临集中支付大笔经济补偿的风险。

2. 因经济性裁员或组织机构整合裁除冗员而引发的罢工

在经济下行的大环境下，这类罢工容易出现在企业经营不善引发的裁员中。实践中，被裁减员工往往要求高于法定标准支付经济补偿，或者认为用人单位的裁员属于违法解除劳动关系。用人单位可能面临支付额外经济补偿或违法解除劳动关系赔偿金的风险。

3. 因“钱少事多”引发的罢工

这类罢工主要因为用人单位的薪酬体系、工资增长机制、加班制度及企业文化存在缺陷而引发。这类罢工，员工主要要求用人单位减少加班，增加劳动报酬。用人单位面临支付增量工资的风险。

4. 因用人单位存在明显违法行为引发的罢工

例如，用人单位规章制度侵犯员工权益、未依法缴纳社会保险、缺乏必要的劳动保护条件、强令冒险作业、工作环境恶劣等原因引发大规模罢工。此类罢工，员工通常要求用人单位纠正违法行为、改善工作条件等。用人单位面临支付规范管理、合规操作的成本。

成本提示

集体罢工是员工不满情绪及利益诉求的强烈表达形式，无论哪种类型的罢工，都不仅仅是简单的劳动争议，更是公关事件。处理不慎，带来的损失不仅仅是员工集体离职、单位赔钱那么简单，还可能造成企业公关形象陷入危机、群体性骚乱甚至停产、破产。处理该类事件，如果没有大局观念，缺乏通盘筹划能力，不能在舍与得之间作出正确判断，顾此失彼、因小失大，用人单位将蒙受巨大损失。

配套案例

案例1：引入新股东，引发大罢工

某晶体制造厂规模不大，全厂20多名员工，工龄均超过10年。该厂员工比较懒散、生产效率低下，用人单位年年微利，艰难维系。2017年，公司大股东决定转让部分股权，引入新股东，加强管理强度，提高生产效率。岂料，该决议引发全厂员工罢工。员工们担心工作强度加大之后，他们的“好日子”从此到头，要求原股东“买断工龄”，否则就不复工。

■ 律师评析

该种类型的罢工,员工提出的要求超出了法律的规定。他们想利用这次变更谋取利益,问题不在用人单位。处理该类罢工,重点应当打消员工关于工龄连续计算的顾虑,做好法律法规解释工作,要求他们尽快复工。同时,保留好员工罢工、旷工或“出工不出力”的证据,固定要求员工复工的通知。如果沟通无效,可以考虑以员工旷工为由解除劳动关系。

■ 法条链接

《中华人民共和国劳动合同法》

第三十三条　用人单位变更名称、法定代表人、主要负责人或者投资人等事项,不影响劳动合同的履行。

案例2:经济性裁员,引发群体性怠工

某仓储物流公司的主营业务是为高端进口轿车提供零配件仓储、物流服务,在全国有多个网点。近年来,因进口高端轿车销量下滑,某仓储物流公司的业务萎缩,需要裁减苏州、北京、佛山、重庆四地的大部分员工,拟启动经济性裁员程序。消息传出,被裁减员工认为自己即将失业,人心惶惶。此后,员工“出工不出力”,生产停滞,要求公司给出说法,不然就不开工,不配合工作移交。

■ 律师评析

处理该类罢工,需要“两条腿走路”。一方面,用人单位应当尽快出台人员安置补偿办法,打消劳动者的疑虑,告知他们用人单位实行经济性裁员,会依法支付经济补偿,要求员工“站好最后一班岗”。另一方面,需要按照《劳动合同法》《企业经济性裁减人员规定》规定的程序及步骤操作,固定好每一步操作的相关证据,防止解除劳动关系出现程序或实体瑕疵,被认定为违法解除,产生不必要的解除成本。

法条链接

《中华人民共和国劳动合同法》

第四十一条第一款 有下列情形之一，需要裁减人员二十人以上或者裁减不足二十人但占企业职工总数百分之十以上的，用人单位提前三十日向工会或者全体职工说明情况，听取工会或者职工的意见后，裁减人员方案经向劳动行政部门报告，可以裁减人员：

（一）依照企业破产法规定进行重整的；

（二）生产经营发生严重困难的；

（三）企业转产、重大技术革新或者经营方式调整，经变更劳动合同后，仍需裁减人员的；

（四）其他因劳动合同订立时所依据的客观经济情况发生重大变化，致使劳动合同无法履行的。

案例3：加班不给钱，闹出大问题

某网络科技公司属于初创型企业，总体薪资水平在同行业中偏低。为了尽快推出拳头产品，公司经常要求员工加班，但不支付加班工资，员工存有诸多怨言。某日，公司领导又要求员工赶工，其中一员工声称自己晚上已有聚会安排，今日不能加班。公司领导认为该员工不服从工作安排，扬言要开除该员工。不料，此举引起众多员工不满，大家群情激愤，要求公司提高工资水平，补发之前的加班工资，今后安排加班必须支付加班工资，否则就全面停工。

律师评析

本案的主要问题出在用人单位。用人单位应当正视自己的问题，整改管理不规范之处，出台加班管理制度，按照《劳动法》《劳动合同法》关于加班加点的规定计发加班工资。但这并未抹杀某科技公司的薪酬分配权，公司的薪酬体系只要没有违反最低工资标准的相关规定、没有拖欠员工工资即为合法，完全可以根据自身的经营情况来决定薪酬的分配，而非必须按照员工要求加薪。不过为了激发员工的干劲，留住人才，公司也应当设置正常的工资增长机制，在企业经营情况允许的情况下，改善员工待遇。本案员工的诉求，有合理成分，某公司宜结合自身情况拟出谈判要点,与员工取得友好沟通,进行合理妥协,平息本次罢工。

■ 法条链接

《中华人民共和国劳动法》

第四十四条　有下列情形之一的,用人单位应当按照下列标准支付高于劳动者正常工作时间工资的工资报酬:

(一)安排劳动者延长工作时间的,支付不低于工资的百分之一百五十的工资报酬;

(二)休息日安排劳动者工作又不能安排补休的,支付不低于工资的百分之二百的工资报酬;

(三)法定休假日安排劳动者工作的,支付不低于工资的百分之三百的工资报酬。

案例4:老板不买社保,引起员工众怒

某家具厂考虑到员工流动性、管理成本等因素,未给员工缴纳社会保险。在日常经营中,木工师傅经常因为切割木料导致手指受伤,该家具厂的惯用处理方式是支付医疗费及少量额外赔偿。员工考虑到工作机会难觅,且多为轻微伤,虽觉得吃亏,但也一直未正式提出异议。一日,木工师傅陈某在下料时被锯断三个手指,公司领导也只打算按照惯例处理,即支付医疗费,另外赔偿一万元,引发陈某不满。陈某为了维权,联合了几名曾经受伤但获赔金额较少的员工提出抗议。他们认为,公司未依法参加工伤保险是违法行为,这也是他们受伤后获赔金额较少的直接原因。他们要求家具厂依法为全体员工参加工伤保险,对已经发生工伤的员工给予合理的赔偿,否则所有木工师傅全体罢工。

■ 律师评析

可以说爆发这场员工罢工是事出有因,用人单位未为员工参加工伤保险是本案的直接导火索。用人单位未为员工参加工伤保险看似节约了一笔费用,但本次罢工其实已经集中映射出未依法参保的弊端。首先,员工不满意,认为用人单位未尽法定义务。其次,真的发生工伤后,用人单位可能支付更多的成本。如果依法参保,一次伤残补助金、一次性医疗补助金等部分工伤赔偿费用由工伤保险基

金支付，用人单位只支付部分费用；如果没有依法参保，所有费用均由用人单位支付；如果是工亡，则对用人单位而言可能是“不能承受之重”。最后，未依法参保也可能被社会保险征缴机构责令缴纳，被行政处罚。总之，不依法参保从长远看是弊大于利，用人单位宜正视此次罢工事件，借此机会规范管理，满足员工合理诉求，平息本次风波。考虑到某家具厂的实际经营状况，如果一次性补缴所有社会保险费用及支付工伤赔偿费用，可能财务状况不允许，宜跟员工商量，采取循序渐进的方式平稳过渡；尽快让员工复工，在推进日常生产的过程中逐步整改和规范。

■ 法条链接

《中华人民共和国社会保险法》

第五十八条第一款 用人单位应当自用工之日起三十日内为其职工向社会保险经办机构申请办理社会保险登记。未办理社会保险登记的，由社会保险经办机构核定其应当缴纳的社会保险费。

《工伤保险条例》

第六十二条 用人单位依照本条例规定应当参加工伤保险而未参加的，由社会保险行政部门责令限期参加，补缴应当缴纳的工伤保险费，并自欠缴之日起，按日加收万分之五的滞纳金；逾期仍不缴纳的，处欠缴数额 1 倍以上 3 倍以下的罚款。

依照本条例规定应当参加工伤保险而未参加工伤保险的用人单位职工发生工伤的，由该用人单位按照本条例规定的工伤保险待遇项目和标准支付费用。

用人单位参加工伤保险并补缴应当缴纳的工伤保险费、滞纳金后，由工伤保险基金和用人单位依照本条例的规定支付新发生的费用。

实操技能

尽管罢工有各种各样的情形，但解决该类危机事件有规律可循。因罢工影响大、涉及人员众多，很多用人单位可能从来没有处理过，缺乏处理经验，只要发生罢工，往往采取全盘妥协的方法，不管员工的要求是否合理，都一并接受。这是不可取的。而另一个极端是宁可与罢工员工“鱼死网破”，也不妥协，不分青红皂白，一律斗争到底。这显然也是不可取的。笔者认为，对待罢工事件，不可一味妥协，也不可一味蛮干，要客观冷静地分析原因，根据事实结合法律规定，谋定而后动，

做到“坚持正确的,调整不当的,改正错误的”。罢工事件的处理一般可分以下几个阶段:

1. 事件处理准备阶段

(1)监控舆情,把握动向

罢工属于群体性事件,不可能无缘无故地发生,总是因为一些矛盾堆积未得到妥善处理而致。对于有罢工前兆的事件,用人单位可以安排各级管理人员注意监控舆情,有特别情况,随时向公司报告。对于突然爆发的罢工,应立即开通应急沟通渠道,确保决策层随时掌握最新动态。如有媒体介入,需取得良好沟通,要求媒体暂不报道或公正客观报道。

(2)及时汇报,取得外援

存在罢工前兆或者突发罢工时,用人单位应尽快向所在行政区域的公安部门、劳动行政部门、上级工会组织等部门报告,并以书面形式报告罢工的原因、规模、组织者、处理现状。相关部门出于职责所在,为了维护地方的和谐稳定,一般都会介入,协助企业妥善解决罢工。他们具有公信力,能起到缓和矛盾、解释政策、斡旋调停的作用。

(3)成立危机事件应急处置小组

委任有处置经验的高层管理者作为负责人,联合安保、人事、法务、生产、公关等部门人员成立危机事件临时处置小组,对应急事件进行密切跟进处置,代表单位对外统一发言,负责具体事宜处理。

2. 事件处理预热阶段

(1)建立沟通渠道,确定谈判代表

罢工开始后,用人单位应当迅速反应,开通沟通渠道,确定用人单位一方的联系方式。此时,员工有共同的诉求,也可能有个别特殊要求,在员工没有明确谈判代表的情况下,应当引导员工选举及委派谈判代表,保证能顺利沟通,避免混乱无序的状态。另外,出于某种原因,有些员工的诉求可能不方便通过公共渠道表达,可以设立私信渠道,允许员工匿名反馈情况。

(2)梳理员工诉求,明确核心争议

如罢工员工推举了谈判代表,可以要求谈判代表收集员工意见,并做好书面记录,整理出员工意见。如罢工员工没有推举出谈判代表,则可以公布用人单位指定的联系人、联系方式,由用人单位梳理出罢工员工的核心诉求。为了避免征集意见期限无限延长,宜限定意见反馈期限,以便缩短罢工处理周期。收到员工反馈的意见后，用人单位需进行汇总梳理，明确员工要求。

（3）要求尽快复工，固定相关证据

在该过程中，用人单位应明确表示，已经进入处理程序，要求员工复工。如果员工同意当然好；即便员工没有同意复工，也可以固定相关证据，为后续解决争议保存证据。

3. 事件处理攻坚阶段

（1）出台谈判方案，直面员工问题

梳理汇总员工意见后，用人单位决策层应当尽快结合自身实际情况，研究应对方案，针对员工提出的问题一一进行回应，并给出明确处置意见。这个处置意见可以通过张榜、内网或 OA 系统进行公布，有员工谈判代表的，也可通过会议直接传达。对于员工提出的质疑，确实是用人单位原因导致的，可以本着解决问题的态度，实事求是地给出整改意见；如果员工提出的要求缺乏法律、事实方面的依据，或对用人单位而言属于"强人所难"甚至侵犯用人单位合法权益的，应当有理、有利、有节地回绝。

（2）发挥外援作用，力争达成共识

谈判进行僵局时，用人单位可以考虑请求劳动行政部门、上级工会组织等部门进行斡旋，向员工充分解释法律、政策，消除员工认识误区。谈判过程中，对于可以妥协的部分，可以视情况进行适度妥协，力争通过谈判方式化解分歧。

（3）处理典型刺头，分化罢工队伍

有时，谈判无法推进是因为某些"刺头"打着维护全体员工利益的旗号故意从中作梗，阻挠谈判进程。如果证据确凿，可以考虑使用诉讼途径解除与该员工的劳动关系，或向该员工提出其他诉讼主张。例如，某些员工无中生有，虚构事实，在微博、论坛、朋友圈等网络平台上发表损害用人单位名誉权的言论，可以考虑向其提起侵权之诉。对于用人单位公布的方案，如果大部分员工接受，可以先遵照执行；对于不同意的小部分员工，可以另行处置。在"枪打出头鸟"观念的支配下，大部分员工在罢工中均是处于观望的状态。只要用人单位确有诚意解决纠纷，抛出的方案合法合理，大部分人都是愿意接受的，可能他们碍于"攻守同盟"的情面不好明确表态。此时用人单位宜敏锐地抓住风向，区分人群对待，孤立无理取闹的一小撮人，有利于妥善处理罢工事件。

4. 事件处理成交阶段

(1)签署相关协议,出台整改方案

通过谈判双方达成共识的,可以通过协议或备忘录来固定谈判成果。如果无须签署协议类文件的,用人单位可就达成的共识出台整改方案,让员工放心。整改方案的出台,可以文件、通知的方式发出,向员工公示。此时也是要求员工复工的最佳时机,如果截至指定日期前不复工的员工,企业可考虑依法与其解除劳动合同。

(2)修复劳资关系,消除罢工影响

罢工事件多少会伤害员工与企业的感情,双方互信互爱、携手共进的基础可能荡然无存。罢工事件后,用人单位切不可秋后算账,再次激化双方矛盾;而应当积极采取措施,构建良性企业文化,重塑和谐劳动关系,消除罢工影响。

配套文书

谈判备忘录

甲方:________________________________

乙方:____工会委员会

鉴于:

1. ________年____月____日,因________甲方员工出现罢工事件;

2. 乙方作为工会组织,接受罢工员工委托与甲方就复工复产事宜进行协商谈判。

为了解决罢工员工反映的问题,尽快复工复产,甲乙双方经过友好协商,达成以下备忘录,以资共同遵守:

1. ____________________

2. ____________________

3. 本备忘录一式四份,甲乙双方各持二份,经双方盖章后生效。

甲　　方:　　　　　　　　　　　　乙　　方:

签约代表:

签订日期:　　　　　　　　　　　　签订日期:

第二节　人员死亡事件

内容提要	
热点专题	人员死亡事件
背景知识	1. 员工工亡,用人单位的法律责任 2. 员工非因工死亡,用人单位的法律责任 3. 雇员死亡,雇主的法律责任 4. 承揽人死亡,定作人的法律责任
成本提示	3 条
配套案例	1. 工亡确凿无疑,重在算清金额 2. 因工、非因工,冰火两重天 3. 劳务关系因病亡,不适用"视同工伤" 4. 业务发包不看资质,用人单位赔翻天
实操技能	1. 事件处理准备阶段 2. 事件处理预热阶段 3. 事件处理攻坚阶段 4. 事件处理成交阶段
配套文书	1. 工亡赔偿协议书 2. 非因工死亡赔偿协议书 3. 人道主义救援协议书

背景知识

人员死亡不仅仅包括劳动关系项下的工亡、非因工死亡,也涵盖了雇佣关系、承揽关系项下人员死亡的情形,要区分具体情况分别对待,这是进行人员死亡处理的前提。针对每种不同的情况,用人单位需要支付的人员死亡成本也不一致。

1. 员工工亡,用人单位的法律责任

员工发生工亡的,用人单位应当根据《工伤保险条例》第三十九条的规定支付丧葬补助金、供养亲属抚恤金和一次性工亡补助金。参加了工伤保险的,相关待遇由工伤保险基金支付。如果没有参加工伤保险,所有的待遇由用人单位自行支付。

用工单位违反法律、法规规定将承包业务转包给不具备用工主体资格的组织或者自然人,该组织或者自然人聘用的职工从事承包业务时发生工亡的,用工单位承担工伤保险责任，相关待遇按照工亡待遇执行。用工单位承担责任后，有权向相关组织、单位和个人追偿。

个人挂靠其他单位对外经营，其聘用的人员因工亡的，被挂靠单位承担工伤保险责任，相关待遇按照前述工亡待遇执行。被挂靠单位承担责任后，有权向相关组织、单位和个人追偿。

2. 员工非因工死亡，用人单位的法律责任

员工非因工死亡的，根据《社会保险法》第十七条的规定，用人单位应当支付丧葬补助金和抚恤金。如依法参保的，所需资金从养老保险基金支付。

3. 雇员死亡，雇主的法律责任

雇佣关系中，雇员在从事雇佣活动中受到人身损害死亡的，雇主应当承担赔偿责任。雇佣关系以外的第三人造成雇员人身损害的，赔偿权利人可以请求第三人承担赔偿责任，也可以请求雇主承担赔偿责任。雇主承担赔偿责任后，可以向第三人追偿。

4. 承揽人死亡，定作人的法律责任

承揽关系中，承揽人在完成工作过程中对第三人造成死亡或者造成自身死亡的，定作人不承担赔偿责任。但定作人对定作、指示或者选任有过失的，应当承担相应的赔偿责任。

成本提示

1. 同样是人员死亡，不同的法律关系，带来不同的法律责任；是否参加社会保险、商业保险，用人单位风险转移的结果截然不同。

2. 作为用人单位，发生了人员死亡的，很少能"全身而退"。即便从法律上看用人单位不承担责任或承担很少的责任，实践中，也可能基于"死者为大""安抚家属""息事宁人"等原因，用人单位也要支付法律规定之外的各种费用。

3. 人员死亡，可能因为安全生产管理不到位造成，除了民事赔偿，还可能面临安全生产行政管理部门的行政处罚。另外，安全事故的直接责任人还可能面临刑事责任风险。

配套案例

案例1：工亡确凿无疑，重在算清金额

李某在某房屋拆迁公司从事勤杂工工作，一次房屋拆迁施工过程中，不慎从

电梯井跌落致死。李某家属要求某房屋拆迁公司一次性赔偿200万元。

■ 律师评析

李某是某房屋拆迁公司的员工，也是在工作中发生事故因工死亡，认定为工亡无疑。该种情形，HR应当在事发后24小时内向社会保险行政部门报告，并在30日内向参保地区县（自治县）社会保险行政部门提出工伤认定书面申请，积极申领工亡待遇。如果用人单位没有参加工伤保险，相关费用应当由用人单位支付，则应当把工亡的丧葬补助金、供养亲属抚恤金和一次性工亡补助金的赔偿金额计算准确。

■ 法条链接

《工伤保险条例》

第十四条 职工有下列情形之一的，应当认定为工伤：

（一）在工作时间和工作场所内，因工作原因受到事故伤害的；

……

案例2：因工、非因工，冰火两重天

闫某在某餐饮公司从事服务员工作。某日中午下班后，闫某回到员工宿舍，换下了工作服，来到楼顶准备跳楼轻生。楼下有路人经过，见状连忙赶到楼顶劝说闫某。但最终，闫某还是选择了以跳楼的方式自杀身亡。警方进行现场勘验后，排除他杀，认定为自杀。事发后，闫某的父母向某餐饮公司提出索赔，要求按照工亡标准全额赔偿。

■ 律师评析

闫某并非在工作时间、工作地点因为工作死亡，而是自杀轻生，根据《工伤保险条例》第十六条的规定，不能认定为工亡。HR应当向闫某家属解释闫某死亡的法律定性，不应当认定为工亡，闫某家属也不应享受工亡待遇。根据《社会保险法》第十七条的规定，非因工死亡的，其遗属可以领取丧葬补助金和抚恤金。用人单位参加社会保险的，所需资金从基本养老保险基金中支付；用人单位未参加社会保险的，由用人单位自行支付。

■ 法条链接

《工伤保险条例》

第十六条　职工符合本条例第十四条、第十五条的规定，但是有下列情形之一的，不得认定为工伤或者视同工伤：

（一）故意犯罪的；

（二）醉酒或者吸毒的；

（三）自残或者自杀的。

案例3：劳务关系因病亡，不适用"视同工伤"

陈某是搬运工，专门在各大商超承接货物搬运的业务。某日，陈某为某电脑公司搬运货物过程中感觉身体不适，停下工作歇息，几小时后因脑溢血抢救无效死亡。陈某的家属认为，陈某是在为某电脑公司工作的过程中死亡的，应当由某电脑公司按照工亡标准全额赔偿。

■ 律师评析

陈某不是某电脑公司的员工，而是专门承接搬运业务的搬运工人，双方不存在劳动关系，不适用《工伤保险条例》第十五条第一款关于视同工伤的规定。陈某与某电脑公司之间构成了劳务关系，但也不满足《最高人民法院关于审理人身损害赔偿案件适用法律若干问题的解释》第十一条规定的"雇员在从事雇佣活动中遭受人身损害"或"雇佣关系以外的第三人造成雇员人身损害"，而是因为自己突发疾病导致死亡。因此，某电脑公司不承担工亡赔偿责任抑或雇主责任。但陈某是为某电脑公司的利益而工作，某电脑公司应当考虑给予适当补偿。

■ 法条链接

《最高人民法院关于贯彻执行〈中华人民共和国民法通则〉若干问题的意见（试行）》

157. 当事人对造成损害均无过错，但一方是在为对方的利益或者共同的利益进行活动的过程中受到损害的，可以责令对方或者受益人给予一定的经济补偿。

案例4：业务发包不看资质，用人单位赔翻天

某医院需要移栽行道树，将树木移栽工程发包给具有资质的某园林工程公司。该园林工程公司又将工程转包给自然人熊某，熊某聘请武某进行树木吊装、移栽。在施工的过程中，武某从高十余米的树木上跌落当场死亡。事发后，武某家属认为医院是业主方，武某是在为某医院移栽行道树的过程中发生的死亡，应当由某医院承担工亡赔偿责任。

■ 律师评析

某医院与某园林公司具有承揽关系，且某园林公司具有合格资质，某医院不存在选任过失，不应当承担相应责任。某园林公司承包工程后，将工程违法转包给不具有用工资质的自然人熊某，属于违法行为，根据《最高人民法院关于审理工伤保险行政案件若干问题的规定》第三条的规定，应当由某园林公司承担工伤保险责任。某园林公司承担责任后，可以向熊某追偿。

■ 法条链接

《最高人民法院关于审理工伤保险行政案件若干问题的规定》

第三条 社会保险行政部门认定下列单位为承担工伤保险责任单位的，人民法院应予支持：

……

（四）用工单位违反法律、法规规定将承包业务转包给不具备用工主体资格的组织或者自然人，该组织或者自然人聘用的职工从事承包业务时因工伤亡的，用工单位为承担工伤保险责任的单位；

……

实操技能

从上述案例可以看出，面对人员死亡这个结果，不同的案情有不同的处理方法。笔者从众多案例的处理中，总结归纳出该类事件的以下处理流程及方法。

1. 事件处理准备阶段

(1)及时通知相关部门

人员死亡事故发生后,应当及时通知医院、公安、公司领导、家属、社会保险行政部门、商业保险公司等部门。事发当时,应当立即拨打120,通知医院进行急救,即便希望渺茫,也应尽全力抢救。有人员死亡,案件性质可能定性为刑事案件,故应当尽快通知公安勘查现场,确认是否属于刑事案件范围。通常,如果公安经过勘验现场后,排除刑事案件可能,会出具初步认定意见。HR在得知人员死亡事故后,还应当尽快报告公司领导,以便领导统筹安排。死者家属应当具有知情权,事发后应当尽快通知其近亲属,一般为父母、配偶、子女。人员死亡事故发生后,依法应当在24小时内通过电话、传真等方式及时向社会保险行政部门报告事故,同时准备相关材料,以便后期理赔。如果公司为员工投保了商业保险,还应当通知保险公司进行现场查勘,以便后期商业保险进行理赔。实践中,可能还需要根据实际情况向主管部门报告人员死亡事件。例如,建筑工地发生人员死亡的,应当向安监部门及建委报告。

(2)接待奔丧家属,做好安抚工作

死讯传开后,死者的亲属会陆陆续续地赶到事发地处理善后事宜。死者家属因为失去亲人定会悲痛不已,作为用人单位,无论死者是何种性质的死亡,都应当对死者家属进行接洽安顿,表达慰问。通常用人单位需要垫付费用,安排好奔丧亲属的食宿。同时,有必要向死者家属介绍事件的概况,积极安抚他们,劝导家属依理依法地处理好死者的善后事宜。

(3)了解基本案情,厘清法律关系,明确赔偿项目及计算方法

人员死亡事件发生之后,为了摸清案情,HR可以向知道情况的人员了解情况,可以开具相关手续到公安部门查阅资料,向承办民警了解事件初步定性。如有监控摄像,可以要求查看。在了解基本事实的基础上,应当进一步厘清用人单位与死者之间的法律关系。从结果上看,均是人员死亡,但法律关系不同、死因不同,带来的法律后果大相径庭。从法律关系方面,需要鉴别双方是劳动关系或雇佣关系抑或承揽关系。如果是劳动关系,人员死亡又分因工死亡和非因工死亡;如果是劳务关系,则需要明确是否在提供劳务的过程中遭受人身损害;如果是承揽关系,则重点审查用人单位作为发包人在选聘承揽人的过程中是否有过失,预估用人单位承担责任的比例。对于工亡,赔偿项目及计算方法见表4-1。

表 4-1　工亡赔偿项目及计算方法

赔偿项目	计算方法	支付主体
丧葬补助金	统筹地区上年度职工月平均工资 ×6 个月	工伤保险基金
一次性工亡补助金	上一年度全国城镇居民人均可支配收入 ×20 年	工伤保险基金
供养亲属抚恤金	1. 配偶每月 40%，其他亲属每人每月 30%，孤寡老人或者孤儿每人每月在上述标准的基础上增加 10%； 2. 核定的各供养亲属的抚恤金之和不应高于因工死亡职工生前的工资	工伤保险基金

对于非因工死亡，各个省市的赔偿标准不一，以重庆为例，赔偿项目及计算方法见表 4-2。

表 4-2　非因工死亡赔偿项目及计算方法

人员种类	丧葬补助金	一次性救济金	支付单位
职工（未参保）	2000 元	15 个月工资	企业
退休人员	2000 元	15 个月工资	养老保险基金
个人参保退休人员	2000 元	15 个月工资	养老保险基金
农转非退休人员	2000 元	15 个月工资	养老保险基金

提供劳务过程中发生的死亡及承揽关系中死亡如需赔偿，均需按照人身损害的赔偿标准执行，根据《最高人民法院关于审理人身损害赔偿案件适用法律若干问题的解释》的相关规定，主要的赔偿项目见表 4-3。

表 4-3　人身损害赔偿项目及计算方法（适用于劳务关系、承揽关系）

赔偿项目	计算公式	备注
丧葬费	受诉法院所在地上一年度职工月平均工资 ×6 个月	
死亡赔偿金	1. 受害人为城镇居民（或农村居民符合参照城镇居民标准计算条件的） ①≤60 周岁：受诉法院所在地上一年度城镇居民人均可支配收入 ×20 年 ②60～75 周岁：受诉法院所在地上一年度城镇居民人均可支配收入 ×[20 -（实际年龄 -60）] 年 ③≥75 周岁：受诉法院所在地上一年度城镇居民人均可支配收入 ×5 年	

续表

赔偿项目	计算公式	备注
	2. 受害人为农村居民 ①≤60 周岁：受诉法院所在地上一年度农村居民人均纯收入 ×20 年 ②60 ~75 周岁：受诉法院所在地上一年度农村居民人均纯收入 ×[20 -(实际年龄 -60)]年 ③≥75 周岁：受诉法院所在地上一年度农村居民人均纯收入 ×5 年	
精神损害抚慰金	根据侵权人的过错程度、侵害手段、场合、行为方式、侵权行为造成的后果、侵权人的获利情况、侵权人经济赔偿能力、受诉法院所在地平均生活水平等因素确定。	存在自由裁量空间
被扶养人生活费	1. 被扶养人为城镇居民 ①≤18 周岁：受诉法院所在地上一年度城镇居民人均消费性支出 ×(18 -实际年龄) ÷扶养人数 ×伤残赔偿系数； ②≤60 周岁(被扶养人无劳动能力又无其他生活来源)：受诉法院所在地上一年度城镇居民人均消费性支出 ×20 年 ×伤残赔偿系数； ③60 ~75 周岁：受诉法院所在地上一年度城镇居民人均消费性支出 ×[20 年 -(实际年龄 -60)] ÷扶养人数 ×伤残赔偿系数； ④≥75 周岁：受诉法院所在地上一年度城镇居民人均消费性支出 ×5 年 ÷扶养人数 ×伤残赔偿系数。 2. 被扶养人为农村居民 ①≤18 周岁：受诉法院所在地上一年度农村居民人均生活消费支出 ×(18 -实际年龄) ÷扶养人数 ×伤残赔偿系数； ②≤60 周岁(被扶养人无劳动能力又无其他生活来源)：受诉法院所在地上一年度农村居民人均生活消费支出 ×20 年 ÷扶养人数 ×伤残赔偿系数； ③60 ~75 周岁：受诉法院所在地上一年度农村居民人均生活消费支出 ×[20 年 -(实际年龄 -60)] ÷扶养人数 ×伤残赔偿系数； ④≥75 周岁：受诉法院所在地上一年度农村居民人均生活消费支出 ×5 年 ÷扶养人数 ×伤残赔偿系数	受害人死亡的伤残赔偿系数为 1

如死亡事件发生之前，进行了抢救，发生了医疗费的，也应计算在内。计算方法为凭票计算，与抢救有关的医疗费原则上都应计算在内。另外，死亡亲属办理丧葬事宜支出的交通费、住宿费和误工损失也应计算，不同省份规定不同，需结合当地的具体规定。例如，重庆地区按三人三天计算亲属料理丧葬事宜支出的交通费、住宿费和误工损失。该项费用金额较小，如无相关证据，一般由法院酌情

主张。

(4)准备好基础资料及相关法律文本

谈判之前除了对死者的情况进行全面摸排,也需要准备劳动合同书、工伤保险参保记录、工资发放记录、劳务合同、承揽合同以及在了解事实过程中固定的其他材料,双方在陈述基本事实的时候,可以引以为证。同时,有必要把可能涉及的法律法规进行汇总梳理,方便谈判过程中随时查阅。也需要事先把赔偿协议范本准备好,双方谈妥后可尽快签约。

2. 事件处理预热阶段

(1)寻求第三方组织介入,确保谈判有序进行

随着奔丧家属陆续赶到,双方协商谈判的帷幕也随之拉开。死者家属一时之间人数众多,情绪比较脆弱、敏感,容易出现悲痛、怀疑、防备、焦急、易怒等不良情绪。如谈判不顺利,他们可能仗着“死者为大”的心理优势,出现言语攻击、暴力等不理智的行为。为了保证谈判顺利进行,防止次生事故发生,应当根据情况请求公安机关、人力资源与社会保障部门、人民调解委员会、街道、居委会、村委会等第三方组织介入,确保谈判有序进行。如双方在谈判中因为观点不同发生冲突,第三方组织也可居中调停、斡旋,推进谈判继续进行。

(2)理清权利人,确定主要谈判对象

谈判前,需要确定死者第一顺位的继承人,即配偶、父母、子女或其委托的代理人作为谈判对象。如死者无第一顺位的继承人,则顺延至第二顺位的继承人,即兄弟姐妹、祖父母、外祖父母。必要时,可以通过查看身份证、户口本、公安机关出具的身份关系证明等材料核实对方身份。不过,此时不必强求对方出具前述身份证明材料,因为可能引发双方矛盾。双方如进入签订协议或诉讼阶段,用人单位仍有机会核实。

实践中,经常出现死者的近亲属因为情绪失控、不具备相关知识或处理经验而委托其他亲属或律师代为谈判的情况。此时不用过多纠结对方委托手续是否齐全的问题,重点应当推进谈判程序。不过,也要防止“来者不拒”和“车轮战”情况的出现,避免谈判进入“杂乱无序”和“做无用功”的状态。出于关心,很多家属均要求参与谈判,在谈判进程中,也忍不住要发言,这样的谈判节奏非常杂乱无序。家属内部可能并未统一意见,谈判成了自由讨论或争吵,如不控制这种“来者不拒”的情形,谈判很难高效有序地推进。“车轮战”是指参与谈判的家属人员不确定,每次均是不同的人员,这样会浪费大量的时间向新参与的人员介绍情况、说

明谈判要点及进程,也不利于谈判的推进。HR 可以向家属提出要求,让死者家属确定几名有能力、有经验的代表代为谈判,其余家属可在外等候,确保谈判秩序。

(3)了解对方观点及理由

进入正式的谈判后,首要的任务就是要摸清对方对本次死亡事故的态度及主要观点。事件的法律定性方面,需要了解家属认为是工亡、非因工死亡、提供劳务过程中因工作原因死亡还是在承揽关系中因工作原因死亡。赔偿项目及计算方法方面,需要了解家属提出的每项具体主张及计算方法,最好能明确具体的金额。解决程序方面,需要了解家属倾向于通过协商解决还是通过司法途径解决。另外,死者的安葬方式、赔偿费用的支付方式等与本次事故相关的情况需要作全面了解。

实践中,不一定所有家属都能准确表达自己想法,HR 可以给予适当的引导,必要时可以采取提问的方式来明确对方意图。死者家属的意见可能出现反复,对已经提出观点需要修正,这需要给予充分的理解,毕竟死者家属统一意见需要一个复杂的过程。死者家属也可能认为双方谈判的力量悬殊,不愿意过早暴露自己的观点和态度,这需要 HR 给予耐心和解释,可以提示对方聘任律师介入谈判,以保障对方的合法权益。

(4)陈述己方观点及理由

对方陈述了自己的想法,也需要用人单位阐明自己的观点。任何事件的处理,离不开基本事实的认定。首先,HR 可以把了解到的基本事实作全面的阐述。如死者家属对基本事实有异议,可以补充,双方可以借助前期了解基本案情时固定的证据还原基本事实。其次,可以谈谈对本次人员死亡事件的法律定性。案件的性质决定了赔偿项目及计算金额,如果 HR 对事件的法律定性不利于对方,对方极可能提出反驳意见,该问题可能成为双方争议的焦点。因此,可以向死者家属表明己方现在提出的观点不一定是最后的定论,只代表目前己方的态度,允许有不同意见的存在。再次,应当介绍人员死亡事件的处理程序。通常情况下,为了降低双方处理该事件的成本,可以首选协商调解。但协商调解需要双方带着诚意相互妥协,且双方对事件的定性、赔偿金额、付款方式等重要事项不存在重大分歧才能最终达成一致。如果双方对前述重要事项认识不同,不能达成一致,也可以通过司法途径理性解决纠纷。最后,HR 可以代表用人单位对赔偿项目、计算过程、赔偿金额予以明确。该阶段是谈判的开始阶段,应当谨慎地表达观点。在当前能够完全确定的赔偿项目才作肯定答复,对不太确定、需要进一步协商的,不宜过早作肯定表述。

(5)缩小分歧，总结焦点

如果双方对重大事项的认识不一致，利益分歧过大，可能谈判不能进入本阶段。如果双方对人员死亡事件的定性认识基本一致，只是认为金额存在差异，双方可以相互妥协，缩小差距。有时，谈判双方可能对事件定性有分歧，只是双方均不太坚持己方观点，而把谈判重点转移赔偿金额的磋商上，这种情况也可能通过协商达成一致。总之，在谈判中，不宜过于刻板，把谈判推入僵局；可以灵活掌握，变换多种方式，从多个维度与对方磋商，争取达成一致。

3. 事件处理攻坚阶段

谈判进入僵局是常见的事，人员死亡的谈判僵局除了一般谈判僵局具有的氛围紧张、谈判停滞、相互拉锯、相互消耗的特点之外，也具有自身的特别之处。如果双方僵持不下，死者家属比较焦急。一方面，死者遗体没有入土为安，殡仪费用在不断增加；另一方面，随着时间的推移，部分前来奔丧的亲属陆续撤离，人气渐衰，他们往往希望“速战速决”。但对于用人单位来讲，同样不轻松。人员死亡的事件没有解决，随时可能酝酿出不可控制的次生事件，把事态扩大。另外，相关主管部门出于“维稳”的需要，可能持续向用人单位施加压力。加之死者家属可能采取过激行为闹事、社会舆论可能众说纷纭，可以说，僵持阶段双方都在饱受煎熬，十分痛苦。那么谈判进入攻坚阶段，如何寻求突破？用人单位可以从以下几方面着手破除僵局：

(1)加强安防，监控舆情

死者家属可能因为谈判陷入僵局而群情激愤，通过到用人单位拉标语、喊口号、搭灵堂、设花圈、放鞭炮等方式扩大影响，或者到单位闹事、纠缠领导、破坏财物甚至对人员造成伤害。用人单位应当加强安防力量，防止对方的过激行为。对方一旦采取前述行为，在维持好秩序的同时，要尽快报警，要求公安部门介入处理。如果不幸发生人员伤害、财产损失，需要尽快固定证据，确定肇事人及损失大小，以便日后向侵权人主张权利。如今是网络时代、自媒体时代。如果对方谈判不顺利，可能通过微信、微博、抖音等方式在网络上传播消息，如发现此种情况，也可选择报警，避免不知情的群众偏听偏信。如果舆论发酵，引起了媒体的关注，也不要畏首畏尾，可以在报告公司领导及相关政府部门后，由指定的发言人接受媒体采访，并要求媒体客观公正地报道此事，不要误导公众。

(2)请求政府部门斡旋调解,防止次生事件发生

由于谈判双方立场不同,天然处于不信任的状态。谈判进入僵局后,双方可能处在误会、对立甚至敌意的状态。此时,如果再直接沟通,效果肯定不佳。请求中立、权威的第三方介入调解、斡旋是打破僵局的不二选择。同时,政府部门也有"维稳"的职责,向他们发出请求,通常他们都会积极介入处理。该种方法对于促进双方回到理性谈判轨道,防止次生事件的发生具有明显效果。

(3)垫付丧葬费用,后期纠纷通过诉讼解决

经过几轮谈判,如果双方差距过大,也可以考虑先安葬死亡遗体,把后续的纠纷诉诸法院通过诉讼的方式解决。安葬死者遗体要产生遗体处理费、遗体运转费、安葬费等费用。出于对死者家属的慰问,用人单位可以与死者家属签署丧葬费垫付协议,垫付部分丧葬费用。至于垫付费用的金额,需要结合用人单位责任的大小、安葬遗体费用的市场价格以及死者家属的要求综合考虑。一般垫付给死者家属的费用不可能收回,金额的确定需要谨慎。

(4)法律规定之外,适当给予额外补偿

在当今中国的国情下,处理人员死亡事件不可能完全按照法律规定来办。在死者家属看来,无论哪种赔偿方式,金额都偏低。除了参照法律规定,还可以出于对死者的尊重及对死者家属的慰问,在法律规定之外,另行支付部分慰问费用。在实务中,这是常见的事情,用人单位也应当理解并有所准备。至于额外支付的赔偿费用应该多少,则参考死者对单位的贡献、工作年限、死者家属的经济状况、用人单位的支付能力、案件的影响力、双方谈判的融洽程度等多方面因素综合确定,适度提高,以求与对方达成一致。

4. 事件处理成交阶段

进入本阶段,可以说谈判取得了实质性的进展。初步谈定意向后,需要签署协议来固定双方意思。协议签署中,需要注意以下几个重点问题。

(1)确定签约主体

到了这一阶段,用人单位有充分的理由要求死者家属出具身份证件,核实签约主体的身份,此时对方的配合度也很高。HR 除了核实身份证、户口本、结婚证、公安机关出具的身份关系证明文件原件之外,也需要复印存根,以备日后不时之需。原则上,签约主体应当为第一顺位的继承人,即父母、配偶、子女。需要特别注意的是,死者亲属可能与死者是养父母、养子女、继父母、继子女的关系,死者配偶可能与死者是事实婚姻的关系。如果死者没有第一顺位的继承人,签约主体只

能为死者第二顺位的继承人，即兄弟姐妹、祖父母、外祖父母。对于这些特殊的关系，HR需要更加谨慎地核查相关资料，如果拿捏不定，可以请求公安机关户籍管理部门帮助核实，也可请教法律专业人士帮助认定。

（2）明确款项支付方式

死者家属通常要求用人单位一次性支付全部赔偿费用，但用人单位可能有所顾虑。首先，如果用人单位参加了工伤保险，发生工亡的，全部费用应当由工伤保险基金全部支付，用人单位没有垫付义务。如果用人单位全额支付了费用，由于不确定的因素，死者家属可能再次找到用人单位要求增加费用，不能达到案结事了的目的。其次，考虑到后续赔偿费用由工伤保险基金核定，用人单位提前垫付，可能出现支出费用与获赔费用之间的差额，造成用人单位无端的损失。最后，如果用人单位出于某种目的需要家属配合，例如，需要死者家属配合签署相关文件或提供相关资料以便申领工伤待遇或进行商业保险理赔，但死者家属拒不配合。因此，实践中，费用通常需要分期支付。可以约定为签订合同时，用人单位支付一笔费用，死者家属用于遗体安葬；遗体安葬完毕且按照用人单位的要求提供相关资料及签署相关文件，再支付尾款。

另外，死者的法定继承人往往不止一个，为了方便付款，可以要求死者家属协商指定一名家属收款人。如此操作不但简化了手续，避免多人签署收款收条，也可提前从对方能否推选出指定收款人预知对方家属内部是否存在信任危机，本事件是否可能引发次生事件。

（3）附随义务约定

考虑到获赔款项可能在法定继承人之间进行分配，他们可能因为分配方案达不成一致意见而产生分歧，从而影响本次事件的处理，故可以约定付款方不负责分配方案。另外，如需对方提供相关资料或签署相关文件的，可以在协议中予以明确。如用人单位对此事件有保密需求的，也可约定保密条款。

（4）签署协议，保存资料

以上注意事项处理好之后，保证双方对协议理解无歧义，完整地签字按印，保管好相关资料，为后期理赔、报送相关政府部门做好准备，该事件的处理便告一段落。

配套文书

1. 工亡赔偿协议书

工亡赔偿协议书

（适用于未参保情形）

用人单位（甲方）：________

死者近亲属（乙方）：________

________，身份证号码：________（系死者________）

________，身份证号码：________（系死者________）

________，身份证号码：________（系死者________）

鉴于：

1. 死者________（身份证号码：________）为甲方员工。

2. ________年____月____日____时____分许，________在工作过程中不慎________，经抢救无效，于________年____月____日____时许死亡。

3. 甲乙双方一致确认，甲方在抢救________过程中已经垫付医疗费________元、奔丧家属食宿费等各项杂支________元。

4. 乙方确认，________父母已于________之前亡故。

甲乙双方在平等自愿的基础上经充分协商，就________工亡事宜达成如下赔偿协议，以资共同遵守执行：

1. 赔偿费用

1.1　甲方参照《工伤保险条例》的相关规定，给予乙方一次性工亡补助金、丧葬费、供养亲属抚恤金等各项费用共计________元（大写：________元）。

1.2　由乙方共同指定________代为领取。收款账号为：________；开户行：________；户名：________。

2. 支付方式

2.1　本协议签订之日，甲方向乙方支付________元（大写：________元）。

2.2　剩余________元（大写：________元）存入甲乙双方的共管账户，乙方配合甲方向保险公司理赔完毕且甲方获得理赔款项后 7 日内，甲方配合乙方一次性支付剩余________元（大写：________元）。

2.3　非因乙方原因导致甲方不能获得保险公司理赔的，甲方应当于保险公司出具《不予理赔通知书》后 7 日内向甲方支付剩余________元（大写：________元）。

3. 款项分配

3.1　乙方对甲方支付的前述款项自行协商或依据法律规定进行分配，甲方无义务予以干涉，乙方及继承人内部对甲方支付的款项分配问题与甲方无关。

3.2　甲方向乙方指定的收款人支付完相关款项后即履行完所有义务。如其他近亲属、继承人或任何第三人向甲方主张任何与本事宜有关款项的，均由乙方负责支付，与甲方无关。

4. 乙方承诺

就处理________工亡事宜，乙方向甲方作出如下承诺：

4.1　甲方支付本协议相关款项后，乙方不得以任何理由就本事宜采取聚众闹事、投诉上访等扰乱甲方生产经营的方式要求甲方支付另外的任何费用，否则甲方有权收回已支付所有款项，并可向乙方主张违约或侵权责任。

4.2　此次解决为一次性全面了断，甲方支付本协议相关款项后，乙方不再向甲方及与甲方相关的其他公司提出任何请求，并放弃向甲方要求赔偿、补偿的一切权利。

4.3　乙方提供给甲方的户籍资料、身份信息等所有资料均为真实合法有效，如因乙方提供资料有误导致甲方损失的，乙方应当承担全部赔偿责任。

5. 其他

5.1　因履行本协议发生的一切争议，由双方协商解决，协商不成的，向甲方所在地人民法院提起诉讼。

5.2　本协议一式六份，甲方执四份，乙方执二份，经甲方盖章、乙方签字后生效，具有同等法律效力。

5.3　未尽事宜，可由双方签订补充协议约定，补充协议与本协议具有同等法律效力。

甲　　方：　　　　　　　　　　　　乙　　方：
签约代表：
签订日期：　　　　　　　　　　　　签订日期：

2. 非因工死亡赔偿协议书

非因工死亡赔偿协议书

甲方（用人单位）：

乙方（死者近亲属）：

________，身份证号码：______________（系死者________）

________，身份证号码：______________（系死者________）

________，身份证号码：______________（系死者________）

鉴于：

死者______（身份证号码：______________）是甲方员工，于______年___月___日下午______左右下班后因______死亡，经公安勘查现场，排除他杀。

为了妥善处理______的善后事宜，甲乙双方经过友好协商，在平等自愿的基础上达成如下协议，以资共同遵守：

1. 甲乙双方一致确认______属于非因工死亡。

2. 甲方依法支付乙方丧葬费______元、抚恤金______元，共计______元（大写：________元整）。

3. 甲方另行支付乙方因______死亡事宜所产生的医疗费、遗体处理费、遗体运转费、安葬费、吊丧亲属食宿费、吊丧亲属误工费、死亡赔偿金、困难救助金等所有费用共计______元（大写：________元整）。

4. 本协议签订当日，甲方向乙方指定账户支付______元。乙方将______遗体妥善安葬并按照甲方要求提供相关材料后7个工作日内，甲方向乙方支付剩余______元。

5. 乙方应当向甲方提供以下材料：死亡证明、丧葬证明、公安机关提供的户籍注销证明、父子母子关系证明、死者及近亲属身份证复印件等。另外，如需要签署法律文件，乙方应当无条件配合甲方签署。

6. 乙方指定接受本协议所称款项的账户为：

账　户：________________________；

开户行：________________________；

户　名：________________________。

7. 乙方自行负责上述款项的分配和使用，如由此引发争议，概由乙方负责，与甲方无关。如有第三人因______死亡事件向甲方主张权利的，由乙方负责处理并承担相关责任。

8. 甲方不向乙方主张因乙方处理______非因工死亡事宜对甲方产生的营业损失及相关财产损失。

9. 乙方收到甲方支付的上述款项后，甲乙双方因______非因工死亡事件及与甲方______劳动关系存续期间的所有事宜一次性处理终结，乙方不得再以任何理由、任何形式、任何途径向甲方主张任何费用或任何责任。否则，甲方有权向乙方主张返还本协议所指款项，并向乙方追究违约责任。

10. 本协议一式六份，甲乙双方各执两份，抄送政府部门两份，自甲方签章、乙方签字之日生效，具有同等法律效力。

甲　　方：　　　　　　　　　　乙　　方：

签约代表：

签订日期：　　　　　　　　　　签订日期：

3. 人道主义救援协议书

人道主义救援协议书

甲方（用人单位）：

乙方（死者近亲属）：

________，身份证号码：____________（系死者________）

________，身份证号码：____________（系死者________）

鉴于：

死者______（身份证号码：__________）是职业搬运工，______年___月___日在为甲方搬运货物的过程中因自身突发疾病抢救无效死亡。

为了妥善处理死者______因病死亡事宜，甲乙双方经过友好协商，在平等自愿的基础上达成如下协议，以资共同遵守：

1. 甲乙双方共同确认死者______属于提供劳务中因病死亡，甲方不承担相关赔偿责任。

2. 出于人道主义，甲方自愿支付乙方因______死亡事宜所产生的医疗费、遗体处理费、遗体运转费、安葬费、吊丧亲属食宿费、吊丧亲属误工费、死亡赔偿金、困难救助金等费用共计______元（大写：__________元）。

3. 本协议签订当日，甲方向乙方支付________元。乙方将________安葬并向甲方提交安葬证明文件当日，甲方再向乙方支付剩余________元。

4. 乙方指定接受本协议所称款项的账户为：

账　户：____；

开户行：____；

户　名：____。

5. 乙方自行负责上述款项的分配和使用，如由此引发争议，概由乙方负责，与甲方无关。

6. 乙方收到甲方支付的上述款项后，甲乙双方因____________死亡事件的所有事宜一次性处理终结，乙方不得再以任何理由、任何形式、任何途径向甲方主张任何费用或任何责任。否则，甲方有权向乙方主张返还本协议所指款项，并向乙方追究违约责任。如有第三人因____________死亡事件向甲方主张权利的，由乙方负责处理并承担相关责任。

7. 本协议一式六份，甲乙双方各执两份，抄送政府部门两份，自甲方签章、乙方签字之日生效，具有同等法律效力。

甲　　方：	乙　　方：
签约代表：	
签订日期：	签订日期：

第五章

争议解决

导　语

随着我国法治进程加快，劳动者的法律意识逐渐增强，近年来劳动争议案件数量呈现“井喷”态势，已然成为常见、高发的争议类型。劳动争议案件标的额小、争议大、程序长、耗时多，对用人单位而言，简单劳动争议案件聘请律师介入处理的成本太高。出于管理、成本、效率的考虑，用人单位也不愿意每件劳动争议案件都委托律师处理。HR作为人力资源领域的专业工作人员，有必要增强劳动争议处理的自我修养。从人力成本控制的角度看，劳动争议解决的“战和大计”如何确定，是选择和解、调解还是诉讼？如果诉讼，制定怎样的诉讼策略？如需聘请代理人代为诉讼，如何选聘代理人？本章将逐一探讨这些问题。

第一节　和解与调解

内容提要	
热点专题	和解与调解
背景知识	1. 和解与调解 2. 诉讼和解与诉讼调解
成本提示	5条
配套案例	1. 战和策略拿捏不同，结果大相径庭 2. 勇于坚持原则，判决效果更佳

续表

内容提要	
实操技能	1. 事前：判断适宜选择和解、调解的范围 2. 事中：如何和解、调解 3. 事后：和解、调解达成一致之后的注意事项
配套文书	劳动争议和解协议书

背景知识

1. 和解与调解

根据是否有第三方介入，我们把协商解决纠纷分为和解与调解。和解，是指当事人双方就争议事项自行协商，对实体权利的处分达成协议，从而解决争议的活动。调解，是指中立的第三方介入进行调停疏导，帮助交换意见，提出解决建议，促成双方化解矛盾的活动。在我国，调解主要有人民调解、仲裁调解、诉讼调解、行政调解。显然，有中立的第三方介入帮助处理更利于纠纷的化解。因此，我国《劳动争议调解仲裁法》第十条规定了人民调解制度，赋予了企业劳动争议调解委员会、基层人民调解组织（即人民调解委员会）、在乡镇或街道设立的具有劳动争议调解职能的组织（实践中多为依托乡镇劳动服务站或地方工会的调解组织）行使调解职能，当事人之间的劳动争议可以向以上三类组织寻求调解。

当事人双方经调解达成协议的，调解组织应当制作调解协议书。调解协议书由双方当事人签署并加盖调解组织的印章后生效，对双方当事人具有约束力。经人民调解委员会调解达成调解协议后，当事人之间就调解协议的履行或者调解协议的内容发生争议的，一方当事人可以向人民法院提起诉讼，不能直接据以申请强制执行。2011 年 1 月 1 日起施行的《人民调解法》，首次以立法形式确定了有关调解协议的“司法确认”机制，即经人民调解委员会调解达成调解协议后，双方当事人认为有必要的，可以自调解协议生效之日起 30 日内共同向人民法院申请司法确认，经过确认有效的调解协议，权利人在对方拒绝履行或者未全部履行时可向人民法院申请强制执行。因此，对于经过司法确认的调解协议，当事人必须履行；否则，另一方可直接申请强制执行。

2. 诉讼和解与诉讼调解

如果和解、调解活动发生在诉讼之中，则可以称为诉讼和解、诉讼调解。

诉讼和解，是当事人双方在诉讼中进行自行协商，达成协议，解决纠纷的活动。劳动争议案件自受理后至裁判作出之前，双方当事人均可自行和解。如达成和解协议的，应当向裁判机构递交和解协议书，经裁判机构认可，即可结案。实践中，双方达成和解协议后，一般由申请人或原告申请撤诉，劳动仲裁委或人民法院经审查准许后，下达撤诉裁定，仲裁或诉讼程序结束。和解协议系双方当事人意思自治的结果，对纠纷双方具有约束力，一方违约，另一方可以通过诉讼方式要求对方履行和解协议。但和解协议只具有民事合同效力，不具有执行力，不能直接据以申请强制执行。

诉讼调解，是指在诉讼过程中，裁判机构主持双方当事人进行协商解决纠纷的活动。诉讼调解是裁判机构行使裁审职能的表现，实践中，经劳动仲裁委或人民法院调解达成协议的，需制作调解书，经双方当事人签收后即具有法律效力。仲裁调解书或民事调解书与生效民事判决书一样，都具有执行力，一方不履行调解书内容的，另一方可以直接申请强制执行。

无论和解还是调解，都是争议双方当事人通过协商，相互妥协，最终达成一致化解纠纷。与劳动仲裁、诉讼等复杂程序相比，和解与调解具有效率高、履行快等优点，是解决日常纠纷的快捷方式，能迅速定分止争，对促进和谐劳动关系起着重要作用。

成本提示

1. 一般而言，诉争标的额小、争议不大、需要迅速平息的纠纷，应当首选和解或调解，这样有利于高效率、低成本地处理纠纷。

2. 用人单位如存在管理制度的漏洞或确实存在违法行为，宜采用和解、调解的方式化解纠纷。在控制影响范围的同时，尽快完成整改，避免更大的损失。

3. 有时出于更大的管理目的，如公司筹备上市、获取财政补贴等，为了刻意避免涉诉，适时采用“抓大放小”的策略，放弃局部利益，采用和解或调解的方式解决争议。否则，小不忍则乱大谋，影响全盘利益。

4. 和解、调解需要遵循自愿原则，如和解或调解方案在可接受的范围内，可以该种方式解决纠纷；反之，如和解或调解方案严重超出预期，经过磋商无法缩小差距从而达成一致的，则不必强求。

5. 一旦达成和解或调解的，应当本着诚实信用的原则履行协议；为了防止对方变卦，有条件的情况下，尽量对和解协议进行司法确认或者在裁判机关的主持下达成调解协议，出具调解书，以赋予强制执行力。如对方不履行协议可申请强制执行，以防止对方违约增加争议解决成本。

配套案例

案例1:战和策略拿捏不同,结果大相径庭

某大型国有建材集团公司为了扩大市场占有率,于2013年从某民营建材集团公司通过股权收购的方式并购了6家水泥厂。其中,被收购的甲、乙两家水泥厂设在两个不同的区县,但都由于历史遗留原因,从建厂以来未安排员工休年休假,社会保险也存在缴费年限不足的问题。甲厂的HR认为,这是一个管理层面的硬伤,如有单个员工前来主张权利时,适宜与对方和解,同时控制该问题的影响范围。于是,有个别离职员工提出要求支付相关待遇时,甲厂均以协商方式与对方达成和解协议,用略高于法定标准的代价,换来了顺利平息纠纷。同时,从当年开始逐步整改,完善管理。几年后,大家逐渐淡忘此事,很多员工离职时根本不提及索要年假工资和补交社保的问题,整个厂区管理秩序较为平稳,甲厂也未因此付出太多成本。而乙厂的HR认为,年假及社保问题是股权收购前的历史遗留问题,不应当由乙厂负责,员工应当向前任股东主张权利。有离职员工前来协商此事,乙方HR一律免谈。乙厂离职员工觉得公司态度生硬,被迫采用诉讼方式维权。久而久之,全厂员工都清楚乙厂的管理漏洞,凡有离职员工都到法院起诉乙厂要求支付年假工资、经济补偿等。这几年,乙厂诉讼缠身,累计发生劳动争议案件近百件,实际支付赔偿金额近千万元。

■ 律师评析

甲厂、乙厂面临的问题相同,但“战和大计”选择不同,结局截然相反,值得反思。甲厂“好汉不吃眼前亏”,明知理亏,果断采取与员工和解的方式平息纠纷。表面上看,甲厂是对员工进行了赔偿,但这种个案的和解换来了影响范围的控制,也为完善管理争取了时间。甲厂以较小的代价保住了全局,可谓策略得当。反观乙厂,没有正视自身管理存在的问题,不清楚股东的变化不影响用人单位责任的承担,对年休假、社会保险的问题采取漠视的态度,最终把员工“逼上梁山”。一个员工获得胜诉判决,其他员工纷纷效仿,通过诉讼维权蔚然成风。乙厂不但诉讼案件剧增,工作量爆棚,败诉后也被迫支付大笔赔偿,人力成本陡增,得不偿失。

■ 法条链接

《中华人民共和国劳动合同法》

第三十三条　用人单位变更名称、法定代表人、主要负责人或者投资人等事项,不影响劳动合同的履行。

案例2:勇于坚持原则,判决效果更佳

汤某是某公司的巡检工人,一日与其上司聂某因为工作安排发生争执,情急之下在食堂打了聂某一拳。虽然聂某伤情不重,但此事影响极坏,公司上上下下都在议论。某公司准备以汤某在工作场合打架斗殴、涉嫌严重违反公司规章制度为由将其开除。但汤某却矢口否认,说自己没打人,希望与公司和解了结此事,如果被开除会提起诉讼状告公司,还会举报公司环保、税务等问题。公司认为,汤某无视职场纪律,殴打上司,情理难容,拒绝了与汤某和解。嗣后,汤某果真提起诉讼,主张某公司系违法解除劳动关系,要求支付赔偿金。某公司积极应诉,经过一裁两审,最终获得本次诉讼的胜利,法院认定某公司系合法解除劳动关系。汤某到环保、税务部门投诉,但无任何真凭实据,相关部门未予立案调查,某公司未受到任何不利影响。此次事件后,某公司加强了管理,出台了一系列管理制度,强调了员工应当遵守职业纪律,恪守职业道德。

■ 律师评析

本案中某公司拒绝和解直接开除汤某的做法虽然引发诉讼,但最终维护了公司管理权威,严肃了职场纪律,达到了以正视听的作用,总的来说值得肯定。不过,某公司在作出这样的决定前,也应当仔细审视自身管理情况及现有证据,如果因为证据不足而败诉,不但达不到管理效果,还可能支付违法解除劳动关系赔偿金或被判令恢复劳动关系。和解虽然有效率高、履行快等优点,但不尊重事实、不分青红皂白的和解无异于“和稀泥”,久而久之,人们将不知正义为何物。对于不能和解的纠纷,要勇于说“不”。

■ 法条链接

《中华人民共和国劳动法》

第三条第二款 劳动者应当完成劳动任务，提高职业技能，执行劳动安全卫生规程，遵守劳动纪律和职业道德。

《中华人民共和国劳动合同法》

第三十九条 劳动者有下列情形之一的，用人单位可以解除劳动合同：

……

（二）严重违反用人单位的规章制度的；

……

实操技能

和解、调解是处理日常纠纷的重要手段，HR 应当熟练掌握，将其灵活运用到日常工作中。关于和解、调解的实操技能，笔者主要从事前的适用范围判断、事中的操作技巧介绍、事后的注意事项提示三方面进行阐述。

1. 事前：判断适宜选择和解、调解的范围

实务中，不管最终以哪种方式解决争议，都可以进行和解、调解，可以说和解、调解贯穿了争议解决的全过程。判断适宜选择和解、调解的范围有利于尽早确定工作方向，避免“对牛弹琴”，徒劳无功。笔者认为，以下几种类型的争议，可以把和解、调解作为解决争议的主要方向。

（1）金额微小型

所谓“金额微小型”，单纯是指双方争议的标的额比较小。法谚曰“法律不理会琐屑之事”，解决争议需要双方投入成本，如果争议金额太小，而采用相对比较复杂的诉讼程序解决，从诉讼成本、管理效率来讲都是不经济的。这种类型的争议，首选和解、调解方式解决。当然，虽然金额微小但案涉事件关乎用人单位的管理权威或制度，则另当别论。

（2）重大影响型

此处所称的“重大影响型”，是指争议事件本身牵涉面宽，涉及多人利益，引发了广泛关注，有多方利益主体介入。通常指比较敏感的事件，如集体劳动争议、大规模裁员、多人次工伤或工亡等。该类事件往往不只是涉及争议双方，还辐射到争议双方背后的众多家庭，还关乎社会稳定，相关政府部门都会高度关注甚至介入。该类案件用和解、调解的办法处理,可以降低负面影响,有效地控制不良舆论,最大限度地避免矛盾升级,稳定生产经营正常秩序,维护公关形象。

(3)天然必输型

"天然必输型"是指用人单位确实存在违法行为或制度、管理有漏洞,且对方证据确凿,如果发生诉讼,用人单位败诉的概率极大的案件。随着裁判文书公开制度的完善,以判决方式审结的案件,大多将在中国裁判文书网上公开,人人都可以上网查询。但和解、调解结案的案件,不会在网上公开。必败的案件选择和解或调解,不但可以节省诉讼成本,也可降低负面影响,不失为一种明智选择。

(4)管理需要型

"管理需要型"主要是指用人单位出于管理目的,需要刻意避免诉讼的争议类型。例如,用人单位正在筹备上市,需控制涉诉数量;用人单位正在申请财政资金补贴,需要一定期限内"劳动关系和谐",无诉讼记录等。总之,这种类型的争议,用人单位出于商业目的的"刚需",不能涉诉,只能采用和解、调解方式解决。

不过,凡事无绝对!起初看来,适宜用和解、调解的方式解决的争议,可能随着事件的发展,影响因素的变化,也可能变得不适宜。和解、调解是双方共同努力的结果,"一个巴掌拍不响",只是一方一厢情愿,另一方毫无诚意,双方差距过大,不能相互妥协的,最后也只能被迫进入诉讼。出于案件本身的特点或各种目的,有的争议从开始就不具备和解、调解的可能。提前预判案件走向,一方面,可尽早收集证据,为诉讼作准备;另一方面,可确立工作方向和重心,避免做无用功。笔者认为,不适宜和解、调解的案件可分为以下几类:

(1)反面典型型

"反面典型型"主要是指员工严重违反用人单位的规章制度、扰乱正常管理秩序、挑战管理权威或严重损害用人单位的利益的案件。这类案件,员工已经触碰到用人单位的底线,彻底处在用人单位的对立面,不可姑息。如果事实清楚,证据充分,用人单位认为该员工"无可救药"的,不宜和解、调解。相反,可以作为典型案例,严肃处理,以表明用人单位的立场。

(2)触碰红线型

"触碰红线型"主要是指如果采用和解、调解的方式结案,处理结果可能缺乏客观依据,不排除利益寻租,从而触碰到"红线"的案件。该种案件类型在国有企业较为常见。出于审计需要,国有企业一般要求案件处理的材料充分翔实,决策过程符合常理,处理结果于法有据。如采用和解、调解处理,处理结果更多的是决策者主观定夺，掺杂的人为因素较多，无法通过审计。因此，有审计需要的用人单位，为了避免决策者的职业风险，不宜选择和解、调解方式结案。或许，采用和解、调解的方式处理某个个案更能节省成本，但站在更高的制度层面，如果允许大量的和解、调解，国有资产流失的风险将大大增加。从这个角度来看，国有企业一般不接受和解、调解，就容易理解了。

（3）争议巨大型

“争议巨大型”主要是指双方争议标的额巨大或争议双方对案件事实、处理方法的认识分歧过大，无法通过和解、调解方式处理的案件。随着经济的发展，人们收入水平的提高，近年来在劳动争议领域也涌现出“超大标的额”的案件。这种类型的案件容易发生在企业高管、飞行员等“金领”劳动者与用人单位之间。这类争议不但工资基数巨大，还往往伴随利润分成、期权、股权、商业秘密泄露、服务期或竞业限制违约等方面的纠纷，所牵涉的利益巨大，双方都不肯轻易妥协。故这类纠纷从开始就要重点考虑诉讼的方式解决。

（4）非此即彼型

“非此即彼型”主要是指案件的特点不允许中间地带的出现，只能是争议双方其中一种观点。如确认劳动关系案件，只能是存在或不存在劳动关系，除此之外无第三种情况。这类案件用人单位如果胜诉，可能无责；如果败诉，可能全额赔偿。关系到“是与非”的问题，双方分歧岂能调和？这类案件，宜早做诉讼打算。

2. 事中：如何和解、调解

如果一旦选择以和解、调解为主要纠纷解决方式，接下来要考虑的便是如何做好和解、调解工作。和解、调解本质上是争议双方对争议事项协商达成一致。要促成双方摒弃分歧，求同存异，找到利益平衡点，才能提高和解、调解的成功率。做好和解、调解工作，需要以法律的规定为基准，但又不完全照搬规定；需要带着诚意去协商，但又要坚守底线；需要耐心倾听对方意见，也要不失时机地促成一致。和解、调解的最佳效果是双方各得其所、握手言和。要做到这一点，笔者认为，要从“看”“听”“想”“说”“忍”几方面入手：

（1）“看”

①“看”对方当事人基本情况

基本情况不仅仅是指姓名、年龄、职务，还应当细致了解对方的教育背景、工作环境、经济状况、社会关系、可支配资源等。不同的教育背景、工作环境会产生不同的思维方式，了解对方的知识构架、思维方式能够更好地与之沟通；不同的经济环境会涉及调解的限度和深度，可以根据对方的经济状况拟定初步和解、调解的方案，提高效率。不同的社会关系、可支配资源，可以推知对方可以仰仗的势力，判断解决问题的难度。

②“看”案件事实

案件的起因和经过是必须要了解的情况，在了解案情的基础上才能有针对性地定制方案。另外，也要看证据材料。“客观发生了什么”与“证据能证明什么”是两码事。在和解、调解的过程中，需要尊重客观事实，也要重视法律事实，只有清楚掌握事情来龙去脉及证据所能证明的关键节点才能决定和解、调解的方案和力度。

(2)“听”

①“听”对方诉求

倾听是争议解决中的基本功。需要“认真倾听”，了解清楚对方认为的事实、理由、诉求；需要“耐心听”，给予对方充分的表达机会，把复杂、含混的意思表达明白；需要“辩证听”，即在听的过程中判断对方哪些符合实际情况，哪些与事实有偏差，领会对方如此表达的意图。

②“听”第三方意见

在调解过程中，第三方介入后会帮助争议双方厘清事实，提供解决方案。听取第三方意见，采纳合理的建议，对促进双方达成共识大有裨益。调解过程中，非原则和底线问题都可以商量，切记不可一意孤行，油盐不进。

(3)“想”

① 换位“想”

换位“想”即通常所说的“换位思考”。和解、调解是一个相互体谅、相互让步、相互妥协的过程。有时，站在对方立场设身处地地思考，体会对方的难处及苦衷，也可以换来对方对自己的同等对待。你来我往，矛盾便在和谐的氛围中变得不那么尖锐，处理起来也就不那么棘手。

② 灵活“想”

解决方案提出后，双方可能存在分歧而不能达成一致。灵活“想”，即指在该种情况下，能够从更广的维度思考问题，变通地提出思路，从而解决问题。例如，工伤案件的和解中，伤者要求赔偿 10 万元，用人单位只愿意赔偿 8 万元，双方对金额的问题僵持不下。用人单位可以考虑把支付时间延长，获取时间利益，以时间换空间；也可以考虑要求把意外保险报销部分归属单位，以弥补损失；还可考虑分期付款，减少资金压力。总之，就是在协商进入僵局时找到替代方案，推动问题的解决。

(4)“说”

① 和气“说”

和气“说”，即表达意见、陈述观点甚至反驳对方的时候，情绪平稳、态度和善、口吻温和。宜使用协商的语气与对方探讨，共商解决之道；忌使用命令、强迫的方式，让对方必须接受，更不能因为意见不同而挖苦、讥讽、嘲笑对方。注意多用“好不好”“行不行”“能不能”的表达方式，少用或不用“必须”“应当”“没商量”的词句。

② 慎重“说”

慎重“说”，一则是指表达意见的时候，需要思考清楚后准确地表达，避免歧义，引起双方误会；二则是指谨慎地表达妥协意见，说话留有余地。虽然协商过程观点经常变化，但一旦准备妥协让步时，需量力而行。“说出去的话，泼出去的水”，一旦答应的妥协条件，不可轻易收回，否则对方可能认为我们变化无常，没有诚意。因此，在表达妥协让步条件的时候，最好附上条件，预设前提。例如，在工伤赔偿协商时，可以这样表达，“如果您能将付款期限延长 3 个月，我们请示领导同意后，尽量争取满足您赔付金额 10 万元的要求”。

(5)“忍”

①“忍”对方不同意见

有时，对方提出的条件可能十分苛刻甚至完全不合理，这需要我们保持平和淡定的心态。和解、调解的过程中，双方都想利益最大化，这很正常。虽然对方的无理要求显得很没诚意，但或许是出于策略和技巧，要平和地对待。

当然，对方是基于不同的认识或根本没有认识清楚情况而提出不合理的要求，处理方法则不同。这需要结合事实及法律规定，尽量引导对方与自己处在一个对话平台，否则和解、调解很难进行下去。

②“忍”自己的不良情绪

不良情绪可能来自两个方面：一方面是自发的情绪失控；另一方面是因为受到对方刺激引发的情绪失控。协商过程中，可能因为协商过程漫长、反复变化、枯燥乏味，容易让人失去耐心，缺乏容忍，甚至易怒。也可能因为对方语言或行为狡黠、无信甚至挑衅、富有攻击性，将我们的情绪带入不良状态。克制不良情绪，保持平和、稳定的状态，有利于问题的解决。

3. 事后:和解、调解达成一致之后的注意事项

经过不懈努力,双方终于达成一致,此时,双方由对立变为统一。不过,争议并不止于此。如果收尾工作没做好,可能前功尽弃。因此,此时并不能大意,还需善始善终,完善协议并诚信履行。

(1)签署协议

①内容方面

经过和解、调解达成的一致意见,应当一一记录在案,并使用专业、准确的语言表达,拟写成协议,避免日后双方对条文的理解产生分歧而又起纷争。如果争议双方不具备协议起草能力,可以寻求调解机构、专业的律师提供帮助。同时,也要确保协议内容是双方真实意思表示,不存在欺诈、胁迫、乘人之危、重大误解或显失公平的情形。另外,协议内容需不违反法律、行政法规的强制性规定,不侵犯第三人利益,不违反公序良俗。

②主体方面

应当是争议双方当事人自己作为合同主体,可以通过查明双方当事人的身份信息予以确认。有代理人的,需验明代理人身份、授权委托书、授权范围。特别值得注意的是,在人员死亡的案件中,签约主体是用人单位与死者第一顺位的继承人,即父母、配偶、子女。如无第一顺位的继承人,才考虑第二顺位的继承人,即兄弟姐妹、祖父母、外祖父母。配偶的身份可以通过结婚证锁定,父母、子女可以通过户口本或公安机关出具的证明来核实。对于签约主体是未成年人的,需要由其法定代理人确认为妥。

③形式方面

和解协议只具有民事合同的效力,当事人不履行的,还需通过仲裁或诉讼方式解决,此时纠纷并未彻底解决。在有条件的情况下,应当对协议进行司法确认,以确保协议具有强制力。如在诉讼中,宜选择在法院的主持下达成调解协议,要求法院制作调解书,一方不履行的,可以申请强制执行。

(2)诚信履行

一方面,用人单位应当按照协议的约定,及时、全面地履行义务。例如,用人单位在劳动争议的和解、调解中主要义务是付款,应当确保付款金额足额,支付时间准时。另一方面,如果协议约定了劳动者的义务,如配合提供资料、保密,而劳动者拒绝履行的,应当提示、敦促对方履约。

配套文书

劳动争议和解协议书

甲方(用人单位):__________________

乙方(劳动者):__________,身份证号码:__________________

鉴于:

1. 因双方劳动争议,乙方于________年____月____日向劳动仲裁委申请劳动仲裁;

2. 乙方提起的仲裁请求包括______________________________,共计金额________元。

依照《劳动法》《劳动合同法》以及相关劳动法律法规规定,甲乙双方本着平等、自愿的原则,经过协商一致,就解除劳动关系所产生的劳动争议达成如下和解协议:

1. 甲乙双方协商一致,同意自________年____月____日起解除双方的劳动关系。

2. 甲方一次性向乙方支付经济补偿人民币________元(大写:__________________元),乙方自愿放弃主张其余款项和权利。前述款项甲方于本协议签订之日起____日内支付给乙方,乙方承诺不再要求甲方另行支付其他任何款项。

3. 乙方收到本协议第 2 条约定的款项后,向劳动仲裁委员会申请撤诉,并承诺不得以任何理由再次提起仲裁或诉讼。双方劳动争议一次性了结,各类款项全部结清,再无其他争议。

4. 甲乙双方均已清楚法律规定的权利义务,对本协议所有条款的含义无异议,愿意按协议约定严格履行。

5. 本协议一式两份,甲乙双方各执一份,自甲方盖章乙方签字后生效,具有同等法律效力。

甲　　方:　　　　　　　　　　　　　　乙　　方:

签约代表:

签署时间:　　　　　　　　　　　　　　签署时间:

第二节　仲裁与诉讼

内容提要	
热点专题	仲裁与诉讼
背景知识	1. 劳动仲裁前置 2. 一裁终局 3. 两审终审 4. 裁审衔接
成本提示	5 条

续表

内容提要	
配套案例	1. 不重视诉讼,醒悟时为时已晚 2. 巧用法律关系、时效抗辩,用人单位大获全胜
实操技能	1. 争取有利管辖地,变被动为主动 2. 善用法律关系抗辩,从源头扼制对手 3. 巧用时效抗辩,化腐朽为神奇 4. 避免不利自认,不给对方"做嫁衣" 5. 搞清举证责任,合理取舍证据 6. 向劳动者发起诉讼,由守转攻
配套文书	劳动争议常见争议焦点举证责任分配表

背景知识

1. 劳动仲裁前置

劳动仲裁前置,是指劳动争议案件必须先经过劳动仲裁程序,当事人对仲裁裁决不服、劳动仲裁部门逾期未作出仲裁决定或者不予受理的,才可以向人民法院提起诉讼。从1995年实施的《劳动法》,到2001年出台的《最高人民法院关于审理劳动争议案件适用法律若干问题的解释》,再到2008年实施的《劳动争议调解仲裁法》,均设置了劳动仲裁前置程序,这是劳动争议案件处理的原则。实践中,有人认为"劳动仲裁前置"就是必须先由劳动仲裁部门作出仲裁裁决,不服的情况下才可以向法院提起诉讼,这种理解比较片面。劳动仲裁前置是指仲裁程序前置,而非仲裁裁决前置。

是否所有的劳动争议案件都必须经过劳动仲裁前置程序?答案是否定的。例如,破产企业的职工债权确认案件就无须经过劳动仲裁前置程序。《企业破产法》第四十八条规定:"债权人应当在人民法院确定的债权申报期限内向管理人申报债权。债务人所欠职工的工资和医疗、伤残补助、抚恤费用,所欠的应当划入职工个人账户的基本养老保险、基本医疗保险费用,以及法律、行政法规规定应当支付给职工的补偿金,不必申报,由管理人调查后列出清单并予以公示。职工对清单记载有异议的,可以要求管理人更正;管理人不予更正的,职工可以向人民法院提起诉讼。"从上述规定可以看出,职工如对管理人的调查结果不认同,可以要求管理人更正;管理人不予更正的,职工可无须经过劳动仲裁前置程序,直接向人民法院起诉。

2. 一裁终局

大部分劳动争议案件需要经过“一裁两审”的诉讼程序，但有一部分案件是实行“一裁终局”。所谓“一裁终局”，是指某些满足条件的劳动争议案件，经劳动仲裁委作出仲裁裁决后即发生法律效力。“一裁终局”制度可以缩短当事人维权时间，节省司法资源，使简单的小额劳动争议能够得到快速高效的解决，有积极作用。《劳动争议调解仲裁法》第四十七条规定：“下列劳动争议，除本法另有规定的外，仲裁裁决为终局裁决，裁决书自作出之日起发生法律效力：（一）追索劳动报酬、工伤医疗费、经济补偿或者赔偿金，不超过当地月最低工资标准十二个月金额的争议；（二）因执行国家的劳动标准在工作时间、休息休假、社会保险等方面发生的争议。”这是“一裁终局”制度的直接法律依据。

如果劳动者提出数项请求，对“不超过当地月最低工资标准十二个月金额的”如何理解？是单项不超过还是各项请求总计不超过？《最高人民法院关于审理劳动争议案件适用法律若干问题的解释（三）》第十三条进一步明确：“劳动者依据调解仲裁法第四十七条第（一）项规定，追索劳动报酬、工伤医疗费、经济补偿或者赔偿金，如果仲裁裁决涉及数项，每项确定的数额均不超过当地月最低工资标准十二个月金额的，应当按照终局裁决处理。”这里的“每项”是指劳动报酬、工伤医疗费、经济补偿金、经济赔偿金中的每项。有的地区还把“一裁终局”的适用范围扩大到工资、加班费、津贴、工伤治疗费、未签订书面劳动合同赔偿金等项目，如北京、重庆。

另外，判断终局裁决以何时何地的最低工资为准呢？对于时间节点，全国各地基本一致认为应当是仲裁裁决作出时。但是对于地点，各地操作不同。例如，重庆规定以劳动仲裁委所在地的最低工资为准；而山东规定“当地月最低工资标准”的具体含义，是指裁决时劳动合同履行地或用人单位注册地的最低工资标准。若劳动合同履行地与用人单位注册地不一致的，按照劳动合同履行地的有关规定执行；用人单位注册地的有关标准高于劳动合同履行地的有关标准，且用人单位与劳动者约定按照用人单位注册地的有关规定执行的，从其约定。如果劳动仲裁委作出的同一仲裁裁决同时包含终局裁决事项和非终局裁决事项，当事人不服该仲裁裁决向人民法院提起诉讼的，应当按照非终局裁决处理。

出于对劳动者的特殊保护，“一裁终局”并不针对劳动者，只适用于用人单位。如果劳动者对“终局裁决”不服的，可以自收到仲裁裁决书之日起 15 日内向人民法院提起诉讼。用人单位对仲裁裁决不服的，不能起诉到人民法院，唯一的救济途径就是在收到仲裁裁决书之日起30日内向劳动仲裁委所在地的中级人民法院申请撤销裁决。然而，撤销裁决并非易事，需要用人单位证明仲裁裁决有下列情形一，即“（一）适用法律、法规确有错误的；（二）劳动争议仲裁委员会无管辖权的；（三）违反法定程序的；（四）裁决所根据的证据是伪造的；（五）对方当事人隐瞒了足以影响公正裁决的证据的；（六）仲裁员在仲裁该案时有索贿受贿、徇私舞弊、枉法裁决行为的”。实践中，可能存在劳动者对“一裁终局”的仲裁裁决申请强制执行而同时用人单位申请撤销该裁决。对于该种冲突，为了保护用人单位的救济权，人民法院应当裁定中止执行。如果用人单位撤回撤销终局裁决申请或者其申请被驳回的，人民法院应当裁定恢复执行。如果用人单位申请撤销仲裁裁决成功的，人民法院应当裁定终结执行。

3. 两审终审

“两审终审”是指一桩民事案件经过两级法院审判就宣告终结的制度。“两审终审”制是我国民事诉讼中的基本制度，劳动争议案件概莫能外。对于不适用“一裁终局”的案件，一般需要经历两级人民法院审理才能终审。当然，双方在一审程序中调解或对一审判决都不上诉的，无须经历二审程序。“两审终审”制度体现了人民法院对裁判的审慎态度，当事人不服一审判决的，可以向二审法院上诉，获得一次救济机会。但实践中，二审案件的改判率较低，故在“两审”的程序中，一审程序尤为重要。

4. 裁审衔接

劳动争议“一裁两审”的制度有其积极作用，但实践中涌现出各种问题，让该制度饱受诟病。有观点认为，仲裁前置造成劳动争议案件处理程序极其漫长，不利于纠纷迅速处理；劳动仲裁委并非真正的司法机关，不具有司法机关的全部权力，如财产保全、强制执行等，在劳动仲裁中申请财产保全、先予执行的需要到人民法院办理，增加诉累；劳动仲裁委与人民法院观点不一致，时有同案不同判的情况，让人莫衷一是，等等。为此，人力资源和社会保障部、最高人民法院联合发布《关于加强劳动人事争议仲裁与诉讼衔接机制建设的意见》（人社部发〔2017〕70号），从统一裁审受理范围和法律适用标准、规范裁审程序衔接、完善裁审衔接工作机制等方面加强裁审衔接，解决实践中出现的问题。

裁审衔接机制要求我们重视劳动仲裁阶段的工作，这对实务处理非常具有指导意义。例如，在处理劳动争议案件过程中，需要本着诚实信用的原则参与诉讼，“禁止反言”，即在劳动仲裁与诉讼中避免对同一事实作相反陈述。再如，劳动仲裁阶段尽量穷尽诉讼请求，避免诉讼阶段新增诉讼请求等。

成本提示

1. 劳动争议领域立法对劳动者倾斜保护，科以用人单位大量责任，加之用人单位管理不善，在劳动争议诉讼中，劳动者的胜诉率远远高于用人单位。

2. 用人单位日常管理不重视证据固定或不知如何收集证据，在仲裁或诉讼中由于举证不能败诉，这是用人单位败诉的重要原因。

3. 用人单位不重视诉讼甚至对诉讼置之不理，是败诉的另一原因。司法实践中，作为被申请人或被告无正当理由拒不参加诉讼的，裁判机构视为放弃了抗辩的权利，径行缺席裁判，用人单位可能全盘皆输。

4. 未得到专业人士指导，诉讼策略选择不当，本该胜诉的案件结果败诉。

5. 不了解诉讼规则，在诉讼中形成不利自认而败诉的案例屡见不鲜。

配套案例

案例 1：不重视诉讼，醒悟时为时已晚

某建筑公司将部分劳务分包给包工头卿某，卿某聘用工人余某为其工作。余某在运送渣土的过程中摔伤。余某要求某建筑公司赔偿，某建筑公司称已经将劳务分包给卿某，由卿某全部负责。余某沟通未果，自行认定工伤、评定伤残等级，在劳动仲裁委作出不予受理决定后，把某建筑公司诉至法院。某建筑公司接到法院送达的起诉状副本、传票等材料，不以为然，觉得是法院搞错对象了，于是弃之不理。几个月后，某建筑公司接到判决书，被判决支付各项工伤赔偿款 20 余万元。此时，某建筑公司着急了，匆忙上诉。二审法院驳回了某建筑公司的上诉请求，维持原判。

■ 律师评析

本案是用人单位某建筑公司不重视诉讼而全盘败诉的案例。虽然某建筑公司把劳务分包给包工头卿某，但卿某系自然人不具有用工主体资格，其雇用的工人在工作中受伤的，某建筑公司依然要承担用工主体责任，这是《最高人民法院关于审理工伤保险行政案件若干问题的规定》第三条的明文规定。某建筑公司无正

当理由未到庭参加诉讼,视为放弃诉讼权利,余某的主张只要有法律依据的,都得到了支持。如果某建筑公司如期参加诉讼,至少可以从赔偿项目的计算方式、工资标准、扣除垫付费用等方面进行抗辩,同时也可在法院的主持下争取调解的机会。二审匆忙上诉,已经错过最佳诉讼机会,此时即便提出调解,对方因为一审获得胜诉,占据了优势地位,不愿调解。本案,某建筑公司虽然责任不可免,但由于不积极应诉,错过了减少损失的机会。

■ 法条链接

《中华人民共和国民事诉讼法》

第一百四十四条 被告经传票传唤,无正当理由拒不到庭的,或者未经法庭许可中途退庭的,可以缺席判决。

案例2:巧用法律关系、时效抗辩,用人单位大获全胜①

申请人陈某诉称2014年2月进入被申请人某培训学校工作,期间一直担任舞蹈教师,直至2017年5月底。劳动关系存续期间,某培训学校未与陈某签订书面劳动合同,也未为陈某缴纳社会保险。2017年6月,某培训学校在未说明具体缘由的情况下口头辞退陈某。陈某认为某培训学校未签订劳动合同、违法解除与陈某劳动关系的行为侵犯了陈某的合法权益,诉至劳动仲裁委,要求支付:(1)2014年3月至2015年1月期间未签订书面劳动合同二倍工资77,000元(7000元×11个月);(2)违法解除劳动合同赔偿金49,000元(7000元/月×3.5月×2)。

某培训学校辩称,双方按照陈某教授的课时结算工资,陈某每天工作不超过4小时,也在其他培训学校兼职,双方是非全日制劳动关系。因此,双方不必签订书面劳动合同,也可以随时解除劳动关系。另外,陈某主张二倍工资已经超过仲裁时效,其主张不能得到支持;某培训学校只是因为近期课程量少,无法给陈某排课,让她暂时休息,双方的劳动关系并未真正解除。

劳动仲裁委经过审理,认定双方系非全日制用工,双方无须签订书面劳动合同,且陈某主张未签订书面劳动合同确已过仲裁时效,其主张的2014年3月至2015年1月期间未签订书面劳动合同二倍工资77,000元不能成立。本案陈某主

---

① 本案例摘自渝沙劳人仲案字(2017)第715号仲裁裁决书。

张双方劳动关系已经解除，但未举示证据予以证明。双方系非全日制用工，根据《劳动合同法》第七十一条的规定，双方当事人任何一方都可以随时通知对方终止用工。即便某培训学校口头通知解除与陈某的劳动关系，也不属于违法解除。故，陈某主张违法解除劳动合同赔偿金49,000元不予支持。遂驳回了陈某的全部仲裁请求。

■ 律师评析

本案某培训学校积极应诉，制定了正确的诉讼策略。在证据组织与举示方面，某培训学校下足了工夫，收集了陈某的考勤记录、授课记录、工资结算记录、在其他单位兼职的证明材料，成功地证明了双方系非全日制劳动关系。在抗辩理由方面，及时提出二倍工资时效抗辩、法律关系抗辩，获得支持。同时，庭审中避免了对已经口头通知陈某解除劳动关系这一不利事实的自认，最终所有观点获得仲裁委采信，全盘胜利，可圈可点。

■ 法条链接

《中华人民共和国劳动合同法》

第七十一条 非全日制用工双方当事人任何一方都可以随时通知对方终止用工。终止用工，用人单位不向劳动者支付经济补偿。

实操技能

1. 争取有利管辖地，变被动为主动

根据法律规定，劳动争议案件中劳动合同履行地与用人单位所在地均有管辖权。劳动争议诉讼中，诉讼发起人多为劳动者，他们有选择诉讼管辖地的天然优势。一般情况下，用人单位所在地即是劳动合同履行地，两者重合的情况下，不存在争取管辖权的问题。但劳动合同履行地与用人单位所在地不一致时，争取有利管辖地就变得有意义。劳动者发起诉讼时一般会选择距离自己近且熟悉的劳动合同履行地进行诉讼。对用人单位而言，应诉就变为异地作战，增加应诉的时间和差旅费成本，给案件的现场沟通也带来诸多不便。仲裁裁决作出后，用人单位可以抢在劳动者之前起诉至人民法院，选择距离自己较近的用人单位所在地人民法院进行一审诉讼，从而改变诉讼管辖地。

2. 善用法律关系抗辩，从源头扼制对手

法律关系不同，意味着双方的权利义务均不同，法律后果也截然不同。例如，劳动者主张未签订劳动合同的二倍工资、解除劳动合同的经济补偿、代通知金、年休假工资等赔偿项目均是基于双方系劳动关系，如果没有这个基础，劳动者提出的所有请求均不能成立。用人单位在诉讼中应当首先考虑双方劳动关系是否成立的问题，可以根据实际情况，提出双方是劳务关系、承揽关系等非劳动关系。另外，劳动关系分为全日制劳动合同关系和非全日制劳动关系，两者权利义务大相径庭。例如，非全日制劳动关系可以不签订书面劳动合同，用人单位没有支付二倍工资风险；非全日制劳动关系解雇保护较弱，用人单位在解除非全日制劳动关系后无须向劳动者支付经济补偿。因此，也可考虑在诉讼中提出非全日制劳动关系的抗辩。法律关系抗辩往往能从源头扼制对方请求，运用好了威力无穷。

3. 巧用时效抗辩，化腐朽为神奇

劳动争议诉讼时效分为一般时效和特殊时效。一般劳动争议申请仲裁的时效期间为一年，仲裁时效期间从当事人知道或者应当知道其权利被侵害之日起计算。劳动关系存续期间因拖欠劳动报酬发生争议的，劳动者申请仲裁不受一年的仲裁时效期间的限制，但劳动关系终止的，应当自劳动关系终止之日起一年内提出，这就是特殊时效。任何一个案子的应诉，都需要作时效审查。如果发现对方主张权利已过时效，即便实体抗辩无力，也可瞬间扭转败局，化腐朽为神奇。

4. 避免不利自认，不给对方“做嫁衣”

诉讼中，除涉及身份关系的事实外，一方当事人对对方当事人陈述的案件事实明确表示承认的，另一方当事人无须举证。诉讼是一门社会科学，有其内在规律，法官判案讲求的是法律事实，而非客观事实。裁判者并不亲历案件，而是根据双方当事人的陈述及举示的证据结合法律的规定来判断支持谁、反对谁。在诉讼中，不要轻易同意对方的观点。另外，在诉讼中提交的书面意见，如答辩状、代理词等，也要注意避免作出不利自认，不给对方“做嫁衣”。

5. 搞清举证责任，合理取舍证据

劳动争议诉讼中，大量的举证责任被分配给用人单位，但这并不意味着用人单位需要把自己掌握的所有证据都交出来。整个诉讼是围绕着诉讼请求进行的，用人单位只需要对自己的主张以及反驳对方的主张进行举证，在提交证据之前，需要根据举证责任对证据进行甄别和取舍。

6. 向劳动者发起诉讼，由守转攻

在劳动争议领域，发起诉讼的往往是劳动者，作为用人单位，通常是处在被动防御的消极状态。然而，法律赋予了劳动者和用人单位同等的诉权，如果用人单位的权利受到损害，可以考虑通过诉讼方式维权。另外，“最好的防守就是进攻”，作为一种策略，用人单位面对咄咄逼人的缠讼者，也可考虑另行提起诉讼予以反击。

配套文书

表5-1　劳动争议常见争议焦点举证责任分配表

争议焦点	用人单位举证责任	劳动者举证责任
工资标准	如劳动者无法举证证明其工资标准，用人单位应提供工资支付凭证。否则，可以直接推定劳动者主张的工资标准成立。	劳动者主张工资标准高于劳动合同约定或已实际领取的工资数额的，应就其主张的工资标准举证。
入职时间	用人单位承担举证责任①。	—
确认劳动关系	1. 用人单位主张劳动关系成立的，应当对劳动关系存在举证。例如，可以提供：(1)劳动合同；(2)工资支付凭证或记录(职工工资发放花名册)、缴纳各项社会保险费的记录；(3)用人单位向劳动者发放的“工作证”“服务证”等能够证明身份的证件；(4)劳动者填写的用人单位招工招聘“登记表”“报名表”等招用记录；(5)考勤记录；(6)其他劳动者的证言；(7)劳动者的工作记录等。 2. 劳动者已能够举证证明为用人单位提供劳动，但用人单位主张劳动关系不成立的，用人单位应当提交反证，如双方签订的劳务合同、顾问合同、劳动派遣合同等。	1. 劳动者主张存在劳动关系的，应当对劳动关系的成立承担举证责任。劳动者应提供劳动合同，如果没有签订劳动合同，以下凭证可以作为证据：(1)工资支付凭证或记录(职工工资发放花名册)、缴纳各项社会保险费的记录；(2)用人单位向劳动者发放的“工作证”“服务证”等能够证明身份的证件；(3)劳动者填写的用人单位招工招聘“登记表”“报名表”等招用记录；(4)考勤记录；(5)其他劳动者的证言等。 2. 其中，(1)(3)(4)项的有关凭证由用人单位负举证责任，但前提是劳动者完成初步举证责任。

① 《劳动合同法》第七条规定：“用人单位自用工之日起即与劳动者建立劳动关系。用人单位应当建立职工名册备查。”用人单位应当建立职工名册，并应当通过职工名册记录包括劳动者的入职时间、工作职位等内容。另外，根据《最高人民法院关于审理劳动争议案件适用法律若干问题的解释》第十三条的规定：“因用人单位作出的开除、除名、辞退、解除劳动合同、减少劳动报酬、计算劳动者工作年限等决定而发生的劳动争议，用人单位负举证责任。”入职期间涉及劳动者工作年限计算，应当由用人单位承担举证责任。

续表

争议焦点	用人单位举证责任	劳动者举证责任
年假工资	1. 已安排劳动者休部分或全部年休假; 2. 劳动者自愿放弃休年休假; 3. 用人单位已支付年假工资。	证明工作年限,包括累计工作年限和连续工作年限。
二倍工资	1. 书面通知劳动者签订、续订劳动合同而劳动者拒签; 2. 已签订、补签、续签劳动合同或已签订了无固定期限劳动合同; 3. 用人单位与劳动者签署了劳动合同要素齐全的文件。	1. 存在用工事实; 2. 用工超过一个月未满一年; 3. 劳动者在用人单位连续工作满十年或连续订立二次固定期限劳动合同且愿意续签的; 4. 用人单位初次实行劳动合同制度或国有企业改制重新订立劳动合同时,劳动者在该用人单位连续工作满十年且距法定退休年龄不足十年。
克扣或者拖欠工资	1. 证明两年内的工资支付情况; 2. 证明减少劳动报酬的原因及依据; 3. 用人单位延期支付劳动者工资的,应举证证明延期支付的原因、与劳动者及工会的协商事实。	1. 被克扣前的工资标准; 2. 劳动合同或规章制度规定的工资发放时间,或按照惯例形成的工资发放时间。
加班工资	1. 劳动者有证据证明用人单位掌握考勤表、工资表的,由用人单位提交考勤表、工资表; 2. 用人单位已经支付加班工资的记录; 3. 用人单位主张实行不定时工作制或综合计算工时工作制的,由用人单位举证; 4. 用人单位主张加班工资基数有约定的,举示劳动合同或规章制度的相关约定。	1. 劳动者需证明用人单位掌握加班事实存在的证据; 2. 用人单位否认加班的,劳动者应对加班事实负举证责任,应当提供: (1)用人单位安排加班的证据,如加班申请单、考勤表、加班制度; (2)录像、证人、工作记录、会议签到记录等存在加班事实的证据。
年终奖金	劳动者完成初步举证责任,相关资料由用人单位保管的,由用人单位举证。	劳动者举证证明存在年终奖的制度、计算方式、以往发放记录、具体数额等。
高温津贴	1. 未安排劳动者在35℃以上的高温天气期间从事室外露天作业或已经采取措施将室内工作场所温度将至33℃以下; 2. 已经发放高温津贴及发放金额。	劳动者在35℃以上的高温天气期间从事室外露天作业或在33℃以上的高温天气提供了室内作业。

续表

争议焦点	用人单位举证责任	劳动者举证责任
经济补偿或赔偿金	由用人单位证明其解除决定的合法性，通常包括规章制度经过公示及民主程序、解除理由、解除劳动关系所依据的事实、解除程序等方面的合法性。	1. 用人单位单方解除劳动关系，如解除劳动合同通知书； 2. 如果单位口头辞退未出具书面通知书，可提供录音、录像、证人、电子邮件等证据予以证明。
工伤待遇	1. 用人单位否认是工伤的，由用人单位举证证明； 2. 用人单位主张已经支付工伤待遇的，由用人单位证明支付记录、支付金额。	劳动者证明工伤认定结论、伤残等级鉴定结论、工伤住院时间、劳动关系是否解除、康复器具费用等。
竞业限制经济补偿	由用人单位举证证明劳动者违反竞业限制协议的事实或支付经济补偿的记录。	劳动者举证证明有竞业限制协议及经济补偿计算方式。
违反服务期违约金	用人单位证明对劳动者进行了付费的专项培训、双方约定了服务期及违约金、劳动者在服务期内单方解除劳动合同或存在《劳动合同法实施条例》第二十六条第二款规定情形被用人单位解聘。	劳动者证明系依照《劳动合同法》第三十八条的规定解除劳动合同。

第三节　代理人选聘

内容提要	
热点专题	代理人选聘
背景知识	1. 代理制度 2. 委托诉讼代理人
成本提示	2 条
配套案例	1. 律师费节省一笔，败诉案件多一堆 2. 好钢用在刀刃上，一案胜诉定乾坤
实操技能	1. 代理人选聘方法 2. 代理人选聘考量因素 3. 代理人选聘误区
配套文书	诉讼代理人选聘评价表

背景知识

1. 代理制度

当事人由于自身知识、能力、时间、地点、健康等方面的原因不能做到事必躬亲，于是有了委托他人代为进行民事活动的需要，代理制度应运而生。所谓“代理”，是指代理人在代理权限内，以被代理人的名义与第三人实施法律行为，由此产生的法律后果直接由被代理人承担的一种法律制度。代理分为委托代理、法定代理、指定代理三种类型，这里我们重点谈谈运用得最广泛的委托代理。委托代理又称意定代理，是基于被代理人授权的意思表示而发生的代理。被代理人可以通过口头、书面两种方式向代理人授权。如委托代理采用书面形式授权的，授权委托书应当载明代理人的姓名或者名称、代理事项、权限和期间，并由被代理人签名或者盖章。

2. 委托诉讼代理人

发生劳动争议后，聘请律师实质上就是委托律师代为诉讼，用人单位应当向律师出具授权委托书。授权委托包括一般授权、特别授权两种。如只是委托律师进行诉讼、代收法律文书等一般事项，即为一般授权。如需委托律师代为承认、放弃、变更诉讼请求，进行和解、调解，提起反诉或者上诉，必须出具特别授权。值得注意的是，无论是一般授权还是特别授权，诉讼代理人都适用自认规则，即诉讼代理人在诉讼中发生的自认与当事人本人发生的自认产生同样法律效力。《民事诉讼法》规定，当事人、法定代理人可以委托一至二人作为诉讼代理人。实践中，用人单位除了委托律师进行诉讼，还经常指派本单位的工作人员作为诉讼代理人。

成本提示

1. “术业有专攻”在法律行业表现得特别明显，专业的事应当交给专业的人来办理才能不花冤枉钱。用人单位用人失察，容易“事倍功半”。

2. 律师办案需要耗费时间和精力，有办公、税务、差旅、机会、风险等各方面的成本，一味压低律师服务费不是节省成本的明智之举。根据案件情况，选择合适的律师，追求服务质量与服务价格的“性价比”才是更佳的选择。

配套案例

案例1:律师费节省一笔,败诉案件多一堆

某实业公司主营业务是房地产开发,日常纠纷主要集中在业务板块,人力资源方面的纠纷较少,甚至没有出现过劳动争议诉讼案件。2016 年 8 月,以营销副总黄某为代表的八位职业经理人与某实业公司因为工资问题发生争议,黄某首先提起了劳动仲裁。公司并未引起足够重视,指派单位员工法务总监孙某代表公司应诉。孙某虽是法务总监,但并不熟悉劳动争议领域的法律规定,诉讼技巧运用也不够娴熟,很快败诉。其他几位高管见状,纷纷起诉。

某实业公司见状不妙,意识到要外聘擅长劳动争议的律师介入处理。律师接受某实业公司委托介入后,发现某实业公司在诉讼中始终处于被动状态,难以逆转,主要原因在于,在先前的诉讼中,诉讼代理人孙某已经对很多不利事实自认。即便律师努力争取,但仲裁员认为这一系列案件案情相似,只是诉请金额不同,律师的陈述不能推翻代理人孙某已经形成的不利自认。最终,这一系列劳动争议案均以某实业公司的败诉而告终。

■ 律师评析

本案是某实业公司用人不当导致系列案件败诉的典型案例。如果孙某不对“公司以备用金形式发放工资”等关键不利事实自认,某实业公司本可以轻松胜诉。根据证据规则,黄某等几位高管需要对欠发劳动报酬的事实承担举证责任,而他们缺乏相关证据。孙某对关键事实作了自认,让仲裁员形成了内心确认,即便后来律师改变此前的说法,但不能提供相关证据加以证实,无法否定此前的不利自认,故而败诉。这一系列案件的败诉,与某实业公司选聘错误的代理人有直接关系。起初,某实业公司可能想节省律师费,指派公司员工作为代理人,不料却因为用人不当,造成了更大的损失。其实,法律领域分门别类,每个具体的门类都博大精深,需要花费很长时间才能做到精通。人的精力有限,很少人能够做到面面俱到。识别案件的类型,根据其重要程度、复杂程度找到擅长该领域的律师作为诉讼代理人,到头来可能是最节省成本的做法。

■ 法条链接

《中华人民共和国民事诉讼法》

第五十八条　当事人、法定代理人可以委托一至二人作为诉讼代理人。

下列人员可以被委托为诉讼代理人：

（一）律师、基层法律服务工作者；

（二）当事人的近亲属或者工作人员；

（三）当事人所在社区、单位以及有关社会团体推荐的公民。

案例2：好钢用在刀刃上，一案胜诉定乾坤①

某商贸公司是某知名卫浴品牌的西南地区总代理，负责某卫浴品牌在西南地区的销售、安装及后期维护。由于安装师傅人手紧缺，某商贸公司在市场上找了一批专业承接安装工作的人员作为补充，陈某也是其中之一。陈某发现，某商贸公司的派单量较大，自己的工作量比较饱和，无须再到别处揽活，于是基本只承接某商贸公司的派单。近两年，卫浴的销量减少，某商贸公司给陈某的派单量也相应减少，甚至很长一段时间没有派单，陈某收入锐减，难以为继，准备与某商贸公司终止合作关系。但他不甘心，觉得自己为某商贸公司干了这么多年，自己也丧失承接其他安装工作的机会，要求某商贸公司按照在册员工的标准向其支付经济补偿。某商贸公司认为陈某不是本单位的员工，不同意支付经济补偿，双方发生争议。陈某提起诉讼，要求确认与某商贸公司存在劳动关系。

某商贸公司认为，虽然与陈某之间的诉讼属于确认劳动关系，不涉及赔偿数额。但本案败诉，陈某随后可能提起主张经济补偿的诉讼。更重要的是，与陈某类似情况的外聘师傅还有一大批，如果本案败诉，其他外聘人员可能纷纷效仿，公司将面临巨大的用工风险。于是，通过行业协会的推荐，找到了某知名劳动法律师代理与陈某的劳动争议案件，并支付较高的律师费。在律师的帮助下，法院认为，陈某可以根据自己的工作安排，选择接单或者拒绝；陈某自带安装工具，以交付工作成果的方式获取劳动报酬；陈某无须遵守某商贸公司的规章制度，双方无人身隶属性。最终，陈某对自己提出的主张未举示充分的证据予以证实，认定双

① 本案例改编自（2017）渝0107民初23694号民事判决书。

方不存在劳动关系，驳回了陈某的诉讼请求。

陈某的案件胜诉后，其他安装师傅与某商贸公司终止合作关系的时候，没有再提出类似要求。

■ 律师评析

本案某商贸公司审时度势，正确判断与陈某的劳动争议案件的重要程度及对管理上的影响。在此基础上，找到了擅长劳动争议的律师代理本案，终获胜利。虽然某商贸公司在陈某的案件上花费了一笔律师费，但是避免了本案的败诉，给管理带来强有力的支撑，用“以战止战”的方式堵住了后续诉讼风险，一劳永逸，省事省力也省钱。

■ 法条链接

《中华人民共和国民事诉讼法》

第六十四条第一款 当事人对自己提出的主张，有责任提供证据。

实操技能

1. 代理人选聘方法

(1)直接委托

劳动争议即将发生之时或发生后，正好 HR 身边有合适的人选，可以考虑直接委托。这种方式，一般是从法律顾问、熟悉的律师、入库律师中选定。因双方比较熟悉，有信任关系，省去许多沟通、对接的成本，这也是一种比较常见的委托方式。但直接委托需满足两个前提：其一，HR 身边有比较充足的律师资源，能够迅速找到足以胜任的律师；其二，双方对委托事项、承办人选、律师费用等方面能够达成一致，能顺利敲定委托合同。

为了方便在临事时能迅速找到合适的律师，很多用人单位在平日就采用“中介机构入库”制度，对风险进行分门别类的划分，设置入库律师事务所及律师的标准，邀请各个层次的律师事务所及律师入库以作储备。如果用人单位可用律师资源不多，HR 需要在工作过程中特别注意利用各种机会积累身边的律师资源，以备不时之需。

(2)竞争性谈判/竞争性磋商

竞争性谈判，是指用人单位组建谈判小组与被邀请律所分别进行一轮或者多轮谈判后，律所在满足所有实质性需求的前提下，报出最后报价，报价最低的律所为成交对象。竞争性磋商不是采用“价低者得”的评审方法，而是按照磋商文件规定的各项评审因素进行量化指标评审，得分最高的律所即为中标律所。竞争性谈判最后比的是价格，谁价格低谁成交；竞争性磋商最后比的是综合实力，谁综合得分高谁成交。

在磋商谈判之前，HR 做好收集材料、消化材料、预判症结点、检索相关规定等功课显得十分必要，可取的做法是根据自己了解的情况拟写案情简介，列出关注的问题点，并将相关材料整理附后。只有这样，才能弄清案情，整理出关键点、疑难点、风险点，才能明确与律师谈判沟通的重点，进而清楚需要怎样的律师服务。同时，自己熟悉了案情，对案件有了自己的判断，才能在与律师的沟通交流过程中对律师的专业水平、口头表达、行业背景知识、思维敏捷程度等方面进行更好的判断。

（3）招投标

如果确有必要，用人单位也可以按照《招标投标法》的相关规定采购律师服务。招标分为公开招标和邀请招标。具有编制招标文件和组织评标能力的招标人，可以自行办理招标事宜。招标人也可委托招标代理机构代理招标。招标投标的方式采购服务体现了市场机制公开信息、规范程序、公平竞争、客观评价、公正选择以及优胜劣汰的本质要求，有利于招标单位从广泛的竞争者中选择合适的中标人并获得最佳的竞争效益。一般而言，案涉标的额大，对用人单位至关重要的案件可以通过招标投标遴选合适的律所。

2. 代理人选聘考量因素

HR 需要从哪些因素进行考量从而确定诉讼代理人的人选？笔者认为，可以从以下方面来综合判定：

（1）诉讼方案

委托律师代为诉讼是聘请律师帮助用人单位解决问题的，解决问题的方案就显得特别重要。HR 应当会同单位的法务人员、相关领导对律师提出的方案进行甄别。可以从诉讼方案的可行性、成功率、风险点预案等各个方面综合评判。

（2）服务律师

诉讼是个“技术活”，同样的方案，不同的人来操作，结果可能大不相同。考察服务律师，可以从人品口碑、专业领域、执业能力、平台资源等几个方面综合考量。

①人品口碑方面

主要看承办律师的社会评价及客户反响。律师的社会评价可以通过推荐人介绍和相关资料查阅获得，一般从律师个人的为人处世风格、美誉度、个人荣誉、社会职务等方面考察。业务能力强、服务质量好的律师，委托人常常会给予好评，因此从客户评价也可看出律师的口碑。

②专业领域方面

重点了解律师的执业方向、研究领域，可以通过律师受教育背景、过往代理案件、著述或文章发表等方面进行考察。一般而言，受过正规法学教育的律师知识结构比较成体系，有明确执业方向的律师更加值得信赖，在某个领域代理案件数量多的律师更加富有经验，有论著或文章发表的律师比较勤于钻研。

③执业能力方面

主要考察服务律师的胜诉业绩、获奖情况、社会资源、执业年限等方面。通常情况，代理案件标的额大，胜诉业绩多，案件影响范围广，说明律师执业能力强；代理案件获奖多，奖项含金量高说明律师获得的认可度高；律师能够调配的社会资源多、沟通渠道广，意味着办事越便利，成功率越高；执业年限越长，说明律师执业经历越丰富，见识越广。

④平台资源方面

重点看律师执业的律师事务所在业内的影响力、服务律师团队、案件办理工具、沟通协调机制等。律师所在的律师事务所如果在业内有口皆碑，说明律师事务所的综合实力、专业能力比较突出，在该事务所执业的律师的专业水平一般不会太差。具体到案件的承办律师，如果是一个服务团队提供服务且分工明确，通常会比单个律师提供的服务更加全面、细致。随着人工智能和大数据时代的来临，律师行业也引入科技元素优化案件质量。一般重视服务质量管理，能运用诉讼可视化、大数据报告等前沿技术办案的，说明该律师团队重视服务质量的改进与提高。服务沟通协调机制除了传统的电话、邮件、微信、现场会议等方式沟通，还能够采用远程视频会议、工作量统计清单、律师工作报告等方式保持沟通的及时性，将无形的服务有形化，清晰地展现服务过程的，服务质量不会太差。

（3）律师服务费

律师服务费按照计费方式可以分为按时计费、按件计费。按照收费是否与案件办理结果挂钩，分为一般代理、半风险代理、风险代理。法律服务收费考虑的因素包括工作量、工作复杂程度、律师人数、律师的知名度、时间及距离因素、办公成本、税收成本、执业风险、利益冲突等。不管采用哪种计费方式，一般选择大型律师事务所、知名度高的律师，服务费用就高；反之，费用就低。应当结合案件的争议标的额、重要程度、复杂程度、案件特点等选择足以胜任而价格在接受范围的律师为宜。

3. 代理人选聘误区

(1)任人唯亲

鉴于律师行业的特殊性，当事人更愿意选择自己熟悉、信赖的律师作为诉讼代理人，这是人之常情，无可厚非。不过，在选聘律师时，HR 要注意避免一味地任人唯亲，选择各方面更匹配的律师作为承办案件的律师更为妥帖。

(2)价低者得

很多 HR 出于成本考虑，特别关注价格问题，在委托律师时尽可能地压低价格。这种做法本身没错，但要注意必要的限度，不要每个案件都奉行“价低者得”的原则。如果案件标的额较大、复杂疑难程度高、对用人单位影响较大的，应当选择专业能力更强、更富有问题解决能力的律师。此时，宜优先保证服务质量，再考虑价格。

(3)只选或不选“大律师”

只选或不选“大律师”这两种极端都不可取。微末之事选用“大律师”，未免大材小用，于成本而言，也不划算。因此，视案件的轻重缓急，聘用合适的律师才是明智之举。

配套文书

表 5－2 诉讼代理人选聘评价表

评价项目		律所一：×××	律所二：×××	律所三：×××
诉讼方案（30 分）	可行性			
	成功率			
	风险点预案			
服务律师（40 分）	人品口碑			
	专业领域			
	执业能力			
	平台资源			

续表

评价项目		律所一：×××	律所二：×××	律所三：×××
律师费（30分）	一般代理			
	半风险代理			
	风险代理			
共计得分				

填写说明：1. 根据案件情况，一般遴选 3 家律师进行比较。2. 评价项目分诉讼方案、服务律师、律师费三大项，分别占 30 分、40 分、30 分（比例可调整），每一大项细分的小项目分值不固定，可由填表人自由分配，但总计分值不得超过 40 分。3. 律师费一栏根据律师事务所报价方案，选择一项给予 30 分以内的评价；如律师事务所给出两种以上的报价方案，可分别给予 30 分以内的评价，但不重复计算，共计得分一栏为一个区间值。

下篇

专业技能

第六章 用工模式

导 语

用工模式是顶层设计方面的话题，它宏观而重要，涉及用人单位的管理理念、组织结构，更直接关乎用工成本。经济新常态下，企业主们不得不思考怎样的组织结构才能更好地激发员工活力，怎样的用工模式才能更好地降本增效。在国内，海尔集团的"人单合一双赢"模式、永辉超市的"门店合伙人制度"无疑都是组织变更的成功典范。在日本，被誉为"经营之父"的稻盛和夫用"阿米巴经营"缔造了京瓷、KDDI两家世界500强企业；在美国，Brain Robertson首创的"合弄制"，让Zappos一跃成为最大的在线鞋类零售网站。人们在惊叹这些商业神话的同时，也对"阿米巴经营"及"合弄制"充满了好奇。本章笔者将介绍传统用工类型及新型组织模式，意在帮助HR规避用工模式选择的风险，为用工模式设计及变革提供些许思路。

第一节 传统用工类型

内容提要	
热点专题	传统用工类型
背景知识	1. 劳动关系 2. 劳务关系 3. 劳务派遣 4. 业务外包 5. 非全日制用工

续表

内容提要	
成本提示	4 条
配套案例	1. 劳务关系被否定，直接认定为劳动关系 2. 逆向派遣被认无效，用工单位变成用人单位 3. 业务外包被否定，按劳务派遣判连带责任 4. 非全日制用工超时且按月计发工资，被认定为全日制劳动关系
实操技能	1. 劳务关系方面 2. 劳务派遣方面 3. 业务外包方面 4. 非全日制用工方面
配套文书	1. 非全日制用工合同 2. 退休返聘协议

背景知识

1. 劳动关系

劳动关系的认定非常重要，这是厘清双方权利义务和处理一切劳动争议的起点。认定劳动关系，实务中一般从以下个四方面进行判断：(1)主体资格是否合法；(2)双方是否具有建立劳动关系的合意；(3)双方是否具有人身关系的从属性；(4)劳动者是否获取劳动报酬。同时满足前述四个条件的，即可认定劳动关系成立，法律依据主要是《关于确立劳动关系有关事项的通知》(劳社部发〔2005〕12号)第一条的规定，即用人单位招用劳动者未订立书面劳动合同，但同时具备下列情形的，劳动关系成立："(一)用人单位和劳动者符合法律、法规规定的主体资格；(二)用人单位依法制定的各项劳动规章制度适用于劳动者，劳动者受用人单位的劳动管理，从事用人单位安排的有报酬的劳动；(三)劳动者提供的劳动是用人单位业务的组成部分。"

从证据角度看，劳动合同是证明劳动关系最直接的证据。但是，用人单位与劳动者建立或变更劳动关系时未按照法律规定签订书面合同，事实上劳动者向用人单位提供劳动，用人单位按照约定向劳动者支付报酬的，被称作"事实劳动关系"。事实劳动关系具有以下特征：一是劳动行为已经发生；二是劳动者与用人单位之间的从属关系已经形成，包括人格上的从属性和经济上的从属性；三是欠缺形式要件，即用人单位与劳动者之间在建立劳动关系时未以法律要求的形式订立劳动合同。事实劳动关系依然受到法律保护，因缺乏劳动合同作为直接认定依据，实践中，可以从以下几类证据给予综合认定：（1）工资支付凭证或记录（职工工资发放花名册）、缴纳各项社会保险费的记录；（2）用人单位向劳动者发放的“工作证”“服务证”等能够证明身份的证件；（3）劳动者填写的用人单位招工招聘“登记表”“报名表”等招用记录；（4）考勤记录；（5）其他劳动者的证言。

还有一类特殊情况下的兼职，即与原单位保留劳动关系，但不再提供劳动，而又与新单位建立用工关系，主要包括待岗、内退、病退、停薪留职、原单位停产或减产放假。这类特殊情况下的兼职也是按照劳动关系处理。①

用人单位与劳动者之间的关系被认定为劳动关系后，双方就享有劳动关系项下的权利义务。《劳动法》赋予劳动者平等就业和选择职业、取得劳动报酬、休息休假、获得劳动安全卫生保护、接受职业技能培训、享受社会保险和福利、提请劳动争议处理的权利；同时，要求劳动者履行完成劳动任务、提高职业技能、执行劳动安全卫生规程、遵守劳动纪律、遵守职业道德等方面的义务。作为用人单位，享有用工自主权、薪酬分配权、经营管理权，也必须履行支付劳动报酬、缴纳社会保险、培训员工、提供劳动保护条件、执行劳动法规政策及标准等方面的义务。

劳动关系受《劳动法》《劳动合同法》《就业促进法》等社会法调整，双方当事人不能完全自由地创设权利义务，很大程度上要受到国家意志的宏观调控与干预。例如，用人单位只能按照法定情形解除与劳动者的劳动关系，而不能与劳动者约定劳动合同终止条件。再如，用人单位不能与劳动者随意约定劳动报酬，国家已经设定了最低工资的下限，用人单位必须遵守。又如，用人单位必须为劳动者缴纳社会保险，即便双方均同意放弃缴纳都不行，因为这侵害了国家利益，扰乱了社会保障制度。

劳动合同制用工是我国基本用工形式，在配置人力资源、稳定社会秩序、促进充分就业等各个方面发挥着不可替代的基础性作用，是企业最普遍、最常用的用工模式，也是对劳动者保护最全面的用工模式。近年来，中国经济呈现新常态，市场环境瞬息万变，产品、服务更新迭代加快，用工单位对用工的灵活性有更高的要求，传统劳动关系凸显出对劳动者的过度保护、用工缺乏灵活性等一系列问题经常掣肘用人单位。近年来，一直有专家学者提出修改《劳动合同法》，对过度保护、用工僵化等问题矫枉过正，不过修法与否还需反复论证，恐一时难有进展。在现

---

① 《最高人民法院关于审理劳动争议案件适用法律若干问题的解释（三）》第八条 企业停薪留职人员、未达到法定退休年龄的内退人员、下岗待岗人员以及企业经营性停产放长假人员，因与新的用人单位发生用工争议，依法向人民法院提起诉讼的，人民法院应当按劳动关系处理。

有法律制度框架下，用人单位纷纷寻求用工困境的突围，“去劳动关系化”的需求日盛。

2. 劳务关系

劳务关系，是指提供劳务一方按照接受劳务一方的指示或授权从事生产经营活动和其他劳务活动，由接受劳务一方按照约定支付劳动报酬而建立的民事法律关系。劳务关系与劳动关系仅有一字之差，却完全是两种不同的用工方式：

（1）法律属性方面。劳动关系受《劳动法》《劳动合同法》的调整，属于社会法领域，当事人双方受到国家意志的干预较多。劳务关系受《民法典》的调整，属于私法领域，当事人双方可以“意思自治”，在合同中自由约定双方权利义务，受国家意志的干预较少。

（2）法律主体方面。劳动关系的缔约双方必须是用人单位与劳动者。劳务关系的缔约双方主体既可以是法人之间，也可以是自然人之间，还可以是自然人与法人之间的关系，这比劳动关系的要求要宽松许多。

（3）从属性方面。劳动关系双方既有人身从属性也有财产从属性，劳务关系双方只存在财产关系，没有人身从属性。劳务关系中，劳务提供者与用人单位双方地位平等，没有管理与被管理、支配与被支配的权利和义务，劳务人员不是用人单位的员工，无须遵守用人单位的规章制度。

（4）缔约形式方面。建立劳动关系需要强制签订书面合同。确立劳务合同关系，双方可以签订书面合同，也可以口头形式约定。建立劳务关系，即使不签书面合同，用人单位也不存在支付二倍工资的风险。

（5）报酬支付方面。劳动关系中，劳动报酬需要按照周期支付并且接受最低工资标准的限制；劳务关系双方不受最低工资制度的限制，可以约定一次性结清或者分次结清劳务报酬。

（6）解雇保护方面。劳动关系双方不能创设解除或终止情形，用人单位主动发起解除劳动关系的，大多需要向员工支付经济补偿。劳务合同双方可以约定解除条件，合同终止之后接受劳务一方可以不支付经济补偿。

（7）社保福利方面。劳动关系中，为员工缴纳社会保险、住房公积金是用人单位的法定义务，不能免除，否则将产生相应法律责任。劳务关系中，用人单位无须为员工缴纳社会保险、住房公积金，劳动者更不可能以没缴纳社会保险为由主张解除双方关系进而主张经济补偿。

（8）纠纷解决途径方面。劳动争议需遵循仲裁前置原则，未经劳动仲裁不得向人民法院提起诉讼。劳务关系纠纷则无须经过劳动仲裁前置程序,可直接起诉至人民法院。

(9)时效方面,劳动关系的保护时效一般为一年,而劳务关系作为一般民事法律关系,其保护时效为三年。

从上述对比可以看出,劳务关系项下,用人单位的义务较之劳动关系要少很多,劳务用工的灵活性较高,成本也比较低。但这并不意味着用人单位对所有员工均可以按照劳务关系处理。目前,用人单位招用领取养老保险金或享受退休待遇的返聘人员、勤工俭学的在校学生按照劳务关系处理,这几乎没有争议。但招用成年且未达退休年龄人员的,即便签订的是劳务合同,也有可能被认定为劳动关系。

3. 劳务派遣

劳务派遣,又称人才派遣、人才租赁,是指劳务派遣机构与派遣员工建立劳动关系,将派遣员工派往用工单位,在用工单位的组织安排下提供劳动的用工模式。与劳动关系、劳务关系只涉及两方关系不同,劳务派遣涉及三方关系,即用人单位、被派遣劳动者、用工单位,法律关系示意图见图6-1。用人单位即劳务派遣公司,负责招人,但不用人;被派遣劳动者,隶属于劳务派遣公司,但不为劳务派遣公司提供劳动,而专为接受劳务的用工单位提供劳动;用工单位,即实际接受劳务的单位,只管用人但不招人。

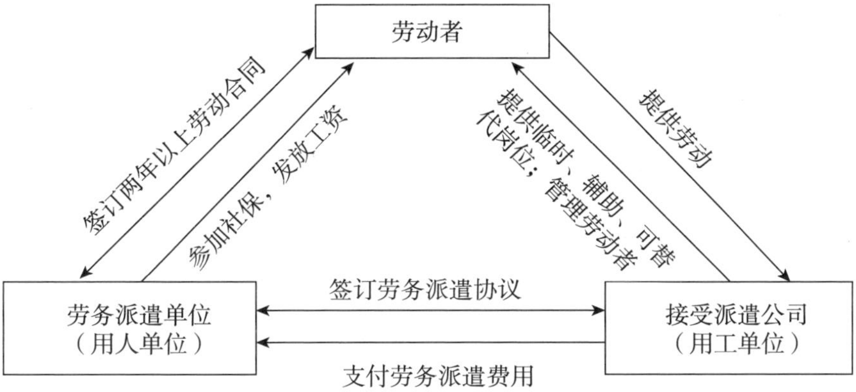

图6-1　劳务派遣法律关系示意图

在三方关系中,劳务派遣公司担当人才服务提供商的角色,把招聘到的人才作为经营对象,通过向用工单位输出人才获取服务费。劳务派遣公司招聘员工,应当与员工签订不少于两年的劳动合同、缴纳社会保险、发放工资,即便被派遣劳动者被用工单位退回后，在无工作期间，劳务派遣公司也应当按照不低于最低工资标准向其按月支付报酬，这是劳务派遣公司开展业务必须支付的成本。接收劳务派遣用工的单位是终端用户，用工单位需要劳务派遣员工提供劳动的，可以向劳务派遣公司购买服务。双方应当签订《劳务派遣协议》，用工单位向劳务派遣公司支付劳务派遣费用。用工单位作为人才使用单位，直接管理劳动者，为劳动者安排工作任务。劳动者提供的劳动力则是被经营对象，劳动者为用工单位提供劳动力服务，但从劳务派遣公司获取劳动报酬。

劳务派遣用工方式灵活，可以帮助企业降低招聘成本、管理成本，在一定程度上还阻断劳动争议，受到广泛青睐。但是，劳务派遣用工作为劳动合同用工的补充用工形式，只能在临时性、辅助性、替代性的工作岗位上实施。临时性工作岗位是指存续时间不超过6个月的岗位。辅助性工作岗位是指为主营业务岗位提供服务的非主营业务岗位。替代性工作岗位是指用工单位的劳动者因脱产学习、休假等原因无法工作的一定期间内，可以由其他劳动者替代工作的岗位。另外，根据《劳务派遣暂行规定》第四条的规定，用工单位应当严格控制劳务派遣用工数量，使用的被派遣劳动者数量不得超过其用工总量的10%，即被派遣劳动者的人数/（与本单位订立劳动合同的人数＋被派遣劳动者人数）≤10%。

4. 业务外包

业务外包，是指发包单位把部分业务或工作发包给承包单位，由承包单位按照合同约定完成任务并获取相应报酬的业务模式。业务外包的表现形式是“单位与单位”而非“单位与个人”，发包单位、承包单位和劳动者三方呈现直线关系，法律关系示意图见图6－2。发包单位与承包单位之间是基于承揽关系；承包单位与劳动者之间是劳动关系，承包单位组织、管理、安排劳动者完成工作任务，向劳动者发放劳动报酬；发包单位与完成实际工作的劳动者之间既不存在劳动关系，也不存在管理、被管理的关系。因此，严格意义上讲，业务外包不属于一种用工模式。

图6－2　业务外包法律关系示意图

对于发包单位而言，业务外包与生俱来的法律特点很有吸引力。首先，发包单位只需把非核心业务或工作发包给承包单位，由承包单位组织人员完成，自己无须费心费力对任务完成过程进行管理。其次，劳动者均与承包单位建立劳动关系，不占用发包单位的人员编制，省去招聘、培训等一系列成本。再次，如果发生用工风险，也是由承包单位负责处理并承担相关责任，与发包单位无关。复次，外包业务完成后，相应人员不再需要，发包单位不用考虑解聘人员带来法律风险及支付经济补偿的法律责任。最后，从财务列支角度，业务外包的成本计入业务费用，不列为人力资源成本。

然而，业务外包并非完美无缺。既然承包单位承担了如此复杂的管理过程，也负担了这么多的法律责任，“羊毛出在羊身上”，对承包单位而言，一切成本及风险都要计入承包费，最终转嫁给发包单位。如果发包单位把业务发包出去后完全不管中间任务完成过程，这种情况的风险还比较好控制。实践中，业务外包并非如此泾渭分明，很多发包单位需要监控外包业务完成过程，直接派员参与监督管理。除了派员介入管理，也让承包单位员工统一着装、佩戴工牌，甚至提供办公场所及生产工具，让承包单位的人员直接来发包单位办公，接受相关管理，遵守发包方单位的规章制度。很多时候，承包单位沦为代理招聘、代发工资的“二传手”，失去了外包业务模式的本来面目。此时，用工风险悄然降临。由于发包单位的过度介入，劳动者可能认为自己为发包单位提供劳动，接受发包单位管理，从事的是发包单位的业务，自己与发包单位存在劳动关系。司法判例中，刺破“假外包”面纱，认定劳动者与发包单位存在劳动关系的案例比比皆是。另外，发包单位将全部或部分业务发包，承包单位的劳动者在发包单位提供的场所劳动，且劳动过程的管理、协议内容、费用支付等符合劳务派遣特征的，也很可能被视为劳务派遣对待，这即是“假外包，真派遣”。

5. 非全日制用工

非全日制用工是相对全日制用工而言的，是指以小时计酬为主，劳动者在同一用人单位一般平均每日工作时间不超过 4 小时，每周工作时间累计不超过 24 小时的用工形式。非全日制用工双方亦属于劳动关系，与全日制用工相比，具有较强的灵活性。在合同签订方面，非全日制用工双方可以订立口头协议，不必强制签订书面劳动合同，劳动者可以在多家单位同时就职。在解雇保护方面，非全日用工对劳动者的保护较弱，双方可以随时通知对方终止劳动，劳动合同终止的，用人单位无须支付经济补偿。在社会保险方面，用人单位只需为非全日制用工的员工参加工伤保险，医疗、养老、失业、生育保险无须缴纳。年休假安排方面，用人单位可以不为非全日制的劳动者安排年休假。不过，非全日制用工在工作时长、工资结算周期方面有要求，即要求用人单位安排劳动者的工作时间平均每日不超过 4 小时，每周工作时间累计不超过 24 小时；工资结算周期不超过 15 日，且不得低于用人单位所在地人民政府规定的最低小时工资标准。

非全日制用工总体呈现“灵活性有余，稳定性不足”的特点，作为全日制劳动关系的补充用工形式，更适合只有部分工作时间的劳动者。非全日制劳动者在工作上投入的时间、精力有限，只适合安排在非核心、临时性、可替代的岗位上。非全日制员工的收入有限、流动性大、缺乏保障、归属感不强，不宜担当重要任务。

成本提示

1. 劳动关系的认定，实际上取决于其内容，而不是协议的名字。即便签订劳务合同，但按照劳动关系对员工进行管理，依然会被认定为劳动关系。

2. “逆向派遣”也称“反向派遣”，有两种情形。其一，用人单位招聘到劳动者，却安排劳动者与指定劳务派遣公司签订劳动合同，再派回本单位工作；其二，用人单位与已经建立劳动关系的劳动者解除劳动关系，让劳动者与指定的劳务派遣公司订立劳动合同，再派回到用人单位工作。逆向派遣有悖于劳务派遣的精神，用人单位“招人也用人”，存在被认定为劳动关系的风险。

3. “假外包”是指用人单位以业务外包的名义用工，但实际存在管理行为，向劳动者支付劳动报酬，与承包单位之间按照人数计算管理费用的用工形式。“假外包”很可能被认定为“真派遣”，劳动者造成损害的，可能与承包单位承担连带赔偿责任。如符合《关于确立劳动关系有关事项的通知》(劳社部发〔2005〕12 号)关于劳动关系认定特征的，也可能被认定劳动者与发包单位存在劳动关系。

4. 非全日制用工在工作时间、计薪方式、工资发放周期方面都存在限制，如超出限度，存在被认定为全日制劳动关系的风险。

配套案例

案例 1：劳务关系被否定，直接认定为劳动关系①

张某于 2012 年 11 月 6 日受聘到某商业管理公司工作，担任协管员，双方分别

① 本案例摘自(2016)川 17 民终 207 号民事判决书。

于2013年1月1日和2014年1月1日签订了两份内容一致的《劳务协议》。《劳务协议》约定了张某承担劳务的内容、劳务报酬及支付方式、提供劳务时间、劳务纪律、病事假处理等内容。按照协议约定和具体工作情况,张某在某商业管理公司务工期间,工作时间由某商业管理公司按照轮班方式进行安排,具体工作日期不确定,只是保障张某每月休息的天数;某商业管理公司对张某的工作进行打卡量化考核,张某必须严格遵守某商业管理公司的工作纪律和规章制度,严格遵守请销假制度,其工资报酬按月发放,以当月26日至次月25日作为工资计算周期。某商业管理公司提供的员工工资表中,张某的工资包括基本工资、绩效工资、交通费、误餐费、通信费、固定加班工资、临时加班工资等项目。2014年12月10日,某商业管理公司向张某送达了《劳动合同终止通知书》。后双方发生劳动争议。

一审法院认为,本案的争议焦点为双方的法律关系是劳务关系还是劳动关系。劳务关系是指平等民事主体之间设立、变更、终止民事权利义务关系的协议,民事主体双方之间只是存在财产关系,不存在人身关系,即不存在行政隶属管理关系。劳动关系是劳动者与用人单位之间确立劳动关系、明确双方权利和义务的协议,双方之间既存在财产关系,又存在人身关系,即行政隶属管理关系。劳动关系建立后,劳动者除提供劳动以外,还要接受用人单位的管理,服从其工作安排,遵守其规章制度。本案某商业管理公司与张某之间虽然签订的是《劳务协议》,但从协议的内容和张某的具体工作来看,张某的工作内容由某商业管理公司确定,张某的工作时间由某商业管理公司按照轮班方式安排,张某的工作业绩由某商业管理公司进行量化考核并按照考核发放工资,张某本人必须严格遵守某商业管理公司的各项规章制度和工作纪律,张某领取的报酬包括基本工资、绩效工资、交通费、误餐费、通信费、固定加班工资、临时加班工资等项目,终止劳动关系时某商业管理公司发放了《劳动合同终止通知书》。因此,某商业管理公司与张某之间虽然签订的文书名为《劳务协议》,但实际是劳动合同。某商业管理公司主张其与张某之间是劳务关系而不是劳动关系的事实和理由均不成立,不予支持。遂判决支持了张某主张的经济补偿、工资、加班工资等诉讼请求。

本案经过二审诉讼,二审法院认为一审判决认定事实清楚,适用法律正确,驳回了某商业管理公司的上诉请求,维持原判。

■ 律师评析

案例中张某提起的关于工资、加班工资、经济补偿等主张均是基于双方存在劳动关系。虽然某商业管理公司与张某签订了《劳务协议》，但是由于管理上的过度介入，最终法院否定了《劳务协议》的效力，直接认定双方存在劳动关系，支持了张某的诉讼请求。由本案例可见，用人单位真想与劳动者建立劳务关系，必须在“人身隶属性”方面保持界限，不可把劳务人员当成自己的员工来管。

■ 法条链接

《关于确立劳动关系有关事项的通知》

一、用人单位招用劳动者未订立书面劳动合同，但同时具备下列情形的，劳动关系成立。

（一）用人单位和劳动者符合法律、法规规定的主体资格；

（二）用人单位依法制定的各项劳动规章制度适用于劳动者，劳动者受用人单位的劳动管理，从事用人单位安排的有报酬的劳动；

（三）劳动者提供的劳动是用人单位业务的组成部分。

案例2：逆向派遣被认无效，用工单位变成用人单位①

曹某于2007年7月6日入职某环保公司，从事皮带工工作。入职后，伟明公司以劳务派遣的方式与曹某签订了劳动合同，将曹某派遣至某环保公司工作，并按时为其缴纳了社会保险；2008年7月1日，宏太公司作为劳务派遣方与曹某签订了劳动合同，仍将其派遣至某环保公司工作，工种仍为皮带工，合同期限为2年，双方签订了三次劳动合同。2014年8月，协力公司作为劳务派遣方与曹某签订了劳动合同，仍将其派遣至某环保公司工作，工种仍为皮带工，合同期限为1年，期间签订了两次合同。2016年8月11日，协力公司向曹某发出告知书，告知曹某劳动合同于2016年8月31日终止，合同终止后公司不予续签。经过劳动仲裁前置程序后，曹某诉至法院，要求：(1)判令某环保公司、协力公司、宏太公司、伟明公司（后撤诉）向原告支付解除劳动关系经济补偿金25,697.5元；(2)判令三被告互负连带责任。

本案争议的焦点为：(1)本案是否存在逆向派遣？(2)曹某要求某环保公司、宏太公司、协力公司支付经济补偿金应否支持？人民法院认为，曹某自2007年7

① 本案例摘自(2016)苏0923民初6162号民事判决书。

月6日进入某环保公司工作,后为伟明公司、宏太公司、协力公司分别与曹某签订了《劳动合同》,该三家公司分别以劳务派遣的形式将曹某派往某环保公司从事皮带工岗位的工作,直至2016年8月31日合同终止。虽然曹某的工资由伟明公司、宏太公司、协力公司支付,社会保险由这三家公司缴纳,但是曹某的工作场所一直没有变化,曹某一直在某环保公司从事皮带工的相关工作。《劳动合同法》对适用劳务派遣的工作岗位有明确规定,即只能在临时性、辅助性或替代性的工作岗位,而曹某在某环保公司的皮带工工作岗位上工作至2016年8月31日已有9年多的时间,显然该工作岗位不属于临时性和辅助性岗位。另外,曹某事实上一直接受某环保公司的管理、支配,也须遵守某环保公司的规章制度,某环保公司与曹某存在管理与被管理的关系,曹某实际上是与某环保公司建立了事实劳动关系。曹某虽与伟明公司、宏太公司、协力公司签订了《劳动合同》,但双方之间未建立实质性的劳动关系,该《劳动合同》应为无效合同。某环保公司的行为已经构成逆向派遣,目的是逃避法律责任,故应由某环保公司承担劳动法中用工主体所应承担的法律责任。遂以劳动合同期满某环保公司不续签劳动合同为由,判决某环保公司于判决生效后10日内支付原告曹某解除劳动关系经济补偿金23,625元。

■ 律师评析

从2007年7月6日至2016年8月11日,曹某始终在某环保公司供职,更换的是劳务派遣单位。曹某还需遵守某环保公司的规章制度,实际与某环保公司存在管理与被管理的关系。认定曹某实际与某环保公司建立了事实劳动关系,正是逆向派遣的法律后果。

■ 法条链接

《中华人民共和国劳动合同法》

第四十六条　有下列情形之一的,用人单位应当向劳动者支付经济补偿:

……

(五)除用人单位维持或者提高劳动合同约定条件续订劳动合同,劳动者不同意续订的情形外,依照本法第四十四条第一项规定终止固定期限劳动合同的;

……

案例3：业务外包被否定，按劳务派遣判连带责任[①]

某安保公司与某置业公司签订为期三个月的《物业服务合同（保安）》，约定某安保公司受某置业公司委托，承包某项目部分岗位安保服务。合同签订后，某安保公司指派张某到《物业服务合同》约定的地点提供安保服务。2011 年 8 月 29 日 17:30 时许，张某离开值守地点，掉入地下室车库受伤，被认定为工伤，经鉴定，为三级伤残。经过仲裁前置程序后，张某将某安保公司和某置业公司诉至法院，要求两家公司连带赔偿一次性伤残补助金、伤残津贴等各项赔偿共计 1,150,959.31 元。

某置业公司辩称，张某是某安保公司的员工，某置业公司把业务外包给某安保公司，双方是承包关系。另外，某安保公司无劳务派遣资质。因此，应当由某安保公司承担责任。

人民法院认为，某安保公司虽然无劳务派遣资质，但其与某置业公司之间签订了为期三个月的《物业服务合同（保安）》。合同约定：某安保公司接受某置业公司的委托承包某项目部分岗位保安服务，某安保公司保安人员接受某置业公司工作指导，某置业公司按某安保公司保安人数 148 人中的实际到岗人数按日结算报酬。某置业公司有权要求某安保公司更换不合格的保安人员，并根据加班情况补给保安人员加班费用。从《物业服务合同（保安）》的内容可知，首先，某安保公司与某置业公司约定了派遣岗位，某置业公司根据约定派遣的人数结算费用，而非按照事先确定的工作量结算，合同标的是“人”而非“事”。其次，某置业公司指导某安保公司保安人员的工作，根据加班情况给付保安人员加班费用，并有权要求更换不合格的保安人员，说明双方约定某置业公司对张某等 148 名保安进行的是实质性的管理。最后，在实际的日常工作中，某安保公司班长率领张某等人每天在目标公司签到，每天的工作内容由目标公司安排。虽然张某等人工作时是受某安保公司班长的指挥，但班长所分配的工作任务均是受某置业公司的指示，可视为班长对某置业公司工作任务的传达，而不是班长对张某等人的独立管理行为。综上，无论从《物业服务合同（保安）》的内容还是实际工作情况看，张某等人均属于某安保公司派遣到某置业公司工作的员工，张某与某置业公司、某安保公

---

① 本案例摘自（2015）鄂武汉中民商终字第 01864 号民事判决书。

司之间的关系符合劳务派遣的法律关系特征，遂判决某安保公司和某置业公司对张某的工伤承担连带赔偿责任。

■ 律师评析

本案人民法院把业务外包认定为劳务派遣，其根源还是某置业公司对外包业务过度介入。如此操作，跨越了业务外包的界限，不但起不到规避法律风险的作用，还加重了负担，得不偿失。

■ 法条链接

《劳务派遣暂行规定》

第二十七条 用人单位以承揽、外包等名义，按劳务派遣用工形式使用劳动者的，按照本规定处理。

案例4：非全日制用工超时且按月计发工资，被认定为全日制劳动关系①

某培训中心是为在校学生提供课外补习的培训机构。麦某2014年7月1日到某培训中心从事英语教学，2015年1月14日离职，双方从未签订书面的劳动合同。麦某在某培训中心的工作时间为：周三、周四、周五上午8:30～11:30，下午15:00～17:30在某培训中心备课，周六、周日按照课时安排上课，周一、周二休息。某培训中心按月为麦某发放薪水，薪水由基本工资、食宿交通、全勤奖、绩效工资、班级补贴、保险补贴等部分组成。麦某离职后，提起诉讼主张双方存在劳动关系，索要未签劳动合同二倍工资、经济补偿。

人民法院认为，本案的争议焦点为双方是全日制用工还是非全日制用工。非全日制用工双方当事人可以订立口头协议，而全日制用工应当签订书面劳动合同。麦某的薪水组成为：基本工资、食宿交通、全勤奖、绩效工资、班级补贴、保险补贴、其他、缺勤、旷工、保险，麦某的工资不单以工作课时计算，还包括基本工资和其他补贴。某培训中心主张麦某的工资实际上是按照上课课时计算，但没有提交相应证据证明，且与其当庭陈述"从第四个月开始，我们把食宿、交通、班级补贴并入基本工资"矛盾，故对某培训中心的主张不予采信。某培训中心与麦某之间

---

① 本案例摘自(2015)海南一中民一终字第883号民事判决书。

应是全日制用工，应当签订书面劳动合同。麦某在某培训中心工作的时间为2014年7月1日至2015年1月14日，超过六个月，麦某要求某培训中心支付2014年8月1日至2015年1月14日未签订书面劳动合同的两倍工资及一个月的经济补偿，于法有据，应予支持。

■ 律师评析

非全日制用工以小时计酬为主，劳动者平均每日工作时间不超过四小时，每周工作时间累计不超过二十四小时，劳动报酬结算周期最长不超过十五日。麦某在某培训中心任职期间，每周工作时间已超过二十四小时，平均每日工作时间已超过四小时，且某培训中心按月向麦某发放工资，工资的计算方式也不是按小时计薪，超越了非全日制用工的本质特征，故而被认定为全日制劳动关系。

■ 法条链接

《中华人民共和国劳动合同法》

第六十八条 非全日制用工，是指以小时计酬为主，劳动者在同一用人单位一般平均每日工作时间不超过四小时，每周工作时间累计不超过二十四小时的用工形式。

实操技能

1. 劳务关系方面

（1）对建立劳务关系的劳动者，不能形成管理与被管理的人身隶属关系，不应要求其遵守用人单位的规章制度。

（2）劳务关系与劳动关系很难区分，在劳务用工的情况下，也难免对劳动者进行管理，对于年满18周岁且不到退休年龄的劳动者，很可能被认定为劳动关系。

（3）实践中，退休返聘人员、以勤工俭学为目的的在校大学生与用人单位的关系按照劳务关系处理，几乎不存在争议，可以与这两类人群建立劳务关系。

2. 劳务派遣方面

（1）选择劳务派遣单位需要注意审查派遣单位的资质。实践中，与不具有劳务派遣资质的单位签订的劳务派遣协议可能被认定为无效，被派遣劳动者与用工单位之间可能形成事实劳动关系，用工单位需要承担本该由劳务派遣单位承担的法律责任。

(2)避免"逆向派遣"。对于与本单位建立劳动关系的劳动者如果要改为劳务派遣的用工方式,应当先行办理解除劳动合同的手续,向劳动者支付经济补偿,用"买断工龄"的办法对之前的劳动关系进行清算。此后,再让劳动者与劳务派遣单位签订劳动合同,再实行劳务派遣。

(3)与劳务派遣单位签订《劳务派遣协议》,并敦促劳务派遣单位与劳动者签订及续签书面劳动合同,明确三方关系。不少劳务派遣单位将劳动者派遣至用工单位后却迟延或不与劳动者签订劳动合同,这将导致用人单位与劳动者直接建立事实劳动关系。一旦发生纠纷,"用工单位"可能演变成"用人单位",承担作为用人单位的一切法律责任。另外,需在《劳务派遣协议》中对派遣岗位、工资支付主体、社保缴纳主体、退回情形及方式、发生工伤责任承担主体、解聘员工的经济补偿等关键内容进行详细约定,避免因约定不明承担连带责任。

(4)控制劳务派遣岗位及人数。适宜使用劳务派遣用工方式的岗位应当符合"临时性""辅助性""可替代性",避免用工单位与被派遣职工直接建立劳动关系。核心、关键、重要的岗位适合使用劳动合同固化双方关系。另外,劳务派遣的人数必须控制在单位总人数的10%以内。

(5)及时向劳务派遣公司支付服务费,避免用工单位自行向劳动者支付工资。劳务派遣公司向劳动者支付的工资来源于用工单位支付的服务费。实践中,大部分劳务派遣公司不愿意为用工单位垫付工资,服务费逾期支付可能导致劳务派遣公司向劳动者逾期发放工资,从而引发不稳定因素。另外,用工单位切忌以自己名义向劳动者发放劳动报酬,因为工资发放记录可能是认定与劳动者存在事实劳动关系的直接证据。

(6)约定规章制度优先适用,避免劳务派遣单位与用工单位规章制度冲突带来的风险。劳务派遣单位与劳动者建立劳动关系,劳务派遣公司有自己管理员工的相关规章制度。而用工单位作为劳务派遣员工的实际使用者,也需要要求他们遵守本单位的规章制度。使用劳务派遣的用工模式,应当在劳务派遣协议中约定,劳务派遣公司应当引导派遣员工遵守用工单位的规章制度,如两个单位规章制度发生冲突,应当优先遵守实际用工单位的规章制度。

3. 业务外包方面

(1)不过度介入对承包单位人员的管理。外包协议中应避免出现发包方与承包方存在人员管理的条款,切忌约定岗位数量、拒绝用工权、考勤及考核处罚权、承包单位人员需遵守发包单位规章制度等。实际操作过程中,注意避免直接对承包单位的人员进行用工管理。

(2)工资发放主体应当为承包单位。在和承包公司合作过程中，不要采取“委托发放工资”“代发工资”等类似条款或协议。

(3)结算方式应为“按事结算”而非“按人结算”。在外包协议中可以约定工作量、服务费包干、加工产品数量等以工作量或工作结果的结算方式，避免“按人头结算”。

4. 非全日制用工方面

(1)虽然非全日制用工可以不签署书面劳动合同，但为了明确双方法律关系，依然建议签署《非全日制劳动合同》，以便发生争议时有书面凭证。

(2)无论是书面合同还是实际工作安排，应当遵守每天不超过四小时，每周不超过二十四小时关于工作时间的限制。实践中，有的用人单位想把全日制用工拆分为两个非全日制用工合同签署，以便规避全日制劳动关系的认定。如此简单的操作，存在很大的法律风险。

(3)计算工资的方式应当以小时计酬为主，不宜把工资构成设置为诸如“基本工资＋绩效工资＋奖金＋补贴”等全日制的工资构架。计发工资的周期不应超过十五日。

(4)非全日制用工本质上还是劳动关系的一种，如果劳动者发生工伤的，用人单位依然会承担工伤赔偿责任。为了规避用工风险，应当为非全日制劳动者参加工伤保险。有条件的用人单位，也可以购买雇主责任险作为补充，对工伤保险基金不能报销的部分进行风险转移。

配套文书

1. 非全日制用工合同

非全日制用工合同

用人单位(甲方)：______________________________

通讯地址：______________________________

联系电话：______________________________

劳动者(乙方)：______________________________

身份证号码：______________________________

通讯地址：______________________________

联系电话：______________________________

根据《劳动法》《劳动合同法》和有关法律、法规，甲乙双方就建立非全日制劳动合同关系事宜，经平等自愿、协商一致签订本合同，共同遵守本合同所列条款。

1. 本合同期限共______年，从________年____月____日起至________年____月____日止。

2. 乙方到甲方从事________工作。工作时间每天不超过4小时，甲方按________元/小时向乙方支付劳动报酬，每月15日、30日向乙方进行工资结算，按照乙方实际工作天数向乙方发放劳动报酬。

3. 乙方的工作内容和要求为________________________，每天乙方自行安排工作时间。

4. 甲方按照当地关于工伤保险的法规政策规定为乙方交纳工伤保险。

5. 甲方根据生产岗位的需要，按照国家有关劳动安全、卫生的规定对乙方进行安全卫生教育和职业培训。

6. 甲乙双方可以随时终止劳动合同。

7. 甲方违反本合同约定支付劳动报酬或支付的小时工资低于当地非全日制从业人员小时最低工资标准的，乙方有权向劳动保障监察部门举报。

8. 双方因履行本合同发生争议，当事人可以向甲方劳动争议调解委员会申请调解，调解不成的，可以向劳动争议仲裁委员会申请仲裁。当事人一方也可以直接向劳动争议仲裁委员会申请仲裁。

9. 本合同未尽事宜，双方可签订补充协议约定。

10. 本合同一式两份，甲乙双方各执一份，自甲方盖章、乙方签字后生效。

甲　　方：　　　　乙　　方：
签约代表：
签订日期：　　　　签订日期：

2. 退休返聘协议

退休返聘协议

用人单位（甲方）：____
通讯地址：____
联系电话：____
劳动者（乙方）：____
身份证号码：____
通讯地址：____
联系电话：____
鉴于：

乙方系已依法享受养老保险待遇或领取退休金的退休人员，不具备签订劳动合同的主体资格，根据相关法律规定，甲方与乙方应当依法建立劳务用工关系。

现根据《合同法》等有关法律法规规定，经甲乙双方协商一致，特签订本协议，以资双方共同遵守：

1. 用工期限

用工期限自________年____月____日起至________年____月____日止，其中______年____月____日至________年____月____日期间为试用期。

2. 工作内容

2.1 乙方承担的工作内容：____。

2.2 乙方在工作过程中应严格遵守安全操作规程和甲方的各项管理规章制度，完成各项考核指标，保守甲方的商业秘密。

3. 工作报酬

3.1 甲方根据自身经营特点，对乙方实行包干工资制，包干工资为________元/月。

3.2 如因工作需要，乙方应服从甲方的加班安排，加班工资按国家相关规定执行。

3.3 乙方依法缴纳个人所得税，甲方依法代为扣缴。

4. 协议变更、解除、终止

4.1 甲乙双方在本协议有效期内，可遵循平等自愿、协商一致的原则，依法变更本协议的部分条款。

4.2 经甲乙双方协商一致，可解除本协议。

4.3 乙方有下列情形之一的，甲方可随时解除本协议并不支付任何费用：

4.3.1 在试用期内的；

4.3.2 严重违反甲方工作纪律或管理规章制度的；

4.3.3 严重失职，营私舞弊，给甲方利益造成损害的；

4.3.4 泄露甲方商业秘密，造成影响或经济损失的；

4.3.5 乙方被依法追究刑事责任的。

4.4 有下列情形之一的，甲方提前三十日书面通知乙方可解除本协议，并不支付任何费用：

4.4.1 因乙方工作能力或健康原因，不能胜任工作的；

4.4.2 因甲方生产经营发生变化的。

4.5 乙方解除本协议，应提前三十日以书面形式通知甲方。但有下列情形之一的，可以随时通知甲方解除协议：

4.5.1 在试用期内的；

4.5.2 甲方以暴力、威胁等手段非法限制人身自由或强迫工作的；

4.5.3 甲方未按时支付工作报酬。

4.6 本协议期满或者甲乙双方约定的协议终止条件出现，或双方按约定解除用工协议的，本协议即行终止。乙方应在三日内将有关工作向甲方移交完毕，并附书面说明。如因乙方终止或解除本用工协议未办理交接手续，或给甲方财产造成损失，应当承担赔偿责任，乙方同意甲方可以在支付的工作报酬中予以抵扣，不足部分继续追偿。

4.7 甲乙双方终止、解除本劳务用工协议时，甲方不支付乙方任何补偿费用。

5. 其他约定

5.1 乙方同意医疗费用自理，医疗期内甲方不支付劳务报酬。

5.2 甲乙双方约定，甲方为乙方购买一张________保险股份有限公司雇主责任险保险卡，用于乙方在为甲方提供劳务过程中发生意外伤害的补偿。保险期间与本协议期限相同。

5.3　乙方必须保证提供给甲方的通信地址及联系电话真实有效，若发生变更，乙方必须在7日内以书面形式通知甲方；否则甲方按照约定通信地址送达的所有文书均视为有效送达。

6. 违约责任

本协议生效后，双方必须严格遵守；如因一方原因给另一方造成损失的，应根据损害后果及责任大小赔偿对方的损失。

7. 争议解决

因履行本协议引起的任何争议，双方应首先协商解决。协商不成，向甲方所在地人民法院起诉。

8. 合同生效

本协议一式两份，甲乙双方各持一份，经甲方盖章、乙方签字后生效。

甲　　方：　　　　　　　　　乙　　方：
签约代表：
签订日期：　　　　　　　　　签订日期：

第二节　新型组织模式

内容提要	
热点专题	新型组织模式
背景知识	1. 互联网平台用工 2. 众包 3. 海尔“人单合一双赢”模式 4. 永辉超市“门店合伙人制度” 5. 阿米巴经营 6. 合弄制
成本提示	3条
配套案例	1. 一石激起千层浪，“闪送”平台用工被判存在劳动关系 2. 美团众包起争议，人民法院认定不存在劳动关系
实操技能	1. “去劳动关系化” 2. 灵活用工
配套文书	在校学生实习协议

背景知识

1. 互联网平台用工

互联网平台用工主要指互联网平台与劳动者建立某种合作关系，依托互联网平台运作经营，向不特定的网民提供服务的用工模式。常见的平台用工职业包括网约车司机、外送平台骑手、网络主播、网络写手等。

根据劳动者与平台关系不同，大致可以分为两类：第一类，平台直营模式。该种模式下，平台（或平台所属用人单位）直接与劳动者签订劳动合同，用人单位通过平台 APP 把工作任务安排给劳动者。这种模式下，平台是任务管理、工作计量的工具，劳动者不得拒绝用人单位在平台上安排的工作，与用人单位属劳动关系。第二类，平台配单模式。该种模式下，劳动者在平台上进行实名注册成为会员，平台向取得资格的劳动者配送工作任务。劳动者可以根据自己工作生活的安排，选择领取或拒绝工作任务，平台根据劳动者完成的工作量，在扣除相应的管理费后据实结算。司法实践中，该种用工模式一般不认定劳动者与平台（或平台所属用人单位）存在劳动关系。

2. 众包

众包，是指一个公司或机构把过去由员工执行的工作任务，以自由自愿的形式外包给非特定的网络大众的做法。例如，把某大型软件设计任务分为若干个子任务放在众包平台上，由世界各地擅长该领域的设计者领取任务并限时提交工作成果，最终完成软件设计。搜狗输入法是国内众包的成功案例。搜狗输入法把众包任务分为皮肤设计、词库设计两大块。由于众多用户参与设计，目前已经有近 2 万种皮肤，1.2 万个词库，而且这个数目还会不断增多。通过众包，搜狗输入法功能变得越来越强大，最终最大限度地满足用户需求，同时也实现了自身的商业价值。

形象地说，众包可理解为外包的升级版。众包与外包一样，都为了节约成本、提高效率的方式。不同的是，外包组织更加专注于核心业务，强调外包组织的专业化；众包则是利用个体用户的积极参与达成目标。目前众包已被广泛用于商业领域，中国的众包平台，如达达众包、美团众包、蜂鸟众包等；国外的如加拿大的 Goldcorp、维基百科等。

众包是互联网时代共享经济的产物，它改变了传统的用工方式，转变了人才使用方式，革新了财富分配方式。传统用工模式下，人才与用人单位建立劳动关系，被局限在特定的岗位，原则上只为一家单位服务；用人单位则是劳动者的组织，需要给劳动者提供各种保障。众包模式下，人才不再局限在一个组织，不再受困于时间、地点，可以根据自己的能力和时间安排，承接多份工作，为多个组织提供服务，获取多份报酬。作为用人单位，不用招聘、管理员工，而直接购买合格的劳动结果，用工成本、用工风险大大下降，用人单位省心省力。时下流行的“斜杠青年”、自由职业者，就是众包模式催生出的新型工作者。

3. 海尔“人单合一双赢”模式

“人单合一双赢”中的“人”是指每一个员工；“单”不是狭义的订单，而是每个人的市场目标；“双赢”是希望每个员工都能够给他面对的用户创造价值，同时他又可以通过他创造的价值体现自身价值。①

传统的科层制呈现“正三角”模式，位于三角形顶端的核心管理团队扮演“脑”的角色，对企业的经营发展作出决策；位于三角形中间的中层管理人员扮演“嘴”的角色，负责上传下达；位于三角形底端的基层员工扮演“手”的角色，负责执行决策层的决定。这样的组织构架下，基层员工得到用户需求信息需要一层层地传递上去，传递途中不但减缓了信息传递速度，也可能“走样”；最高决策层作出决策后，也需要一层层地宣贯下去，以确保基层员工能准确理解决策层的意思。这样的组织体系，在传统经济时代或许可行，但在互联网时代，不能最大限度地调动员工的主观能动性，不能对市场需求进行迅速而准确的捕捉，跟不上用户需求的变化。

海尔集团独创的“人单合一双赢”模式正是顺应了时代的发展，把组织机构由“正三角”变为“倒三角”，变为三级经营体。一级经营体由基层员工组成。海尔集团把原先的8万员工变为近2000个自主经营体，每个经营体独立面对市场，动态协同满足客户需求。二级经营体是由原职能部门大幅度精简而成，其职能由原来的发布指令变为提供资源，给一级经营体提供流程、机制和工具，服务于一级经营体。三级经营体即最高领导，从原来的顶端变为最底端，主要负责两件事，即负责内部组织协同和创造外部市场机会。②

“人单合一双赢”模式改变了传统的管理思维，给予一线员工更大信任，“放权赋能”是其必备机制。同时，海尔集团逐步实现了“零库存下的即需即供”和“零距离下的虚实网结合”，让“人单合一双赢”模式具备生命力。“人单合一双赢”模

---

① 参见海尔集团公司：《“人单合一双赢”模式打造信息化时代企业核心竞争力》，载《中国集体经济》2011年第29期。

② 参见张瑞敏：《海尔创新人单合一双赢模式解析》，载《新远见》2013年第3期。

式让一线员工从原来的被动接受上级任务变为主动去创造用户需求，促使每位员工去发现并满足客户的需求，让不关心财务的一线员工每天自觉关心损益表、日清表、人单酬表。在互联网时代，“体态轻盈”的自主经营体触觉更加灵敏，更能够迅速捕捉用户需求，焕发出无限生机。

4. 永辉超市“门店合伙人制度”

永辉超市在整个超市行业净利润率不足 1% 的大环境下，其利润率能维持在 2% 以上，且逐年保持增长，与其实行的“门店合伙人制度”密切关联。永辉超市实行的“合伙人制度”与《合伙企业法》中的“合伙人”制度是两个不同的概念，永辉超市的合伙人制度是指公司根据历史数据和销售预测指定一个业绩标准——包括销售达成率、利润达成率等指标，在完成指标的前提下对超过标准的增量部分利润按照一定比例在公司与合伙人之间进行分配。就其法律实质，合伙人不享有公司法意义上的股权，但享有分红权。

永辉超市合伙人制度的制定、实施，本质上是人力资源管理思想的演进和革新。传统的科层制管理，公司管理层与一线员工是管理与被管理的关系，公司决策层把管理指令一层层下达，一线员工负责执行，员工参与决策的机会较少。从企业经营成果来看，公司一般采用固定薪酬、绩效薪酬等方式对员工进行评价考核，基本由上级决定，下层员工缺乏积极性。超市零售行业，员工缺乏主动销售的积极性，人才流动性大。如果仅仅靠提高工资来吸引员工，就算每人每月加薪 100 元，以永辉超市 6 万员工之众，公司每年的净利润就减少 10%；况且，这样的加薪额度根本就是杯水车薪，解决不了根本问题。其实，与顾客面对面接触的是一线员工，他们最能抓住与顾客沟通的机会，促进顾客“多买一点”。但这需要一个强有力的激励机制来激发一线员工的销售热情和积极性。永辉超市想到了一个“与民分利”的办法，被称为“门店合伙人”制度。[①] 永辉超市从 2013 年开始引入合伙人制度，首先在重庆、福建两个大区试点，2014 年扩大试点范围，2015 年开始在所有门店推行，2016 年全面实施。在合伙人制度下，公司提倡“员工给自己干，员工和老板一起干”，只要员工能为企业提供足够的价值，就能分享更多利益。通过门店合伙人制度，实现了员工与公司共同发展，降低了员工的离职率，提高了客户黏性，公司内部的组织结构也发生了巨大变化。

永辉超市《门店合伙人方案》中合伙人覆盖面很宽，包括门店的一线员工、专

---

① 参见孙玉敏：《“门店合伙人”成就永辉超市》，载《上海国资》2016 年第 7 期。

业买手,甚至和长期稳定合作的生鲜供应农户也建立了类似的“合伙人制度”。门店员工基本实现了全员覆盖,包括店长、店长助理,运营部门一线员工、后勤部门员工,甚至还包括工作时间超过 192 小时/月的固定小时工,但不包括培训生、实习生、临时工。专业买手主要是专业从事生鲜、果蔬、肉蛋等农副产品的采购人员。这类人才非常熟悉采购,掌握了优质的进货渠道,对产品质量和成本控制起着重要作用,很多企业不惜重金挖走这类人才,永辉超市用一线员工基础合伙人的身份和用工公司一定股份来吸引并保留他们。稳定的生鲜供货渠道至关重要,经过十几年的沉淀,永辉超市与很多农户形成了长期稳定的合作关系。在“合伙人制度”的推行过程中,也与这些农户建立了类似制度,让制度的红利直接惠及农户。

合伙人制度的利润分配需满足一定条件才能实施。例如,店长、店长助理和后勤人员销售目标达成率应超过 100%,利润总额达成率超过 100% 方可参与分配,其他人员也设置了不同条件。在设置了门店利润指标后,超过指标的部分即增量利润由公司与员工分享,分享的比例一般为 3∶7,即门店员工获得增量利润的 30%,公司获得 70%,也有少量门店分配比例是 2∶8 或 4∶6。可供分配的利润或“奖金包”并非在员工之间平均分配,而是有详细的分配方案。首先,需要按照确定比例在各个职级之间分配,例如,店长和店长助理获得可分配利润的 8%,全部经理级员工获得可分配利润的 9%,全部课长及员工获得可分配利润的 13%,其他一般员工获得可分配利润的 70%。其次,同级员工之间进行分配,例如,经理的可分配利润 = 经理级总利润 ÷ 经理级总分数 × 对应分配系数。其中,分配系数与部门毛利达成率排名有关,毛利率排名第一的部门分配系数为 1.5(即该部门的经理、助理、课长、员工等所有层级的员工分配系数均为 1.5),排名第二名的部门为 1.3,排名第三名的部门为 1.2,第四名的为 1.1,后勤部门的分配系数为 1.0。①

5. 阿米巴经营

“阿米巴经营”是被誉为“日本经营之父”的稻盛和夫先生创造的一种精细化企业经营模式。稻盛和夫在他的著作《阿米巴经营》中对阿米巴经营进行了定义,即把组织划分成为一个个小的团体,各自独立核算,同时在公司内部培养具有经营者意识的领导人,让全体员工参与经营,实现全员参与型经营。运用阿米巴经

---

① 参见程恩富、白红丽:《我国民营企业员工分享模式的比较研究》,载《河北经贸大学学报》2018 年第 4 期。

营方式，稻盛和夫把京瓷、KDDI 两家企业成功缔造成世界 500 强，这无疑是商界的一大奇迹。阿米巴经营经过实践证明，是一种具有真正全员驱动效能的经营方式，引起了全世界的关注和效仿。

阿米巴经营理论不是简单的方法论，更不是简单的工具论，阿米巴经营需要“道术双修”，从哲学的高度来认识和理解。阿米巴经营提倡“在追求全体员工物质和精神两方面的幸福的同时，为人类社会的进步发展作出贡献”的经营理念，要求经营者必须为员工物质和精神两方面的幸福殚精竭虑、倾尽全力，激发员工的共鸣。同时，大义名分又给了经营者足够的底气，可以不受任何牵制。稻盛和夫一再强调“作为人，何谓正确”“以心为本”“动机至善、私心无了”等理念，实行阿米巴经营，必须有利他之心，每个阿米巴小组成员，在为自己的阿米巴小组作出贡献的同时，必须为别的阿米巴小组着想；当阿米巴小组与企业利益有冲突时，应当保证企业利益舍弃小组利益。在价值观教育方面，所有激励都指向与公司整体利益、集体意识的价值观一致，对员工的嘉奖更重视精神层面的奖励，比较淡化物质奖励。例如，对优秀员工，公司并不直接体现在报酬上的提升上，而是委以重任，或发放奖品。

实行阿米巴经营，首先要科学合理地把企业划分成若干个阿米巴小组，选定阿米巴长，并随着经营情况的变化适时调整阿米巴组织，或合并，或撤销，这都是常态。划分阿米巴组织后，需导入市场化价格机制，各个阿米巴小组之间按照市场价格进行买卖交易，交易价格由阿米巴小组之间协商制定，而不是成本价。每个阿米巴各自经营，独立核算，有自己的收入和支出。各个阿米巴小组实施“单位时间核算制”，核算公式为：单位时间核算值（UA）= 总附加值/总工作时间。其中，总附加值（UA）= 对外销售额 + 对内销售额 - 内部采购额 - 外部采购额 - 各种直接费用 - 分摊费用；总工作时间 = 正常工作时间 + 加班时间 + 分摊的部门内公共时间。稻盛和夫要求，“核算表要简单得像家庭记账本”，便于每个员工学习掌握，促使每个阿米巴成员本着“销售最大化，费用最小化”的原则，增加收入，控制支出，缩短劳动时间，以提高单位时间产值。同时，阿米巴经营需要企业实现高度透明的经营，各个阿米巴小组之间能随时查阅各自的报表，以明确自己所处的位置；企业也需要向员工公开财务数据，确保人人均有知情权。

阿米巴经营模式倡导“人人都是经营者”“大家庭主义”“伙伴式经营”，让人人都参与经营，能很好地培训员工的目标意识。企业被划分为若干个阿米巴后，每个阿米巴都要独立核算。单位时间核算表由每个阿米巴组织的各个成员共同完成，除了阿米巴长，每个阿米巴成员也必须关注所在组织的收支情况，这实际就是参与经营的过程。在公司例行的晨会、总结会上，阿米巴组织会把单位时间核算的衡量标准完全渗透到日常工作之中，全体员工对核算变得非常敏感，为了实现经营目标，每位阿米巴成员都需要运用单位时间核算值表核算阿米巴创造的“虚拟价值”，并通过对历史数据的分析及与其他阿米巴组织数据的对比，找到问题所在，不断改进提高。

阿米巴组织运行的过程也是人才培养的过程，每个阿米巴离不开阿米巴长，他们是每个小团队的领导人。稻盛和夫认为，对人才的要求应德重于才，深沉厚重为人才的第一等资质，成就事业需要自然型的人，努力和忠诚比能力更重要。作为领导人，需具备深入思考事务本质的深沉厚重的性格，做事公正、有勇气、谦虚和乐观开朗。阿米巴的经营过程也是领导团队培养的过程，即让有能力、思想上进的人成为阿米巴长，先领导阿米巴这样一个小团队。如果能力突出，再领导更多的人。①

6. 合弄制

“合弄”（Holon），可译为“子整体”，是指一个事物既是独立自主的个体，同时又是与其他个体相互协作的整体。合弄制（Holacracy），是一种“无领导管理方式”，它将公司组织架构去中心化，改变了传统的由人定义工作角色，实行以工作角色为核心的新型公司治理模式。创始人布赖恩·罗伯逊（Brian Robertson）于2007 年首次提出合弄制，他撰写了合弄制章程，提出其核心原则和相关实践，成为该领域的先驱领袖。2015 年 6 月，他出版的著作《重新定义管理：合弄制改变世界》，引发广泛关注。合弄制因其先进的管理理念契合了时代的需求，广受硅谷创新型企业的青睐。2015 年合弄制传入中国，越来越多的企业开始探索与践行合弄制。

传统科层制的集权结构中，公司组织架构呈金字塔状，核心管理层从金字塔顶端发布管理指令，中间管理层负责上传下达，基层员工负责执行。公司的结构虽然稳固，但指令传递速度慢，公司越大，层级越多，结构则越臃肿僵化。合弄制则不然，与传统的集权式管理不同，它讲究“分权”，把管理职责分散到不同的工作角色之中，公司不再有 CEO 及众多管理层级。合弄制的组织机构呈现圈层结构，整个组织如同一个圈子，圈子里可以嵌套一个或几个子圈，子圈还可以再嵌套子

---

① 参见［日］稻盛和夫：《阿米巴经营》，陈忠译，曹岫云审译，中国大百科全书出版社 2013 年版。

圈。在圈层结构中，每一个圈子保留一定自治权，同时又是更大圈子的一部分。如同布赖恩·罗伯逊形象比喻的那样，“你的身体就是合弄制结构的一个例子。身体里的每一个细胞都是一个子整体——既是一个自给自足的整体，又是器官这个更大整体的一部分。同样，你的器官在自成一体的同时，又是一个更大的整体——你的身体——的一部分”，[①]在每个圈子分布着各个工作角色，由一个链长管理，他对自己圈的工作没有决定权，但拥有选聘和解聘的人事任免权。一旦出现不能胜任角色的情况，链长就会让某人离开这个圈子。圈子与圈子之间可能产生交集，处在交集中的角色则是“多面手”，在不同的圈子中担当不同的角色，一个人可以担当多个角色，正如 Brian 自己说在公司里大概承担了 30 个角色。如果一个人无角色可以担当，则被称为处在“岸上”（beach），如处在岸上的时间超过 2 个星期，那么这个人距离被解雇就不远了。合弄制示意图见图 6－3。

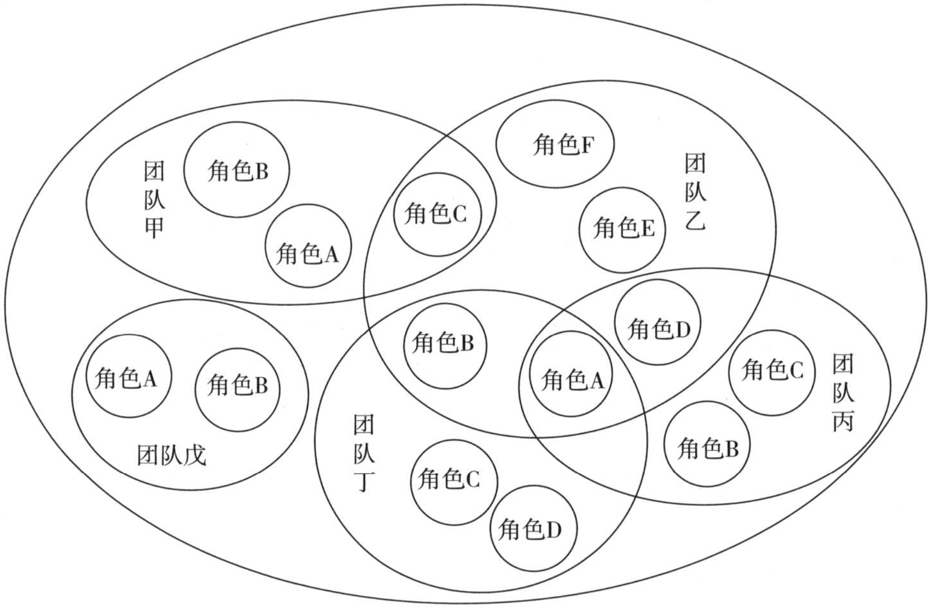

图 6－3　合弄制示意图

建立圈子后，需要根据工作来定义圈子中的角色。每个角色的定义，需要从角色目的（purpose）、管辖领域（domain）、职责（accountability）三方面进行描述。

① ［美］布赖恩·罗伯逊：《重新定义管理：合弄制改变世界》，潘千译，中信出版集团 2015 年版，第 49 页。

角色目的表明了角色存在的价值和意义，管辖领域表明角色所拥有的专有职权，而职责则表明角色需要担当的责任。每个角色定义需要明确地规定在角色说明书中，并定期更新，以便每个角色明确自己的职责。现实与理想的差距就是所谓的“张力”，Brian 认为：“人们感知当下不和谐的能力，以及预见潜在改变的能力，在我看来是最特别的一种天赋——正是永不停止、永不满足的创新精神让我们不断达到新的高度。”①正是人类与生俱来拥有感知张力的能力，每个角色在从事工作的时候，感知张力所在，并竭力缩小差距，这就是通过工作创造价值的过程。定义了角色，角色在工作中感知到了张力，然后需要作出决策，决定如何采取行动。与传统管理方式中决策都是由核心管理层作出不同，圈子里的所有问题、重大决策都由这个圈子里所有角色参加的“治理会议”“战术会议”来讨论解决，每个角色需要发挥自己的判断力去解决工作中不断出现的张力。在合弄制模式下，没有人命令谁去干什么，但是每个人需要根据自己担当角色的职责和权力来决定干什么，并且为自己的工作结果负责。

成本提示

1. 用工模式的选择与变革事关整个用人单位的组织构架调整，它不仅仅是人力资源领域的大事，还跟用人单位的商业模式、愿景、规划、战略、管理、营销、财务、税收等各个方面密切关联。正所谓“牵一发而动全身”，改革用工体制充满了风险和不确定性，成功可能重获新生，失败则可能万劫不复。用工模式的选择与变革需要结合方方面面综合考量，既需要推陈出新的勇气与魄力，也需要周密翔实的实施计划，更需要一如既往的执行到位。

2. 新的用工模式与生俱来的特点或许能契合用人单位的需求，但凡事皆有利弊，无论哪种用工模式皆有不足，需要全面认识。海尔的“人单合一双赢”模式、永辉超市的“合伙人制度”，这些先进的组织模式，诞生于不同的领域，分属不同的行业，包含首倡企业的文化底蕴，有特殊的适用背景，特别是“阿米巴经营”“合弄制”等舶来品，滥觞于不同的文化土壤，切忌盲目照搬照抄，否则可能水土不服。最好是取其精华，适当改良，让组织模式适应本企业实际情况为最佳。

3. 引入新的制度或经营方式，员工本能的反应是抵触、拒绝、反对，他们会认为管理方式变革不是自己职责所在，而且会增添他们的学习、配合、适应的负担。另

---

① ［美］布赖恩·罗伯逊：《重新定义管理：合弄制改变世界》，潘千译，中信出版集团 2015 年版，第 6 页。

外，新的组织方式可能触及部分员工长期经营的既得利益，他们会成为变革的巨大阻力，做好应对预案显得很有必要。

配套案例

案例1：一石激起千层浪，“闪送”平台用工被判存在劳动关系①

某科技公司为“闪送”平台的运营方，李某于2016年5月27日注册成为闪送员，自2016年5月29日起开始接单。李某自行购买配送车辆，自置箱子，自行负担油费。根据结算规则，每单收入80%分配至闪送员App账户内，剩余20%平台留存。闪送员收益中，每单扣除0.3元作为保险费用。双方确认以下事实：其一，对于薪资结构。双方确认李某无底薪，一单一结算，另有接单奖励。某科技公司称接单奖励是为了吸引客户和闪送员。其二，对于工作时间、工作量、在线时长、服务区域。李某确认无工作量要求、无在线时长要求、无服务区域要求，其可自主安排工作、休息时间；如果在线时间超过一定时长，会有奖金。其三，对于送达时间。李某自述公司对送达时间有要求，确认一般情况下不会超时，在安全驾驶的正常状态下可以按时送到，超时多发生在交通状况不好或天气不好的情况下；称超时会分情况处理，可能会罚款。其四，对于管理情况。李某称，如果配送超时或者损坏、丢失物品会有惩罚，但本人并未发生过以上情况。其五，对于车辆安全及安全教育问题。闪送平台对闪送员的交通工具无强制要求、不审查驾驶员及车辆资质信息。其六，对于能否为其他平台工作。李某自述在闪送工作期间，没有在其他同类平台工作；某科技公司亦确认曾经提出过此类要求，但表示仅能通过技术手段进行处理，但不同手机号码仍可注册多家互联网平台从事类似配送业务。

法院认为，某科技公司与李某符合法律、法规规定的劳动关系主体资格，某科技公司在招聘闪送员时，对工作方式、工作特点、收入计算、奖励等进行了说明，对担任闪送员的条件作出了要求，该内容具有招聘信息之性质。某科技公司对报名闪送员进行了培训，说明其对提供服务的人员在工作方面有一定的标准要求。某科技公司为李某发放了工牌。该工牌具有身份识别功能，在李某佩戴工牌进行服务时，其代表某科技公司。在工牌背面详细列明了对闪送员服务流程的具体要

① 本案例摘自（2017）京0108民初53634号民事判决书。

求，说明某科技公司对李某的服务过程进行管理，要求李某按照公司的规章制度进行服务。李某虽然可以自主决定是否接单，但其一旦接单，就需要按照某科技公司规定的工作流程来完成服务。以上充分说明李某担任闪送员期间，与某科技公司之间存在相当的人格从属性。某科技公司是一家提供货物运输服务的公司，李某提供的闪送服务是某科技公司业务的组成部分。因此，李某与某科技公司之间的关系具有从属性之特征，符合劳社部发〔2005〕12号文之规定。

另外，法院认为，虽然李某自主决定是否接单，自主决定使用何种交通工具，无须考勤，某科技公司不限制其工作地点、工作时间、工作量，不向其提供劳动工具，某科技公司与李某之间用工关系存在灵活性特点，并不能掩盖其劳动关系之本质。某科技公司从李某提供的劳动中获益，则应当承担相应的法律责任及企业之社会责任。若允许其低成本地用工，则其必然缺乏防范用工风险之主动性，对采取劳动安全保护措施的积极性必然不高，因此带来之社会问题必然增多。互联网企业不能因其采用了新的技术手段与新的经营方式而不承担本应由其承担的法律责任与社会责任。

故，确认李某与北京某科技有限公司自2016年5月29日至2017年3月30日存在劳动关系。

■ 律师评析

此案判决结果一出，众多网络用工平台都捏了一把汗。如该判决成为生效判决，意味着理论上网络用工平台与劳动者之间将存在劳动关系。仅就闪送一家而言，全国222个城市有53.54万名闪送员，按照劳动关系处理，闪送将难以为继。其他网络平台也在观望，自省现行的商业模式和用工之道是否经得起法律的“灵魂考验”。一石激起千层浪，平台用工是否构成劳动关系的话题引起热议。

从专业角度看，也有很多质疑的声音。用工合意方面，闪送平台对闪送专员的要求仅为兼职，并非全日制的劳动合同关系。用工特征方面，闪送平台更符合居间关系的法律特征：一方面，在闪送平台上发布客户的需求信息；另一方面，为闪送专员派单，促成双方交易。经济隶属性方面，虽然客户是把费用支付到平台，平台扣除20%费用及保险费后供闪送专员提现，以闪送平台提供居间服务的巨大体量，以方便管理来解释，是可以被接受的。人身隶属性方面，平台对闪送专员无工作量、工作时间、工作地点的要求，无须考勤，闪送专员可自主安排工作、休息时间。综合认定劳动关系的各个要素来看，把双方界定为劳动关系都值得商榷。

法院似乎本着保护弱者的原则,只想在个案中给予劳动者以劳动关系之全面保护,但恐判决过于刚性,其示范作用让平台一方难以招架,又特地迂回说明“在闪送平台注册的众多闪送员的工作情况与李某的情况并不完全相同。因此本院认定李某与某科技公司之间有劳动关系,并不代表所有注册的闪送员与某科技公司之间均具有劳动关系”。字里行间可以读出,法院只想就事论事,寻求个案衡平。

本案社会关注度高、影响力大、涉及面宽,客观上有很强的示范效应。本案进入二审之后,双方以调解方式结案,一审判决并未成为生效判决。司法虽然没有旗帜鲜明地给予改判,认定双方不存在劳动关系,但轰动一时的一审判决并未生效,其实也就暗含了法院的价值判断。

■ 法条链接

《关于确立劳动关系有关事项的通知》

一、用人单位招用劳动者未订立书面劳动合同,但同时具备下列情形的,劳动关系成立。

(一)用人单位和劳动者符合法律、法规规定的主体资格;

(二)用人单位依法制定的各项劳动规章制度适用于劳动者,劳动者受用人单位的劳动管理,从事用人单位安排的有报酬的劳动;

(三)劳动者提供的劳动是用人单位业务的组成部分。

案例 2:美团众包起争议,人民法院认定不存在劳动关系①

孙某于 2017 年 3 月 17 日通过下载美团众包 App 的方式在美团众包外卖平台查看阅读众包平台服务协议、劳务协议、钱袋宝用户支付服务协议等文件后,与某人才服务公司签订《劳务协议》并以其手机号码作为账户注册成为美团众包骑手用户(众包员)。孙某自 2017 年 3 月 30 日开始接单,某人才服务公司银行转账向孙某发放劳务费。2017 年 12 月 16 日晚 22 时 40 分许,孙某在接单后骑乘电动自行车投送途中发生交通事故受伤。此后,孙某向人民法院提起诉讼,要求确认与某人才服务公司存在劳动关系。

---

① 本案例摘自(2018)苏 03 民终 7573 号民事判决书。

人民法院经审理认为,孙某与某人才服务公司不存在劳动关系。首先,孙某系通过美团众包平台自主注册成为美团众包骑手用户(众包员),该注册过程中其浏览了展示于网络平台的众包平台服务协议、劳务协议、钱袋宝用户支付服务协议等文件并与某人才服务公司签订了《劳务协议》,该《劳务协议》中明确载明完成全部注册程序后即表示已充分阅读、理解并接受协议的全部内容而成为某人才服务公司的劳务人员,双方建立的劳务关系适用《合同法》《民法通则》和其他民事法律法规,而不适用《劳动合同法》的规定。因此无论是从双方签署的协议名称来看,还是从协议约定的内容来看,孙某、某人才服务公司仅就形成劳务关系达成合意,而未对建立劳动关系达成合意。其次,双方签署的《劳务协议》约定的内容显示,作为众包员的孙某可以通过众包平台自主选择接受任务事项,孙某是否在美团众包平台接单由其自主选择决定,某人才服务公司既不对孙某进行考勤,也不对孙某下达工作量,因此不能认为某人才服务公司对孙某实施劳动管理。再次,根据孙某提交的银行流水所显示的某人才服务公司向其支付报酬情况,可以判定孙某的劳动报酬是根据工作完成情况即完成的送餐单数结算而非根据工作天数进行结算,亦与劳动关系中劳动报酬结算标准明显不符。最后,孙某提交的银行流水显示某人才服务公司根据其单量分别于2017年3月至8月向其支付了报酬,但2017年8月8日至11月期间孙某并不存在接单收入,而2017年12月除16日接受4单外该月仅接18单,说明其并没有将其时间和精力全部投入众包员工作,其从事众包员工作所获得的报酬亦非其主要生活来源。

综上,孙某、某人才服务公司之间既没有建立劳动关系的合意,双方之间也不存在人身依附、管理与被管理的关系,且孙某并未为某人才服务公司提供持续、稳定的工作,孙某也没有将其主要时间和精力都用于美团骑手(众包员)工作且不以该收入为主要生活来源,故应当认为某人才服务公司与孙某之间不存在劳动关系。

■ 律师评析

处于弱势地位的灵活就业人员如今在中国已逾7000万,如何让这个庞大的社会群体“高高兴兴上班,平平安安回家”,如何对他们进行权利救济,又是另一个让人揪心的话题。目前的法律体系下,一方面,劳动者应当加强安全意识,自行购买商业意外险分解风险;另一方面,作为用工方的企业,可考虑购买足额的雇主责任险来转移风险。同时,也期望国家进一步完善社会保障体系,相关部门出台行业规范准则，让行业运行有章可循，权利救济有法可依。

■ 法条链接

《关于确立劳动关系有关事项的通知》

一、用人单位招用劳动者未订立书面劳动合同，但同时具备下列情形的，劳动关系成立。

（一）用人单位和劳动者符合法律、法规规定的主体资格；

（二）用人单位依法制定的各项劳动规章制度适用于劳动者，劳动者受用人单位的劳动管理，从事用人单位安排的有报酬的劳动；

（三）劳动者提供的劳动是用人单位业务的组成部分。

实操技能

1.“去劳动关系化”

所谓“去劳动关系化”，是指在保质保量地完成原有工作任务的前提下，通过用工形式的变革，把原来的劳动关系用工转变为其他非劳动关系的用工形式。近年来，除了正常的工资增长机制，“社保入税”让很多企业在参保基数上的空间被压缩，人力成本增幅较大，企业利润直线下降。绕开劳动关系对用工的各种限制，寻求非劳动关系下的用工模式，几乎是每家企业都在思考的问题。下面介绍几种“去劳动关系化”方式及操作要点：

（1）劳动关系→劳务派遣

劳务派遣属于法定的灵活用工形式，不仅可以解决招聘难的问题，也可以让复杂的管理简单化，还对劳动争议进行了隔离，尽管修订后的《劳动合同法》对劳务派遣岗位、派遣人员数量进行了限制，但在实践中对劳务派遣的需求量依然很大。很多用人单位在“去劳动关系化”的过程中，忽略了操作过程和步骤，效果不佳。笔者建议，可以从以下几方面来做好劳动关系转劳务派遣的工作：

①划分岗位和人群，做好事前宣传动员。劳动关系转为劳务派遣会让员工觉得自己“低人一等”，很多员工天然排斥、抵制。用人单位需要把转为劳务派遣的事由广而告之，让每位员工心中有数，获得他们的支持和理解。事前应当拟写调整方案，确定需要转为劳务派遣的岗位和人群，做到对事不对人。确定了的岗位和人群原则上不得有特殊和例外，做到公平对待。

②工龄连续计算，排除后顾之忧。原来是本单位员工，被转为劳务派遣后，很

多员工担心自己之前的工龄付诸东流。对这个问题,可以事先给员工做好动员工作。新的劳务派遣单位与原单位需要对工龄连续计算的问题达成一致,并明确约定各类经济补偿支付的情形及支付主体,保证员工的工龄连续计算。在法律手续上,可以在新的劳动合同中明确约定,员工非因本人原因导致用人单位变化,员工离职时原单位未支付经济补偿的,符合领取经济补偿条件的,新的用人单位应当连续计算之前的工龄。

③或派遣或解除,保留选择通道。劳动关系转为劳务派遣,或许工作地点、工作内容都没有变化,但用人单位变了,管理主体也变了,很多员工可能不愿意与劳务派遣公司建立劳动关系。如果非要他选择,他可能选择离职,同时拿到一笔经济补偿。用人单位在设计方案时需要设计选择通道,充分尊重员工的意愿。对于选择离职的员工,可以考虑依法出台统一的经济补偿政策,给予员工足额的经济补偿。实践中,不排除员工同意转为劳务派遣员工,但对在原单位的工龄需要“提前兑现”,即要求原单位根据自己的工作年限以货币方式支付经济补偿。对于这种要求,用人单位需要慎重考量,原因有二:其一,如果转为劳务派遣的员工人数较多,很可能大家都提出这样的要求,用人单位在用工形式转换的同时需要立即支付巨额的经济补偿,财务状况不一定允许;其二,不提前支付经济补偿,采用认可工龄连续计算的方式,将来新的用人单位依然保留依法单方解除劳动关系而不支付经济补偿的权利。如果提前兑现,假使员工严重违纪用人单位单方解除的,也有一部分经济补偿被提前支付出去了。

④完善解除手续,缔结劳动关系。对不愿意接受劳务派遣,选择离职的员工,应当签署解除劳动关系协议书,并按约支付经济补偿。对愿意接受劳务派遣的员工,也应当与原单位完善解除手续,然后以劳务派遣公司的名义,在用工的一个月之内完成劳动合同的签署。

(2)劳动关系→业务外包

劳务派遣口径的收紧,也进一步催生出企业业务外包的需求。通过将组织中非核心业务委托给外部的专业公司完成,不仅可以提高效率,又可减少用工之累。这种方式在业务有相对清晰模块化的公司比较容易实施。例如,房地产开发企业通常把楼盘销售工作外包给专业的房地产营销公司来销售。又如,餐饮企业常常把餐具清洗工作外包给专业的餐具清洗公司来完成。在企业专业能力不足或管理能力鞭长莫及之时,外包是一种十分便利的渠道,但由于外包市场发展尚不成熟,业务外包操作不慎,也容易发生风险。笔者结合实务经验,提出以下几条操作指引：

①选择成熟的外包服务商。成熟的外包服务商具备专业资质、人才队伍、操作经验和运营方案，这样才能高效、高质量地完成外包工作，但并非所有行业都能找到合适的、专业而成熟的外包供应商，这需要不断搜罗行业信息，在众多的供应商中筛选出合适的商家。

②外包公司不规范的管理也会给发包公司带来潜在风险和法律隐患。如外包公司未给员工缴纳社会保险，一旦在用工单位发生工伤，成本由谁来承担，存在责任划分的问题。因此，业务外包合同应当尽善尽美，防止约定不清发生争议。

③一旦选择业务外包，则需要让外包单位保持必要的独立性。如果发包单位在人员、薪酬、工作场地、劳动工具、日常管理、社会保险等方面过多地干预，甚至直接越俎代庖，最后可能被认定为“假外包，真派遣”，不但达不到目的，还惹得一堆麻烦。

(3)劳动关系→业务内包

业务或项目可以对外承包给外部机构，也可以承包给内部员工，承包给内部员工的，我们称为“业务内包”。“业务内包”相对于业务外包来说，用人单位并不超脱。因为业务内包的员工有双方属性：首先承包人是本单位员工，其次才是业务承包人。这两个角色本身有一定冲突，如果员工内包的，必然在本职工作上分身乏术，不可能全力以赴。但两个角色也有天然的契合之处：正是员工在本单位工作，对单位的人和事都比较熟，易于沟通和管理。所以，实践中，大量存在该种现象。有人可能要问，既然内包员工和用人单位依然建立劳动关系，“去劳动关系化”从何谈起？这要从内包员工成立经营主体后招募的其他员工的角度来理解。如果没有内包，经营业务所需所有的员工将与本单位建立劳动关系，增加了人员编制。业务内包在实务操作过程中需要注意以下几点：

①与内包人员签署变更劳动合同协议书，对其工作内容、薪酬待遇、工作地点等作出约定。实行业务内包后，该员工的履职情况可能发生很大变化，主要精力可能用在完成承包任务上，以变更协议的方式固定变更后的薪酬和岗位，以免将来发生争议。

②签署承包协议，对风险点进行详细约定。除了通常的承包事项、价款、支付时间等业务方面的内容，还应当考虑发包事项是否可以发包给自然人？是否需要专业资质？如果需要，则该模式天然因为资质问题存在不可避免的风险，需三思而后行。另外，还要考虑内包人为完成承包事项聘用他人发生用工风险的责任划

分及风险转移。从法律定性上看,内包人系自然人,非适格用工主体,如果聘用员工,应当认定双方建立劳务关系。内包人责任能力有限,发生风险的,可能难以独自承担,最终发包单位可能被牵连。对于类似用工风险,可以考虑用商业保险,如雇主责任险,来转移风险。承包合同也需要约定,如果发包单位承担责任的,有权向承包人追偿等条款。

③有条件的,可以与内包人为法定代表人/负责人的公司签订承包合同,内包人作为项目负责人和担保人。为了解决承包资质和人员聘用的问题,可以要求内包人以自己为法定代表人/负责人成立公司。发包人将工作或项目发包给内包人成立的公司,让内包人以项目负责人、担保人的名义作为协议第三方签署协议。这样操作,从法律上讲,中间多了个公司,承包资质上可能迎刃而解。另外,以内包人为法定代表人/负责人的公司有用工资格,可以要求以该公司的名义与聘用的员工签署劳动合同或其他协议,这样,用工方面的风险也多了一道“防火墙”。

(4)劳动关系→业务合作

劳动关系转业务合作其实是业务内包的升级版,也是“去劳动关系化”的一种具体表现形式。与业务内包不同的是,承包人或实际控制人已经与发包单位解除劳动关系。很多单位业务模式进行了调整,想集中精力打造自己的核心竞争力,已经不需要专门养一批人来经营某些利润率较低的业务。但如果有人来操盘,单位只花少量的时间来管理,将原有的资源以另一种方式盘活,也未尝不可,于是“下海经商”的员工与原单位的业务合作便有了空间。这类业务合作实际上资金、资源、人力等各个方面的整合,双方权利义务由双方合作协议来约定。操作要点如下:

①签订好合作协议。协议的核心要义是约定清楚双方各自提供哪些资源,利益如何分配,亏损如何分摊。

②要求合作方以单位的名义签署合作协议,如需要专门资质的,还需要审查合作单位的资质证明文件。注意特别约定,如合作方需要聘用人员,需要以自己单位的名义与聘用员工完善劳动合同签署并依法缴纳社会保险。发生劳动争议的,由合作方负责处理并承担相关法律责任。

③避免形成表见代理。对不明情况的客户来说,操作业务的人还是原来那一拨,只是内部责任承担的方式有所不同了。可以考虑发布公告,告知义务经营主体发生变化,避免客户误解。

2. 灵活用工

对于“灵活用工”的定义可谓众说纷纭。笔者认为，相对于传统劳动关系，能够帮助用人单位实现用工周期短、解聘限制少、用工成本低的用工方式均可称为“灵活用工”。“海尔人单合一双赢模式”“永辉超市门店合伙人制度”“阿米巴经营”“合弄制”实质上是提升组织活力、降本增效的组织形式，而非法律上定义的用工形式。此处重点介绍目前法律已有较为明确规定的几种灵活用工形式的操作要点：

（1）非全日制用工

①非全日制用工本质上也属于劳动关系，虽然法律规定建立非全日制劳动关系的，可以不签订书面协议。但为了明确双方法律关系，避免对非全日制劳动关系的用工性质产生误解，同时明确双方的权利义务，建议签订书面非全日制劳动合同为宜。

②非全日制用工主要以小时计酬为主，每天工作时间不超过 4 小时，劳动报酬发放时间以 15 日为结算周期，这是与全日制劳动关系最明显的法律特征差别。实践中，很多用人单位为了方便管理，与全日制用工一起按月计发工资，这已经触碰到底线，很可能被裁判机构否定双方属非全日制用工。有的用人单位让非全日制员工提交书面申请，申请按月计发工资或者在每月计发工资时让员工签字两次，以证明员工按照 15 日为周期领取了工资。这种做法表面上采取了一定的风险阻断措施，但实质上依然没有摆脱按月发放的本质，存在法律风险。在工作时间方面，有的用人单位并未严格遵守每天不超过 4 小时的规定，认为对超过 4 小时的部分，支付加班工资就可以了。实际上，如果偶尔安排加班，且加班时间不长，每周工作时间累计没超过 24 小时是法律允许的范围。超过前述时间限制，非全日制劳动关系很可能被否定。

③非全日制用工属于劳动关系，发生工伤的，依然由用人单位承担责任。根据劳动和社会保障部《关于非全日制用工若干问题的意见》（劳社部发〔2003〕12 号）第十二条的规定，用工单位应当依法为非全日制用工的劳动者缴纳工伤保险。这样做不会增加太多用工成本，但大幅降低了用工风险。建议用人单位在员工入职后尽快参保。

（2）实习生

①根据《关于贯彻执行〈中华人民共和国劳动法〉若干问题的意见》第十二条的规定，在校生利用业余时间勤工助学的，不视为劳动关系，双方按照劳务关系处

理。建议以协议的形式固定双方的法律关系。

②在校学生实习期间发生伤害的,按照人身损害处理,由用人单位承担雇主责任。为了转移风险,建议用人单位为实习生购买雇主责任险。

③实践中,很多用人单位的 HR 以是否取得毕业证来判断在校学生是否为劳动合同的适格签约主体。这种观点不完全正确。以就业为目的的实习生到用人单位工作,接受用人单位的管理,遵守用人单位的规章制度,获得用人单位发放的劳动报酬的,司法实践中,很多案例认定双方存在劳动关系,如(2019)黔 01 民终 2535 号、(2016)苏 01 民终 5116 号民事判决书。因此,距离毕业时间很近,以就业为目的的实习生,宜按照劳动关系对待,及时签署劳动合同并完善社会保险。如果今后实习生未取得毕业证或用人单位认为他不能胜任工作不能被录取的,可以以试用期不符合录用条件为由解除劳动关系。

(3)退休返聘人员

①《最高人民法院关于审理劳动争议案件适用法律若干问题的解释(三)》第七条明确规定,对于用人单位与其招用的已经依法享受养老保险待遇或领取退休金的人员,按照劳务关系处理。劳务关系受合同法调整,双方可以对工作时间、工作内容、劳动报酬、合同解除条件、医疗期待遇、经济补偿支付等事项进行约定。建议签署退休返聘协议,明确双方法律关系及双方的权利义务关系。

②雇员在从事雇佣活动中遭受人身损害,雇主应当承担赔偿责任。因此,对于退休返聘人员,用人单位依然存在用工风险。对于不能参加社会保险的他们,通过购买商业保险来转移风险显得特别有必要。

③对于已经达到法定退休年龄但未领取养老保险待遇的人员是否与用人单位存在劳动关系,司法实践中存在争议,各地裁判规则不一致,甚至连人社部与最高人民法院的意见都不一致。因此,在人员入职的时候,应当充分考察入职人员享受养老保险待遇的情况,可以要求入职人员提供社会保险佐证材料。对于已经达到法定退休年龄但未享受养老保险待遇的人员,应当谨慎录用或提前预警。

④对于在本单位达到法定退休年龄的人员,根据《劳动合同法实施条例》第二十一条的规定,用人单位应当与劳动者办理劳动关系终止的手续。对于养老保险缴费年限满 15 年的员工,可以考虑继续用工,双方签订劳务合同。但对于达到法定退休年龄但因缴费年限问题无法享受养老保险待遇的,用人单位具有一定的选择权。可以选择以劳动关系继续用工,也可以转为劳务关系,或者不予续聘。

（4）顾问

①如用人单位需要劳动者提供不定时的技术、信息、咨询类服务的，无须专门聘用该劳动者作为本单位员工，而可以采取顾问式的用工关系，与之签订顾问协议。

②从法律定性上看，顾问协议属于受合同法调整的委托关系，双方不具有经济、人身方面的隶属性，可以在顾问协议中约定服务事项、服务方式、服务费用、服务质量等事项，以明确双方权利义务关系。

③如果受托人为单位，受托人指派人员提供服务的，服务人员与委托人之间没有劳动或劳务关系，委托人最大的义务就是按照合同支付服务费，不存在其他用工风险。如果受托人为自然人，尽管双方签署了顾问协议，受托人可能认为自己以劳动力为委托人提供了服务，可能认为双方是劳务关系或劳动关系，委托单位需要注意让顾问保持一定的独立性，避免对受托人进行员工式的安排和管理。

配套文书

在校学生实习协议

甲　　方：________________________________

通讯地址：________________________________

联系电话：________________________________

乙　　方：________________________________

身份证号码：________________________________

通讯地址：________________________________

联系电话：________________________________

乙方为________学校的学生，为了勤工俭学，自愿到甲方实习。经友好协商，双方达成如下协议：

1. 实习期限为______年___月___日起至______年___月___日止。

2. 在实习期限内，甲方为乙方提供实习场地和必要指导，甲乙双方均确认本协议不构成乙方与甲方的劳动关系。因乙方实际的人事关系在学校，乙方个人或其所在学校应承担乙方在履行本协议期间遭遇的一切风险，包括但不限于各种伤害和意外事故，除非该种伤害和意外事故是由于甲方的重大过失或故意造成的。另如遇以下情形，甲方不承担任何责任：

2.1　在实习期间，因乙方故意违规操作造成甲方公物受损，由乙方按照设备或公物价值承担赔偿责任。

2.2　在实习期间，乙方在节假期间从事与实习无关的内容发生人身损害事故的，由学生本人或责任方承担相应责任。

3. 甲方应在乙方实习期间，为乙方指派实习指导人员，负责指导乙方进行实习。

4. 甲方为乙方在实习期间提供必要的条件，制定操作规程、工作内容和技能培训的标准。

5. 甲方负责对乙方在正式实习前和实习期间进行思想政治、职业道德、业务技能及有关规章制度的教育和培训。

6. 乙方在实习期间，应该积极遵守甲方各项规章制度，听从指导人员的安排，认真完成指定的任务。乙方同意按照甲方指定的工作岗位及岗位职责要求进行实习，并且同意甲方对其进行必要的工作业务管理。

7. 在实习期间，甲方根据相应的制度支付给乙方实习生活津贴作为劳动报酬。

8. 乙方在实习期间应遵守甲方的规章制度；严格遵守公司纪律，爱护甲方的财产设备，遵守职业道德；积极参加甲方组织的培训，提高职业技能。

9. 乙方违反劳动纪律或甲方有关规章制度的，甲方的指导人员可予以教育纠正。乙方经教育纠正仍不改正或再次违反的，甲方有权立即解除实习协议，并通知乙方按照甲方规定办理离岗手续。

10. 经双方协商一致或订立本协议所依据的法律、行政法规、规章制度发生变化的，可变更本协议相关内容。

11. 经甲乙双方协商一致，可以解除本协议。

12. 乙方在实习期间提出解除本实习协议的，应提前两周通知指导人员和甲方人力资源部门，在获得批准后按照甲方规定办理离岗手续。

13. 乙方实习期内经甲方考核不符合岗位要求的，或因甲方生产经营调整已无合适实习岗位的，甲方可解除该协议并通知乙方按照甲方规定办理离岗手续。

14. 乙方同意在甲方解除该协议时不必支付乙方任何补偿金或赔偿金。

15. 乙方在实习期间，对甲方的商业秘密资料、相关软件的拷贝必须按甲方的有关制度和规定执行。未经甲方事先书面同意，不得将已知晓的甲方的所有秘密性资料或文件以任何方式（其中包括电话、录音等传播形式）向外界人员泄露。

16. 乙方在实习期间，有义务保守公司的经营机密，必须妥善保管所持有的涉密文件。不得将甲方文件的原件、复印件或电子文档在未经甲方事先同意的情况下带离甲方营业所在地，亦不得将其用于与公司进行竞争的活动，或用于除本合同项下规定的乙方职责和义务以外的其他用途。

17. 无论因任何原因解除或终止本实习协议时，乙方应立即归还从甲方得到的所有公司文件、记录等其他财产，包括但不限于乙方所掌握的甲方全部资料、备忘录、客户名单、公司各类计划、财务报表。

18. 乙方同意在本协议解除或终止后继续承担上述条款规定的保密义务。

19. 乙方因违反上述保密义务给甲方造成损失的，乙方应立即采取一切必要措施防止损失扩大，并赔偿相应损失。

20. 乙方实习结束后，甲方根据乙方实习期间的考核情况留用，与甲方签订正式的劳动合同。

21. 乙方实习结束后不符合甲方岗位要求未能留用的，应按照甲方规定办理离岗手续。实习期满后，甲乙双方均不再承担本协议以外的任何责任。

22. 因履行本协议而发生的争议，甲乙双方应本着平等、友好的精神进行协商解决。协商解决不成的，甲乙双方均可向甲方所在地人民法院提起诉讼。

23. 本协议一式两份，甲乙双方各执一份，经甲方盖章、乙方签字后生效，具有同等法律效力。

甲　　方：　　　　　　　　　　乙　　方：
签约代表：
签订日期：　　　　　　　　　　签订日期：

第七章 招聘入职

导 语

人才识别很大程度上依赖于HR的主观判断,这种内心判断如果带有偏见抑或歧视,外化成为拒绝录用劳动者的理由,容易构成就业歧视。用人单位有用工自主权,越过边界,很容易侵犯劳动者的平等就业权。

招募人才后,还不能直接使用。为了让劳动者更加契合岗位,更加清楚用人单位需要他们怎样工作,岗前职业培训起到了“先说断,后不乱”的作用,是上岗前的必要工序。人才需要被发掘,也需要培养。用人单位出资为劳动者提供专项培训,增强劳动者的工作技能,目的是让劳动者日后更好地服务于用人单位。这种目的正当合法,受到“服务期”制度的保护。

“试用期”制度是录用后淘汰不合格人员的最后一张“滤网”,在试用期内,HR可以行使权利,再次对人员去粗取精。过了试用期这道关卡,员工转正后再解聘的,成本十分高昂。我国劳动法律规定了用人单位强制缔约的义务,劳动合同如何签订,很有讲究。

第一节 人 才 甄 选

内容提要	
热点专题	人才甄选
背景知识	1. 就业歧视 2. 背景调查
成本提示	2 条
配套案例	1. "浙江就业性别歧视第一案" 2. 招聘与原单位存在劳动关系的高管惹麻烦
实操技能	1. 如何避免就业歧视 2. 如何甄别人才
配套文书	背景调查授权书

背景知识

1. 就业歧视

就业歧视，是指基于特定职业内在需要以外的因素，在就业或职业的机会或待遇给予区别、排斥或优惠，从而剥夺或损害就业或职业上平等。① 我国法律对就业歧视有明文规制，例如，《劳动法》第十二条规定："劳动者就业，不因民族、种族、性别、宗教信仰不同而受歧视。"《就业促进法》第三条规定："劳动者依法享有平等就业和自主择业的权利。劳动者就业，不因民族、种族、性别、宗教信仰等不同而受歧视。"《妇女权益保障法》第二十三条规定："各单位在录用职工时，除不适合妇女的工种或者岗位外，不得以性别为由拒绝录用妇女或者提高对妇女的录用标准。各单位在录用女职工时，应当依法与其签订劳动（聘用）合同或者服务协议，劳动（聘用）合同或者服务协议中不得规定限制女职工结婚、生育的内容……"

歧视事由包括对劳动者的性别、民族、种族、残疾、户籍、年龄、宗教信仰、既往刑罚经历、传染病病原携带构成歧视。在招聘入职环节，就业歧视主要体现为用人单位设置不合理的录用条件，对特定人员不予录用，侵犯劳动者的平等就业权。

① 参见王兴全：《劳动法》，法律出版社 2017 年版，第 392 页。

司法实践中，就业歧视的案件可以作为劳动争议或人格权纠纷[①]受理。作为劳动争议受理的案件，劳动者主要主张信赖利益损失，包括为缔结劳动合同已经实际产生损失及丧失另行就业机会而产生可得利益的损失。人格权纠纷则是基于用人单位侵犯了劳动者人格权，包括人格平等、人格尊严，向用人单位主张赔偿经济损失、精神损害抚慰金以及要求赔礼道歉。

2. 背景调查

背景调查，是指用人单位在招聘过程中通过合法的方式了解候选人的个人信息、工作履历、能力及工作表现等方面情况而进行的调查。招聘的过程中，用人单位可能遇到各种风险，包括职业操守风险、胜任力风险、成本风险、法律风险。这些风险衍化成现实，将导致用人单位招聘到人品、能力、身体条件等方面不合格的人才，造成招聘成本浪费。更有甚者，用人单位未尽审慎审查义务，侵犯其他用人单位权利，将承担法律责任。背景调查可以为用人单位控制招聘风险，节省不必要的花销，降低招聘及培训成本。

通常，招聘高级管理人员、财会人员、接触用人单位重要机密的人员有必要进行背景调查。背景调查可以围绕招聘职位的具体岗位要求进行，每个背景调查的重点各有侧重。对候选人进行人品、能力、健康状况、劳动关系解除情况、竞业限制方面的背景调查比较常见。

成本提示

1. 用人单位仅仅把劳动者与生俱来的特质，如性别、民族、种族、户籍、年龄、体貌，作为拒绝录用劳动者的理由，非常容易被认定为就业歧视。用人单位为此可能承担赔偿劳动者经济损失、精神损害抚慰金，向劳动者赔礼道歉等法律责任。

2. 招聘过程中用人单位未能识别劳动者品行，能力越强，可能带来的危害越大；未能准确评估其能力的，将不能满足岗位需求，留任或解聘陷入两难；未能察觉劳动者身体状况端倪，难免被“泡病假”，白白支付医疗期待遇；未能查明与上家用人单位劳动关系解除情况的，可能因为给上家用人单位造成损失而承担连带赔偿责任。

---

① 《最高人民法院关于增加民事案件案由的通知》（法〔2018〕344 号）在第一部分“人格权纠纷”的第三级案由“9. 一般人格权纠纷”项下增加一类第四级案由“1. 平等就业权纠纷”，此后就业歧视案件人民法院以平等就业权纠纷立案受理。

配套案例

案例 1："浙江就业性别歧视第一案"①

2014 年 6 月 24 日，郭某在 58 同城网和赶集网上看到某烹饪培训学校要招两名文案的招聘信息，于是在网上投递了简历。郭某确认某烹饪培训学校收到简历但一直没有等来回复，于是打电话询问应聘情况。某烹饪培训学校工作人员答复说，他们的文案职位仅招男性，因为需要出差。郭某认为自己完全可以胜任出差，于是不甘心又到某烹饪培训学校招聘现场去应聘，依然被以同样理由拒绝。郭某认为，文案职位并非只有男性才可胜任，某烹饪培训学校仅因郭某是女性就拒绝录用，给自己身心带来极大伤害，心情一度非常沮丧和气愤，找工作的信心受到很大打击，某烹饪培训学校的行为构成就业歧视，侵害了郭某的平等就业权、人格尊严权。请求判决某烹饪培训学校书面赔礼道歉，并赔偿精神损害抚慰金 5 万元。

人民法院经过审理认为，劳动者享有平等就业的权利，劳动者就业不因性别等情况不同而受歧视，国家保障妇女享有与男子平等的劳动权利，用人单位招用人员，除国家规定的不适合妇女的工种或者岗位外，不得以性别为由拒绝录用妇女或者提高对妇女的录用条件。本案中某烹饪培训学校需招聘的岗位为文案策划，某烹饪培训学校并未举证证明该岗位属于法律、法规所规定的女职工禁忌从事的工作，根据其发布的招聘要求，女性完全可以胜任该岗位工作，其所辩称的需招录男性的理由与法律不符。在此情况下某烹饪培训学校不对郭某是否符合其招聘条件进行审查，而直接以郭某为女性、其需招录男性为由拒绝郭某应聘，其行为侵犯了郭某平等就业的权利，对郭某实施了就业歧视，给郭某造成了一定的精神损害，故郭某要求某烹饪培训学校赔偿精神损害抚慰金的理由充分，至于具体金额本院根据某烹饪培训学校在此过程中的过错程度及给郭某造成的损害后果酌情确定为 2000 元。郭某要求某烹饪培训学校书面赔礼道歉的请求法律依据不足，不予支持。遂判决判某烹饪培训学校赔偿郭某精神损害抚慰金 2000 元。

■ 律师评析

在本案之前，2013 年 12 月 18 日，山西籍女大学生曹菊（化名）因在应聘中遭

① 本案例摘自（2014）杭西民初字第 1848 号、（2015）浙杭民终字第 101 号民事判决书。

性别限制,将招聘单位北京某教育科技公司起诉至北京市海淀区人民法院。该案是在《就业促进法》颁布生效五年以来全国首例以“维护女性合法权益”为由向人民法院提起的诉讼,受到媒体广泛报道,被称为“中国就业性别歧视第一案”。该案最终以调解方式结案,北京某教育科技公司向曹菊支付人民币3万元,作为关爱女性平等就业专项资金。由于该案系调解结案,人民法院未作出判决文书,不能明确人民法院对此类案件的裁判思路。

本案被称作“浙江就业性别歧视第一案”,判决文书说理部分阐明了人民法院对就业歧视案件的态度,后来的类似案件多有参考本案的裁判思路,具有较高的研究价值。从本案判决文书可以看出,用人单位如无其他理由,仅仅以性别差异为由拒绝录用候选人的,非常容易被认定为就业歧视,本案给了用人单位在招聘工作中以前车之鉴。司法实践中,就业歧视案劳动者获赔项目一般为:有证据证明已经发生的经济损失(如体检费用)、精神损害抚慰金(金额多为2000元至5000元)、赔礼道歉。考虑到诉讼时间、诉讼成本、公关关系等因素,调解结案更为省时省力。

■ 法条链接

《中华人民共和国就业促进法》

第二十七条　国家保障妇女享有与男子平等的劳动权利。

用人单位招用人员,除国家规定的不适合妇女的工种或者岗位外,不得以性别为由拒绝录用妇女或者提高对妇女的录用标准。

用人单位录用女职工,不得在劳动合同中规定限制女职工结婚、生育的内容。

案例2:招聘与原单位存在劳动关系的高管惹麻烦

张某系某国有企业甲公司的总工程师,属于污水处理领域的高端技术人才。张某与该公司因为技术泄密产生纠纷,该公司对张某进行停职调查。调查期间,双方劳动关系并未解除,张某的基础薪酬照发,“五险一金”一直正常缴纳。某民营污水处理企业乙公司看中张某技术能力,以优厚的待遇招揽张某到单位工作。张某正处于被停职调查的状态,郁郁不得志,欣然接受乙公司抛出的“橄榄枝”。尽管张某并未办理从甲公司离职的手续,但很快到乙公司上班。

嗣后,甲公司发现了张某到乙公司就职的情况,并取得了张某在乙公司工作的照片及张某作为乙公司技术负责人对外签署的文件资料。甲公司向乙公司发出律师函，提出严正交涉，认为乙公司招聘张某作为技术负责人的行为已经严重侵犯甲公司的权利，要求乙公司立即与张某解聘，并赔偿给甲公司造成的损失5万元，否则将依法提起诉讼维权。最终，乙公司迫于压力，与张某解聘，并赔偿了甲公司2万元损失。

■ 律师评析

乙公司揽才心切，对张某未解除劳动关系的情况视而不见，最终自食恶果。日常招聘中，用人单位通常要求劳动者提供与原单位解除劳动合同的证明文件，以查明劳动关系的解除情况。面对公司奇缺的人才，用人单位很难保持定力，常常铤而走险。从人力资源从业者的角度而言，保持依法合规的用工是基本原则，不能抱有侥幸心理。

■ 法条链接

《中华人民共和国劳动合同法》

第九十一条 用人单位招用与其他用人单位尚未解除或者终止劳动合同的劳动者，给其他用人单位造成损失的，应当承担连带赔偿责任。

实操技能

1. 如何避免就业歧视

(1)明确岗位需求，细化招聘条件

用人单位在开展招聘工作前，应当根据岗位设置，明确岗位需求，围绕岗位职责，尽量细化招聘条件。这样做的好处在于，方便用人单位择优录用。招聘条件列举得足够细化，理论上可以让前来面试的所有候选人都有某条或某几条不符合招聘条件，然后用人单位可以从中寻找匹配度最高的候选人予以录用。同时，对于其他没有被录用的候选人，完全可以以不符合招聘条件这样的正当理由予以拒绝，而不是以性别、户籍、民族、体貌特征等容易涉嫌就业歧视的理由来回应。即便某些岗位需要设定先天特质为条件，也需要从行业特殊性、岗位特殊性、不可替代性等各个方面给予充分论证，并在岗位职责说明书中予以说明。

(2)完善招聘流程，固定相关证据

用人单位在招聘中，特别是成批次招聘及招聘高管，务必完善招聘流程，固定好招聘每个环节形成的材料。一般而言,招聘之前需要明确用工需求,固定岗位职责,细化招聘条件,制订招聘计划。招聘中,根据岗位的重要性及招聘规模设置繁简适度的招聘流程,一般分为简历筛选、面试、笔试、体检、录用几个环节。前述一系列动作要形成大量对内、对外的书面文件,需要作为工作记录形成档案资料予以保管,方便日后复盘或工作检查。招聘简章、招聘公告等对外发布的书面文件,有条件的,应当交法务部做合规性审查。

(3)增强法律意识,依法合规操作

招聘是人力资源工作的重要组成部分,每个 HR 或多或少都会涉及。做到合法招聘,除了人力资源的专业知识,HR 应当熟悉《劳动法》《就业促进法》《妇女权益保障法》等法律法规关于招聘的规定,清楚哪些是法律禁止的,知道相应的法律后果,在日常工作中自觉抵制就业歧视等违法行为,贯彻诚信原则和以人为本的理念,增强社会责任感和使命感。

2. 如何甄别人才

甄别人才是个很大的话题,涉及方方面面。在招录人才的过程中,从法律角度讲,主要关注候选人品行、能力、身体健康状况、劳动关系解除情况几个维度。

(1)品行

评价候选人的品行可以结合原单位领导同事的评价、是否有失信情况、是否有违法犯罪记录等几个维度综合考量。用人单位可以要求候选人在应聘时填写之前工作单位的联系人及通信方式,用人单位可以通过电话、邮件、信件等方式进行了解。如有条件,可以与原单位的相关主管人员进行面谈了解。一般而言,原单位领导同事的评价可以初步判别该员工的人缘、口碑,也可探知候选人的离职原因、在原单位的工作表现。这类背景调查不可不加分析一律全信,原单位领导同事的评价往往从自己主观认识角度出发,可能有失偏颇,甚至不排除挟私报复。

是否有失信情况,主要是指考察候选人是否存在不诚信行为。具体到操作层面,可以从原单位的领导同事的访谈中加以询问,也可以从中国裁判文书网(http://wenshu.court.gov.cn)、中国执行信息公开网(http://zxgk.court.gov.cn)等公开官方渠道查询候选人是否有涉诉或失信的情况。如果检索到相关的情况,也需要对候选人涉诉、失信情况进行分析,避免误解候选人。

候选人是否存在违法犯罪记录往往是影响用人单位是否录用候选人的重要影响因素。用人单位当然希望招聘到的员工品行端正,没有犯罪记录。一旦发现候选人曾经有犯罪记录,事情就变得比较敏感。一方面,候选人的犯罪记录至少说明该候选人曾经犯了较为严重的错误，用人单位多少会担心甚至介怀；但另一方面，也不能就此认定该候选人今后的表现就一定不好。如果仅仅因为候选人存在犯罪记录，就以此为由拒绝录用，用人单位涉嫌侵犯了公民平等就业的权利，可能构成就业歧视，因为那完全可能是个无心之过，如交通肇事罪。国家政策层面，也在积极探索研究，促进有前科公民平等就业。根据公安部的最新规定，公安机关不对个人出具违法犯罪记录证明，这也意味着，在招聘类事由中，用人单位不能再要求员工提交《无犯罪记录证明》。2019 年 8 月 22 日，人力资源和社会保障部对政协第十三届全国委员会第二次会议第 2333 号（社会管理类 168 号）提案作出了答复（人社提字〔2019〕46 号），表明将积极探索促进有前科公民平等就业的措施。在该种背景下，用人单位需要结合自身用工特点，仔细研判有前科的候选人的各方面条件，给予他们平等的就业机会。

对于受过刑事处罚且负有告知义务的候选人故意隐瞒犯罪事实，情况则另当别论。如果候选人属于《刑法》第一百条第一款规定的情形，即负有告知义务而未如实告知，并填写虚假入职资料，使用人单位在违背真实意思的情况下订立劳动合同的，用人单位单位可根据《劳动合同法》第三十九条第（五）项的规定单方解除劳动合同。①

（2）能力

招聘阶段是识别候选人工作能力的第一个阶段，这个阶段通常设置简历筛选、面试、笔试等招聘环节，HR 从候选人的应聘资料、面试的感受、候选人业务知识等方面来识别候选人的学历、工作履历、过往业绩、获得荣誉等各个方面的情况是否满足用人单位的需求。学历不等同于能力，但可以作为考量人才的一个指标。不同的岗位需要不同层次的学历，高端重要的岗位学历要求往往越高。候选人为了获得优质工作机会，“学历造假门”事件屡见不鲜，核实候选人学历的真实性显得格外重要。HR 可以要求候选人提供学历、学位证书原件，查证无误后留存复印件，并在学信网（https://www.chsi.com.cn/）核实其真实性。工作履历能反映候选人的过往工作情况，HR 可以考察候选人的工作单位、工作时间段、职务、薪

---

① 《刑法》第一百条　依法受过刑事处罚的人，在入伍、就业的时候，应当如实向有关单位报告自己曾受过刑事处罚，不得隐瞒。犯罪的时候不满十八周岁被判处五年有期徒刑以下刑罚的人，免除前款规定的报告义务。根据该条法律规定，除了犯罪时不满十八周岁且被判处五年有期徒刑以下刑罚的人可以免除报告义务，其他受过刑事处罚的人，在就业时应当向用人单位如实报告曾受过刑事处罚，不得隐瞒。

酬状况、晋升情况等方面。候选人曾经供职的单位，在一定程度上给候选人进行"信誉背书"，如果该单位属于业界头部企业，说明候选人拥有较好的条件，能被好单位招募；工作时间段的长短，则可以反映出候选人对待职业的态度，是否安心供职，对单位的忠诚度；候选人担任的职务可以反映出他的能力特点，也可判断他的求职意愿，一般求职者愿意担任较之前工作岗位同等或更高的职务；薪酬状况可以判断出候选人此前工作的含金量及他应聘本次工作的期望薪酬幅度；晋升情况则可以说明候选人的进取心、学习能力、工作能力等情况。候选人的过往业绩也是证明候选人能力的重要依据，可以要求候选人提供完成重要业绩的材料，核查其真实性。从荣誉的获得情况可以判断社会各界对候选人的认可程度，一般奖项获得难度越大，颁奖单位越有公信力，越能证明候选人的实力。

(3)身体健康状况

考量候选人的身体健康状况，一方面出于工作岗位的要求，特别是重要工作岗位；另一方面则主要考虑医疗期及医疗期待遇的控制。对于管理岗位，尤其是重要管理岗位，候选人的身体条件良好是保证管理政策连续稳定实施的必要前提条件。对于一般岗位的候选人，则重点是保证员工的身体条件能满足工作岗位的需求，避免员工新入职即因为疾病或职业病无法正常上班，开始享受医疗期待遇。

了解候选人身体健康状况一般是通过入职前的体检报告来判别。用人单位可以结合所属行业、拟招录岗位、拟招录人员的就业经历安排其进行具有行业、岗位、高发职业病特征的体检项目。例如，对食品生产经营行业需要进行预防性健康检查，即到指定的体检机构体检以便合格者办理《从业人员健康合格证》；患有高血压的人员不宜从事高温工作岗位；对接触职业病危害作业的人员需要进行职业健康检查等。为确保体检结论真实可信，用人单位可要求应聘者到指定医院参加体检，或由用人单位组织应聘者进行入职体检。对于体检费用的承担，法律并无明文规定。一般认为，候选人是按照用人单位的要求进行入职体检的，该体检行为所花费的费用属于用人单位招聘成本的一部分，该费用应该由用人单位承担。但是，如果用人单位与候选人约定：候选人垫付体检费用，待体检合格并办理入职手续后，用人单位再给予报销；如体检不合格，用人单位不予报销，由候选人自行承担。笔者认为，这种约定并不违反法律、行政法规的强制性规定，应属合法有效。

需要注意的是，用人单位在重视入职体检的同时，也应遵守法律规定关于入职体检标准的规定，不得以体检结果进行就业歧视。例如，《人力资源和社会保障部、教育部、卫生部关于进一步规范入学和就业体检项目维护乙肝表面抗原携带者入学和就业权利的通知》（人社部发〔2010〕12 号）规定，“不得要求开展乙肝项目检测……不得要求提供乙肝项目检测报告，也不得询问是否为乙肝表面抗原携带者”。保护乙肝表面抗原携带者隐私权，“除卫生部核准并予以公布的特殊职业外，健康体检非因受检者要求不得检测乙肝项目，用人单位不得以劳动者携带乙肝表面抗原为由予以拒绝招（聘）用或辞退、解聘。有关检测乙肝项目的检测体检报告应密封，由受检者自行拆阅；任何单位和个人不得擅自拆阅他人的体检报告”。

（4）劳动关系解除情况

劳动关系解除情况主要是指在入职时 HR 要注意审查候选人与其他用人单位是否解除劳动关系。《劳动部关于实行劳动合同制度若干问题的通知》（劳部发〔1996〕354 号）第十七条规定：“用人单位招用职工时应查验终止、解除劳动合同证明，以及其他能证明该职工与任何用人单位不存在劳动关系的凭证，方可与其签订劳动合同。”同时，《劳动合同法》第九十一条规定：“用人单位招用与其他用人单位尚未解除或者终止劳动合同的劳动者，给其他用人单位造成损失的，应当承担连带赔偿责任。”可见，用人单位在招聘中负有审查候选人是否与其他用人单位终止劳动关系的义务。不仅如此，未尽到该项义务的用人单位可能给其他用人单位造成损失，从而导致承担赔偿责任。《违反〈劳动法〉有关劳动合同规定的赔偿办法》（劳部发〔1995〕223 号）第六条进一步规定，“其连带赔偿的份额应不低于对原用人单位造成经济损失总额的百分之七十”，向原用人单位赔偿的损失包括对生产、经营和工作造成的直接经济损失、因获取商业秘密给原用人单位造成的经济损失。

实践中，招聘单位一般是要求候选人在填写入职申请表时对原单位离职情况进行填写，并承诺填写的情况属实。在要求候选人提交的材料中，要求提交离职书面证明文件。通过这样的审查，已经尽到了合理的注意义务，能有效地规避法律风险。如果遇到劳动者不能提交书面离职证明，如原用人单位未主动向劳动者出具离职证明，劳动者也未主动向用人单位索要，劳动者离职后异地就业暂时无法提供离职证明文件，这种情况用人单位能否录用劳动者？答案是肯定的，不过操作层面要复杂些。用人单位可以通过电话、邮件或书面询证的方式与上家单位核实劳动关系解除情况，同时结合劳动者的社会保险、公积金的缴费情况作出判断。此外，要求劳动者提交书面声明，承诺其不与任何单位存在劳动关系，否则给本单位造成的损失，用人单位可以全额对其进行追偿。经过这样一番调查取证，用人单位能极大限度地避免风险。

我国劳动法律法规并不绝对禁止双重劳动关系，用人单位招录行为的权利边界为是否侵犯其他用人单位的利益。《最高人民法院关于审理劳动争议案件适用法律若干问题的解释（三）》第八条规定，企业停薪留职人员、未达到法定退休年龄的内退人员、下岗待岗人员以及企业经营性停产放长假人员，因与新的用人单位发生用工争议，依法向人民法院提起诉讼的，人民法院应当按劳动关系处理。因此，如果是前述四类劳动者的，用人单位是可以招录的。

配套文书

背景调查授权书

本人×××，许可并授权×××公司对本人××年××月××日至××年××月××日在×××公司担任×××职务时的工作情况、业绩情况、离职原因等相关情况进行调查核实。请予以接洽。

特此授权！

授权人签字：

日　　期：

第二节　培训与服务期

内容提要	
热点专题	培训与服务期
背景知识	1. 职业培训与专项培训 2. 服务期
成本提示	2 条
配套案例	1. 误把职业培训当成专项培训，单位索赔违约金被判驳回 2. 服务期内劳动者提前辞职，被判支付培训费、差旅费及违约金
实操技能	1. 区分职业培训与专项培训，厘清各自法律含义 2. 谨慎物色参训人员，避免潜在劳动纠纷 3. 签署专项培训协议，保留费用支付凭证 4. 依法履行劳动合同，积极主张违约责任
配套文书	专项培训协议

背景知识

1. 职业培训与专项培训

根据我国法律的规定，用人单位对劳动者进行的培训主要包括职业培训、专项培训两种。职业培训通常指以开发职业技能为目的，对准备就业或者已经就业的人员进行技术业务知识和实际操作能力的教育和训练。专项培训一般是指用人单位为了满足生产经营需要，对特殊岗位劳动者进行专业操作技能及专业知识的培训。职业培训与专项培训的区别如表 7－1。

表 7－1 职业培训与专项培训的区别

	职业培训	专项培训
培训内容	以劳动者从事日常工作所需要掌握的知识、技能为主，可能涉及辅助性的知识学习	针对特殊岗位劳动者进行专业操作技能及专业知识的培训
培训目的	提高劳动者日常工作效率及质量	使劳动者掌握更高层次的技能，能胜任更加专业的工作
培训对象	本单位的职工和准备录用的人员	用人单位严格挑选的专业型人员
培训时间	一般利用工作空余时间进行集中授课，时间较短	可进行在职培训、半脱产或脱产学习，一般学习时间较长
培训形式	单独举办或者联合举办职业学校、职业培训机构，也可以委托学校、职业培训机构进行培训	学历教育；委托大中专院校、科研院校、培训中心、职业学校代训；出国或异地培训、进修、做访问学者等
培训费用	用人单位纳入职工的教育经费，分摊到每人头上金额较低	用人单位额外支付培训费用、培训期间的差旅费用、因培训产生的用于该劳动者的其他直接费用，一般专项培训的费用金额较大
服务期	不能约定服务期，不能约定违约金	可以约定服务期，约定违约金
法律依据	《劳动法》第六十八条、《职业教育法》第二十条	《劳动合同法》第二十二条

2. 服务期

服务期，是指用人单位为劳动者提供了专项培训而与劳动者约定必须提供服务的期限。《劳动合同法》创设服务期制度有其内在法理：一方面，法律鼓励用人单位出资对劳动者进行专项培训，提高劳动者职业技能，创造更多价值；另一方面，因为劳动者通过专项培训所获得的知识和技能与劳动者本人不可分离，作为对用人单位的回馈，允许用人单位与劳动者约定服务期，在约定的时间段内劳动者只能为出资培训的用人单位提供劳动。法律对服务期的长短并未作出明确规定，劳动合同双方当事人可以自行约定。但并不意味着用人单位可以无限制地约定服务期，如果用人单位支付的培训费金额小但服务期约定过长，显失公平的，同样得不到支持。服务期一般包含在劳动合同期限之内。但服务期长于劳动合同期限的，劳动合同应当续延至服务期满，但这并不绝对，劳动合同当事人双方有约定的，从其约定。

服务期制度保护用人单位的期间利益，对劳动者的预告解除权进行抑制，即劳动者不得通过提前30日（试用期提前3日）通知用人单位的方式不受约束地提前解除劳动合同。劳动者获得了专项培训机会，服务期未满提前辞职，直接损害了用人单位的利益。这种情况，法律设置了平衡机制，根据《劳动合同法》第二十二条第二款的规定，劳动者违反服务期约定的，应当按照约定向用人单位支付违约金。不过，法律从来都是理性的，尽管劳动者违反服务期约定，道德上属背信弃义，但用人单位并不能漫天要价，违约金的数额不得超过用人单位提供的培训费用。如果劳动合同部分履行的，用人单位要求劳动者支付的违约金不得超过服务期尚未履行部分所应分摊的培训费用。

服务期制度对劳动者的服务期限进行了约束，但并不代表用人单位可以肆意妄为。如果用人单位存在克扣劳动报酬、未依法缴纳社会保险费等违法行为，劳动者依照《劳动合同法》第三十八条的规定解除劳动合同的，不属于违反服务期的约定，用人单位不得要求劳动者支付违约金。同理，服务期内，劳动者也应该遵章守纪，积极履职，如果存在《劳动合同法》第三十九条第（二）项至第（六）项规定情形，用人单位单方解除约定服务期的劳动合同的，劳动者应当按照劳动合同的约定向用人单位支付违约金。

成本提示

1. 职业培训与专项培训用人单位可能都要支付培训费用，但两者法律性质不同，对应的权利义务也不尽相同，不能混为一谈。误把职业培训当成专项培训，不仅起不到设定服务期的作用，反而浪费维权成本。

2. 服务期期限可长可短，这属于可以自由约定的范畴。用人单位应当充分行使法律赋予的权利，在合理的范围内尽可能约定较长期限的服务期。

配套案例

案例1：误把职业培训当成专项培训，单位索赔违约金被判驳回 ①

某信息技术公司、邱某以及某高校三方签订《全国普通高等学校毕业生就业协议书》，约定邱某拿到大学毕业证后方可到某信息技术公司正式入职，签订劳动合同；邱某需参加某信息技术公司组织的岗前培训，并通过考核。2014 年 11 月 19 日，某信息技术公司与某教育培训学校签订《委托培训协议书》，约定某信息技术公司委托某教育培训学校对其员工进行培训，培训费总额 248,400 元。2014 年 11 月 21 日，某信息技术公司与邱某签订《专项培训协议书》，约定某信息技术公司为邱某提供 3 个月的软件开发专项培训，专项培训费用 7000 元由某信息技术公司全额出资承担；邱某同意毕业后，自 2015 年 7 月 15 日起在某信息技术公司履行不低于 2 年的服务期。

上述协议签订后，邱某按约参加了某信息技术公司安排的培训。培训结束后，邱某于 2015 年 3 月 6 日参加了某信息技术公司安排在上海的实习工作。2015 年 5 月 11 日，邱某以回校办理毕业手续为由向某信息技术公司请假 18 天，假满后未再返回参加某信息技术公司安排的实习工作。

某信息技术公司起诉至人民法院，认为邱某违反《专项培训协议书》的约定，要求邱某支付违约金 7000 元及利息。人民法院经过审理，认为案涉培训是否属于专项培训是本案焦点，但最终认定某信息技术公司为邱某提供的培训属于职业培训，不属于专项培训，故判决驳回了某信息技术公司的诉讼请求。

■ 律师评析

某信息技术公司之所以败诉，主要有以下两个原因：其一，从培训的目的来看，培训是为了让邱某掌握某信息技术公司需要的软件开发相关技能，从而在邱某培训合格后安排其正式上岗并签订劳动合同。其二，从培训形成原因来看，某信息技术公司自认其基于招聘时与邱某签订的就业协议组织邱某进行培训，而双方签订《全国普通高等学校毕业生就业协议书》明确约定邱某需参加某信息技术公司组织的岗前培训。前述两点与专项培训的特点并不吻合，故人民法院认为案

① 本案例改编自（2017）渝 0107 民初 165 号民事判决书。

涉《专项培训协议书》中的"培训"性质并非专项培训,应系入职前的职业培训。

■ 法条链接

《中华人民共和国职业教育法》

第二十条第一款 企业应当根据本单位的实际,有计划地对本单位的职工和准备录用的人员实施职业教育。

案例2:服务期内劳动者提前辞职,被判支付培训费、差旅费及违约金[①]

2016年8月16日,高某与某光电科技公司签订培训协议书,约定某光电科技公司派高某到位于日本宇都宫的CANON培训机构进行CANON教育培训,培训时间为2016年8月23日至9月2日,培训费用15万元,预计差旅费用1.5万元。培训结束后,高某应为某光电科技公司服务满1年,从培训结束之日起算。在该服务期内,除由于某光电科技公司产能不足裁员外,高某单方面解除劳动合同、无故离职或某光电科技公司依据《劳动合同法》第三十九条规定解除劳动合同时,高某除返还受训产生的培训费、差旅费外,还应支付某光电科技公司违约金15万元。

培训协议书签订后,某光电科技公司派遣高某于2016年8月23日至9月2日到位于日本宇都宫的CANON培训机构进行了CANON教育培训。高某参加此次培训在某光电科技公司处报销差旅费共计15,438.02元。2017年3月23日,高某以个人身体无法长期承受公司高强度工作以及薪资结构无故变动为由向某光电科技公司提出辞职申请,双方于2017年4月27日解除劳动合同关系。

2017年5月24日,某光电科技公司向劳动仲裁委申请仲裁,要求裁决高某返还某光电科技公司培训费205,000元、差旅费15,438.02元及高某支付某光电科技公司违约金150,000元。2017年7月7日,劳动仲裁委作出仲裁裁决书,裁决高某支付某光电科技公司尚未履行服务期部分应分摊的培训费25,628元、尚未履行服务期部分应分摊的差旅费5365元、违约金25,628元。

■ 律师评析

根据劳动合同法的规定,用人单位要求劳动者支付的违约金不得超过服务期

① 本案例改编自(2018)渝05民终101号民事判决书。

尚未履行部分所应分摊的培训费用。本案高某 2016 年 9 月 2 日结束专项培训，服务期从次日起算。2017 年 4 月 27 日双方解除劳动关系，高某履行了 7 个多月服务期，剩余 4 个多月未履行。虽然培训协议书约定的培训费为 15 万元，但该费用并非仅仅用于他一人，经过分摊后，最终支持了培训费 25,628 元、尚未履行服务期部分应分摊的差旅费 5365 元、违约金 25,628 元。

■ 法条链接

《中华人民共和国劳动合同法》

第二十二条 用人单位为劳动者提供专项培训费用，对其进行专业技术培训的，可以与该劳动者订立协议，约定服务期。

劳动者违反服务期约定的，应当按照约定向用人单位支付违约金。违约金的数额不得超过用人单位提供的培训费用。用人单位要求劳动者支付的违约金不得超过服务期尚未履行部分所应分摊的培训费用。

……

实操技能

1. 区分职业培训与专项培训，厘清各自法律含义

管理好服务期要从设定服务期的基础谈起，即要认识清楚专项培训。用人单位只有为了提高劳动者专业技术，对劳动者进行了支付费用的专项培训的，才有权利与劳动者约定服务期。专项培训费用包括用人单位为了对劳动者进行专业技术培训而支付的有凭证的培训费用、培训期间的差旅费用以及因培训产生的用于该劳动者的其他直接费用。专项培训与职业培训比较类似，容易混淆，具体可从两者内容、目的、对象、时间、形式、费用、服务期、法律依据等进行区分，此处不再赘述。

2. 谨慎物色参训人员，避免潜在劳动纠纷

专项培训旨在提高劳动者的专业技术，使劳动者掌握目前不具备的更高层次的技能。用人单位在物色参训人员时，应当首选专业功底扎实，具备良好知识结构及丰富实操经验的骨干员工，以确保参训人员达到预期的培训目的。用人单位出资为员工提供专项培训，期待员工更好地为单位效力，可难保劳动者也抱有同样的想法。接受了专项培训，劳动者技能突飞猛进，成为“香饽饽”，其他用人单位可能高薪招揽。即便签署的专项培训协议能在一定程度上约束员工，但碍于违约金不能超过培训费用，对劳动者的震慑力有限，物色参训人员就更加考究。总的来说，对单位忠诚度高、力求自身职业生涯稳定、对用人单位平台有所依赖、用人单位能从法律之外的其他维度钳制违约行为的员工应优先考虑。

3. 签署专项培训协议，保留费用支付凭证

与参加专项培训的员工签署专项培训协议，约定服务期，这不言自明。专项培训协议不仅仅约定服务期，还要注意培训期间的工资发放、服务期长于剩余劳动合同期限的处理、违约金的计算方式等重要条款。服务期限一般根据培训费用的多少、劳动者创造价值的量来确定。培训费用较多的，服务期可约定长些，实践中一般约定 3 ~5 年；培训费用较少的，服务期可约定短些，一般 6 个月 ~3 年。

有观点认为，劳动者在接受专业培训期间未正常提供劳动，期间用人单位向其发放的劳动报酬也可认定为培训费用。这种观点难以获得支持，法律并未将培训期间的工资列为培训费用，这种观点缺乏直接法律依据。且用人单位安排劳动者培训，虽然提高了劳动者技能，但更多的是让劳动者为用人单位创造更大的经济效益，劳动报酬不应克扣，用人单位只能跟劳动者协商一致降低培训期间的工资标准。

对于服务期短于劳动合同期限的，服务期被劳动合同期限所吸收，直接执行劳动合同约定的期限即可。反之，服务期限长于劳动合同剩余期限的，并不必然发生劳动合同期限延续至服务期满的法律后果，而是可以约定的事项。当然，双方不作约定，则执行劳动合同期限延续至服务期满的规则。违反服务期约定导致的违约金与一般违约金条款不同，根据法律规定，建议表述为"违约金 = 培训费用 ÷ 约定服务期总月数 × 剩余未履行服务月数"。

另外，为劳动者支付了专项培训费、差旅费、食宿费及其他相关费用的支付记录、支付凭证应当予以保留，与专项培训协议、委托培训协议等相关材料一起，形成业务档案，以便随时调阅。

4. 依法履行劳动合同，积极主张违约责任

依法履行劳动合同，主要是指用人单位按照劳动合同法及劳动合同的约定履行自己义务，避免出现《劳动合同法》第三十八条[①]规定的各种情形。否则，劳动

---

① 《劳动合同法》第三十八条　用人单位有下列情形之一的，劳动者可以解除劳动合同：（一）未按照劳动合同约定提供劳动保护或者劳动条件的；（二）未及时足额支付劳动报酬的；（三）未依法为劳动者缴纳社会保险费的；（四）用人单位的规章制度违反法律、法规的规定，损害劳动者权益的；（五）因本法第二十六条第一款规定的情形致使劳动合同无效的；（六）法律、行政法规规定劳动者可以解除劳动合同的其他情形。

用人单位以暴力、威胁或者非法限制人身自由的手段强迫劳动者劳动的，或者用人单位违章指挥、强令冒险作业危及劳动者人身安全的，劳动者可以立即解除劳动合同，不需事先告知用人单位。

者依照《劳动合同法》第三十八条的规定解除劳动合同的，不属于违反服务期的约定，用人单位不得要求劳动者支付违约金。该种情况，用人单位约定的服务期不但提前被终止，还面临被劳动者索赔经济补偿的风险，应当引起重视。

如果劳动者存在《劳动合同法》第三十九条第（二）项至第（六）项情形的，用人单位可以单方解除劳动关系。这种情况，服务期被提前终止的，用人单位可以向劳动者主张违约金。劳动关系终止的，应当自劳动关系终止之日起一年内提出主张，否则有超过仲裁时效的风险。

配套文书

专项培训协议

用人单位（甲方）：______________________________

通讯地址：______________________________

联系电话：______________________________

劳动者（乙方）：______________________________

身份证号码：______________________________

通讯地址：______________________________

联系电话：______________________________

甲乙双方就甲方出资对乙方进行专项培训事宜经过友好协商，现签订如下协议，以资共同遵守：

1. 专项培训项目

甲方根据人才培养和事业发展的需要，向乙方提供______________专项培训，乙方接受甲方的培训。

2. 专项培训期限

甲方为乙方提供以________身份赴________________培训，期限为______天（自派出之日起计算），从________年____月____日起至________年____月____日止。

3. 专项培训内容及目标

甲方和乙方商定的培训内容为：______________________，乙方须达到的培训目标为：______________________________。

4. 专项培训期间待遇

培训期间，甲方按以下约定向乙方支付待遇：

差旅费（金额）及支付办法：______________________________；

工　资（金额）及支付办法：______________________________；

甲方对乙方本次培训所支付的费用为________元。培训费用包括甲方为乙方提供培训所产生的所有费用，包括但不限于培训费、场地费、交通费、食宿费等。

5. 专项培训后的工作安排

甲方在乙方培训结束后，负责安排乙方的工作，并积极创造必要的工作和生活条件，发挥乙方的作用。

6. 乙方义务

乙方保证按本协议书第 2 条、第 3 条的规定，努力完成各项培训目标，并按期回甲方处服务。培训期间按期向甲方报告培训情况。

7. 专项培训的变更

乙方无论因何种理由中止、延长培训期限或改变培训内容，均应至少提前十五天向甲方提出书面申请，未经甲方批准，不得改变。

8. 乙方专项培训的任务

乙方培训期满后应立即向甲方报到，并根据本协议书第 3 条的规定，向甲方提交书面的培训总结、学习报告（或科研论文、科研成果报告）。

9. 服务期限及违约责任

9.1　乙方培训结束后应当在甲方工作______年，从培训结束后开始计算。乙方应积极履行员工的义务，遵守甲方规章制度，乙方不得以任何理由违反服务期的约定。乙方培训结束经考核不合格，或者在服务期限届满前无理由提前解除劳动合同的，应向甲方支付违约金。

9.2　培训经考核不合格的，或者不遵守培训单位纪律导致被培训单位退回的，乙方应自行承担本合同约定培训费用的______%。

9.3　培训结束后，乙方在服务期限届满前单方提出解除劳动合同的，应按以下标准向甲方支付违约金：违约金 = 培训费用 ÷ 约定服务期总月数 × 剩余未履行服务月数。

9.4　乙方应向甲方支付违约金而拒不支付的，甲方有权从乙方应得工资或者奖金中扣收，乙方对此无异议；如果乙方无工资、奖金可供甲方扣收，则甲方依法向其追偿。

10. 其他

10.1　本协议书自双方签字盖章之日起生效，有效期限至本协议书第 9 条规定的工作年限期满时止。

10.2　必要时，经甲乙双方协商一致后，可对本协议书进行修改或补充，本协议作为劳动合同的组成部分，与劳动合同约定不一致的，以签订时间在后的文本为准。

10.3　本协议一式两份，甲方、乙方各持一份，自甲方盖章、乙方签字后生效。

甲方（签章）：　　　　乙方（签字）：

授权代表：

年　月　日　　　　年　月　日

第三节　劳动合同与试用期

内容提要	
热点专题	劳动合同与试用期
背景知识	1. 劳动合同 2. 试用期
成本提示	2 条
配套案例	1. 没签劳动合同高管索赔百万元，一纸《薪资确认单》化险为夷 2. 违法约定试用期，单位被判赔偿金
实操技能	1. 劳动合同方面 2. 试用期方面
配套文书	试用期录用条件告知书

背景知识

1. 劳动合同

(1)劳动合同分类

① 按工作时间分类，可分为全日制劳动合同、非全日制劳动合同，两者区别如表7－2。

表7－2　全日制劳动合同与非全日制劳动合同的区别

	全日制劳动合同	非全日制劳动合同
工作时间	每日8小时，每周40小时	平均每日工作时间不超过4小时，每周工作时间累计不超过24小时
订立形式	必须签订书面劳动合同	可以口头，可以书面
付薪周期	按月计薪，每月支付	以小时计酬为主，劳动报酬结算周期不超15日
试用期	可约定(以完成一定工作任务为期限的劳动合同、期限不满三个月的劳动合同除外)	不得约定
社会保险	缴纳五险	只需缴纳工伤保险
年休假	享受带薪年休假	不享受带薪年休假

续表

	全日制劳动合同	非全日制劳动合同
解除程序	解除理由不同而不同，程序复杂	随时通知对方解除，程序简单
经济补偿	大多需支付（劳动者主动辞职、用人单位过失性解除等除外）	无须支付
排他性	具有排他性，一般不允许建立双重劳动关系（停薪留职、内退等除外）	不具排他性，可以与一个或者一个以上用人单位订立劳动合同

② 按合同期限分类，可分为固定期限劳动合同、无固定期限劳动合同、以完成一定工作任务为期限的劳动合同，三者区别如表 7－3。

表 7－3　固定期限劳动合同、无固定期限劳动合同、以完成一定工作任务为期限的劳动合同的区别

	定义	特点	适宜群体
固定期限劳动合同	用人单位与劳动者约定合同终止时间的劳动合同	可以预知合同终止时间	一般员工
无固定期限劳动合同	用人单位与劳动者约定无确定终止时间的劳动合同	无法预知合同终止时间	符合《劳动合同法》第十四条规定的员工
以完成一定工作任务为期限的劳动合同	用人单位与劳动者约定以某项工作的完成为合同期限的劳动合同	某项工作的结束时间为劳动合同终止时间	项目完成后不再续聘的员工

③按岗位类别分类，可分为高管版、高级技术人员版、普通员工版、退休返聘人员版，四类人群的人员特点、劳动合同需特别约定的条款如表 7－4。

表 7－4　高管、高级技术人员、普通员工、退休返聘人员人员特点及劳动合同需特别约定的条款

	人员特点	劳动合同需特别约定的条款
高管	可能有股权或期权激励、薪酬水平高、工作时间不固定、可能形成同业竞争、可能知悉商业秘密、可能进行专项培训、可能利用职务便利谋取个人利益	股权或期权约定条款、绩效薪酬考核及计算方式、不定时工时制、竞业限制条款、保密条款、服务期及违约金条款、廉洁条款

续表

	人员特点	劳动合同需特别约定的条款
高级技术人员	薪酬水平较高、工作时间长、可能形成同业竞争、可能知悉技术秘密、可能有职务创作或发明、可能进行专项培训	绩效薪酬考核及计算方式、不定时工或综合计算工时制、竞业限制条款、保密条款、知识产权归属条款、服务期及违约金条款
普通员工	安排加班需支付加班工资、需重点防控严重违纪	加班工资基数约定、规章制度告知条款、通知与送达条款
退休返聘人员	双方法律关系不受劳动法调整、解除合同的情形需自行约定、可能发生疾病或非因工负伤	劳务关系界定条款、合同解除条款（解除情形、经济补偿等）、医疗费及医疗期待遇条款

④按签订主体分类，可分为劳动合同、集体合同，两者区别如表 7－5。

表 7－5　劳动合同与集体合同的区别

	劳动合同	集体合同
签订主体	用人单位与劳动者个人	用人单位与工会或职工代表
合同内容	劳动合同期限、工作内容和工作地点、工作时间和休息休假、劳动报酬、社会保险、劳动保护、劳动条件和职业危害防护等单个劳动者的权利和义务	劳动报酬、工作时间、休息休假、劳动安全卫生、保险福利等全体劳动者的共同权利和义务
适用范围	劳动者本人	全体劳动者
法律效力	效力低于集体合同，约定条件不得低于集体合同	效力高于劳动合同
合同生效	双方签署即生效	劳动行政部门自收到集体合同文本之日起十五日内未提出异议的，集体合同即行生效
诉讼主体	劳动者本人	工会

（2）劳动合同条款

①必备条款

劳动合同必备的条款包括：用人单位的名称、住所和法定代表人或者主要负责人，劳动者的姓名、住址和居民身份证或者其他有效身份证件号码，劳动合同期限，工作内容和工作地点，工作时间和休息休假，劳动报酬，社会保险，劳动保护、劳动条件和职业危害防护，法律、法规规定应当纳入劳动合同的其他事项。

②非必备条款

用人单位与劳动者可以约定试用期、培训、保守秘密、补充保险和福利待遇等其他事项，这些条款属于非必备条款，用人单位可以与劳动者根据实际情况选择约定。

2. 试用期

《劳动部办公厅对〈关于劳动用工管理有关问题的请示〉的复函》把试用期定义为用人单位和劳动者建立劳动关系后为相互了解、选择而约定的不超过半年的考察期。也就是说，试用期制度设置的目的是给用人单位及劳动者相互考察对方留一个机会。在试用期内，用人单位对劳动者工作能力、态度、身体健康状况等方面进行考察，劳动者对用人单位的工作环境、工作氛围、工作节奏、企业文化、管理风格等方面进行适应。试用期是一个相对不太稳定的期间，劳动者可以提前3日通知用人单位解除劳动关系，用人单位也可以以劳动者被证明在试用期不符合录用条件为由解除劳动关系。为了结束这种不稳定的状态，劳动合同法对试用期期间进行了限制，试用期期间的长短根据劳动合同期限长短不同而不同，具体如表7－6。

表7－6　试用期期限

劳动合同期限	试用期期限
劳动合同期限 <3 个月、以完成一定工作任务为期限的劳动合同	不得约定试用期
3 个月≤劳动合同期限 <1 年	试用期≤1 个月
1 年≤劳动合同期限 <3 年	试用期≤2 个月
劳动合同期限≥3 年、无固定期限劳动合同	试用期≤6 个月

试用期虽然是用人单位与劳动者相互考察的一个期间，但是包含在劳动合同期限之内的，不单独存在。劳动合同仅约定试用期的，试用期不成立，该期限为劳动合同期限。试用期内，劳动者更多的是在与用人单位进行磨合，工作还达不到娴熟的程度，试用期的工资可以低于转正后的工资水平，但不得低于本单位相同岗位最低档工资或者劳动合同约定工资的80%，并不得低于用人单位所在地的最低工资标准。

有观点认为，处在试用期的员工还不是用人单位的正式员工，用人单位可以随时无理由解除，这是错误的认识。《劳动合同法》第二十一条规定，“在试用期中，除劳动者有本法第三十九条和第四十条第一项、第二项规定的情形外，用人单位不得解除劳动合同……”，也就是说，处在试用期的员工同样受到法律保护，法律对解除事由作出了限定。用人单位不但不能随意解除，也不能依据《劳动合同法》第四十条第（三）项（客观情况发生重大变化）、第四十一条（经济性裁员）的规定解除处在试用期的员工，这样做是缺乏法律依据的。

成本提示

1. 对于新入职的员工，用人单位未在用工之日起一个月内与之签订书面劳动合同的，存在向劳动者支付二倍工资的风险；对于劳动合同期满继续用工的，应当在一个月内续签劳动合同，否则有支付二倍工资的风险；对于符合签订无固定期限劳动合同条件的劳动者，用人单位应当告知其该项权利，除劳动者不愿续签或自愿选择签订固定期限劳动合同外，用人单位应当与劳动者签订无固定期限劳动合同，否则存在被主张未签订无固定期限劳动合同二倍工资的风险。

2. 违法约定的试用期已经履行的，由用人单位以劳动者试用期满月工资为标准，按已经履行的超过法定试用期的期间向劳动者支付赔偿金。

配套案例

案例1：没签劳动合同高管索赔百万元，一纸《薪资确认单》化险为夷[①]

2014 年 8 月 18 日，常某进入某地产公司工作，担任某地产公司常务副总经理。入职后，某地产公司未与常某签订书面劳动合同，但向常某出具《薪资确认单》，《薪资确认单》载明：常某入职时间为 2014 年 8 月 18 日，部门为营销中心；岗位为常务副总经理；试用期为三个月，试用期工资月度发放 87，500 元；转正期工资为税后年薪 1，500，000 元，转正期月度发放 87，500 元；薪酬结构为年薪 = 月薪 70% + 绩效工资 30%。某地产公司的行政人事经理、综合分管副总、总经理在该《薪资确认单》上签字确认。

后来，常某与某地产公司发生劳动争议，诉至人民法院，索赔未签订书面劳动合同二倍工资差额 1，375，000 元（125，000 元/月 ×11 个月）。

人民法院认为，常某持有的《薪资确认单》明确载明其在某地产公司的入职时

① 本案例改编自（2017）渝 03 民终 296 号民事判决书。

间、工作部门、试用期及转正后的工资待遇及薪酬结构等，某地产公司的行政人事经理、综合分管副总及总经理均在该薪资确认单上签字确认，该《薪资确认单》明确了双方的劳动关系和权利义务，已经具备了劳动合同的要件，具有书面劳动合同的性质，视为双方已经签订了书面劳动合同。因此，对常某要求某地产公司支付未签订书面劳动合同二倍工资差额的诉讼请求不予支持。

■ 律师评析

本案某地产公司确实拿不出与常某签订的劳动合同，乍一看，本次诉讼必败无疑。承办律师提出《薪资确认单》具备劳动合同的基本要素，可以视为已经签订劳动合同的观点最终被法院采信，化险为夷。

本案侥幸得胜，并不是鼓励用人单位不签订劳动合同。相反，笔者是想借此案例说明及时签订劳动合同的重要性。《劳动合同法》并不区别对待高管和一般员工，没有签订劳动合同的法律后果都要支付二倍工资。

■ 法条链接

《中华人民共和国劳动合同法》

第八十二条第一款 用人单位自用工之日起超过一个月不满一年未与劳动者订立书面劳动合同的，应当向劳动者每月支付二倍的工资。

案例2：违法约定试用期，单位被判赔偿金①

陈某于2016年6月2日到某证券公司从事营销工作，并与某证券公司签订了一份书面劳动合同，合同约定劳动期限从2016年6月2日起至2019年6月1日止，试用期为2016年6月2日至2016年9月1日，工资标准为2500元/月，试用期工资为2000元/月。

2016年9月27日，陈某向某证券公司书面承诺，虽然三个月的考核期已经到期但因资产量暂时达不到转正考核，表示将通过刻苦学习认真完成任务，以达到考核标准，如在2016年10月31日前未能达到考核标准，则陈某自动离职或者服从某证券公司安排。此后陈某与某证券公司继续保持劳动关系并适用试用期工

① 本案例改编自(2018)桂04民终572号民事判决书。

资福利待遇。2017 年 3 月 23 日，陈某向某证券公司提交《员工试用期满申请表》，某证券公司的人力资源部于 2017 年 3 月 30 日同意陈某的转正申请并批准转正薪酬及福利自 2017 年 4 月开始执行。

此后，陈某与某证券公司发生劳动争议，陈某提起诉讼，主张某证券公司违法延长试用期 7 个月，以试用期满后的月工资 7510.98 元为标准，共计索赔赔偿金 52,576.86 元。

人民法院经审理认为，陈某与某证券公司签订的劳动合同约定陈某的试用期为 3 个月，但在劳动合同履行过程中陈某因 3 个月试用期内业绩达不到转正要求，经过双方协商及陈某自行申请后，某证券公司延长了陈某的试用期，陈某在延长试用期期间也未对此提出异议，因此，延长试用期是双方协商一致的结果。陈某与某证券公司约定陈某的劳动合同期限为 3 年，依据《劳动合同法》第十九条第一款规定，试用期不得超过 6 个月，而陈某实际履行的试用期是 10 个月，因此，某证券公司属于违法延长试用期，违法延长的期限是 4 个月。陈某主张违法延长试用期期限为 7 个月缺乏法律依据。综合本案证据，可以认定陈某试用期满后的工资标准为 4500 元/月，根据《劳动合同法》第八十三条的规定，某证券公司应向陈某支付违法延长试用期的赔偿金 18,000 元(4500 元/月 ×4 个月)。

■ 律师评析

即便延长试用期是用人单位与劳动者协商一致的结果，用人单位也要承担违法约定试用期的法律责任。因此，对于用人单位而言，对于试用期内不能达到转正条件的员工，最好选择与之解除劳动合同。用人单位如果认为该员工虽然没有达到试用期的录用条件，但愿意给他工作机会，只能选择破格转正，不能通过延长试用期或另行约定试用期的办法来处理。

■ 法条链接

《中华人民共和国劳动合同法》

第八十三条 用人单位违反本法规定与劳动者约定试用期的，由劳动行政部门责令改正；违法约定的试用期已经履行的，由用人单位以劳动者试用期满月工资为标准，按已经履行的超过法定试用期的期间向劳动者支付赔偿金。

实操技能

1. 劳动合同方面

(1)何时签订合同

用人单位与劳动者之间的劳动关系自用工之日开始建立。用人单位应当自用工之日起一个月内与劳动者订立书面劳动合同。对于劳动合同期满后继续用工的,应当在前一次劳动合同期满后一个月内续签劳动合同,否则也存在支付二倍工资的风险[①]。对于符合签订无固定期限劳动合同的情况要复杂些,首先要书面告知劳动者有权签订无固定期限劳动合同并征求其意见,除劳动者明确要求签订固定期限劳动合同或不续签劳动合同的,都应当与之签订无固定期限劳动合同。

做好劳动合同签订与续签工作对 HR 来说是一个不小的挑战,尤其是劳动密集型的用人单位,各个劳动者劳动合同的到期时间不尽相同,不小心漏签的,很可能导致用工风险。这要求 HR 要定期检查并记录劳动合同到期的情况,把合同签

---

① 该观点实践中存在一定争议,但全国很多地区都出台规定,认为劳动合同期满用人单位继续用工的,应当在一个月之内续签劳动合同,未续签劳动合同劳动者主张二倍工资的,应予支持。例如:

1.《重庆市职工权益保障条例》第八条第三款　劳动合同期满后,用人单位继续使用该职工的,应在一个月内与其续签书面合同。第四十八条　违反本条例第八条规定,用人单位未与职工续签劳动合同的,依以下情形处理:(一)超过一个月不满一年未与职工续签劳动合同的,自合同期满后第一日起满一个月的次日至满一年的前一日应当依照劳动合同法第八十二条的规定向职工每月支付两倍的工资,并与职工补订书面劳动合同;(二)超过一年未与职工订立书面劳动合同的,自用工之日起满一个月的次日至满一年的前一日应当依照劳动合同法第八十二条的规定向职工每月支付两倍的工资,并视为自合同期满之日起满一年的当日与职工已订立无固定期限劳动合同。

2.《山东省劳动合同条例》第十七条　劳动合同期满,用人单位未与劳动者续订劳动合同,但是劳动者在用人单位安排下继续提供劳动的,用人单位应当自劳动合同期满之日起一个月内与劳动者续订劳动合同;超过一年不与劳动者续订劳动合同的,视为与劳动者已经订立无固定期限劳动合同。第五十七条　劳动合同期满,劳动者在用人单位安排下继续提供劳动,用人单位自劳动合同期满之日起超过一个月未满一年未与劳动者续订劳动合同的,应当向劳动者每月支付二倍的工资。

3.《江苏省劳动合同条例》第十六条　劳动合同期满,用人单位未与劳动者续订劳动合同,但劳动者继续在用人单位工作的,用人单位应当在一个月内与劳动者续订书面劳动合同。劳动者经用人单位书面通知后,不与用人单位续订劳动合同的,用人单位应当书面通知劳动者终止劳动关系。用人单位自劳动合同期满次日起满一年不与劳动者续订书面劳动合同,但劳动者继续在用人单位工作的,视为用人单位与劳动者已订立无固定期限劳动合同。第五十二条　用人单位违反本条例规定,有下列情形之一的,应当立即与劳动者补订书面劳动合同,并向劳动者每月支付二倍的工资:……(二)劳动合同期满继续留用劳动者工作,但自期满之日起超过一个月不满一年未与劳动者续订书面劳动合同的。

4.《新疆维吾尔自治区人社局关于进一步规范劳动合同管理有关问题的指导意见》(新人社发〔2014〕36 号)第四条　劳动合同期满,劳动者有劳动合同法第四十二条规定情形的,在劳动合同自动延续期间,用人单位与劳动者保持劳动关系;当延续期满后,且未在一个月内与劳动者续订书面劳动合同,用人单位应依照劳动合同法第八十二条规定,向劳动者每月支付二倍工资,并与劳动者补订书面劳动合同;劳动者不与用人单位订立书面劳动合同的,用人单位应当书面通知劳动者终止劳动关系,并依照劳动合同法第四十七条的规定支付经济补偿。

订时间接近的员工列为一个批次，安排统一时间进行续签。为了帮助提醒续签合同的时间节点，建议 HR 制作备忘录或使用电脑、手机软件的提醒功能。

（2）签订什么合同

签订什么样的合同要根据合同签订对象来进行区分。用人单位与工会、职工代表签订的是集体合同，约定全体劳动者共同的事宜。与单个的劳动者签订合同，首先要区分用工形式，是全日制还是非全日制用工。非全日制用工的，可以不签订书面劳动合同，但为了明确双方法律关系，避免不必要的纠纷，依然建议与劳动者签订书面的非全日制劳动合同。

全日制用工是最常见的用工形式，很多用人单位不区分人群，所有劳动者均使用同一版本。这种做法显得很粗糙，发生纠纷时才发现该约定的条款没约定，主张权利缺乏合同依据。建议根据企业的用工层次，区分出高级管理人员、高级技术人员、普通员工、退休返聘人员四个群体，根据不同群体的特点，有针对性地制作各种版本的劳动合同，分别签订、分类管理，能大大提高人力资源管理水平和质量，对防控用工风险大有裨益。

对于首次签订合同的劳动者，一般考虑签订固定期限劳动合同，合同期限不宜过短，一般签署 3 年。这样做可以约定较长的试用期，对劳动者进行充分的考察；也可以延缓签署无固定期限劳动合同的时间。有的 HR 担心签署较长期限的合同，员工表现不好的，用人单位不能解聘。诚然，约定较长劳动合同期限的，用人单位不能以合同到期不予续签为由终止劳动关系。除此之外，期限长的劳动合同均优于期限短的劳动合同，用人单位可以结合行业特点灵活掌握。

无固定期限劳动合同签署后，双方的劳动关系趋于稳定。对于需要长期稳定聘用人才的，如研发岗位的关键人员，可以考虑首次签订合同即采用无固定期限劳动合同。其他的无固定期限劳动合同的签署，重点关注是否满足《劳动合同法》第十四条①的相关规定。

---

① 《劳动合同法》第十四条　无固定期限劳动合同，是指用人单位与劳动者约定无确定终止时间的劳动合同。用人单位与劳动者协商一致，可以订立无固定期限劳动合同。有下列情形之一，劳动者提出或者同意续订、订立劳动合同的，除劳动者提出订立固定期限劳动合同外，应当订立无固定期限劳动合同：（一）劳动者在该用人单位连续工作满十年的；（二）用人单位初次实行劳动合同制度或者国有企业改制重新订立劳动合同时，劳动者在该用人单位连续工作满十年且距法定退休年龄不足十年的；（三）连续订立二次固定期限劳动合同，且劳动者没有本法第三十九条和第四十条第一项、第二项规定的情形，续订劳动合同的。用人单位自用工之日起满一年不与劳动者订立书面劳动合同的，视为用人单位与劳动者已订立无固定期限劳动合同。

以完成一定工作任务为期限的劳动合同适合实行项目制管理或者零时用工，如开发一款软件、装修一栋房屋、制作粽子或月饼等季节性用工。

(3)合同关键点有哪些

劳动合同中工作岗位、工作地点、薪酬待遇是传统的重点条款，用人单位与劳动者都十分关注。此外，工时制条款、工作交接条款、送达条款在实践中也非常重要。

工作岗位建议不要约定得过于精细，外延可以适当宽泛些。例如，车间工人可以约定为“生产工”或“普工”，不宜约定为“切割机操作工”或“冲压机操作工”。用人单位可能根据生产经营需要对员工进行调岗，约定得过于精细，不便于操作。即便用人单位调岗考虑了员工的专业知识、工作技能、职业生涯发展、胜任力等因素，不具侮辱性和歧视性，属于正当调岗，但约定得过于细化，员工可能提出异议，双方容易产生分歧，不利于用人单位的管理。

工作地点一般约定用人单位所在地或指定的劳动合同履行地，如果单位有多个厂区或多个项目工地，应当全部列入。特别要考虑的是销售、高层管理等岗位，这些岗位的从业人员因为工作性质，经常需要到各个区域开展工作，可能的地点应尽可能列入。

薪酬待遇的约定，重点关注浮动薪酬与加班工资计算基数的约定。对于薪酬水平较高的员工，一般工资的组成部分包含可以浮动的绩效薪酬、奖金。如果没有完成相应的任务，绩效薪酬或奖金可能不支付或不全额支付，这需要在劳动中进行明确约定。不加区分地约定“年薪 100 万元”，可能真被法院认定为年薪百万元。加班工资的计算基数问题，认定规则一般为“有约定从约定，没有约定按照应发工资全额作为计算基数”，故可以约定加班工资以员工的基本工资作为计算基数，但约定计算基数后，加班工资不得低于正常上班的工资水平。

当然，对于工作时间、工作地点、劳动报酬的约定，也不能走向另一个极端。例如，工作岗位约定为“生产经营相关的岗位”、工作地点约定为“全国”、薪酬待遇约定为“按单位规章制度执行”，过于宽泛或模糊的约定是不能得到支持的。

工时制分为标准工时制、综合计算工时制、不定时工时制。工时制度与加班工资的计算与支付有密切关联。实行标准工时制的，安排加班即需支付加班工资；实行综合计算工时制的，用人单位只对计算周期内超过总工时的部分支付加班工资，无须对安排的每次加班都计发加班工资，比较灵活。对实行不定时工时制的，原则上用人单位不支付加班工资。显然，实行综合工时制、不定时工时制对用人单位比较有利。是不是只要在劳动合同中直接约定实行综合计算工时制或不定时工时制就行了呢？答案是否定的。除了在劳动合同中约定，还要依据《关于企业实行不定时工作制和综合计算工时工作制的审批办法》（劳部发〔1994〕503号）的规定，向劳动行政部门进行申报，获得批准后方能有效。

工作交接条款常常容易被忽视，却是容易产生争议的点，劳动者和用人单位对于是否办理完毕工作交接常常各执一词。《劳动合同法》第五十条第二款规定："劳动者应当按照双方约定，办理工作交接。用人单位依照本法有关规定应当向劳动者支付经济补偿的，在办结工作交接时支付。"该条法律规定允许用人单位与劳动者对工作交接事宜进行约定，并且规定办理完工作交接是支付经济补偿的前提条件。员工离职时工作怎么交接、向谁交接、具体流程都要加以约定。

通知与送达条款，需要约定文书送达地址及联系人、联系方式，如果发生诉讼，也作为诉讼文书的送达地址。实践中，劳动者对其不利的文件往往拒收，直接送达无法达到效果。在劳动合同中约定了文书送达地址后用人单位就不那么被动了，无论是返岗通知、违纪事实确认单等日常管理文书还是需要向劳动者送达的解除劳动关系证明文件等程序性文件，总之用人单位想让劳动者知悉或直接送达有难度的文件，都可以通过约定的通信地址进行邮寄送达。

（4）怎么签订合同

劳动合同签署原则上要求劳动者到场当面签署，即"面签"，不允许无授权的代签。这样做是为了避免日后劳动者称没有签订书面劳动合同而主张二倍工资。劳动合同如由数页构成，除了签名还要让劳动者在骑缝处按印，表明其认可合同每页的内容，避免少页、换页。劳动合同是制式范本的，要求填写完整，不留空白。即便不填写之处，也要用斜线划去，避免人为添加内容。在劳动合同签署时，可以附带把试用期转正条件告知书、员工手册、单位的规章制度汇编等文件一并让劳动者签署，保留好签署回执。

在无纸化办公理念的影响下，电子劳动合同逐步进入人们视野。所谓电子劳动合同，即采用电子版的劳动合同代替纸质版的劳动合同，劳动者采用电子签名的办法完成劳动合同签署。电子劳动合同方便快捷、降本增效、低碳环保，是未来的发展方向。但就目前的法律体系，电子劳动合同是否得到法律的认可呢？根据《电子签名法》第三条的规定，民事活动中的合同或者其他文件、单证等文书，当事人可以约定使用电子签名、数据电文，但涉及婚姻、收养、继承等人身关系的不得使用电子签名。法律之所以如此规定，是因为若在婚姻、收养、继承等领域使用电子签名或数据电文,会导致失去特定人从事特定事的特点,从而无法体现前述法律关系的人身属性,继而引发更多法律问题和争议。从法理分析,劳动关系具有财产属性也具有人身属性,按法条的文义理解,使用电子签名订立劳动合同的确实存在法律风险。目前,有少部分地区的劳动仲裁委在仲裁裁决书中认可了电子劳动合同的效力,但笔者尚未检索到生效的判决文书认可电子劳动合同效力,司法领域的态度还不太明确。

时值新型冠状病毒疫情期间,北京市人力资源和社会保障局向人力资源和社会保障部办公厅报送《关于在疫情防控期间开展劳动合同管理电子化工作的请示》。2020 年 3 月 4 日,人力资源和社会保障部办公厅作出《关于订立电子劳动合同有关问题的函》(人社厅函〔2020〕33 号),文件指出:"用人单位与劳动者协商一致,可以采用电子形式订立书面劳动合同。采用电子形式订立劳动合同,应当使用符合电子签名法等法律法规规定的可视为书面形式的数据电文和可靠的电子签名。用人单位应保证电子劳动合同的生成、传递、储存等满足电子签名法等法律法规规定的要求,确保其完整、准确、不被篡改。符合劳动合同法规定和上述要求的电子劳动合同一经订立即具有法律效力,用人单位与劳动者应当按照电子劳动合同的约定,全面履行各自的义务。"可以说,这是关于能否签订电子劳动合同的首次官方答复,填补了法律依据上的空白,今后电子劳动合同有望获得全面推广。

2. 试用期方面

(1)合法约定试用期

做好试用期管理,应当按照《劳动合同法》第十九条的规定合法约定试用期,做到不超期约定试用期、不单独约定试用期、不延长试用期。对于劳动合同期限小于 3 个月的劳动合同、以完成一定工作任务为期限的劳动合同、非全日制劳动合同不约定试用期。

对于《劳动合同法》第十九条第二款规定的"同一用人单位与同一劳动者只能约定一次试用期"该如何执行?从文义解释来分析,意指无论劳动者的工作岗位是否发生变化,用人单位与劳动者续订劳动合同或者劳动合同终止后一段时间内又招用该劳动者从事其他岗位的,均不应再另行约定试用期。但《劳动合同法》施行之前的规定并非如此。《关于〈中华人民共和国劳动法〉若干条文的说明》(劳办发〔1994〕289 号)第二十一条第二款规定:"本条中规定的'试用期'适用于初次就业或再次就业时改变劳动岗位或工种的劳动者。"按照该条规定,对于劳动合同终止后一段时间内又招用该劳动者从事其他岗位的，用人单位可以约定试用期。《关于实行劳动合同制度若干问题的通知》（劳部发〔1996〕354 号）第四条规定："用人单位对工作岗位没有发生变化的同一劳动者只能试用一次。"这条规定再次明确对于改变了岗位的劳动者可以再次约定试用期。从法理上讲，前述规定有其合理之处，劳动者离职期间的身体状况、品行、主观意愿等是否改变，知识结构、工作技能是否跟得上时代发展，是否能胜任再次入职的岗位或工种，是否能适应目前用人单位的工作环境等情况，这都需要双方重新考察衡量。

不过，笔者认为，根据"新法优于旧法""上位法效力高于下位法"的原则，应当按照《劳动合同法》的规定执行，即同一用人单位只能与同一劳动者约定一次试用期。《关于〈中华人民共和国劳动法〉若干条文的说明》《关于实行劳动合同制度若干问题的通知》从法律性质上看，属于部门规章，效力低于法律；从颁布时间来看，《劳动合同法》自 2008 年 1 月 1 日开始施行，施行时间晚于前述两个部门规章。因此，对于再次入职从事其他岗位的劳动者仍然应当按照《劳动合同法》的规定，不能约定试用期。

（2）正确约定试用期工资

试用期的工资标准要注意两个要点：第一，在劳动者提供正常劳动的情况下，试用期的工资不能低于用人单位所在地的最低工资标准；第二，劳动者在试用期的工资不得低于本单位相同岗位最低档工资或者劳动合同约定工资的 80%。有的单位试用期的工资标准和转正后并无差别，这是用人单位对权利的放弃，法律并不禁止。

（3）依法解除试用期内不符合录用条件的员工

试用期员工可以任意解除，这是个误区。要解除不符合录用条件的员工需要按照法定程序，否则将构成违法解除。合法的解除需要满足以下三个条件：第一，用人单位需明确告知劳动者试用期内的录用条件。为了做到这点，用人单位需要将录用条件制作成书面文件，让员工签收。录用条件的设定权在用人单位，可以包括业绩指标、工作表现、身体健康条件、社保档案转移等事项，具体需要逐条罗列，明确告知劳动者。第二，用人单位需在试用期内对劳动者进行考核并保留考核证据。考核组织、考核内容、考核方式及程序应当做到公平、公开、公正，考核标准应当统一，考核项目应当尽可能客观、具体、可量化，尽力避免完全凭考核人员主观喜好，考核过程及结果形成的文件资料需要固定作为证据。第三，用人单位应当在试用期内作出解除劳动合同的决定并通知劳动者。超过试用期后，哪怕一天，就不能再以不符合录用条件为由来解聘。这也反过来提示用人单位，对劳动者进行试用期考核的，需要在试用期满之前进行。

配套文书

试用期录用条件告知书

__________先生/女士：

经公司商议决定，将录用您为本公司的员工，担任________职务。根据劳动合同的约定，您的试用期共计______个月，从________年____月____日至________年____月____日。试用期内未达到以下任一条的，均视为不符合录用条件，公司有权在试用期内解除劳动合同：

1. 基本素质类

1.1　员工须保证个人简历、求职登记表及向公司提交的各项学历证书、职业技能等级证书、执业资格证书、外语水平证书等材料客观、真实、不存在任何虚假陈述或欺诈。

1.2　入职背景调查结果与员工本人所填报信息需一致，不存在重大误差。

1.3　员工不得有虚报或隐瞒曾被追究刑事责任、曾受工伤或罹患职业病。

1.4　身体健康，无传染病、精神类疾病、癌症、瘫痪以及其他不可治愈性的严重疾病。

2. 入职要求类

2.1　入职后7日内按照公司要求提交入职所要求的各项材料，包括但不限于：离职证明或解除劳动关系证明、个人简历、身份证明材料、毕业证书、职称证书、专业技术证书等。

2.2　不得同时与其他用人单位存在劳动或人事关系，不得与其他单位有竞业限制。

2.3　试用期满前15日内将个人档案、社会保险、住房公积金转入公司或公司指定机构。

2.4　按照公司要求及时签订书面劳动合同。

3. 业绩考评类

3.1　试用期内不得有一般过失或以上级别的违纪行为，详见员工手册。

3.2　能按岗位职责或岗位描述按时完成工作任务，详见职位说明书。

3.3　不得无故拒绝参加公司组织的试用期考评。

3.4　试用期考评成绩必须达到合格标准（即在60分以上）以上。

4. 其他类

____。

贵公司向本人送达的《试用期录用条件告知书》本人已收悉，并同意按照公司的录用条件执行。

签收人：

年　月　日

第八章

薪酬社保

导 语

根据国家统计局《关于工资总额组成的规定》，工资总额由计时工资、计件工资、奖金、津贴和补贴、加班加点工资、特殊情况下支付的工资六个部分组成。归纳起来，可以划分为工资、奖金、津补贴三类。本章第一节介绍了关于工资、奖金、津补贴的基础知识，并且紧贴实务把话题进一步聚焦在加班工资、绩效奖金、年终奖、高温津贴这几个常见高发风险点上。在结合配套案例予以阐释的基础上，有针对性地给出防控薪酬类法律风险、降低人力成本的实务操作方案。

近年来，社会保险领域频现重大变革："社保入税"改变了社会保险费的征收主体；国家降低社会保险费率同时调整缴费基数计算方式实现了"社保降费"；不依法缴纳社会保险的主体被列入"社保黑名单"并对其进行严厉惩戒；"生育保险与职工医保合并实施"，提高社会保险经办效率，节省用人单位办事成本……面对社保领域的新动态，用人单位应该如何顺应这些变化？本章尝试探讨一二。

第一节　工资、奖金、津补贴

内容提要	
热点专题	工资、奖金、津补贴
背景知识	1. 工资 2. 奖金 3. 津贴、补贴
成本提示	3 条
配套案例	1. 依靠加班工资举证责任,一审程序成功扭转败局 2. 二审推翻仲裁、一审观点予以改判,保护单位绩效工资自主分配权 3. 仲裁、一审单位胜诉,二审被改判,员工主张 5 年前年终奖获成功 4. 用人单位、劳动者均举证不能,法院运用自认规则判定高温补贴
实操技能	1. 区分行业和工种,设置合理工资结构 2. 做好加班管理,降低加班工资成本 3. 严守法律底线,执行最低工资制度 4. 出台绩效奖金制度、年终奖管理制度,规范管理 5. 依法支付津贴、补贴
配套文书	1. 加班管理制度 2. 绩效奖金管理办法

背景知识

1. 工资

(1)计时工资与计件工资

计时工资与计件工资是工资体系中两种常见的计薪方式,两者各有利弊,具体区别如表 8 -1。

表 8 -1　计时工资与计件工资的区别

	计时工资	计件工资
定义	按计时工资标准(包括地区生活费补贴)和工作时间支付给个人的劳动报酬	对已做工作按计件单价支付的劳动报酬

续表

	计时工资	计件工资
范围	对已做工作按计时工资标准支付的工资	实行超额累进计件、直接无限计件、限额计件、超定额计件等工资制，按劳动部门或主管部门批准的定额和计件单价支付给个人的工资
	实行结构工资制的单位支付给职工的基础工资和职务(岗位)工资	
	新参加工作职工的见习工资(学徒的生活费)	按工作任务包干方法支付给个人的工资
	运动员体育津贴	按营业额提成或利润提成办法支付给个人的工资
优点	(1)计时工资强调员工本人的技术业务水准的高低，鼓励员工不断学习提高工作质量； (2)计时工资内容和形式简便明确，因此便于计算和管理； (3)工资收入水平取决于既定的工资标准，有较大的稳定性，给员工收入水平、生活水平、身心健康带来较大保障	(1)计件工资能反映出劳动者在单位时间内的劳动成果，能够更好地体现按劳分配原则； (2)计件工资的计算方式与分配规则事先有明确的规定，劳动者能合理地预期，具有很强的激励作用； (3)计件工资可以激励劳动者不断提高技术水平与劳动熟练程度，在单位时间内产出更多
缺点	(1)不能全面反映同等级员工在单位工作时间内付出劳动量和劳动成果的差别； (2)在单位或部门，同等级员工容易滋生平均主义	(1)计件工资强调个人的工作能力，不利于团队合作互助； (2)强调单位时间的产出量，不利于新手的培养
适用范围	适用范围广泛，几乎任何用人单位、任何部门、任何工种、任何岗位均可采用	适用范围较窄，主要适用于能够单独计算个人劳动成果的工种，对于管理类、行政类、后勤类、协作程度比较高的工种不适用

(2)加班加点工资

加班加点工资，是指用人单位支付给劳动者因为超出正常工作时间部分的劳动报酬。加班和加点都属于劳动法意义上的延长工作时间，但两者有区别。所谓“加班”，是指用人单位根据用人单位要求，在法定节假日、公休日进行工作，加班时间一般以天数作为计算单位。所谓“加点”主要是指用人单位在法定标准工作时间以外安排劳动者进行工作，加点时间以小时为计算单位。无论加班还是加点都是劳动者在法定工作时间以外利用本该休息的时间继续提供劳动，原则上加班加点报酬应当高于正常上班的标准。因此，《劳动法》第四十四条规定：“有下列情形之一的，用人单位应当按照下列标准支付高于劳动者正常工作时间工资的工资报酬:(一)安排劳动者延长工作时间的,支付不低于工资的百分之一百五十的工资报酬;(二)休息日安排劳动者工作又不能安排补休的,支付不低于工资的百分之二百的工资报酬;(三)法定休假日安排劳动者工作的,支付不低于工资的百分之三百的工资报酬。”其中,休息日是指每周六、周日;法定休假日根据《全国年节及纪念日放假办法》的规定,共计11天,包括新年1天(1月1日)、春节3天(农历正月初一、初二、初三)、清明节1天(农历清明当日)、劳动节1天(5月1日)、端午节1天(农历端午当日)、中秋节1天(农历中秋当日)、国庆节3天(10月1日、2日、3日)。

为了保障劳动者的休息权,法律规定用人单位应当严格执行劳动定额标准,不得强迫或变相强迫劳动者加班。即便安排加班,也应当有必要的限度,一般每日安排加班的时长不得超过一小时。因特殊原因需要延长工作时间的,在保障劳动者身体健康的条件下加班时间每日不得超过三小时,每月加班总时长不得超过三十六小时。另外,用人单位应当保证劳动者每周至少休息一日。但是,如果有下列情形之一的,延长工作时间不受《劳动法》第四十一条关于加班时长的限制:“(一)发生自然灾害、事故或者因其他原因,威胁劳动者生命健康和财产安全,需要紧急处理的;(二)生产设备、交通运输线路、公共设施发生故障,影响生产和公众利益,必须及时抢修的;(三)法律、行政法规规定的其他情形。”

加班加点工资属于工资总额的组成部分,用人单位安排劳动者加班的,应当依法支付加班工资。用人单位安排加班拒不支付加班费的,属于克扣劳动报酬,根据《劳动合同法》第八十五条的规定,由劳动行政部门责令限期支付加班费;逾期不支付的,责令用人单位按应付金额百分之五十以上百分之一百以下的标准向劳动者加付赔偿金。同时,劳动者可以依据《劳动合同法》第三十八条的规定,以用人单位未及时足额支付劳动报酬为由单方解除劳动合同,并有权向用人单位主张经济补偿。

(3)最低工资制度

最低工资标准,是指劳动者在法定工作时间或依法签订的劳动合同约定的工作时间内提供了正常劳动的前提下,用人单位依法应支付的最低劳动报酬。最低工资标准分为月最低工资标准和小时最低工资标准。月最低工资标准适用于全日制就业劳动者,小时最低工资标准适用于非全日制就业劳动者。最低工资标准由省、自治区、直辖市人民政府规定,报国务院备案。省、自治区、直辖市范围内的不同行政区域可以有不同的最低工资标准。表8-2为全国各地区最低工资标准情况（截至 2020 年 3 月 31 日）。

表 8 -2　全国各地区最低工资标准情况

单位：元

地区	月最低工资标准				小时最低工资标准			
	第一档	第二档	第三档	第四档	第一档	第二档	第三档	第四档
北京	2200				24			
天津	2050				20.8			
河北	1900	1790	1680	1580	19	18	17	16
山西	1700	1600	1500	1400	18.5	17.4	16.3	15.2
内蒙古	1760	1660	1560	1460	18.6	17.6	16.5	15.5
辽宁	1810	1610	1480	1300	18.3	16.3	15	13.2
吉林	1780	1680	1580	1480	17	16	15	14
黑龙江	1680	1450	1270		16	13	12	
上海	2480				22			
江苏	2020	1830	1620		18.5	16.5	14.5	
浙江	2010	1800	1660	1500	18.4	16.5	15	13.6
安徽	1550	1380	1280	1180	18	16	15	14
福建	1800	1720	1570	1420	18.5	18	16.5	15
江西	1680	1580	1470		16.8	15.8	14.7	
山东	1910	1730	1550		19.1	17.3	15.5	
河南	1900	1700	1500		19	17	15	
湖北	1750	1500	1380	1250	18	16	14.5	13
湖南	1700	1540	1380	1220	17	15	13.5	12.5
广东	2100	1720	1550	1410	20.3	16.4	15.3	14
其中：深圳	2200				20.3			
广西	1810	1580	1430		17.5	15.3	14	
海南	1670	1570	1520		15.3	14.4	14	
重庆	1800	1700			18	17		
四川	1780	1650	1550		18.7	17.4	16.3	
贵州	1790	1670	1570		18.6	17.5	16.5	

续表

地区	月最低工资标准				小时最低工资标准			
	第一档	第二档	第三档	第四档	第一档	第二档	第三档	第四档
云南	1670	1500	1350		15	14	13	
西藏	1650				16			
陕西	1800	1700	1600		18	17	16	
甘肃	1620	1570	1520	1470	17	16.5	15.9	15.4
青海	1700				15.2			
宁夏	1660	1560	1480		15.5	14.5	13.5	
新疆	1820	1620	1540	1460	18.2	16.2	15.4	14.6

注:本表数据时间截至 2020 年 3 月 31 日。

最低工资标准适用的前提是劳动者在法定工作时间或依法签订的劳动合同约定的工作时间内正常提供了劳动;未正常提供劳动的,例如,存在请事假、病假或旷工等情形的,不受最低工资标准限制。最低工资标准的计算不包括加班加点工资,以及中班、夜班、高温、低温、井下、有毒有害等特殊工作环境(条件)下的津贴,法律、法规和国家规定的劳动者福利待遇等。

无论采用何种工资计算方式,包括实行计时工资、计件工资或提成工资等工资形式的用人单位,支付劳动者的工资不得低于相应的最低工资标准。对劳动者在法定工作时间内提供了正常劳动,用人单位低于当地最低工资标准支付工资的违法行为,劳动行政部门将根据《劳动法》《劳动合同法》《劳动保障监察条例》的规定,责令用人单位限期改正,并支付其差额部分;逾期不支付的,责令用人单位向劳动者支付赔偿金。

2. 奖金

奖金,是指用人单位支付给职工的超额劳动报酬和增收节支的劳动报酬,分为生产奖、节约奖、劳动竞赛奖、机关事业单位的奖励工资、其他奖金。《国家统计局〈关于工资总额组成的规定〉若干具体范围的解释》第二条规定:生产奖包括超产奖、质量奖、安全(无事故)奖、考核各项经济指标的综合奖、提前竣工奖、外轮速遣奖、年终奖(劳动分红)等;节约奖包括各种动力、燃料、原材料等节约奖;劳动竞赛奖包括发给劳动模范、先进个人的各种奖和实物奖励;其他奖金包括从兼课酬金和业余医疗卫生服务收入提成中支付的奖金等。以上奖金项目兼顾了各行各业的情况,司法实践中,常见的是关于绩效奖金与年终奖的纠纷。

(1)绩效奖金

绩效奖金是用人单位为了激励员工创造更多的价值而设置的与员工工作业绩挂钩的奖金。用人单位通常在一个考核周期内根据员工个人考核结果向员工发放绩效奖金，根据考核周期不同，分为月度绩效奖金、季度绩效奖金、年度绩效奖金。实践中，为了激励团队创造价值，有的用人单位只对部门或业务团队进行绩效考核，把绩效奖金分配到部门或团队，由部门或团队负责人进行二次分配。绩效奖金与基本工资相比，更能把单位与个人的利益融合在一起。取得了工作业绩，如何分配胜利的果实是一个关键问题。绩效奖金制度便是绩效奖金的分配规则，是调整单位与个人利益的基准线。一般认为，用人单位有权结合自身生产经营及经济效益的情况制定本单位的绩效奖金分配制度，这是用人单位薪酬分配权的体现。用人单位应当行使好该项权利，出台绩效考核办法，明确绩效奖金分配规则，规定发放条件、发放标准、发放对象、发放时间等。绩效奖金与绩效工资两者都把劳动者的业绩和收益进行挂钩，有相似之处。不过，两者有很多区别，如表 8－3。

表 8－3 绩效奖金与绩效工资的区别

	绩效奖金	绩效工资
法律属性	奖金，实质是“企业业绩分红”	工资，实质是“岗位价值押金”
设置目的	企业另行支付，用于激励员工	从工资中拆分出来，用于约束员工
占比不同	无限制，不封顶，根据企业业绩或效益决定	一般为基本工资的 20% 至几倍不等，有一定额度限制
发放方式	由企业经营状况决定，可以按月、季度、年度发放；效益差的企业可以不发，属于“有与没有”的问题	由员工个人绩效决定，原则上按月发放；业绩好多得，业绩差少得，属于“多与少”的问题

(2)年终奖

顾名思义，年终奖是指用人单位年底发放给劳动者的奖金。实践中有一种做法，即用人单位从劳动者平时的应发工资中截留一部分放在年底一并发放，美其名曰“年终奖”①。实质上，这与我们所称的年终奖并非同一概念，真正意义上的年终奖是用人单位在工资之外额外支付给劳动者的一笔奖金。之所以在年终发放一笔奖金，除了符合中国社会的风俗习惯，用人单位更是意在对劳动者本年度

---

① 所谓“年终奖”，应当全额支付给劳动者，这种做法涉嫌未及时支付劳动报酬，实质是违法行为。

工作的肯定和嘉奖,同时也希望劳动者来年持续为用人单位效力。对于年终奖的法律属性,大多数观点认为年终奖属于员工的劳动报酬,而非额外福利待遇。用人单位有权根据员工的表现、自身的经济效益自行决定是否发放、如何发放、发放对象等。出于对企业规章制度的尊重,司法实践中,年终奖纠纷通常会参照用人单位经过民主、公示程序的关于年终奖的规章制度来进行裁判。规章制度对用人单位及劳动者均有约束力,用人单位未经合法程序,不得随意更改。具体的案例处理中,在认定用人单位当年度有向员工发放年终奖的事实后,就某一劳动者能否获得年终奖以及如何计算年终奖的举证责任通常会被分配给用人单位。

如果用人单位没有年终奖的相关规章制度,但实际上每年都向全员发放,劳动者主张参照以往年度的惯例发放本年度年终奖的,该如何处理?对于该问题的观点各地并不统一。有裁判观点认为,用人单位有既往发放年终奖的惯例,本年度劳动者的表现尚佳,用人单位不能举示证据证明该员工有损害用人单位利益或严重违纪情形,仅仅以单位效益不好为由提出抗辩,而存在其他员工均发放年终奖的情况,人民法院考虑到同工同酬的原则,往往会支持劳动者的诉求。

既然年终奖有鼓励员工持续为单位效力之意,那么员工未干满一年度中途离职能否获得年终奖呢?干满一年但在年终奖发放之前离职的情况又该如何处理?对于前一种情况,劳动者往往会提出根据本年度已经付出劳动占全年度的比例来主张年终奖。这种观点预设的逻辑前提是付出了劳动就应该获得劳动报酬,属于朴素的"按劳分配"观念。司法实践中,这种观点获得支持的可能性要小一些。理由是用人单位要参考劳动者全年的表现来判定是否向劳动者发放年终奖。中途离职的,年终奖考核的根据尚不全面,劳动者离职时作为年终奖考核的工作业绩、工作表现等情况不能确定,所以被判决驳回。不过,这种情况也有少量判例支持了劳动者的诉请。对于后一种情况,如果用人单位有发放年终奖的惯例,本年度其他员工也发放年终奖的,用人单位被判决支付年终奖的可能性更大。对于这种情况,裁判观点通常认为,劳动者据以考核的周期已经届满,考核年终奖是否发放的事实已经确定,用人单位已经能够判定是否发放,没有相反的理由(如劳动者严重违纪或给单位造成重大损失、用人单位有效证明离职劳动者不计发年终奖的惯例等),应该予以支持。当然,如果劳动者干满一个年度后恰遇劳动合同到期,用人单位不予续签劳动合同导致劳动者无法获得年终奖的,系非劳动者原因,被判令支付年终奖的可能性较大。

实践中,"十三薪"和年终奖比较相似,两者都是在年底向劳动者支付除工资之外的奖励，通常都要满足一定条件才予以支付。但仔细对比，两者存在诸多区别，如表 8－4。

表 8－4　十三薪与年终奖的区别

	十三薪	年终奖
定义	指用人单位年底向劳动者多发放一个月工资，即“年底双薪”	指用人单位综合全年经济效益及员工全年表现等因素，向员工发放的一次性奖金
金额	相对确定，即一个月工资（通常按劳动者全年平均工资或最后一个月工资标准执行）	不确定，可能有浮动，按照年终奖计发规则核算
计税方式	按工资薪金计税，税率较高	按年终奖计税，税率较低
侧重点	更能体现激励的公平性	更能体现绩效考核的结果

3. 津贴、补贴

津贴和补贴类型繁多，可以区分为法定津贴、补贴和用人单位自主决定发放的津贴、补贴。国家统计局《关于工资总额组成的规定》把津贴、补贴列为工资总额的组成部分，这属于法定形式的津贴、补贴，法律性质上属于劳动报酬，用人单位必须向符合条件的劳动者发放。用人单位自主决定发放的津贴、补贴性质上属于福利待遇，与劳动者提供劳动的数量和质量无关，也不纳入工资总额的组成部分，不是用人单位必须发放的项目，用人单位可以结合自身情况与劳动者补充约定。从表现形式上看，用人单位自主决定发放的津贴、补贴常常体现为补充保险、安家补贴、旅游经费、通信补贴、过冬费等各种形式。

高温津贴是指用人单位对在高温环境下作业的劳动者支付的津贴。2012 年 6 月 29 日，国家安全生产监督管理总局、卫生部、人力资源和社会保障部、中华全国总工会联合颁布了《防暑降温措施管理办法》（安监总安健〔2012〕89 号），这是部门规章层面对高温津贴的立法，比较系统地规定了防暑降温的各个方面。全国各个省份的地理位置及气象环境不同，无法制定统一的高温津贴标准。根据《防暑降温措施管理办法》第十七条的规定，高温津贴具体标准由省级人力资源社会保障行政部门会同有关部门制定，并根据社会经济发展状况适时调整。以重庆、北京、上海、天津、吉林、辽宁、广东、海南几个行政区域为例，每个区域的规定各不相同，具体如表 8－5。

表 8－5　部分行政区域高温津贴相关规定

区域	高温季节	发放标准	发放条件	文件依据	执行时间
重庆	6 月至 11 月	露天作业： a. 一般高温天气，≥5 元/天； b. 中度高温天气，≥10 元/天； c. 强度高温天气：≥15 元/天； 室内作业： a. 33℃≤工作场所温度＜35℃，≥5 元/天； b. 35℃≤工作场所温度＜37℃，≥10 元/天； c. 工作场所温度≥37℃，≥15 元/天。	用人单位安排劳动者在 35℃以上高温天气从事室外露天作业以及不能采取有效措施将工作场所温度降低到 33℃以下的。	《重庆市人民政府办公厅关于印发〈重庆市防暑降温措施管理办法〉的通知》（渝府办发〔2013〕166 号）	2013 年 6 月 27 日开始施行
北京	6 月至 8 月	a. 室外露天作业人员：≥180 元/月； b. 33℃以上室内作业人员：≥120 元。	在高温天气下露天工作以及不能采取有效措施将工作场所温度降低到 33℃以下的（不含 33℃）。	《关于做好 2014 年夏季防暑降温工作的通知》（京安监发〔2014〕44 号）	2014 年 5 月 30 日
上海	6 月至 9 月	每月 300 元	劳动者露天工作以及不能采取有效措施将工作场所温度降低到 33℃以下的（不含 33℃）。	《关于调整本市夏季高温津贴标准的通知》（沪人社规〔2019〕19 号）	2019 年 6 月 1 日起执行，有效期至 2023 年 12 月 31 日
天津	未规定	上年度全市职工日平均工资的 12%，按日计算、按月发放	用人单位安排劳动者在 35℃以上（含 35℃）高温天气从事室外露天作业以及不能采取有效措施将工作场所温度降低到 33℃以下（不含 33℃）的；非全日制用工不适用高温津贴有关规定。	《关于实行高温津贴制度有关问题的通知》（津人社规字〔2018〕13 号）	2018 年 6 月 1 日起施行，至 2023 年 5 月 31 日废止

续表

区域	高温季节	发放标准	发放条件	文件依据	执行时间
吉林	未规定	每日 10 元以上	企业安排劳动者在高温天气下（日最高气温达到35℃以上）露天工作以及不能采取有效措施将工作场所温度降低到33℃以下（不含33℃）的。	《关于调整企业职工艰苦岗位津贴补贴标准的通知》（吉人社联字〔2011〕50 号）	2011 年 7 月 1 日起执行
辽宁	7 月至 9 月	每人每月 200 元，按照当月实际出勤及从事高温岗位作业的实际天数进行发放。	用人单位安排劳动者在高温天气下（日最高气温达到 35℃以上）露天工作以及不能采取有效措施将工作场所温度降低到33℃以下（不含 33℃）的。	《关于调整辽宁省企业高温津贴标准的通知》（辽人社发〔2014〕16 号）	从 2014 年 6 月 30 日开始施行
广东	6 月至 10 月	每人每月 150 元。如需按天折算每人每天 6.9 元。	劳动者从事露天岗位工作以及用人单位不能采取有效措施将作业场所温度降低到33℃以下的（不含33℃）。	《关于公布我省高温津贴标准的通知》（粤人社发〔2012〕18 号）	自 2012 年 6 月 1 日起施行
海南	每年 4 月 1 日至 10 月 31 日	每人每天 10 元	用人单位安排劳动者在35℃以上（含35℃）高温天气从事室外露天作业以及不能采取有效措施将工作场所温度降低到 33℃以下（不含 33℃）的。	《关于用人单位实行高温津贴有关问题的通知》（琼人社发〔2013〕39号）	自 2013 年 2 月 1 日开始施行

以上属于地方政府规定，用人单位应当遵照具体的标准执行。如果用人单位规定的高温津贴低于法定标准，应当按照地方政府出台的规定执行；如果用人单位的规定或用人单位与劳动者约定的标准高于法定标准，按照有利于劳动者的标准执行，但已经享受高温作业岗位津贴的劳动者不再享有高温津贴。

高温补贴的法律性质属于工资而非福利，应纳入工资总额的组成，但不计入最低工资。劳动者的高温津贴由用人单位按照约定的工资支付周期和期限支付，没有约定的，每月和工资一并支付，不能用防暑降温的饮料予以替代。用人单位是否发放高温津贴以当地气象主管部门所属气象台向社会公布的高温天气为准。达到高温天气标准，用人单位安排员工在室外作业或室内作业不能采取有效措施将工作场所温度降低至高温标准以下的，用人单位就应当计发高温津贴。

用人单位未向劳动者计发高温津贴，劳动者能否离职并主张经济补偿？对于该问题，各个地方的认识并不一致。持赞成观点的，如江西省、北京市。《江西省人力资源和社会保障厅、江西省财政厅关于调整高温津贴标准有关问题的通知》(赣人社发〔2012〕71 号)第六条规定："从 2012 年起，用人单位未按规定标准向劳动者支付高温津贴的，视为拖欠或克扣工资……劳动者因用人单位拖欠或克扣高温津贴而解除劳动合同的，用人单位应按《劳动合同法》规定支付经济补偿金。"按照北京市人力社保部门的规定，高温津贴属于劳动报酬(工资)的组成部分，该发而不发属违法行为，最高面临 1 万元罚款。未足额发放的，视为拖欠或克扣工资。[①] 北京地区的判例也支持用人单位未支付高温补贴的劳动者可以离职并主张经济补偿，如(2018)京 03 民终 9027 号民事判决书。持反对态度的，如广东、深圳。《广东省高级人民法院、广东省劳动人事争议仲裁委员会关于审理劳动人事争议案件若干问题的座谈会纪要》(2012.7.23)第二十七条规定："用人单位未按照法律规定或劳动合同的约定及时足额向劳动者发放年休假工资或高温津贴，劳动者以用人单位未及时足额支付劳动报酬为由主张解除劳动合同的，不予支持。"《深圳市中级人民法院关于审理劳动争议案件的裁判指引》(2015.9.2)第九十二条规定："劳动者以用人单位未依法支付未签订书面劳动合同二倍工资、年休假工资和高温津贴为由提出被迫解除劳动合同并要求经济补偿的，不予支持。"

成本提示

1. 对于加班的管理，用人单位有很多方式和渠道。在"有或无"的问题上，可以通过采取规范加班流程、管好考勤记录、申报特殊工时制等方式来实现控制；在"多或少"的问题上，可以通过合理排班、约定加班工资基数的方式来实现管理。不采取管理措施，加班费支出将是用工成本居高不下的一个重要原因。

2. 很多用人单位都设置了绩效奖金、年终奖这类具有激励功能的奖金，往往金额不小，以期发挥激励员工创造更多价值。对于这类奖金的管理，用人单位有很大

---

① 该观点援引自北京市人社局官网：http://rsj.beijing.gov.cn/xwsl/mtgz/201912/t20191206_921225.html。

的自主权，发放对象、计算方式、考核办法、发放金额等相关事宜都可以通过规定进入规章制度。没有成文制度加以规范，不但容易产生争议，还可能被按照惯例判赔。

3. 进入夏季，要注意密切关注气象部门发布的高温天气数据，并按照用工地规定计发高温补贴。考虑到有的地区把高温津贴视为工资，未发放高温津贴的，员工可以据此单方解除劳动关系并主张经济补偿，所以不但要发放高温津贴还要保留好工资表、工资条等记录2年以上备查。高温津贴金额往往不大，应当依法计发，保障职工权益，切不可因小失大。

配套案例

案例1：依靠加班工资举证责任，一审程序成功扭转败局①

王某因为加班工资事宜到当地劳动仲裁委起诉某电器销售公司。劳动仲裁阶段，劳动仲裁委认为王某举示了加班期间的照片、微信里的排班记录等初步加班证据，认定王某在某电器销售公司工作期间有法定节假日加班42天，裁决由某电器销售公司支付王某自2014年7月1日至2018年10月8日期间的加班工资20,291.52元。某电器销售公司不服仲裁裁决，起诉至人民法院。

庭审中，王某除了举示原有的证据，还申请证人涂某出庭作证。涂某在庭审中陈述：其与王某均系销售人员，两人属于同工的工友，二人上班时间一致，能证明王某在节假日存在加班的事实。某电器销售公司提出抗辩，称双方签订的劳动合同及公司出台的制度中均规定了加班的审批流程和加班工资的计算标准，王某主张加班工资应当对加班事实承担举证责任，目前的证据均未直接证实某电器销售公司安排王某加班的事实，应当判令不支付王某加班工资。

人民法院经过审理，认定事实如下：2015年10月15日，某电器销售公司（甲方）与王某（乙方）签订《劳动合同书》，约定合同期限从2015年10月15日至2018年12月31日，工作岗位为空调销售工作，工作地点为西南片区，工资结构为基本工资加提成工资。乙方实行综合计算工时工作制度，加班应当提前申请，批准后方予以计算加班工资，未提前申请、申请未获批准的加班不予计算。加班工资以乙方基本工资为计算基数。王某入职时签署了《员工须知》《新员工入职须

① 本案例改编自（2019）渝0115民初1号民事判决书。

知》,上面均载明:未提前申请、申请未获批准的加班不予计算加班工资。

人民法院认为,本案因王某并未举示充分证据证明其在 2014 年 7 月 1 日至 2018 年 10 月 8 日期间法定节假日进行了加班的事实,且原、被告之间签订的《劳动合同书》《员工须知》《新员工入职须知》均明确载明了加班需要经过批准才予以认可。王某因无事实及法律依据,故本院不予支持。最终,人民法院判决某电器销售公司不支付王某从 2014 年 7 月 1 日至 2018 年 10 月 8 日的法定节假日加班工资 20,291.52 元。

■ 律师评析

本案某电器销售公司之所以能扭转败局,是由加班工资的举证责任分配规则决定的。本案王某举示的加班期间的照片没有具体的形成时间,也无法分辨在何地拍摄;微信排班记录仅仅系一张电子表格,看不出是某电器公司作出的安排;证人证言虽称存在加班,但证人与王某有利害关系,在无其他客观证据予以佐证的情况下,很难认定。相反,某电器销售公司采取的一系列措施,如制定加班认定规则、约定加班工资计算基数、申报综合计算工时制等,这些做法很好地防控了加班工资风险。某电器销售公司能在本案中逆转,这和日常管理工作的高质量开展密不可分。

■ 法条链接

《最高人民法院关于审理劳动争议案件适用法律若干问题的解释(三)》

第九条 劳动者主张加班费的,应当就加班事实的存在承担举证责任。但劳动者有证据证明用人单位掌握加班事实存在的证据,用人单位不提供的,由用人单位承担不利后果。

案例 2:二审推翻仲裁、一审观点予以改判,保护单位绩效工资自主分配权[①]

郭某于 2014 年 8 月 25 日至 2016 年 11 月 4 日在某物流公司工作,担任副总经理一职。双方签订了劳动合同,约定合同期限至 2017 年 8 月 24 日止,每月 15

① 本案例改编自(2018)粤 04 民终 439 号民事判决书。

日发放工资，甲方（公司）根据企业经营状况和依法制定的工资分配办法调整乙方（郭某）工资，乙方在60日内未提出异议的视为同意。郭某每月工资结构为：基本工资7400元+基本奖金（2015年1月至5月为5000元，2016年6月之后为5130元）+绩效奖金（2015年1月、2月为3360元，2015年3月至2016年1月为5600元，2016年2月至2016年11月为0）。

2016年1月，某物流公司发出通知称，2016年以前的绩效奖金在每月工资中发放，2016年之后的绩效奖金改为在年终年度考核结果出来后发放，郭某在工资发放审批表上"行政管理部拟制"处签名。

2016年10月18日，郭某向某物流公司提交《辞职报告》，称某物流公司长期克扣绩效奖金，违反劳动合同法，致使劳动合同无法继续履行而提出离职。某物流公司认为郭某提前离职，考核未达标，所以2016年没有绩效奖金。郭某离职后，向劳动仲裁委申请仲裁，提出各项主张，其中包括2016年2月至11月4日绩效奖金。劳动仲裁委经过审理，裁决某物流公司支付郭某2016年2月至11月4日绩效奖金51,146.7元。

仲裁裁决作出后，某物流公司、郭某均向人民法院提起诉讼。在郭某的各项诉请中，包括要求某物流公司支付克扣的2016年2月至11月的工资56,894元（其中2月至9月绩效奖金35,110元，10月和11月工资21,784元）。在某物流公司的各项诉讼中，包括无须向郭某支付2016年2月至11月4日期间绩效奖金51,146.7元。因此，某物流公司是否需要向郭某支付2016年2月至11月4日期间绩效奖金成为本案的一大争议焦点。本案一审法院判令某物流公司支付郭某2016年2月至11月4日绩效奖金51,146.7元（5600×9+5600/30×4）；二审法院直接予以撤销该判项。两级法院结论截然相反，各自观点如表8-6。

表8-6　一审法院与二审法院的观点对比

	一审法院	二审法院
立论基础	《最高人民法院关于审理劳动争议案件适用法律若干问题的解释》第十三条规定，因用人单位作出的开除、除名、辞退、解除劳动合同、减少劳动报酬、计算劳动者工作年限等决定而发生的劳动争议，用人单位负举证责任。	考虑到"绩效奖金"或"绩效薪金"与一般企业的绩效挂钩，一般企业有自主决定权，由企业根据每年的经营状况自主决定是否发放、发放多少以及如何发放等。

续表

<table>
<tr><th></th><th>一审法院</th><th>二审法院</th></tr>
<tr><td>判决观点</td><td>2016 年 2 月至离职绩效奖金为 0。对此，某物流公司的解释为 2016 年公司通知把绩效奖金由以前的每月在工资中支付变更为年终年度考核结果出来后发放，郭某提前离职，考核未达标，所以没有绩效奖金。对此，本院认为某物流公司的抗辩理由不成立。</td><td>一审判决某物流公司还需补发郭某 2016 年 2 月至 11 月 4 日绩效奖金不当，本院予以纠正。某物流公司关于此项的上诉理由成立，本院予以采纳。</td></tr>
<tr><td rowspan="3">具体理由</td><td>首先，用人单位针对员工薪酬制度改革关系到劳动者切身利益，相关规章制度应该经过民主程序制定并且公示公告。某物流公司未能提交绩效奖金发放由按月支付更改为年终考核后发放的制度已经过民主制定及公示公告程序，对某物流公司未依法定程序单方改变绩效奖金发放方式的做法不予采纳。</td><td>首先，某物流公司自 2016 年 2 月起针对包括郭某在内的全部管理层的绩效奖金的发放方式和发放时间进行调整，并于 2016 年 5 月 23 日召开董事会会议，审议通过了公司管理层 2015 年绩效奖金和 2016 年激励机制方案，即不再提前按月发放而是年度考核后发放。郭某作为管理者也在工资发放审批表上“行政管理部拟制”处进行签名。</td></tr>
<tr><td>其次，虽然郭某作为管理者在拟制工资表上签名，并非员工的意愿。郭某因履行职责在工资表拟制处签名的行为不代表郭某对损害本人利益的做法没有异议。</td><td rowspan="2">其次，根据郭某和某物流公司签订的劳动合同的约定，某物流公司可以根据企业经营状况和依法制定的工资分配办法调整郭某的工资待遇，郭某未在 60 日内提出异议的视为同意。郭某自 2016 年 2 月以后所发放的工资表中体现了调整后的项目，即绩效奖金为 0。郭某于 2016 年 10 月 8 日提出辞职，后提起仲裁主张权利，已经超过 60 日。</td></tr>
<tr><td>最后，退一步讲，即使某物流公司单方作出的改变绩效奖金发放方式有效，某物流公司也未提交证据证明离职后的员工不再享有在职期间的绩效奖金。</td></tr>
</table>

■ 律师评析

一审法院认为郭某 2016 年在某物流公司工作了 11 月余，某物流公司的一纸制度规定就剥夺了郭某的绩效奖金，这对郭某不公平。于是基于减少劳动者劳动报酬需要用人单位举证证明其合法性的规则，把证明责任分配给了某物流公司。某物流公司无法证明绩效奖金分配制度已经过民主制定及公示公告程序，程序上有瑕疵；某物流公司也无法证明离职后的员工不再享有在职期间的绩效奖金，故而判决支持了郭某的观点。

二审法院倾向于保护用人单位对绩效奖金的自主分配权，认为郭某事先知晓某物流公司对绩效奖金的发放方式和发放时间进行调整，即不再提前按月发放而是年度考核后发放，且签字确认，视为郭某同意某物流公司的调整。双方劳动合同约定了劳动者对薪酬分配办法调整有异议，可以在60日内提出，但郭某没有在规定的时间内提出异议，亦可视为接受单位的调整。二审法院未正面阐释对某物流公司未证明离职后的员工不再享有在职期间绩效奖金的问题，显然也是出于对用人单位绩效奖金自主分配权的尊重，默认了某物流公司关于"郭某提前离职，考核未达标，所以2016年没有绩效奖金"的说法。

两级法院观点迥异，其实质是对不同法益保护的倾向性不同。从判决效力角度看，二审法院作出的判决属于生效判决，应当遵照执行，这代表了在该问题上该地区的司法态度。不过，不同地区有不同观点。就本案案情，放在另一个司法地区，如何判决还犹未可知。

■ 法条链接

《中华人民共和国劳动法》

第四十七条 用人单位根据本单位的生产经营特点和经济效益，依法自主确定本单位的工资分配方式和工资水平。

案例3：仲裁、一审单位胜诉，二审被改判，员工主张5年前年终奖获成功[①]

庄某向劳动仲裁委申请仲裁，主张某投资公司支付2013年年终奖123,120元。劳动仲裁委作出仲裁裁决书，驳回了庄某的全部仲裁请求。2018年9月19日庄某向一审法院起诉，继续主张2013年年终奖123,120元。

一审法院经审理查明：庄某于2012年9月26日入职某投资公司，担任结算事业部总经理助理职务；2013年12月，庄某被调入某投资公司的关联公司即第三人某铝业公司处兼任财务处处长职务。后某投资公司以庄某已调离等原因，拒绝向庄某发放2013年的年终奖123,120元。庄某就其主张在本案一审诉讼时提交了《管理干部绩效考核奖励制度》《2013年度管理干部绩效考核量》《2013年年终奖

① 本案例改编自(2019)粤01民终8979号民事判决书。

金明细表》《录音光盘附文字说明》以及相关民事判决书和仲裁裁决书等证据拟证明全公司除了他和另一员工，其余人均发放年终奖，他也应当计发年终奖。

一审法院作出了和劳动仲裁委同样结果的判决，即驳回了庄某的诉讼请求。庄某不服，提起上诉。二审法院却作出了与仲裁、一审完全相反的判决，全部支持了庄某的诉讼请求。一审、二审裁判思路对比如表8－7。

表8－7　一审法院与二审法院的观点对比

	一审法院	二审法院
立论基础	根据《劳动法》第四十七条的规定，用人单位根据本单位的生产经营特点和经济效益，依法自主确定本单位的工资分配方式和工资水平。年终奖在双方劳动合同中并未有明确约定，故其性质不属于工资，系属于用人单位额外给予的激励机制。《劳动争议调解仲裁法》第二十七条第一款规定，劳动争议申请仲裁的时效期间为一年。	根据国家统计局《关于工资总额组成的规定》第四条、《国家统计局〈关于工资总额组成的规定〉若干具体范围的解释》第二条的规定，年终奖属于工资总额的范畴。《劳动争议调解仲裁法》第二十七条第四款规定，劳动关系存续期间因拖欠劳动报酬发生争议的，劳动者申请仲裁不受一年仲裁时效期间的限制；但是，劳动关系终止的，应当自劳动关系终止之日起一年内提出。
判决观点	庄某主张2013年年终奖123,120元依据不足，且超过仲裁时效，本院不予支持。	本院对庄某关于某投资公司应向其发放年终奖123,120元的主张予以采纳。
具体理由	庄某2015年12月31日提起仲裁主张2013年度的年终奖，超出法定一年的仲裁时效，不予支持。	根据(2018)粤01民终7153号案生效裁判文书可知，某投资公司于2015年10月22日向庄某发出终止劳动合同的通知书，故庄某于2015年12月31日提起本案仲裁并未超过仲裁时效。
	年终奖是否发放以及如何发放均属于用人单位经营自主权的范围，某投资公司可根据经营状况、员工表现等决定是否发放该奖金以及如何发放。	庄某在第三人某铝业公司处领取的为年底双薪而并非年终奖；庄某从2013年1月1日至2013年12月31日在某投资公司连续工作满一年，有提供劳动满一年的事实基础；庄某已提供初步证据证明某投资公司2013年度发放年终奖的事实，某投资公司未能提供充分有效的证据予以反驳。
		根据《广东省工资支付条例》第四十四条的规定，因工资支付发生的争议，用人单位负有举证责任。现某投资公司未能举证证明庄某是否符合年终奖发放条件以及发放金额，故应承担举证不能的不利后果。

■ 律师评析

庄某在仲裁、一审败诉的情况下能够在二审程序实现完全逆转，与其诉讼代理人对裁判观点的精准把握密不可分。本案涉及两个专业问题：第一，年终奖的性质是否属于劳动报酬？第二，年终奖是否发放，举证责任如何分配？

对于第一个问题，根据国家统计局《关于工资总额组成的规定》第三条、第四条及《国家统计局〈关于工资总额组成的规定〉若干具体范围的解释》第二条的规定，年终奖属于奖金的范畴，属于工资总额的组成部分，法律性质上，一般认为是劳动报酬。在这个基础上，劳动关系终止一年内，劳动者主张劳动关系存续期间的年终奖的，仲裁时效未经过。

对于第二个问题，年终奖的举证责任遵循“谁主张，谁举证”的基本原则。劳动者主张年终奖的，可以考虑围绕提供满一年度劳动的事实、年终奖计发的规定、其他员工获得年终奖的事实、用人单位有计发年终奖的惯例、既往获得年终奖的记录等基本情况进行举证。如果人民法院认定用人单位当年度有向员工发放年终奖的事实，就某一劳动者能否获得年终奖以及如何计算年终奖的举证责任通常会被分配给用人单位。本案即是如此！庄某有效地证明了自己从 2013 年 1 月 1 日至 2013 年 12 月 31 日在某投资公司连续工作满一年，有提供劳动满一年的事实基础。另外，庄某提供的《管理干部绩效考核奖励制度》《2013 年度管理干部绩效考核量》《2013 年年终奖金明细表》《录音光盘附文字说明》以及相关民事判决书和仲裁裁决书等证据初步证明某投资公司 2013 年度发放年终奖的事实，因此，人民法院把庄某不应当获得年终奖的举证责任分配给某投资公司，最终某投资公司因为举证不能而败诉。

通过前述分析可以看出，本案二审法院的观点更加符合主流观点，对一审判决进行改判是正确的。

■ 法条链接

《关于工资总额组成的规定》

第四条 工资总额由下列六个部分组成：

（一）计时工资；

（二）计件工资；

（三）奖金；

……

《国家统计局〈关于工资总额组成的规定〉若干具体范围的解释》

二、关于奖金的范围

（一）生产（业务）奖包括超产奖、质量奖、安全（无事故）奖、考核各项经济指标的综合奖、提前竣工奖、外轮速遣奖、年终奖（劳动分红）等。

……

案例4：用人单位、劳动者均举证不能，法院运用自认规则判定高温补贴①

王某的入职时间为2012年2月14日，用人单位为某人力资源公司，用工单位为某客运公司，王某从事的岗位为搬运工。王某与某人力资源公司解除劳动关系的时间为2014年1月23日，后王某提起诉讼，要求某人力资源公司支付2012年与2013年两个年度5月至9月期间的高温津贴共计3000元（10元/天×30天/月×10个月）。

某人力资源公司答辩称已经按照《某客运公司关于夏季高温津贴发放标准的通知》支付了王某2012年8月高温津贴5元、2012年9月高温津贴15元、2013年7月高温津贴5元、2013年8月高温津贴165元、2013年9月高温津贴185元，不同意再支付王某高温津贴，但不能举示已经支付王某高温津贴的相关证据。

人民法院经过审理，认为依据《重庆市防暑降温措施管理办法》第四条、第十九条的规定，因王某无证据证明其室内工作场所温度，故人民法院结合某人力资源公司举示的《每日考勤统计表》及《某客运公司关于夏季高温津贴发放标准的通知》确认王某依据重庆市气象主管部门所属气象台站向社会公布的高温天气所应享受的高温津贴为：2012年7月高温津贴为45元、2012年8月高温津贴为65元、2013年5月高温津贴为10元、2013年6月高温津贴为45元、2013年7月高温津贴为120元、2013年8月高温津贴为145元。

因存在露天作业的高温津贴及室内工作场所的高温津贴两种支付标准及情形，而某人力资源公司及某客运公司并无证据对上述两种标准及情形进行区分，对于某人力资源公司在庭审中自认的高温津贴，按照自认规则处理：某人力资源

---

① 本案例改编自（2014）渝一中法民终字第07797号民事判决书。

公司自认金额高于法定标准的，按照某人力资源公司认可的金额计算；低于法定标准的，按照法定标准计算。

综上，某人力资源公司应支付王某 2012 年 7 月高温津贴 45 元、2012 年 8 月高温津贴 65 元、2012 年 9 月高温津贴 15 元、2013 年 5 月高温津贴 10 元、2013 年 6 月高温津贴 45 元、2013 年 7 月高温津贴 120 元、2013 年 8 月高温津贴 165 元、2013 年 9 月高温津贴为 185 元，上述高温津贴共计 650 元。某人力资源公司辩称其已经支付了王某高温津贴，但某人力资源公司并无证据予以证明，对某人力资源公司该意见，人民法院不予采信。

■ 律师评析

本案主张高温津贴的王某无法证明自己从事的工作属室内，而某人力资源公司提交了按照室外工作环境计发高温补贴的证据，构成了法律上的自认。结合《重庆市防暑降温措施管理办法》第十九条的规定，对于某人力资源公司规定的标准高于法定标准的，人民法院直接予以采信；低于法律规定的，按照法定标准执行。而某人力资源公司因为不能举证证明已经向王某支付过高温补贴，故而败诉。

■ 法条链接

《重庆市防暑降温措施管理办法》

第十九条 劳动者从事高温作业的，依法享受岗位津贴。发放办法按照有关法律法规执行。

用人单位安排劳动者在 35℃以上高温天气从事室外露天作业以及不能采取有效措施将工作场所温度降低到 33℃以下的，应当向劳动者发放高温津贴。企业和个体经济组织等用人单位高温津贴纳入工资总额，事业单位高温津贴列入福利费支出。

（一）高温津贴发放标准。

高温天气露天作业的高温津贴发放标准：一般高温天气作业的，按每人每天不低于 5 元标准发放；中度高温天气作业的，按每人每天不低于 10 元标准发放；强度高温天气作业的，按每人每天不低于 15 元标准发放。

高温天气期间，室内工作场所温度在 33℃以上 35℃以下的，高温津贴按每人每天不低于 5 元标准发放；35℃以上 37℃以下的，按每人每天不低于 10 元标准发放;37℃以上的,按每人每天不低于15元标准发放。劳动者已经依法享受高温作业岗位津贴的除外。

高温津贴的发放标准,用人单位和劳动者可以在劳动合同、集体合同中约定,也可以在用人单位规章制度中经民主程序协商确定,但不得低于本办法规定的标准。各行业(领域)对高温津贴、高温岗位津贴有专门规定,且发放标准高于本办法规定的,按行业(领域)的规定执行。

(二)高温津贴发放办法。劳动者的高温津贴,由用人单位按照约定的工资支付周期和期限足额支付;没有约定的,每月支付一次,于次月与劳动者工资一并支付。发放高温津贴应当做好发放记录。

实操技能

无论工资、奖金还是津补贴都属于工资总额的组成部分,这一部分的实务操作技能归纳起来有以下几个方面:

1. 区分行业和工种,设置合理工资结构

劳动报酬是劳动者赖以生存的收入来源,劳动者向用人单位提供劳动,用人单位向劳动者支付劳动报酬作为对价。工资收入既要有保障劳动者基本生活的功能,也要起到积极正面的激励作用。用人单位需要根据不同行业、不同工种、不同岗位的特点设置合理的工资结构,这样才能在准确评价劳动者付出的劳动质量、数量的同时,激发劳动者主观能动性,为企业和社会创造更多的价值。工资结构并不是越复杂越好,而是越能准确评价劳动者付出的劳动越好。计时工资、计件工资制度为工资结构奠定了基础,在此大框架上,两种工资结构可以进一步细化,进一步拆分出基础工资、岗位工资、工龄工资、加班工资等各类二级工资名目以及具有行业特点的奖金、津补贴。各个行业、工种的性质不同,即便工资名目相同,所占权重也应当有所区别,这样才能更好地匹配行业属性。以某房地产集团公司旗下的营销公司和物业公司为例,两者虽然隶属同一集团公司,但分属不同行业,行业属性、行业特点、员工资历与业绩的关系、工资结构等方面的区别如表8-8。

表8－8　营销公司与物业公司行业属性、行业特点、员工资历与业绩的关系、工资结构的区别

	营销公司	物业公司
行业属性	销售行业，全民营销，靠销量说话	服务行业，深耕服务，以服务质量取胜
行业特点	销售的房屋质量无差别，创造业绩主要靠娴熟的销售技巧，社会资源、人脉资源所占权重较高，创造业绩的偶然性较大，加班较多，员工收入浮动较大，人员流动性较大	从业人员服务质量差别大，创造业绩主要靠持续优质的服务，社会资源、人脉资源所占权重较低，创造业绩的偶然性较小，加班较少，员工收入浮动小，人员流动性较小
员工资历与业绩的关系	资历深浅对业绩有一定影响，但不是绝对因素	资历越深，越能捕捉客户需求；服务质量越优质，创造的价值越高
工资结构	适宜采用以计件制工资为基础的工资结构，保障性的工资（如基础工资、岗位工资、工龄工资等）所占权重较低，激励性工资（如加班工资、绩效工资、销售提成等）所占权重较高	适宜采用以计时制工资为基础的工资结构，保障性的工资（如基础工资、岗位工资、工龄工资等）所占权重较高，激励性工资（如加班工资、绩效工资、奖金等）所占权重较低

2. 做好加班管理，降低加班工资成本

（1）制定规章制度，规范加班流程

用人单位应当制定关于加班的规章制度，设置加班审批制度，即规定员工需经相关部门及领导审批方可加班。明确规定哪些情形不视为加班，例如，员工自愿加班不视为加班、自行外出学习培训不视为加班等。实践中，经常把员工的门禁记录、指纹考勤记录、纸质考勤卡作为认定加班的依据。但是，不排除员工在办公区域逗留，做与工作无关的事。规章制度未作规定的，很可能被视为加班的依据。因此，可以在规章制度中规定单独的门禁记录、指纹考勤记录、纸质考勤卡不能作为认定加班或加班时长的依据，需要配合加班通知、加班申请单等材料才能认定加班。

（2）约定加班工资的计算基数

很多地区出台了地方规定，规定关于加班工资计算基数的认定规则。[①] 总的

① 例如，《重庆市劳动和社会保障局关于企业职工加班加点工资计算基数等有关问题的通知》规定："关于企业职工加班加点工资计算基数和婚假、丧假、探亲假、年休假期间的工资支付标准，劳动合同有约定的，从其约定；劳动合同没有约定的，按照集体合同约定的标准确定；用人单位与劳动者无约定的，按照该劳动者加班加点发生前或休假前 12 个月的平均工资确定，其中劳动者在该用人单位实际工作时

来说,有约定的从约定;没有约定的,才按照地方规定的标准计算。因此,用人单位可以充分行使权利,在劳动合同、规章制度中约定加班工资的计算基数。实践中,可以约定按照员工的基本工资作为加班工资的计算基数,但加班工资不得低于正常上班标准。

(3)积极申报综合计算工时制、不定时工时制

标准工时制下,超出正常上班的时间即需要支付加班工资,但实行综合计算工时制、不定时工时制的员工则不然。综合工时制下,只有在计算工时的周期内超过法定工作时长的部分用人单位才支付加班工资;实行不定时工时制的,原则上不支付加班工资。[①]对于实行综合计算工时制、不定时工时制的并非仅仅在劳动合同中约定即可,还要按照《劳动部关于企业实行不定时工作制和综合计算工时工作制的审批办法》及地方规定向人力资源和社会保障部门申报获得批准。通常,每个年度都需要对符合规定的岗位进行申报,获得人力资源和社会保障部门出具的批文。

(4)依法安排调休

对于公休日安排员工加班的,应当首先考虑安排调休,以保障劳动者的休息权,同时也能节省加班工资的支付。不能安排调休的,才依法支付加班工资。

(5)区分加班与值班

加班与值班通常都需要劳动者在休息时间到单位处理事务,劳动者不能自由安排自己的休息时间。很多人认为,只要劳动者在该休息的时间没有休息,而是按照单位的要求开展工作的,用人单位就需要支付加班工资。这属于认识误区。加班与值班有本质区别,值班一般是指单位因为安全、消防需要,在假期或临时根据规章制度安排劳动者从事与本职无关的工作,或虽与本职工作有关联,但值班期间可以休息,一般为非生产经营性的任务。而加班则是劳动者在平时正常工作

间不满12个月的,按照实际月平均工资确定;用人单位与劳动者未约定工资支付标准,也未实际发放工资的,按该用人单位相同岗位人员同期平均工资确定。"

再如,《北京市工资支付规定》第四十四条规定:"根据本规定第十四条计算加班工资的日或者小时工资基数、根据第十九条支付劳动者休假期间工资,以及根据第二十三条第一款支付劳动者产假、计划生育手术假期间工资,应当按照下列原则确定:(一)按照劳动合同约定的劳动者本人工资标准确定;(二)劳动合同没有约定的,按照集体合同约定的加班工资基数以及休假期间工资标准确定;(三)劳动合同、集体合同均未约定的,按照劳动者本人正常劳动应得的工资确定。依照前款确定的加班工资基数以及各种假期工资不得低于本市规定的最低工资标准。"

①　实行不定时工时制的,法定节假日是否支付加班工资,各地规定不同。支持加班工资的地区如上海、深圳、湖南、厦门;不支持的地区如北京、广东、重庆、江苏、山东、辽宁、安徽、江西、吉林、内蒙古、浙江。

时间外继续从事自己的本职工作，或者说是继续完成自己的具体生产或经营任务，不存在边工作边休息的问题，而是纯粹地进行工作。也就是说，加班其实就是在非工作时间内正常工作，而值班则属于是"半工半休"，加班的工作强度明显要大于值班。用人单位需要区分加班与值班，对加班的，支付加班工资；对值班的，根据用人单位的规章制度、惯例或者与员工的约定给予值班补贴、值班津贴或值班费，标准一般低于加班工资。

3. 严守法律底线，执行最低工资制度

属于劳动关系的，包括全日制和非全日制劳动关系，无论何种行业、何种工种，劳动者在法定工作时间或依法签订的劳动合同约定的工作时间内正常提供了劳动的，支付的工资标准不得低于当地最低工资标准。这是法律的底线，不得逾越，也是企业尽到社会责任的表现。当然，不属于劳动关系的不在此列。例如，双方属于劳务关系的，可以按照《民法典》的规定，自由约定劳务报酬。

4. 出台绩效奖金制度、年终奖管理制度，规范管理

对于激励类的劳动报酬，劳动法赋予用人单位根据内部制度来确定分配规则的权利。对于绩效奖金、年终奖这类的奖金，用人单位应当结合本单位的经营情况，制定详细的分配规则，涉及的条款，包括但不限于使用对象、考核办法、奖金计算规则、发放金额、发放时间等。

5. 依法支付津贴、补贴

对于法定形式的津贴、补贴，除了常见的高温补贴，还有适用于各类煤炭企业的井下作业职工的井下岗位津贴、适用于从事接触职业病危害作业的劳动者的职业病危害作业岗位津贴。这些津贴、补贴金额不大，往往容易被忽视。在有高温、井下、接触职业病危害作业的企业，应当在工资结构中单独设置这类津贴补贴，同时最好在向劳动者发放的工资条中予以列明，以避免被认定为拖欠劳动报酬。

配套文书

1. 加班管理制度

加班管理制度

1. 目的

为了保障员工的休息权，规范加班管理，特依据《劳动法》《劳动合同法》等法律法规制定本制度。

2. 适用范围

本制度适用于公司全体员工,但适用不定时工作制的员工不计算加班费。

3. 加班原则

3.1 公司鼓励员工在每天 8 小时工作制内完成本职工作,不鼓励加班。

3.2 根据生产经营的实际需求,公司需要额外加班的,经总经理书面同意后可安排加班;在工作时间外,员工自行安排加班、自行参加培训学习、在办公区域逗留的,不视为加班。

4. 加班时间限制

4.1 公司安排加班的,原则上每日不超过 1 小时,特殊情况每日不超过 3 小时。

4.2 不安排女员工在孕期或哺乳未满 1 周岁婴儿期间加班。

5. 加班审批程序

5.1 凡需加班者,需在加班发生一个工作日内将加班申请单交部门主管、财务经理、办公室主任、总经理审批,未经批准的加班单无效,不视为加班。

5.2 加班完毕后填写加班记录情况,经有关主管验审后在规定的时间内送财务部、人力资源部留存。

5.3 每月财务部、人力资源部统计加班情况,在员工工资中支付加班费。

5.4 指纹考勤记录只作为员工到达和离开公司的记录,可以用作认定员工迟到、早退、旷工的依据,不单独作为认定加班或加班时长的依据。

6. 加班考核

6.1 加班的次日,由其部门办公室,按其加班工时,依生产标准和其他相关标准计算其工作是否相符,如有不符现象应通知人力资源部核验。

6.2 管理部门的直属主管应核查员工的加班情况,员工加班期间如有消极怠工或其他未尽职责的,按公司制度处理。

7. 调休

7.1 周末加班的首先安排调休,调休不成的,以基本工资为基数,按照 200% 支付加班工资。

7.2 凡调休的员工均应填写申请单,并经部门主管及人事部门同意审批。

7.3 调休的不支付加班费。

7.4 调休计时以 1:1 的比例与加班时间等同。

7.5 调休以 8 小时/天为单位,连续加班满 8 小时,方可作为调休使用,从加班单签发日起半年内有效,员工手持的调休天数不得超过 2 天。

8. 值班

8.1 公休日、法定节假日原则上不安排加班。

8.2 公休日、法定节假日公司为了消防、财物安全派员值班的,值班期间因未从事本职工作不视为加班,公司按照值班通知给予值班补贴。

9. 加班请假

9.1 员工如有特殊情况不能加班时,应事先向主管领导声明(没有具体事实不得故意推诿),否则一经派定即须按时加班。

9.2 连续加班阶段,如因病因事不能继续工作时,应向相关领导提出请假单请假。

10. 加班工资

10.1　加班工资按照劳动合同的约定，以基本工资作为计算基数。

10.2　工作日加班按照平常工资的 150% 计算加班工资，公休日加班按照平常工资的 200% 计算加班工资，法定节假日加班按照平常工资的 300% 计算加班工资。

10.3　公休日加班首先安排调休，调休不成的，支付加班工资。

11. 附则

11.1　特殊或紧急情况处置可突破加班时间限制和常规程序，但须事后补充有关手续。

11.2　与本制度相抵触的相关规定，一律以本规定为准。

2. 绩效奖金管理办法

绩效奖金管理办法

1. 目的

为规范员工绩效奖金的发放程序，配合员工绩效考核和奖惩工作，达到激励员工、提高工作效率的目的，根据公司的实际情况，特制定本办法。

2. 适用范围

本办法适用于全体员工。

3. 各部门职责

3.1　人力资源部的职责

3.1.1　负责奖金总额的归口预算、报批和控制工作。

3.1.2　负责各期奖金的核算和统计工作。

3.2　各职能部门经理的职责

3.2.1　充分发挥奖金的激励作用，对考核评分的结果负责。

3.2.2　对部门奖金总额的浮动负责管理。

3.2.3　有权不予分配或少分配员工奖金的权利。

4. 关于年终奖的规定

4.1　公司有权根据上一年度的经营情况决定是否发放年终奖、年终奖的计发方式、计发金额、计发对象等事项。如决定发放的，原则上每年 1 月底发放上一年度的年终奖金；如遇特殊情况，可进行顺延，具体以公司当年度的书面通知为准。

4.2　每年 1 月份，人力资源部核定上年奖金总额报公司总经理审批，同时将本年度奖金总额预算报公司总经理审批。

4.3　本年度奖金总额预算以上一年度 12 月份工资总额为基数，根据上一年度公司的经营业绩，由人力资源部上报总经理。

4.4　人力资源部根据各部门员工的年终考核成绩核算年度奖金。

4.5　员工年终奖金基数为浮动比例，与部门年终考核成绩（A、B、C 三等）挂钩。

4.6　年终奖金的发放依据为部门年度考核结果和员工在年度考核中的成绩及考核等级。

4.7　在当年 10 月（含）以后到岗的新员工，不享有年终奖金。

4.8　考核年度终了之前离职的员工，不享有年终奖金，也不按照履行劳动合同月数占本年度比例享有年终奖金。 4.9　考核年度内被处以通报批评以上处分的员工不享有年终奖金。 4.10　给公司造成直接经济损失超过1000元以上的、给单位名誉造成不良影响的不享有年终奖。 5. 关于季度奖金的规定 5.1　人力资源部根据各部门员工的季度考核成绩核算季度奖金。 5.2　部门经理将《部门季度（年终）奖金核算表》提交人力资源部，要认真填写序号、姓名、考核成绩。 5.3　人力资源部负责核算各部门员工奖金，填写《部门季度（年终）奖金核算表》，提交主管副总、总经理审批。 5.4　总经理批复后，人力资源部将《部门季度（年终）奖金核算表》交财务部。 5.5　财务部经理在《部门季度（年终）奖金核算表》上签字确认后，在7日内发放奖金。 5.6　季度奖金按季度发放，在每季度发放第一个月工资的同时发放上个季度的季度奖金。 5.7　季度奖金的发放依据为《员工季度考核表》中的考核成绩及考核等级。 5.8　考核成绩合格（即季度考核得分不低于70分）的员工享有季度奖金，试用期间的员工不发放季度奖金。 5.9　员工季度奖金基数是固定比例，一般是该员工月工资的25%，排名为后10%的员工不计发季度奖金。 5.10　在季度中出现公司内部跨部门调动的，于第二个月15日及以前调入的，视为调入部门员工，于第二个月15日以后调入的，视为调出部门员工。 6. 附则 6.1　本办法自颁布之日起生效。 6.2　本办法的解释权归人力资源部所有。

第二节　社保政策新动态

内容提要	
热点专题	社保政策新动态
背景知识	1. “社保入税” 2. “社保降费” 3. “社保黑名单” 4. “生育保险与职工医保合并实施”
成本提示	1条

续表

内容提要	
配套案例	1. 员工受一级工伤艰难维权，单位未参保被判高额赔偿 2. 用人单位“少缴”社保费省成本，员工主张生育津贴差额获支持 3. 用人单位“委托参保”不合法，给员工造成损失当赔偿
实操技能	1. 提高生产效率，减少用工数量 2. 探索新型用工模式，实现“去劳动化”用工 3. 拆解细化工资结构，剔除不列入社会保险缴费基数的项目 4. 密切关注时事动态，充分享受政策补贴
配套文书	全国各省份（港、澳、台地区除外）降低社会保险费率的地方法规统计表

背景知识

社会保险是指国家通过立法建立的，对遇到生老病死、伤残失业等经济无保障状况的劳动者提供物质帮助的制度。社会保险是现代社会保障体系的主体与核心，属于国家立法强制性的保障制度，是国家对劳动者履行社会责任的制度安排。[①] 我国《社会保险法》规定的社会保险包括基本养老保险、基本医疗保险、工伤保险、失业保险、生育保险。近年来，国家对社会保险领域进行了很多重大改革，对用人单位用工成本、用工模式产生了深远的影响。

1.“社保入税”

“社保入税”并非法律术语，也被称为“社保归税”，是指自 2019 年 1 月 1 日起基本养老保险费、基本医疗保险费、失业保险费、工伤保险费、生育保险费等各项费用由税务部门统一征收的政策措施。此前，根据《社会保险费征缴暂行条例》第六条的规定，社会保险费的征收机构由省、自治区、直辖市人民政府规定，可以由税务机关征收，可以由劳动保障行政部门按照国务院规定设立的社会保险经办机构征收，社会保险费的征收主体呈现二元化的特点。很多省份由社保经办机构负责参保登记、注销登记、核定基数、监督处罚等主要工作，税务部门仅仅负责代为征收，只有广东、浙江、辽宁、福建等少数省份在探索实施由税务部门全责征收。2011 年 7 月 1 日起施行的《社会保险法》第五十九条第二款规定，“社会保险费实行统一征收，实施步骤和具体办法由国务院规定”，确立了统一征收的基调。2018 年 7 月 20 日，中共中央办公厅、国务院办公厅印发《国税地税征管体制改革方案》

① 参见岳宗福：《社会保险法制度解读 · 案例应用与实务答疑》，中国法制出版社 2011 年版，第1 ~ 2 页。

(以下简称《税收方案》),合并省级和省级以下国税地税机构,将社会保险费和非税收入征管职责划入税务机关。同时,《税收方案》正式明确了“社保入税”,对《社会保险法》“统一征收”的规定进行具体落实。

“社保入税”结束了征收主体二元化的时代,也避免了过往社保经办机构与税务部门因为信息不对称、权责不明晰出现的执法不严、相互推诿的弊端。“社保入税”是保障我国养老保险基金正常运转的必然要求。随着我国人口老年化的加剧,养老保险基金收入放缓,支出增加,收支严重不平衡,急需填充。社保入税后,由征收能力更强大的税务部门负责社会保险费的征收,能起到迅速充盈养老保险基金的作用。从宏观层面而言,社保入税也能提高参保率,进一步降低社保费率。社保入税后,缴纳社保的人员增加,收入增多,实现全国统筹后,缴费比例存在较大的下调空间。

从长远来看,“社保入税”利国利民;就短期而言,很多企业,尤其是劳动力密集型的中小企业面临用工成本增加的巨大压力。在“社保入税”前,税务和社保属于两个系统,企业往往利用两个部门信息不对称,根本未缴纳社保或只是按照低于员工实际工资的标准缴纳社会保险费,这样可以节省一笔不小的开支。这种做法往往得到劳动者默认,因为他们想让自己可支配的收入更多。“社保入税”后,税务机关依靠税务征收监管系统,实现了个税数据与社保数据的同步,企业只能以员工的真实工资为基数缴纳社会保险费。企业“少缴、漏缴、不缴”社会保险费已经成为过去式,因为信息不对称及执法力度不严而带来的利益将不复存在,未合规缴纳社保的企业社保费用将大大增加。

2. “社保降费”

为了缓解企业压力,降低社保费用,国家采取了两项措施,即降低社会保险费率、调整社会保险缴费基数。2019 年 4 月 1 日,国务院办公厅出台《关于印发〈降低社会保险费率综合方案〉的通知》(国办发〔2019〕13 号,以下简称《降费通知》),《降费通知》指出“统筹考虑降低社会保险费率……确保企业特别是小微企业社会保险缴费负担有实质性下降”。在降低社会保险费率方面,《降费通知》指出降低养老保险单位缴费比例,要求“自 2019 年 5 月 1 日起,降低城镇职工基本养老保险(包括企业和机关事业单位基本养老保险,以下简称养老保险)单位缴费比例。各省、自治区、直辖市及新疆生产建设兵团(以下统称省)养老保险单位缴费比例高于 16% 的,可降至 16%;目前低于 16% 的,要研究提出过渡办法”。《降费通知》还指出继续阶段性降低失业保险、工伤保险费率。具体的办法是:“自

2019 年 5 月 1 日起，实施失业保险总费率 1% 的省，延长阶段性降低失业保险费率的期限至 2020 年 4 月 30 日。自 2019 年 5 月 1 日起，延长阶段性降低工伤保险费率的期限至 2020 年 4 月 30 日，工伤保险基金累计结余可支付月数在 18 个月至 23 个月的统筹地区可以现行费率为基础下调 20%，累计结余可支付月数在 24 个月以上的统筹地区可以现行费率为基础下调 50%。"

在调整社会保险基数方面，自 2019 年 5 月 1 日起，不再使用城镇非私营单位在岗职工平均工资作为社保缴费基数的旧模式，改用"城镇非私营单位就业人员平均工资和城镇私营单位就业人员平均工资加权计算的全口径城镇单位就业人员平均工资"核定缴费基数上下限的新模式。对于个体工商户和灵活就业人员，可在全口径城镇单位就业人员平均工资的 60% ~300% 之间选择适当的缴费基数。收入低的可选择低缴费基数，以减轻缴费负担，增加持续参保能力；收入高的可选择较高的缴费基数，根据"多缴多得"的基本原则，可实现退休后获得较高水平的养老金。

2019 年 4 月 28 日，人力资源和社会保障部、财政部、税务总局、国家医保局联合发布《关于贯彻落实〈降低社会保险费率综合方案〉的通知》（人社部发〔2019〕35 号），地方各个省、自治区、直辖市相继出台地方政策，贯彻落实降低社会保险费率、调整社会保险缴费基数的政策。

"社保降费"切实惠及广大企业，降低了用人单位的社会保险缴费负担，特别是以往依法缴纳社会保险的企业体验尤为明显。与此同时，对过往存在"少缴、漏缴"社会保险费的企业，征收部门不得自行对企业历史欠费进行集中清缴。

3."社保黑名单"

经过多方征求意见，人力资源和社会保障部于 2019 年 10 月 28 日印发《社会保险领域严重失信人名单管理暂行办法》（以下简称《失信管理办法》），规定将把社会保险领域严重失信人列入严重失信人名单，并对其进行严厉惩戒，就是所谓的"社保黑名单"制度。《失信管理办法》的适用对象为基本养老保险、失业保险和工伤保险领域有严重失信行为的用人单位、社会保险服务机构及其有关人员、参保及待遇领取人员。《失信管理办法》第五条规定，有下列情形之一的，县级以上地方人力资源社会保障部门将其列入社会保险严重失信人名单："（一）用人单位不依法办理社会保险登记，经行政处罚后，仍不改正的；（二）以欺诈、伪造证明材料或者其他手段违规参加社会保险，违规办理社会保险业务超过 20 人次或从中牟利超过 2 万元的；（三）以欺诈、伪造证明材料或者其他手段骗取社会保险待遇或社会保险基金支出，数额超过 1 万元，或虽未达到 1 万元但经责令退回仍拒不退回的；（四）社会保险待遇领取人丧失待遇领取资格后，本人或他人冒领、多领社会保险待遇超过 6 个月或者数额超过 1 万元，经责令退回仍拒不退回，或签订还款协议后未按时履约的；（五）恶意将社会保险个人权益记录用于与社会保险经办机构约定以外用途，或者造成社会保险个人权益信息泄露的；（六）社会保险服务机构不按服务协议提供服务，造成基金损失超过 10 万元的；（七）用人单位及其法定代表人或第三人依法应偿还社会保险基金已先行支付的工伤保险待遇，有能力偿还而拒不偿还、超过 1 万元的；（八）法律、法规、规章规定的其他情形。”被纳入“社保黑名单”的，人力资源和社会保障部门将在人力资源社会保障门户网站、“信用中国”等相关媒介上公示社会保险严重失信人名单信息。同时，社会保险严重失信人名单信息将被上传至人力资源社会保障信用信息平台和全国信用信息共享平台，由相关部门依据《关于对社会保险领域严重失信企业及其有关人员实施联合惩戒的合作备忘录》（发改财经〔2018〕1704 号）规定实施联合惩戒，惩戒期间根据情节不同为 1 年或 3 年。惩戒措施多达 32 项，涉及政府采购、交通出行、招投标、生产许可、资质审核、融资贷款、市场准入、税收优惠、评优评先等方面予以限制，惩戒的严厉程度可见一斑。

4.“生育保险与职工医保合并实施”

为了保障职工社会保险待遇、增强基金共济能力、提升经办服务水平，2019 年 3 月 6 日，国务院办公厅正式发布《关于全面推进生育保险和职工基本医疗保险合并实施的意见》（国办发〔2019〕10 号，以下简称《合并意见》），要求 2019 年年底前实现生育保险和职工基本医疗保险合并实施。《合并意见》明确了“保留险种、保障待遇、统一管理、降低成本”两项保险合并实施的总体要求，明确了“四统一、两确保”的政策措施。具体而言，即“统一参保登记、统一基金征缴和管理、统一医疗服务管理、统一经办和信息服务；确保职工生育期间的生育保障待遇不变、确保制度的可持续性”。两险合并实施后，并未取消生育保险，而是和职工医保统一参保登记、统一基金征缴和管理、统一医疗服务管理、统一经办和信息服务，不增加单位和个人缴费负担，参保人待遇不变，手续更加简化。

关于缴费比例。对于职工个人来说，依然不用缴纳生育保险费，只需要缴纳职工医保个人缴费部分，缴费比例不会有变化，参加职工基本医疗保险时同步参加生育保险；对于单位来说，用人单位按照参加生育保险和职工基本医疗保险的缴费比例之和确定新的用人单位职工基本医疗保险费率。关于生育保险待遇，职工生育期间的生育保险待遇不变，只是生育保险基金并入职工基本医疗保险基金，生育保险各项待遇改由职工基本医疗保险基金支付。

两险合并实施是一项利国利民的好政策。职工从产检到分娩既需要门诊、住院，又需要检查、手术、护理、药物、治疗等医疗服务，整个生育过程与医疗卫生服务密不可分。两险合并实施，对职工而言，简化了职工享受待遇的手续，缩短了申领待遇的周期。对企业而言，两项保险合并实施经办，更加便于企业参保登记，减少经办程序，减轻用人单位事务性的负担。对政府而言，有利于提高行政效率，降低管理运行成本，增强生育保障功能，确保参保人生育待遇。

成本提示

依法缴纳社会保险是大势所趋，“不缴、少缴、代缴”已经成为过去式。社保管控措施日臻完善，执法力度日益趋严，违法不仅不能获利，反而会付出惨重代价，包括但不限于：被纳入“社保黑名单”实行联合惩戒的风险；被社会保险征收机构期限责令补缴，采取强制划拨银行账户资金或申请法院扣押、查封、拍卖财产等强制征缴措施的风险；被劳动行政部门和社会保险费征收机构强制加收滞纳金风险；由劳动保障行政部门、社会保险行政部门以及税务机关给予用人单位及其直接负责的主管人员和其他直接责任人罚款的风险；员工依法单方解除劳动合同并主张经济补偿的风险；未缴纳社会保险致使员工无法享受社会保险待遇而承担赔偿责任的风险。

配套案例

案例1：员工受一级工伤艰难维权，单位未参保被判高额赔偿①

陈某于2016年到某建材公司工作，在该公司的砂石码头工作并负责管理该砂石码头。2017年6月17日，陈某在履行职务的过程中发生交通事故，造成颈椎骨折、脊髓损伤（C4B级）、高位截瘫、神经源性肠、神经源性膀胱等多种严重伤害。2018年1月12日，当地人力资源和社会保障局作出认定工伤决定书，认定陈某为工伤。2019年3月12日，当地劳动能力鉴定委员会作出劳动能力初次鉴定结论

① 本案例改编自（2019）湘05民终2220号民事判决书。

书，结论为伤残一级，生活自理完全障碍。劳动仲裁未果，陈某向人民法院提起诉讼，主张各项工伤待遇，共计 150 余万元。

一审法院认为，本案系工伤保险待遇纠纷。陈某系某建材公司职工，在履行职务过程中受伤，经人力资源和社会保障局认定为工伤，应当享受工伤待遇。由于用人单位某建材公司未按照法律规定参加工伤保险，未为陈某投保工伤保险，导致陈某不能从工伤保险基金中享受工伤保险待遇，按照《工伤保险条例》第六十二条第二款的规定，陈某依法可享受的工伤保险待遇应由某建材公司支付，故对陈某要求某建材公司支付工伤待遇，其合理部分予以支持。

人民法院经过审理，判决如下：(1) 某建材公司一次性支付陈某医疗费、住院伙食补助费、交通费、停工留薪期工资、停工留薪期护理费、一次性伤残补助金、已支出的日常生活必需品费用共计 520,127.12 元(已支付的 100,000 元除外)，在判决生效后 10 日内付清；(2) 某建材公司从 2019 年 4 月起按月支付陈某伤残津贴 5130 元至达到退休年龄(按统筹地区基数调整计算)；(3) 某建材公司从 2019 年 4 月起按月支付陈某定残后生活护理费 2749.75 元至终年止(按统筹地区基数调整计算)；(4) 驳回陈某其他诉讼请求。

■ 律师评析

本案经过二审程序，最终维持原判决。对于陈某而言，身受一级重伤，实属悲剧。更为不幸的是，某建材公司并未为陈某依法参加工伤保险，陈某受伤后不能得到及时的赔偿，而要通过漫长艰辛的诉讼程序来维权。对某建材公司而言，也是一件糟糕透顶的事。某建材公司常年利润微薄，因为资质问题，多次被执法部门叫停，可谓艰难维系。员工陈某受到重伤，某建材公司被判高额赔偿，无疑是雪上加霜，公司摇摇欲坠。

如果当初某建材公司依法为陈某参加了工伤保险，大部分的赔偿费用将由工伤保险基金支付，对陈某、某建材公司而言都是利好消息。从人力资源管理的角度看，员工入职后尽快为员工参加社会保险，不仅使用人单位有了一层风险过滤网，也提高了用工合规性，提升了员工的归属感。相比出险后高额的赔偿费用，为员工缴纳的社会保险费用就不值一提了。社会保险属于用工的必要成本，不能省。

■ 法条链接

《工伤保险条例》

第六十二条第二款 依照本条例规定应当参加工伤保险而未参加工伤保险的用人单位职工发生工伤的，由该用人单位按照本条例规定的工伤保险待遇项目和标准支付费用。

案例2：用人单位"少缴"社保费省成本，员工主张生育津贴差额获支持

张某于2014年8月进入某机械公司工作，双方签订过书面的劳动合同，期限自2014年8月18日起至2016年8月17日止，合同约定张某每月岗位工资3000元、绩效工资5000元。2014年8月至2016年5月之前，某机械公司按每月8000元支付张某工资。某机械公司为张某正常缴纳了2014年8月至2015年12月的社会保险费，其中2015年的月缴费基数为4500元。某机械公司自2016年1月1日起未为张某缴纳社会保险费。

2016年5月15日，张某顺产生育一女。2016年5月15日上午至2016年5月17日上午，张某住院发生医药费4753.89元，其中可报销金额为2787.85元。

2016年11月，张某向劳动仲裁委提出申请，要求某机械公司支付：(1)生育生活津贴34,133元；(2)生育医疗费补贴3000元；(3)医药费2920元。2017年2月15日，劳动仲裁委作出裁决，裁令：(1)某机械公司支付张某生育生活津贴差额18,926.93元；(2)某机械公司支付张某医疗费用2877.25元。嗣后，某机械公司不服该裁决，遂诉至人民法院。

人民法院认为，女职工生育有权按照法律、法规的规定享有产假。对已经参加本市城镇生育保险的女职工，产假期间享受生育保险待遇。根据《上海市人民政府关于贯彻实施调整本市女职工生育保险待遇有关规定的通知》，本市女职工享受的生育生活津贴低于本人产假前工资标准的，按照《妇女权益保障法》第二十七条第一款和《女职工劳动保护特别规定》第五条执行。本案中，张某顺产且生育已经属于晚育，故应于2016年5月15日至2016年9月19日享受产假，张某领取的生育生活津贴低于本人产假前工资标准的，由某机械公司予以补差。故某机械公司应按8000元标准支付张某生育生活津贴差额17,989元(其中2016年6月、7月、8月为8000元/月×3个月+8000元/21.75天×2016年5月和2016年9月的

25天-15,206.40元)。对于2016年5月因某机械公司未依法缴纳社会保险费造成张某不可报销的部分医疗费2787.85元,应由某机械公司承担。

■ 律师评析

本案中某机械公司从张某入职的2014年8月一直为其缴纳社会保险,但双方因为纠纷,某机械公司从2016年1月1日起开始未为张某正常参保。恰逢2016年5月15日张某生产,因为生育保险断缴,本应由生育保险基金支付的生育津贴、生产期间的医疗费,都变成了某机械公司的额外用工成本。

■ 法条链接

《中华人民共和国妇女权益保障法》

第二十七条第一款 任何单位不得因结婚、怀孕、产假、哺乳等情形,降低女职工的工资,辞退女职工,单方解除劳动(聘用)合同或者服务协议。但是,女职工要求终止劳动(聘用)合同或者服务协议的除外。

《女职工劳动保护特别规定》

第五条 用人单位不得因女职工怀孕、生育、哺乳降低其工资、予以辞退、与其解除劳动或者聘用合同。

案例3:用人单位"委托参保"不合法,给员工造成损失当赔偿①

况某2008年3月25日进入某餐饮公司,从事营运岗位工作。2016年5月26日,况某以某餐饮公司未依法足额为其缴纳社会保险,未依法与其订立无固定期限劳动合同为由,向某餐饮公司发出《解除劳动合同通知书》,某餐饮公司于当日收到该通知书。双方劳动关系存续期间,况某2008年4月至2008年12月的社会保险由某餐饮公司购买,2009年1月至2016年5月的社会保险由某餐饮公司委托某人力资源公司代为购买。

2016年7月5日,某餐饮公司向况某发出《领取失业保险金通知》,通知其于2016年7月8日下午14时持本人身份证到失业保险局领取失业保险金。2016年7月11日,区就业和人才服务局失业保险中心作出《关于况某不能领取失业保险

---

① 本案例改编自(2017)渝05民终441号民事判决书。

待遇的说明》，该说明载明："我区参保职工况某……2009 年 1 月至 2016 年 5 月 31 日在某人力资源公司参加失业保险，而况某并未与某人力资源公司签订劳动合同。依据渝府发〔2005〕111 号和渝人社发〔2011〕163 号文的规定，必须是用人单位参加社会保险。所以不能领取失业保险待遇。特此说明。"况某经仲裁后，诉至法院，请求某餐饮公司支付失业保险待遇。

人民法院经过审理认为，本案由于某餐饮公司未依法为况某购买社会保险，况某以此为由提出解除与某餐饮公司的劳动关系，符合《劳动合同法》的相关规定，同时也符合《社会保险法》第四十五条规定的失业人员领取失业保险金的条件。依据区就业和人才服务局失业保险中心出具的说明，况某不能领取失业保险待遇，系因某餐饮公司未依法为况某办理失业保险所致，因此，某餐饮公司应对况某的失业保险待遇损失承担赔偿责任。遂判决某餐饮公司赔偿况某失业保险待遇损失 8925 元（875 元/月 ×17 个月 ×120% ×0.5）。

■ 律师评析

"委托参保"在人力资源公司的业务中被称为"人事代理"，即人力资源公司代理客户以自己名义为客户单位的员工参加社会保险。这样做可以省去用人单位社会保险参保、减员方面的大量事务性工作，而用人单位支付的费用较低，比自己招募一个庞大的团队来开展工作效率更高，成本更低。通常情况，在人力资源公司与客户单位"无缝衔接"的情况下，也不会影响员工享受社保待遇。因此，"人事代理"业务颇受企业追捧，尤其是员工数量众多的劳动密集型企业。本案判决一出，他们惯常开展的"人事代理"业务居然不合法，着实让某餐饮公司以及某人力资源公司紧张了一把！某餐饮公司认为他们只是想提高社保经办效率，并不存在"不缴、少缴"社会保险的情况，也未因为"人事代理"而获利；而某人力资源公司认为，自己根据客户委托参加社会保险，挣取经办业务获得的报酬，并不违法。本判决作出后，某餐饮公司不得不重新考虑参保模式，某人力资源公司不得不调整自己的商业模式。

"存在即为合理"，但不一定合法。根据《社会保险法》的规定，用人单位为劳动者办理失业保险是其法定义务。用人单位应当以实际的劳动关系为基础以用人单位的名义为劳动者办理失业保险。委托参保因违反法律的效力性强制规定而归于无效，用人单位的社会保险的保障责任不因委托参保而转移。即便用人单位委托参保，但是劳动者与其他单位不存在劳动关系，导致其不能享受社会保险待遇，其责任不在劳动者而在用人单位。

■ **法条链接**

《中华人民共和国社会保险法》

第四十五条　失业人员符合下列条件的，从失业保险基金中领取失业保险金：

（一）失业前用人单位和本人已经缴纳失业保险费满一年的；

（二）非因本人意愿中断就业的；

（三）已经进行失业登记，并有求职要求的。

实操技能

近年来，社会保险领域出台的一系列政策可以映射出国家对社会保险调控的宏观思路：一是优化参保流程，提高经办效率，为企业依法参保提供更加高效、便捷的途径；二是提高社会保险费征收能力，加大对不依法缴纳社会保险行为的惩处力度，扩大缴费主体口径，实现社会保险领域的公平正义；三是降低社会保险费率，调整缴费基数计算规则，减少企业社会保险费用支出负担。按照当下的趋势，“不缴、少缴、漏缴”社会保险费可获取利益的空间几乎消失殆尽，违法成本陡增。因此，用人单位要控制好人力成本，需在依法合规的基础上探寻出路。

1. 提高生产效率，减少用工数量

大数据和人工智能的普及为企业优化生产方式、提高生产效率、减少用工数量提供了可能性。例如，餐饮企业用机器人代替人工迎宾、点菜、传菜，仓储物流企业把烦琐的搬运工作交给机器人按照设定的程序来完成，汽车制造行业用机器人替代工人进行制造安装。运用科技手段提高生产效率，精简用工数量是未来的一个趋势和方向。

2. 探索新型用工模式，实现“去劳动化”用工

只要是与员工建立劳动关系，用人单位就绕不开缴纳社会保险这个话题。采用非劳动关系的用工，则不受此限。传统的灵活用工形式包括非全日制用工、劳务派遣、劳务用工、业务外包等；时下新兴的有“平台用工”“众包”等模式，用人单位可以结合自身经营模式及用工特点，择优选用。各种用工模式的优劣利弊及变革用工模式的操作要领，详见本书第六章。

3. 拆解细化工资结构，剔除不列入社会保险缴费基数的项目

根据国家统计局《关于工资总额组成的规定》第十一条的规定，有多达十四项费用不计入工资总额，在计算社会保险缴费基数时应予剔除，常见的包括有关劳动保险和职工福利方面的各项费用，劳动保护的各项支出，劳动合同制职工解除劳动合同时由企业支付的医疗补助费、生活补助费等，支付给参加企业劳动的在校学生的补贴等。

4. 密切关注时事动态，充分享受政策补贴

为了促进就业，各地政府经常会结合当地实际情况出台一些社会保险费用的补贴政策。这些政策通常是鼓励企业吸纳就业困难的人员就业或者是帮扶小微企业、困难企业发展而给予的优惠措施，有申领期间和申领条件的限制。例如，2019 年 11 月 26 日，福州市人力资源和社会保障局、福州市财政局联合印发《关于进一步做好企业人力资源保障的八条措施》，给予招用就业困难人员和高校毕业生的企业社会保险补贴，补贴期限最长可达 3 年；又如，2020 年 1 月 8 日，江西省政府办公厅印发《江西省稳就业三年行动计划（2020－2022 年）》，提出“小微企业和家庭服务业企业若招用毕业年度高校毕业生和离校 2 年内未就业的高校毕业生，与之签订 1 年以上劳动合同并为其缴纳社保，将给予最长不超过 1 年的社保补贴”。HR 在日常工作中可以多多关注，符合条件的及时申领，特别是用工量较大的劳动力密集型企业，可以获得数目不小的社保补贴。

配套文书

表 8－9　全国各省份（港、澳、台地区除外）降低社会保险费率的地方法规统计表

行政区划	发文单位	发文时间	文件名称	文号
北京市	北京市人力资源和社会保障局 北京市财政局 国家税务总局北京市税务局 北京市医疗保障局	2019/4/28	《关于降低本市社会保险费率的通知》	京人社养发〔2019〕67 号
天津市	天津市人力资源和社会保障局 天津市财政局 国家税务总局天津市税务局	2019/4/19	《关于降低社会保险费率的通知》	津人社规字〔2019〕1 号

续表

行政区划	发文单位	发文时间	文件名称	文号
上海市	上海市人力资源和社会保障局 上海市财政局	2019/4/30	《关于降低本市城镇职工社会保险费率的通知》	沪人社规〔2019〕14 号
河北省	河北省人民政府办公厅	2019/4/23	《关于印发〈河北省降低社会保险费率实施方案〉的通知》	冀政办字〔2019〕38 号
山西省	山西省人民政府办公厅	2019/4/22	《关于印发〈山西省降低社会保险费率实施方案〉的通知》	晋政办发〔2019〕26 号
内蒙古自治区	内蒙古自治区人力资源和社会保障厅 内蒙古自治区财政厅	2019/4/26	《关于降低社会保险缴费率有关问题的通知》	内人社发〔2019〕16 号
辽宁省	辽宁省人民政府办公厅	2019/4/25	《关于印发〈辽宁省降低社会保险费率综合实施方案〉的通知》	辽政办发〔2019〕14 号
吉林省	吉林省人民政府办公厅	2019/4/26	《关于印发〈吉林省落实降低社会保险费率实施方案〉的通知》	吉政办发〔2019〕26 号
黑龙江省	黑龙江省人力资源和社会保障厅 黑龙江省财政厅 国家税务总局黑龙江省税务局	2019/4/23	《关于降低全省城镇职工基本养老保险和失业保险费率的通知》	黑人社发〔2019〕12 号
江苏省	江苏省人民政府办公厅	2019/4/30	《关于印发〈江苏省降低社会保险费率实施方案〉的通知》	苏政办发〔2019〕47 号
浙江省	浙江省人力资源和社会保障厅 浙江省财政厅 国家税务总局浙江省税务局	2019/5/10	《关于降低社会保险费率有关问题的通知》	浙人社发〔2019〕20 号

续表

行政区划	发文单位	发文时间	文件名称	文号
安徽省	安徽省人力资源和社会保障厅 安徽省财政厅 国家税务总局安徽省税务局 安徽省统计局	2019/4/25	《关于印发〈安徽省降低养老保险费率专项方案〉的通知》	皖人社发〔2019〕2 号
福建省	福建省人民政府办公厅	2019/4/28	《关于印发〈福建省降低社会保险费率综合工作方案〉的通知》	闽政办〔2019〕29 号
江西省	江西省人民政府办公厅	2019/4/24	《关于印发〈降低社会保险费率综合实施方案〉的通知》	赣府厅字〔2019〕27 号
山东省	山东省人民政府办公厅	2019/4/25	《关于印发〈山东省降低社会保险费率综合实施方案〉的通知》	鲁政办发〔2019〕14 号
河南省	河南省人力资源和社会保障厅 河南省财政厅 国家税务总局河南省税务局 河南省医疗保障局	2019/4/22	《关于降低社会保险费率有关问题的通知》	豫人社〔2019〕13 号
湖北省	湖北省人民政府办公厅	2019/4/29	《关于印发〈湖北省降低社会保险费率综合实施方案〉的通知》	鄂政办发〔2019〕33 号
湖南省	湖南省人民政府办公厅	2019/4/23	《关于印发〈湖南省降低社会保险费率实施方案〉的通知》	湘政办发〔2019〕19 号
广东省	广东省人力资源和社会保障厅 广东省财政厅 国家税务总局广东省税务局	2019/4/25	《关于印发〈广东省城镇职工基本养老保险单位缴费比例过渡方案〉的通知》	粤人社规〔2019〕11 号

续表

行政区划	发文单位	发文时间	文件名称	文号
广西壮族自治区	广西壮族自治区人力资源和社会保障厅 广西壮族自治区财政厅	2019/4/25	《关于印发〈降低社会保险费率实施方案〉的通知》	桂人社规〔2019〕9 号
海南省	海南省人力资源和社会保障厅 海南省财政厅 国家税务总局海南省税务局 海南省医疗保障局	2019/4/29	《关于印发〈海南省降低社会保险费率综合方案〉的通知》	琼人社发〔2019〕93 号
重庆市	重庆市人民政府办公厅	2019/4/29	《关于印发〈重庆市降低社会保险费率综合方案〉的通知》	渝府办发〔2019〕50 号
四川省	四川省人民政府办公厅	2019/4/23	《关于印发〈四川省降低社会保险费率实施办法〉的通知》	川办发〔2019〕27 号
贵州省	贵州省人民政府办公厅	2019/4/29	《关于印发〈贵州省降低社会保险费率综合方案〉的通知》	黔府办函〔2019〕62 号
云南省	云南省人民政府办公厅	2019/4/30	《关于印发〈云南省降低社会保险费率实施方案〉的通知》	云政办发〔2019〕48 号
西藏自治区	西藏自治区人民政府办公厅	2019/4/24	《关于印发〈西藏自治区降低社会保险费率综合方案〉的通知》	藏政办发〔2019〕27 号
陕西省	陕西省人民政府办公厅	2019/4/30	《关于印发〈降低社会保险费率实施办法〉的通知》	陕政办发〔2019〕18 号
甘肃省	甘肃省人民政府办公厅	2019/4/25	《关于印发〈甘肃省降低社会保险费率综合实施方案〉的通知》	甘政办发〔2019〕54 号

续表

行政区划	发文单位	发文时间	文件名称	文号
青海省	青海省人民政府办公厅	2019/4/26	《青海省降低社会保险费率综合实施方案》	青政办〔2019〕56 号
宁夏回族自治区	宁夏回族自治区人力资源和社会保障厅 宁夏回族自治区财政厅 宁夏回族自治区医疗保障局 国家税务总局宁夏税务局	2019/4/28	《关于降低社会保险费率的通知》	宁人社发〔2019〕42 号
新疆维吾尔自治区	新疆维吾尔自治区政府办公厅	2019/4/24	《关于印发〈自治区降低社会保险费率实施方案〉的通知》	新政办发〔2019〕54 号
新疆生产建设兵团	新疆生产建设兵团办公厅	2019/4/24	《新疆生产建设兵团降低社会保险费率实施方案》	新兵办发〔2019〕28 号

第九章 假期管理

导语

我国法律规定的假日种类繁多，适用规则复杂，对于HR来讲，管理好各类假期并非易事。这一章我们从法律角度探讨如何管理好常见的假期。

带薪年休假是最容易发生劳动争议的假期，一个重要的原因是带薪年休假与其他假期在管理思维上完全不同。其他假期系根据员工申请来安排，用人单位处于被动状态；而安排带薪年休假是用人单位的义务，用人单位应当处于主动状态。认识上的误区造成很多用人单位未很好地执行年休假制度，在诉讼中屡屡败诉。此外，证据固定意识缺位、取证技巧匮乏，用人单位常常无法完成举证责任，这是用人单位败诉的另一重要原因。本章第一节介绍了关于带薪年休假的常识，在此基础上探讨管理带薪年休假的实操法律技能。

病假管理是假期管理中的另一痛点。如何计算医疗期、如何核算病假工资，这只是入门级的问题。医疗期满后员工继续请病假的，该不该同意？这似乎有点让人为难。员工“小病大养”“泡病假”经常让HR一筹莫展，这才是病假管理中最让人头疼的事。本章第二节呈现受到广泛关注的几个案例，希望为管理好病假带来些许启示。

本章第三节是各种假期的概略介绍。其中，有使用频次较高的事假、产假、婚假、丧假，也有由来已久的探亲假，还有新近规定的护理假、独生子女陪护假。这些假期属于假期管理的组成部分，应熟练掌握。

第一节 带薪年休假

内容提要	
热点专题	带薪年休假
背景知识	1. 安排年休假 2. 计算未休年休假工资 3. 支付/扣回未休年休假工资 4. 未休年休假工资的法律性质、法律意义 5. 年休假争议的解决
成本提示	4 条
配套案例	1. 单位制度健全,操作较得当,一审全面败诉,二审大逆转 2. 用人单位未安排年休假,被判支付年假工资和经济补偿
实操技能	1. 完善规章制度,明确年休假处理规则 2. 做好日常年休假管理工作,固定好相关证据
配套文书	自愿放弃休年休假申请单

背景知识

我国宪法赋予每个劳动者休息的权利。1995 年 1 月 1 日正式施行的《劳动法》第四十五条第二款规定,劳动者连续工作一年以上的,享受带薪年休假。具体办法由国务院规定。《劳动法》首次提及"带薪年休假"这个法律概念,但并未对年休假作细化规定。2008 年 1 月 1 日施行的《职工带薪年休假条例》规定了年休假的具体施行办法,我国开始正式执行年休假制度。2008 年 9 月 18 日,人力资源和社会保障部出台《企业职工带薪年休假实施办法》,对年休假进行了进一步的细化规定。

年休假制度保障了劳动者的休息权,有利于缓解员工工作压力,激励员工提高工作效率,增强员工的归属感,属于社会保障待遇的重要组成部分。在企业人力资源管理过程中,年休假的管理属于假期管理中的重要环节。

1. 安排年休假

(1)安排对象

根据《企业职工带薪年休假实施办法》第二条"中华人民共和国境内的企业、民办非企业单位、有雇工的个体工商户等单位(以下称用人单位)和与其建立劳动关系的职工,适用本办法”的规定,可享受年休假的对象为与用人单位建立劳动关系的人员。此处的“劳动关系”是指全日制劳动关系。非全日制劳动者,一般认为不享受年休假待遇。例如,重庆、浙江、广东直接规定非全日制职工不享受年休假待遇;四川允许用人单位与非全日制劳动者进行协商约定;上海规定原则上非全日制职工不享受年休假,但双方另有约定的,从其约定。[①] 此外,退休返聘人员、勤工俭学的实习生为用人单位提供劳动的,按照劳务关系处理,也不属于享受年休假待遇的对象。

(2)前提条件

《职工带薪年休假条例》《企业职工带薪年休假实施办法》均对享受年休假的前提条件作了规定,即“连续工作满 12 个月以上”。对“连续工作满 12 个月以上”的理解,一般认为既包括职工在同一用人单位连续工作满 12 个月以上的情形,也包括职工在不同用人单位连续工作满 12 个月以上的情形。但少数省份有不同规定,例如,广东规定职工连续工作时间满 12 个月以上,是指职工在同一个用人单位连续工作满 12 个月以上。

关于工作连续性的问题,是要求职工曾经连续工作满 12 个月还是要求每次休年休假之前都连续工作满 12 个月?实践中的做法不一致。目前主流观点是只要职工曾经工作满 12 个月即可享受年休假待遇。从法理上讲,“连续工作满 12 个月以上”属于享受年休假待遇的资格条件,只要劳动者曾经连续工作满 12 个月,即已经取得资格,以后中断就业并不使得已经取得的资格自然丧失。

在计算连续工作时间时,是否可以中断?如果可以中断,中断期限是多长?对此,法律并无统一规定,只有个别省份的地方规定涉及该问题。例如,《重庆市劳动和社会保障局关于贯彻〈企业职工带薪年休假实施办法〉有关问题的通知》第

---

① 《重庆市劳动和社会保障局关于贯彻〈企业职工带薪年休假实施办法〉有关问题的通知》第一条　《企业职工带薪年休假实施办法》(以下简称《办法》)第二条对适用范围的规定中所称的“职工”为实行全日制用工制度的用人单位职工。

浙江省劳动和社会保障厅《关于贯彻实施企业职工带薪年休假制度的若干意见》第十二条　非全日制用工不享受职工带薪年休假待遇。

《关于广东省企业贯彻实施职工带薪年休假制度的若干意见》第十条　非全日制职工不享受年休假。

四川省劳动和社会保障厅《关于贯彻执行〈企业职工带薪年休假实施办法〉有关问题的通知》第一条　……从事非全日制工作职工的休息休假仍由用人单位和职工双方协商约定。

《上海市劳动人事争议若干问题处理指导意见》第四条　……对于非全日制工作人员、用人单位聘用的退休人员、非正规就业劳动组织及其人员原则上不适用年休假办法,但双方另有约定的,从其约定。

二条规定："在同一单位或者不同单位间的工作时间不得间断超过一个月以上。超过的，其连续工作时间重新计算。"

（3）除外事由

《职工带薪年休假条例》第四条规定："职工有下列情形之一的，不享受当年的年休假：（一）职工依法享受寒暑假，其休假天数多于年休假天数的；（二）职工请事假累计20天以上且单位按照规定不扣工资的；（三）累计工作满1年不满10年的职工，请病假累计2个月以上的；（四）累计工作满10年不满20年的职工，请病假累计3个月以上的；（五）累计工作满20年以上的职工，请病假累计4个月以上的。"

归纳起来，可以分为三类：享受寒暑假期且假期天数多于年休假天数的，请事假累计超过20天且单位没扣工资的，长期请病假的。从该条规定可以看出，只有寒暑假、事假、病假可以替代年休假。其他节假日，诸如法定节假日、公休日、婚丧假、产假、探亲假、工伤停工留薪期都不能与年休假相抵扣，满足条件的劳动者可以同时享受。值得注意的是，如果确因工作需要，职工享受的寒暑假天数少于其年休假天数的，用人单位应当安排补足年休假天数。

（4）如何安排

员工如何享受年休假，是员工主动申请还是用人单位主动安排？实践中，大多数单位是根据员工的申请来安排年休假。是否可以理解为员工不申请，用人单位就可以不安排年休假呢？答案是否定的。《职工带薪年休假条例》第五条第一款规定："单位根据生产、工作的具体情况，并考虑职工本人意愿，统筹安排职工年休假。"这意味着，安排员工休年休假是用人单位的义务，不得放弃。如果员工未提出申请，用人单位应该主动安排，否则需要承担未安排员工休年休假的法律责任。如果用人单位的规章制度中有类似"员工未在本年度内申请休完年休假，逾期作废"的规定，亦因违反法律规定而无效。

反过来，如果劳动者提出了休年休假的申请，用人单位能否拒绝？用人单位安排年休假需要考虑员工意愿，但并不是必须遵从员工意愿，而是根据自身生产、工作的具体情况统筹安排。也就是说，用人单位对安排员工在哪个时间段休年休假有决定权，对于不符合统筹安排的员工申请，用人单位可以拒绝。用人单位对年休假安排的决定权还表现在假期安排的节奏方面，即年休假在1个年度内可以集中安排，也可以分段安排，但一般不跨年度安排。单位因生产、工作特点确有必要跨年度安排职工年休假的，可以跨1个年度安排，但应取得员工同意。

劳务派遣工与用人单位存在劳动关系，但实际为用工单位提供劳动且接受用工单位管理，该由哪个单位为其安排休年休假？对于这个问题，《企业职工带薪年休假实施办法》第十四条第二款作出明确规定："被派遣职工在劳动合同期限内无工作期间由劳务派遣单位依法支付劳动报酬的天数多于其全年应当享受的年休假天数的，不享受当年的年休假；少于其全年应当享受的年休假天数的，劳务派遣单位、用工单位应当协商安排补足被派遣职工年休假天数。"简言之，劳务派遣工符合休年休假条件的，向用人单位提出申请，由用人单位与用工单位协商安排。

2. 计算未休年休假工资

如果用人单位安排职工年休假天数少于应休年休假天数或经职工同意不安排年休假的，应当在本年度内对职工应休未休年休假天数按照其日工资收入的300%支付未休年休假工资报酬，其中包含用人单位支付职工正常工作期间的工资收入。归纳起来，未休年休假工资的计算公式为：未休年休假工资 = 月工资 ÷ 21.75 天 × 应休未休年休假天数 × 300%。

（1）"月工资"的含义

《企业职工带薪年休假实施办法》第十一条第二款规定，月工资是指职工在用人单位支付其未休年休假工资报酬前12个月剔除加班工资后的月平均工资。在本用人单位工作时间不满12个月的，按实际月份计算月平均工资。可见，月工资包括除加班工资外的工资、奖金、津贴等所有收入。实行计件工资、提成工资或者其他绩效工资制的职工也按照前述规则处理。

未休年休假工资可否约定计算基数？《企业职工带薪年休假实施办法》第十三条规定："劳动合同、集体合同约定的或者用人单位规章制度规定的年休假天数、未休年休假工资报酬高于法定标准的，用人单位应当按照有关约定或者规定执行。"有的省份有类似规定，例如，《江苏省高级人民法院关于审理带薪年休假纠纷若干问题的指导意见》规定："用人单位与劳动者对未休年休假工资报酬计算标准有约定的，从其约定，但该约定不应低于前款规定的标准。"可见，年休假工资的计算基数可以约定，但要遵循"就高不就低"的原则，即约定标准只能高于而不能低于法定标准。

（2）休假天数如何计算

《职工带薪年休假条例》第三条第一款规定，职工累计工作已满1年不满10年的，年休假5天；已满10年不满20年的，年休假10天；已满20年的，年休假15天。这是计算年休假天数的基本规则。其中，累计工作时间的认定是关键，关系到年休假天数的计算。对于这个问题，《人力资源和社会保障部办公厅关于〈企业职工带薪年休假实施办法〉有关问题的复函》规定，“累计工作时间”包括职工在机关、团体、企业、事业单位、民办非企业单位、有雇工的个体工商户等单位从事全日制工作期间，以及依法服兵役和其他按照国家法律、行政法规和国务院规定可以计算为工龄的期间（视同工作期间）。从证据角度讲，认定职工的累计工作时间可以根据档案记载、单位缴纳社保费记录、劳动合同或者其他具有法律效力的证明材料确定。职工过往的海外工作经历能否计入累计工作时间？法律并无相关规定。笔者认为，从公平合理的角度看，只要劳动者能提供证据有效予以证明，应当计算在内。

计算年休假天数时会涉及折算问题，实践中，年休假的折算可以分为四种情况：

①劳动者累计工作年限和连续工作年限均满一年但不超过两年

例如，张某大学毕业初次参加工作，从 2018 年 7 月 1 日至 2019 年 12 月 31 日期间一直在 A 单位工作，2019 年度张某该休几天年休假？

实践中，有两种不同的观点：第一种观点认为，张某从 2018 年 7 月 1 日至 2019 年 12 月 31 日期间，连续工作超过 1 年，符合休年休假的条件。累计工作年限已满 1 年不满 10 年，2019 年应该休 5 天年休假。第二种观点认为，张某休年休假的天数应该按照《企业职工带薪年休假实施办法》第五条规定进行折算，即按照在本单位剩余日历天数折算确定，折算后不足 1 整天的部分不享受年休假。折算方法为：（当年度在本单位剩余日历天数 ÷ 365 天）× 职工本人全年应当享受的年休假天数。张某从 2018 年 7 月 1 日至 2019 年 6 月 30 日期间，工作未满 1 年，该期间不享受年休假。2019 年 7 月 1 日至 2019 年 12 月 31 日工作共计 184 日，计算过程为 184 ÷ 365 × 5 = 2.5 天。折算后不足 1 整天的部分不享受，因此张某 2019 年应休年休假 2 天。

法律对该种情况适用哪种算法并无明确规定，但司法实践中第二种观点为主流观点。有的地方规定了较为明确的算法。例如，《浙江省劳动和社会保障厅关于贯彻实施企业职工带薪年休假制度的若干意见》第四条规定：“连续工作刚满 12 个月的职工，其当年的年休假天数，按以下办法折算确定：该职工本年度可以享受的年休假天数 = 该职工符合年休假条件之日起的本年度剩余日历天数 ÷ 365 天 × 5 天。折算不足 1 整天的部分不享受年休假。”

②劳动者符合累计工作时间和连续工作时间的要求，但在本单位工作时间不满一年

例如，李某于 2008 年 7 月 1 日到 A 公司工作，直至 2019 年 6 月 30 日。此后，李某于 2019 年 7 月 1 日到 B 公司工作至 2019 年 12 月 31 日。2019 年度李某在 B 公司该休几天年休假？

李某累计工作满 10 年不满 20 年，当年应当享受年休假 10 天。2019 年度虽然在 A、B 两个公司工作，但连续工作满 1 年，符合休年休假的条件。该种情况应当适用《企业职工带薪年休假实施办法》第五条的规定，即按照在本单位剩余日历天数折算确定，折算后不足 1 整天的部分不享受年休假。计算方法为 184 ÷ 365 × 10 = 5 天。因此，李某在 B 公司该休年休假 5 天。

③劳动者符合累计工作时间和连续工作时间的要求，但在年度内提前离职

例如，王某于 2004 年 3 月 1 日入职 A 公司，工作至 2019 年 5 月 30 日。此后，王某离职到其他单位工作。2019 年度 A 公司已安排王某休年休假 2 天，A 公司还应该支付王某几天未休年休假工资？

该种情况应当适用《企业职工带薪年休假实施办法》第十二条的规定。王某累计工作年限超过 10 年不满 20 年，当年应当享受 10 天年休假。王某与 A 公司解除劳动合同时，当年度 A 公司未安排王某休满应休年休假，应当按照王某当年已工作时间折算应休未休年休假天数，从 2019 年 1 月 1 日至 2019 年 5 月 30 日共计 150 天。计算方法为 150 ÷ 365 × 10 = 4.1 天。因此，至王某离职之日，2019 年度 A 公司应当安排王某休年休假 4 天，减去已经安排的 2 天，还应当支付王某 2 天年休假工资。

④累计工作时间遇升格的过渡年份

例如，赵某从 2009 年 7 月 1 日开始参加工作，一直在 A 公司工作，到 2019 年 6 月 30 日，工作年限累计满 10 年。到 2019 年年底时，赵某当年该休几天年休假？

这种情况，要分段计算。对 2019 年 6 月 30 日之前，按照在本单位已过日历天数占全年天数的比例，以每年 5 天年休假进行折算；2019 年 6 月 30 日之后，按照剩余日历天数占全年天数的比例，以每年 10 天年休假进行折算；折算后不足 1 天的不享受年休假。即 181 ÷ 365 × 5 + 184 天 ÷ 365 × 10 = 7.5 天，故赵某 2019 年应休年休假天数为 7 天。

(3) 如何理解“300%”

未休年休假工资报酬为职工日工资收入的 300%，其中包含用人单位支付职

工正常工作期间的工资收入。也就是说，300% 的工资包括 100% 正常发放的工资以及 200% 额外发放的工资。只要用人单位正常发放劳动者工作期间的工资，对于未休年假的相应天数，再按照职工日薪另行计发 200% 即可。

3. 支付/扣回未休年休假工资

（1）支付未休年休假工资

由于用人单位的原因未安排职工休年休假的，应当按照该职工日工资收入的 300% 支付未休年休假工资报酬。用人单位安排职工休年休假，但是职工因本人原因且书面提出不休年休假的，用人单位可以只支付其正常工作期间的工资收入，另外 200% 部分无须支付。

日常管理中，职工主动辞职或因为严重违纪等原因被用人单位解除劳动关系的，用人单位很少折算未休年休假天数并计发年休假工资。这种做法存在法律风险！《企业职工带薪年休假实施办法》第十二条只规定了单位与职工解除或者终止劳动合同时，当年度未安排职工休满应休年休假的，应当按照职工当年已工作时间折算应休未休年休假天数并支付未休年休假工资报酬。该规定并未具体区分解除或者终止劳动关系的原因。也就是说，无论哪种原因，只要双方解除或终止劳动关系的，用人单位都应当对当年已工作时间折算应休未休年休假天数并向职工支付未休年休假工资报酬。当然，用人单位可以在双方解除或者终止劳动合同前安排职工休年休假，就无须支付未休年休假工资报酬。例如，员工因个人原因提出离职，用人单位在接到员工离职申请后可以折算该员工当年度已工作时间应该休年休假的天数。然后双方协商解除劳动关系的时间，用人单位可以在解除劳动关系前安排职工休完未休部分的年休假。

（2）实行不定时工时制的职工未休年休假是否支付 3 倍工资

根据《职工带薪年休假条例》第二条的规定，机关、团体、企业、事业单位、民办非企业单位、有雇工的个体工商户等单位的职工连续工作 1 年以上的，有权享受带薪年休假。也就是说，全日制职工连续工作满 1 年以上的，就有权享受年休假，而不论其执行何种工时制。如果用人单位未安排实行不定时工时制的职工休年休假的，是否计发 300% 的工资？对此，国家法律并未明确规定。主流观点认为，休年休假是职工的权利，如果用人单位未安排职工休年休假，应当支付年休假工资。所以，实行不定时工时制的职工未休年休假的，用人单位应当支付 3 倍工资。但浙江省作出了例外规定。浙江省劳动和社会保障厅《关于贯彻实施企业职工带薪年休假制度的若干意见》第十一条规定，“经依法批准实行不定时工作制的职工,不适用未休年休假需支付 3 倍工资的规定,但用人单位应当根据职工的工作量和工作业绩科学合理地确定职工的劳动报酬。实行年薪制的人员可以由用人单位依法申请实行不定时工作制”。浙江省的规定并未排除实行不定时工作制的职工休年休假的权利。只是实行不定时工作制的职工与其他员工不同,用人单位未安排休年休假的,不适用计发 3 倍工资的规则。

(3)职工离职时,多休的年休假能否扣回

根据《企业职工带薪年休假实施办法》第十二条的规定,用人单位与职工解除或者终止劳动合同时,当年已安排职工年休假的,多于折算应休年休假的天数不再扣回。该条法律规定显然有利于劳动者,有观点认为,该条法律规定仅适用于用人单位主动安排职工休年休假的情况。对于职工在离职前主动向用人单位申请多休年休假,休完年休假后立即离职,且未提前告知用人单位自己有离职打算的,用人单位可以通过扣减工资的方式扣回劳动者多休的年休假天数。这种观点并非通说,需要谨慎适用。

4. 未休年休假工资的法律性质、法律意义

(1)法律性质

《企业职工带薪年休假实施办法》第十条第一款规定:“用人单位经职工同意不安排年休假或者安排职工年休假天数少于应休年休假天数,应当在本年度内对职工应休未休年休假天数,按照其日工资收入的 300% 支付未休年休假工资报酬,其中包含用人单位支付职工正常工作期间的工资收入。”根据该条法律规定,可以推论未休年休假工资报酬包括 100% 的正常工资、200% 的年休假折算工资两部分。100% 正常工资部分属于劳动报酬,这并无争议。对于 200% 的年休假折算工资的法律性质,存在较大争议。实践中,主要有以下三种观点:

①福利待遇说

该种观点认为,200% 的年休假折算工资属于福利待遇。主要理由为:国家统计局《关于工资总额组成的规定》并未把未休年休假工资待遇列为工资总额的组成部分。未休年休假工资报酬中虽有“工资”二字,但只有 100% 的工资部分为劳动者付出劳动而支付的对价,200% 的年休假折算工资并不是。如果劳动者选择休年休假,就不存在 200% 的折算部分工资。200% 的年休假折算工资实质上属于对劳动者放弃休年休假的一种补偿性福利待遇。持有该种观点的地区包括北京、浙江、深圳、上海、福建等。

②劳动报酬说

该种观点认为，和 100% 的工资部分一样，200% 的年休假折算工资也属于劳动报酬。主要理由为：《职工带薪年休假条例》第五条第三款规定，对职工应休未休的年休假天数，单位应当按照该职工日工资收入的 300% 支付年休假工资报酬。该法律条文将未休年休假工资报酬明确定义为工资报酬。此外，劳动者牺牲自己休年休假的时间为用人单位提供劳动，理应获得高于平常的工资水平，但其本质仍然是劳动者因为付出劳动而支付的对价，应当认定为劳动报酬。持有该种观点的地区包括重庆、云南、湖北、长沙等地。

③惩罚赔偿说

该种观点认为，200% 的年休假折算工资是一种惩罚性赔偿。主要理由为：年休假制度的立法目的是保障劳动者的休息权。用人单位安排劳动者休年休假是法律的强制性要求，用人单位应当首选安排劳动者休年休假。如果用人单位未遵照执行，应当承担法定责任，即支付惩罚赔偿金。这类似具有惩罚性的未签劳动合同支付“二倍工资”。此外，劳动者未休年休假的，其休息权的性质并未发生变化，不能直接转化为劳动报酬权，故 200% 的年休假折算工资不属于劳动报酬的范畴，持有该种观点的地区包括广西。

（2）法律意义

区分未休年休假工资待遇（特指 200% 的年休假折算工资，下同）的法律性质有重要的法律意义，因为这关系到两个法律问题的处理走向：第一，未休年休假工资的仲裁时效如何适用；第二，用人单位未安排休年休假也未支付未休年休假工资，劳动者能否以此为由解除劳动合同并主张经济补偿。

①仲裁时效适用

根据《劳动争议调解仲裁法》第二十七条第一款的规定，劳动争议申请仲裁的时效期间为一年。仲裁时效期间从当事人知道或者应当知道其权利被侵害之日起计算。这是关于劳动争议案件普通时效的规定。《劳动争议调解仲裁法》第二十七条第四款规定，劳动关系存续期间因拖欠劳动报酬发生争议的，劳动者申请仲裁不受本条第一款规定的仲裁时效期间的限制；但是，劳动关系终止的，应当自劳动关系终止之日起一年内提出。这是劳动争议案件特殊时效的规定。简言之，对于劳动报酬，适用特殊时效；对其他类型的劳动争议，适用普通时效。

如前所述，未休年休假工资报酬由 100% 的正常工资、200% 的年休假折算工资两部分组成。对于 200% 的年休假折算工资法律性质的界定，决定了如何适用仲裁时效。其中,持有“劳动报酬说”观点的,认为 200% 的年休假折算工资亦属于劳动报酬,也就是说,整个未休年休假工资待遇均属于劳动报酬,应当适用特殊时效。而持有“福利待遇说”“惩罚赔偿说”两种观点的,认为未休年休假工资待遇中 100% 正常工资部分,属于劳动报酬,适用特殊时效;200% 的年休假折算工资部分不属于劳动报酬,适用一般时效。值得注意的是,对于适用一般时效的,仲裁时效的起算点各地仍有差异。例如,浙江省规定:“劳动者要求用人单位支付未休年休假工资报酬的仲裁时效从次年的 1 月 1 日起计算。经劳动者同意跨年度安排年休假的,顺延至下一年度的 1 月 1 日起计算;劳动关系解除或者终止的,从解除或者终止之日起计算。”北京市规定:“考虑年休假可以集中、分段和跨年度安排的特点,故劳动者每年未休年休假应获得年休假工资报酬的时间从第二年的 12 月 31 日起算。”深圳市规定:“未休年休假工资的申请劳动仲裁时效期间应从第三个年度的 1 月 1 日当天开始计算。”

②关于经济补偿

认为未休年休假工资待遇为劳动报酬的,如果用人单位未安排年休假也未支付未休年休假工资的,劳动者以此为由解除劳动关系并主张经济补偿的,人民法院予以支持。持有该种观点的地区如重庆、云南。更多的地区认为未休年休假的工资待遇不属于劳动报酬,劳动者以此为由解除劳动关系并主张经济补偿的,不予支持。例如,北京、上海、广东、深圳、浙江均持该种观点。

5. 年休假争议的解决

(1)争议解决途径

第一个解决途径是向劳动行政部门投诉,通过行政执法的方式解决争议。根据《企业职工带薪年休假实施办法》第十五条的规定,用人单位不安排职工休年休假又不支付未休年休假工资报酬的,劳动者可向劳动行政部门投诉。劳动行政部门接到劳动者投诉后,经调查属实的,可以依据职权责令用人单位限期改正。用人单位逾期不改正的,除被责令支付未休年休假工资报酬外,还应当按照未休年休假工资报酬的数额向职工加付赔偿金。用人单位拒不执行支付未休年休假工资报酬、赔偿金行政处理决定的,由劳动行政部门申请人民法院强制执行。

第二个解决途径是提起仲裁、诉讼。《企业职工带薪年休假实施办法》第十六条规定:“职工与用人单位因年休假发生劳动争议的,依照劳动争议处理的规定处理。”劳动争议案件遵循“先裁后诉”“一裁两审”的基本程序。用人单位未安排职工休年休假又不依法支付未休年休假工资报酬而发生纠纷的,劳动者可向劳动合同履行地或者用人单位所在地劳动仲裁委申请仲裁，要求用人单位支付未休年休假工资报酬。除符合一裁终局条件的，劳动者不服仲裁裁决的，可以向人民法院提起诉讼。诉讼程序包括一审、二审。

（2）举证责任分配

《劳动争议调解仲裁法》第六条规定："发生劳动争议，当事人对自己提出的主张，有责任提供证据。与争议事项有关的证据属于用人单位掌握管理的，用人单位应当提供；用人单位不提供的，应当承担不利后果。"因年休假发生争议的，劳动者和用人单位应当就自己的主张承担举证责任。

劳动者主张未休年休假工资的，应当就连续工作时间、累计工作时间、工资标准进行举证。提供已连续工作满1年以上的证据是为了证明符合享受年休假的资格，提供累计工作时间长短的证据是用以证明可以享受的年休假天数，提供工资标准的证据是为了计算未休年休假的工资基数。通常，劳动者可以提供工资发放的银行流水、考勤记录、劳动合同、社会保险参保记录、人事档案、服兵役的证明材料等证据证明上述事实。

用人单位对劳动者提起的未休年休假工资的主张，有以下几个抗辩角度：

①法律关系抗辩。即认为劳动者与用人单位不属于（全日制）劳动关系，而是劳务关系或者非全日制劳动关系，用人单位没有义务安排劳动者休年休假。常见的证据如非全日制劳动合同、退休返聘协议、实习协议等。

②主体抗辩。即认为劳动者执行不定时工时制，不适用未休年休假需支付3倍工资的规定（限浙江省）。通常需要举示约定了实行不定时工时制的劳动合同、劳动行政部门批准用人单位执行不定时工时制的批复文件等。

③除外事由抗辩。即认为劳动者存在《职工带薪年休假条例》第四条规定的情形，用人单位可以不安排劳动者休年休假。常见的证据如考勤记录、休假申请单、工资发放记录、休寒暑假的通知等。

④事实抗辩。即提出已经安排劳动者休年休假或已经支付未休年休假工资，也可以证明劳动者因本人原因提出书面申请自愿不休年休假。一般可以举示休假申请单、考勤记录、未休年休假工资支付记录、主动放弃休年休假的声明等。此外，用人单位有保存两年工资支付记录备查的义务，故而在两年期间内，用人单位对劳动者休假的相关事实负有举证责任。超出两年期限部分，举证责任则会转移至劳动者承担，对其自身休假事实应提交相应证据。

⑤计算方式抗辩。即对劳动者主张的未休年休假工资待遇的计算方式提出

异议。例如，提出计算基数应当剔除加班工资、休假天数存在错误等。用人单位可以提供工资表、排班表等证据。

⑥时效抗辩。即认为劳动者主张未休年休假工资的请求已经超过仲裁时效，具体参见本节“未休年休假工资报酬的法律性质及其法律意义”部分。

成本提示

1. 用人单位超出法律规定给予员工福利年休假的，应当在规章制度中规定法定年休假与福利年休假的关系，福利年休假的休假条件、休假程序、未休年休假的补偿规则等事项。未约定的，可能会被判决支付未休年休假工资。

2. 用人单位有义务主动安排劳动者休年休假，规章制度中类似“员工不提出申请，用人单位不安排年休假”“员工未在本年度内休完年休假，逾期作废”的规定，因违反法律强制性规定而无效。

3. 安排员工休年休假的，需要保留证据；对于员工因为个人原因提出不休年休假的，需要保留书面证据。否则，诉讼中关于年休假的举证责任分配原则会让拿不出证据的用人单位承担败诉责任。

4. 有的地区把未休年休假工资视为劳动报酬，用人单位安排劳动者休年休假或者支付劳动者未休年休假的工资的，有义务保存记录两年备查。对于离职员工未折算年休假工资的，可能因小失大，被主张未休年休假工资及经济补偿。

配套案例

案例1：单位制度健全，操作较得当，一审全面败诉，二审大逆转①

2006年9月28日，李某与某饮料公司建立劳动关系，担任所长职务，实行不定时工作制。2013年5月1日，双方签订无固定期限劳动合同。

根据某饮料公司制发的假期政策，员工根据在公司的服务年限和累计工作年限，享受不同天数的有薪年假，包括依法享受的法定年假和公司给予的福利年假。李某所属的“其他员工类”公司服务年限5年以上，累计工作年限10年以下的，每年享有法定年假5天，福利年假13天；公司服务年限5年以上，社会累计工作年限

① 本案例改编自（2016）鄂10民终224号民事判决书。

满 10 年不到 20 年的，每年享有法定年假 10 天，福利年假 8 天。

假期政策还规定，员工按每月 1.5 天累计有薪年假天数，累计生成的有薪年假定额达到法定年假天数后，新生成的有薪假为福利年假定额，员工福利年假定额需于生成后方能安排请休。员工因个人原因不请休当年度法定年假的，公司允许员工申请将这些法定年假作为福利年假滚存至下一年度 4 月 30 日前休完。员工因个人原因不愿意请休也不滚存的当年度法定年假，公司不承担折算工资补偿的义务。员工对于未休完的当年生成的福利年假也享受滚存待遇，即也可以滚存至下一年度 4 月 30 日前休完。逾期未能休完，公司不予折算工资，也不可再予以滚存。

2008 年至 2013 年，某饮料公司在每年的下半年向李某发出了《法定年休假安排通知单》，该通知单分为通知联和回复联。通知联中，某饮料公司写明了员工尚未请休的福利年假天数（包括当年度生成的福利年假天数及上年度作为福利年假滚存的天数）和当年度未请休的法定年假天数，并告知员工在当年年底前休完本年度法定年假；回复联中，某饮料公司向员工给出了两种选项：一是员工可以选择在当年度内请休完毕当年度的法定年假；二是员工可以选择因个人原因将当年度未请休的法定年假作为福利年假滚存至下一年度 4 月 30 日前休完，且明确告知员工如果选择滚存是作为福利年假滚存，对于员工当年度未请休完毕的法定年假，公司不承担折算工资补偿的义务。

李某在填写回复联时，对 2008 年度至 2012 年度未请休完毕的法定年假均选择按福利年假予以滚存，对 2013 年度未请休的 10 天法定年假选择在当年底以前请休。

2014 年 8 月 27 日，李某向劳动仲裁委提起仲裁，主张 2008 年至 2014 年期间未休年休假工资。劳动仲裁委裁决某饮料公司支付李某有薪年假折算工资 45,346 元。某饮料公司不服仲裁裁决，向一审法院提起诉讼。一审法院判决某饮料公司支付李某未休法定年休假工资报酬 27,103 元。一审判决作出后，某饮料公司提起上诉，二审法院对一审判决进行了改判，改判为某饮料公司支付李某 2013 年未休法定年假应补足的工资报酬 5531.31 元。两级法院的观点如表 9 – 1。

表 9－1 一审法院与二审法院的观点

	一审法院	二审法院
主要观点	①按照某饮料公司上年度未休完的法定年休假作为福利年假滚存的惯例，可以认定李某于 2008 年计的 2007 年未休的 3 天福利年假为法定年休假；李某 2008 年至 2013 年分别有未休的年休假 3 天、5 天、5 天、6 天、7 天、10 天，共计 36 天；因某饮料公司未能按照惯例提交《法定年假安排通知单》，不能证明李某已休当年的年休假，故应认定李某 2014 年未休年休假天数为 10 天。综上，李某 2008 年度至 2014 年度未休年休假天数共为 49 天（3 +36 +10 =49 天）。 ②关于某饮料公司未休年休假滚存至下一年度员工仍然未休的不再折算工资的规定，明显与法律规定相悖。 ③双方均认可李某月平均工资为 6015.3 元。	①2008 年度至 2012 年度，李某选择不休法定年假而滚存为福利年假，应当视为李某因本人原因且提出了不休法定年假的书面申请，某饮料公司对于该期间未请休的法定年假可以不支付折算工资。 ②李某对于某饮料公司 2013 年度发出的法定年休假安排通知单，在回复联选择 2013 年年底以前请休法定年假 10 天。但诉讼中，某饮料公司不能证明李某已实际请休了这 10 天法定年假，也不能证明李某因本人原因又提出了不休这 10 天法定年假的书面申请。故某饮料公司对李某 2013 年度未休的 10 天法定年假应承担折算工资的补偿义务。 ③2014 年度，李某在当年 7 月已休有薪年假 11 天，已经超过了其 10 天的法定年假天数，某饮料公司不再补偿。
结论	某饮料公司应向李某支付 2008 年至 2014 年度未休法定年休假工资报酬 27,103元（6015.3 元 ÷21.75 天 ×49 天 ×2）	某饮料公司应向李某支付 2013 年度未休法定年休假工资报酬 5531.31 元（6015.3 元 ÷21.75 天 ×10 天 ×2）

■ 律师评析

这个案例可以总结的要点如下：

1. 某饮料公司制定年休假规章制度的水平较高，值得借鉴。首先，某饮料公司制定的《假期政策》明确区分了法定年休假、福利年休假，规定了具体的天数计算方法，给予了员工较高的福利待遇，有利于保障劳动者休息权，提高劳动者的工作积极性。其次，《假期政策》规定了年休假的生成规则、请假流程、滚存规则、未休年休假的补偿规则。规则设计精密细致，可执行性强，符合法律规范且具人性化关怀。

2. 某饮料公司年休假的管理工作开展得较细致，值得学习。从工作表格设计上看，《法定年休假安排通知单》分为通知联和回复联，通知联用于通知员工，回复联作为员工的意见反馈，可留作证据使用。从工作表格内容看，告知了员工当年度法定年休假及福利年休假的天数、滚存规则、折算补偿规则，尽到告知义务。表格还设置了休假和滚存的选项，符合“结合员工意愿安排年休假”的法律规定。从操作执行层面看，某饮料公司能举示出2008年度至2012年度以及2014年度的《法定年休假安排通知单》，说明经办人证据意识强、执行力到位、证据保管较妥善。

3. 某饮料公司对李某2013年度年休假处理不到位，值得反思。美中不足的是，李某在2013年度的《年假安排通知单》选择了“2013年年底以前请休法定年假10天”，但从证据上看，某饮料公司既未安排李某休年休假，也未支付未休年休假工资。当然，也可能某饮料公司安排了李某休年休假，但当年度的《法定年休假安排通知单》遗失，导致无法举证。正确的操作是，在接到员工本年度愿意休年休假的申请后，应当在年度内安排职工休假。如不能安排的，应当及时支付未休年休假工资。

4. 两级法院的判决明确了裁判规则，给年休假的日常管理指明了方向。本案二审法院之所以对一审判决改判，关键是对“未休年休假滚存至下一年度员工仍然未休的不再折算工资”规则的合法性有不同认识。一审法院认为，员工选择不休当年的年休假，单位给予的“滚存”处理规则违法，不能适用，所以全部支持李某的请求。二审法院结合了《企业职工带薪年休假实施办法》第十条第二款的规定，因员工本人原因且提出了不休法定年假申请的，用人单位可以不给予补偿。至于某饮料公司对于当年未休的年休假按照“滚存”规则处理，是超出法律的规定，给予员工人性化的处理。就算“滚存”规则违法，也不妨碍用人单位不支付补偿行为的合法性。况且用人单位有制定规章制度的权利，“滚存”规则并不违法。另外，某饮料公司之所以被判决支付李某2013年度未休年休假工资，是因为某饮料公司无法举证安排了李某休当年的年休假。可以看出未休年休假工资争议的举证责任如何分配。这提示用人单位不但要主动安排员工休年休假，还要保管好安排员工休年休假的证据或支付未休年休假工资的证据，以备不时之需。

■ 法条链接

《企业职工带薪年休假实施办法》

第十条第二款 用人单位安排职工休年休假，但是职工因本人原因且书面提出不休年休假的，用人单位可以只支付其正常工作期间的工资收入。

案例2:用人单位未安排年休假,被判支付年假工资和经济补偿①

2008年12月5日,郭某进入某乳制品公司从事营业员工作。2018年5月12日,郭某以某乳制品公司未安排年休假也未及时足额支付劳动报酬为由,寄送《即时解除劳动合同通知书》,于当日与某乳制品公司解除劳动合同。同日,郭某申请劳动仲裁。仲裁裁决作出之后,郭某向人民法院提起诉讼,主张2008年12月5日至2018年5月11日加班工资84,272元、未休年休假工资14,262元、经济补偿20,900元。

某乳制品公司答辩称,2008年12月5日至2016年12月31日,不清楚是否安排郭某休年休假以及是否支付未休年休假工资。2017年1月1日至2018年5月11日,某乳制品公司未安排郭某休年休假,也未支付未休年休假工资,但郭某的该项请求已过仲裁时效,不应得到支持。也不存在拖欠加班工资,所以不存在欠薪,不同意支付经济补偿。

人民法院认为,国家实行带薪年休假制度,劳动者连续工作一年以上的,享受带薪年休假。《职工带薪年休假条例》第三条规定,职工累计工作已满1年不满10年的,年休假5天。根据《工资支付暂行规定》第六条之规定,用人单位应当将劳动者已享受带薪年休假或者用人单位已向劳动者支付未休年休假的工资的记录保存两年以上备查。本案中,某乳制品公司应当对2016年5月11日至2018年5月11日郭某已享受带薪年休假或者已向郭某支付未休年休假的工资承担举证责任。某乳制品公司未能举证证明,应当承担举证不能的不利后果。未休年休假工资基数剔除加班工资后为1954.57元/月,故某乳制品公司应当向郭某支付2016年5月11日至2018年5月11日未休年休假工资1617.58元(1954.57元/月÷21.75天×9天×200%=1617.58元)。除此之外,按照"谁主张,谁举证"的原则,郭某应对2008年12月5日至2016年5月10日未享受带薪年休假承担举证责任,但郭某并未举示证据证明,应当承担举证不能的不利后果。人民法院对郭某主张2008年12月5日至2016年5月10日未休年休假工资的请求不予支持。未休年休假工资属于劳动报酬,适用特殊时效。劳动关系终止的,应当自劳动关系终止之日起一年内提出权利主张。郭某于2018年5月12日申请劳动仲裁主张未

① 本案例改编自(2019)渝01民终2244号民事判决书。

休年休假工资，没有超过仲裁时效，故某乳制品公司关于未休年休假超过仲裁时效的意见不成立，人民法院不予采纳。

本案中，郭某以某乳制品公司未及时足额支付劳动报酬为由要求解除劳动合同，符合法律规定的用人单位应当支付经济补偿金的情形。郭某与某乳制品公司解除劳动合同前 12 个月的平均工资为 2287.9 元。郭某主张按照 2200 元/月的标准计算经济补偿金，人民法院予以确认。故某乳制品公司应支付郭某 2008 年 12 月 5 日至 2018 年 5 月 11 日的经济补偿金为 20,900 元(9.5 个月 ×2200 元/月 = 20,900 元)。

■ 律师评析

本案中某乳制品公司未安排郭某休年休假是既定事实，因为无法举证安排郭某休年休假的证据，只能采取减损措施。就诉讼策略而言，某乳制品公司答辩称不清楚两年之前的安排年休假或支付未休年休假工资的情况，是正确的。如此答辩，才能依据《工资支付暂行规定》第六条关于工资支付记录保存两年以上备查的规定把损失控制在 2 年之内。对于 2 年之外，人民法院把未享受带薪年休假的举证责任分配给了劳动者，郭某因无法举证而败诉。

本案中某乳制品公司未休年休假工资部分败诉，就决定了关于经济补偿的诉讼请求必然败诉。重庆地区，未休年休假工资被视为劳动报酬，劳动者以用人单位没有支付未休年休假工资为由，要求用人单位支付经济补偿的能得到支持。[①]对于该问题，其他地区持有不同观点。就本案案情，在其他区域会出现不同的判决结果。

■ 法条链接

《工资支付暂行规定》

第六条第三款 用人单位必须书面记录支付劳动者工资的数额、时间、领取者的姓名以及签字，并保存两年以上备查。用人单位在支付工资时应向劳动者提

---

① 重庆市高级人民法院民一庭《关于九龙坡区法院劳动争议案件法律适用问题研讨会议综述》第七条 劳动者以用人单位没有支付未休年休假工资为由，要求用人单位支付经济补偿的，应否支持？一致意见认为，根据重庆市高级人民法院民一庭《关于当前民事审判若干问题的解答》第二十五条精神，带薪年休假应是定期休假的一种，相应地未休假应享受的待遇应属于工资报酬范围。因此，用人单位未依法向劳动者支付未休年休假工资的，劳动者有权据此请求解除劳动合同，并要求用人单位支付经济补偿。

供一份其个人的工资清单。

实操技能

1. 完善规章制度,明确年休假处理规则

(1)依法建章建制,执行年休假制度

《职工带薪年休假条例》颁布实施已经十余年,该项制度已经深入人心,为广大劳动者所熟知。执行年休假制度是用人单位的法定义务,不可推脱;不依法执行的,有相应的法律责任。对单位经营而言,保障劳动者的休息权,提高劳动者的福利待遇,能提高整体工作效率,也能更好地吸纳人才。年休假管理属于员工关系中休息休假板块重要组成部分,内容庞杂,容易产生纠纷,靠管理惯例、管理传统等约定俗称的办法已经不能很好地实现管理目标,产生纠纷后亦无据可查。对年休假的事务建章建制,规范休假流程,用制度来约束行为,势在必行。

(2)明确工作时间核定规则,确定休假资格及休假天数

"连续工作时间""累计工作时间"这两个概念对年休假的管理十分重要。其中,员工是否有资格享受年休假,由员工的"连续工作时间"决定;员工可以休多少天年休假,由员工的"累计工作时间"决定。实践中,如何认定这两个工作时间确实是个问题。

很多用人单位认为"连续工作满 1 年以上"仅指在本单位连续工作满 1 年以上,对新进单位不满 1 年的员工不予安排休年休假。我国只有极少部分地区持有该种观点。一般认为,"连续工作满 1 年以上"既包括员工在同一用人单位连续工作满 12 个月以上的情形,也包括职工在不同用人单位连续工作满 12 个月以上的情形。新进单位不满 1 年的员工如能提供在其他用人单位就职超过 1 年的工资流水、社会保险缴费记录、劳动合同等证明材料,应当根据在本单位的工作天数与全年天数的比例折算该员工本年度的年休假天数。有两个问题,法律的规定并不十分明确,用人单位可以结合当地的地方规定及司法裁判观点在规章制度中加以规定。其一,对于员工曾经"连续工作满 1 年以上"是要求职工曾经连续工作满 12 个月还是要求每次休年休假之前都连续工作满 12 个月?其二,"连续工作满 1 年以上"中途能否有中断?中断时间多长应当连续计算?

对于"累计工作时间"的认定,建议采用"自我陈述 + 提交证据"的方式。所谓"自我陈述",即要求员工在填写入职材料时本着诚实信用的原则填写自己参加工作的累计工龄,同时承诺不存在虚假;"提交证据"是指要求员工提交证据证明

自己的累计工作年限，通常包括劳动合同、社会保险参保记录、人事档案、军龄或视同工龄的证明材料等。对于员工能提供有效证据证明自己"累计工作年限"的，则按照实际工作年限安排相应天数的年休假；对于员工本人确实无法提交或不愿提交或不能提交的，用人单位可以规定直接按照本单位工作年限确定其法定年假天数。

(3)区分法定年休假与福利年休假，制定福利年休假规则

有的用人单位除了法定年休假，还设置了福利年休假。用人单位的初衷是给劳动者提供更丰厚的福利待遇，但经常因为规则不明确导致纠纷。笔者认为，管理好福利年休假，可以从以下两方面入手：

①应当明确区分法定年休假和福利年休假，明确福利年休假是福利待遇性质。安排法定年休假是用人单位的义务，但设置福利年休假则不是。用人单位可以明确规定，福利年休假属于用人单位为劳动者提供的福利待遇，增强吸引人才的筹码。

②福利年休假作为一种机制，应当全面进行规范。关于福利年休假与法定年休假的关系，通常考虑优先休法定年休假，然后才安排福利年休假。法定年休假未休完的，不得申请休福利年休假。关于福利年休假的天数，用人单位可从员工的工作年限、职务等级、业绩贡献等维度设置条件，让为单位付出多的员工得到相应回报，同时也激励其他员工积极进取。关于福利年休假的适用条件，可以考虑设置禁止条件，即规定员工出现用人单位不鼓励或禁止的某些情况，则不享受福利年休假。例如，员工当年度受过警告以上处分的，取消享受福利年休假的资格。在禁止条件之外，可以对满足条件的全体员工开放。关于未休福利年休假的留存规则，福利年休假与法定年休假不同，用人单位可以设置"过期作废"条款。即在规章制度中明确规定，福利年休假当年未休完的，下一年不再适用。当然，也可以人性化地留存一定时间，在留存的时间内未休完的，不再安排。关于未休完福利年休假的经济补偿折算，需要根据单位情况规定，因为单位或员工原因未能安排休福利年休假的，用人单位是否给予相应的经济补偿；如果要给予补偿，则需进一步明确补偿的标准及计算方式。

(4)确立未休完年假的处理规则

员工未休完当年的法定年休假，原因有以下三类：

①因为用人单位的原因未安排员工休年休假或安排休年休假的天数未达到法定天数。对于该种情况，法律有明确的规定，即需要对员工应休而未休的年休

假天数按照员工日工资收入的300%支付未休年休假工资报酬或经员工同意后跨1个年度安排。用人单位的规章制度不得规定逾期失效，这样的规定是违法的，因为安排员工休年休假是用人单位的义务。

②用人单位安排员工休年休假，但员工不愿意休。对于这种情况，规章制度可以规定员工应当提交书面的申请，表明是因为员工个人原因放弃休年休假，同时告知劳动者法律后果，即用人单位对未休的年休假不给予额外补偿。

③员工在年度终了之前离职，导致用人单位无法全部安排年休假。员工离职的原因可以分为员工主动离职、用人单位解除劳动关系两类。员工主动离职的，用人单位往往无法提前预知，这种情况可以与员工协商解除劳动关系的时间，在双方劳动关系解除前安排完当年应休未休的年休假。解除劳动关系前仍未安排劳动者休完的，只能选择向劳动者额外支付200%的工资。如果是用人单位单方解除与劳动者劳动关系的，这种情况亦可选择在准备解除前安排劳动者休完应休未休的年休假。需要立即解除的，宁可把未安排完的年休假折算成补偿支付给劳动者。因为用人单位主动解除与劳动者劳动关系的，往往会引发劳动争议，支付了应休未休年休假工资的，可以避免给劳动者留下欠薪的口实。有观点认为，如果劳动者因为严重违纪或严重侵害了用人单位利益而被用人单位解除劳动关系的可以不折算补偿。实际上，这种观点是有风险的，因为《企业职工带薪年休假实施办法》第十二条并未区分解除或终止劳动关系的类型。

如果用人单位有福利年休假，同样也需要对未休完的福利年休假制定处理规则。与法定年休假不同，对于福利年休假，用人单位有权决定是否年底清零、是否给予员工补偿以及给予补偿的计算方式等。对于这些事项，都应纳入规章制度，以免无章可循。

2. 做好日常年休假管理工作，固定好相关证据

有了完善的规章制度，还要在具体安排年休假的时候执行到位，同时保留好安排职工休年休假的证据。

（1）依法安排年休假

对于一般员工，按照单位的规章制度正常安排即可。只是鉴于法律规定“用人单位当年已安排职工年休假的，多于折算应休年休假的天数不再扣回”，不宜在年初一次性休完全部年休假。累计工作年限及连续工作年限均刚超过1年的员工，第1年工作时间内可以不安排年休假，对于超出1年以外的时间，要按比例折算后安排年休假（折算后不足1天的可以不安排）。用人单位实行福利年休假的，原则上先安排法定年休假，后安排福利年休假。

(2)固定书面证据

员工请休时，应要求提交书面请假单，在假别中写明法定年休假或福利年休假，并填写休假时间、天数等信息，让员工签字确认。对于员工自愿不休年休假的，用人单位也应该通过书面申请、书面通知、录音等手段固定证据，以免日后空口无凭。员工提交的休假申请单或放弃休假声明，都是安排职工休年休假的重要证据，应当妥善保管，保存期限至少两年以上。

实践中，有用人单位以组织旅游或安排外出学习的方式安排职工休年休假，这种方法不能当然视为安排了年休假，需征求员工意见。对同意以该种方式休年休假的职工，用人单位可以要求提交休假申请单，同时固定年休假安排通知、考勤记录等证据；对于不同意以该种方式休年休假的职工，可以按照常规方式安排职工休假，即让员工自由安排。

还有用人单位结合春节假期较短的实际，在春节放假时以延长假期的方式来安排员工休年休假，但没有具体明确延长假期的性质，也未要求员工提交休年休假的申请。在这种情况下，延长部分的假期很可能被视为福利，用人单位还需要另行安排职工休年休假。这是没有固定好证据带来的后果，解决办法就是在放假通知中明确延长假期是用人单位安排全体员工休的年休假。在手续上，要求员工提交休假申请书。如果人数众多，不宜一一提交书面请假申请的，可以制作年休假申请的表格分发到各个部门，由部门领导监督每位职工亲笔签名后交回人力资源部。

配套文书

表 9－2　自愿放弃休年休假申请单

<table>
<tr><td>申请人姓名</td><td></td><td>部门</td><td></td><td>职务</td><td></td></tr>
<tr><td colspan="6">因本人原因，特申请不享受公司安排的年休假，自愿放弃本年度的年休假______天。本人已清楚主动放弃休年休假的法律后果。
申请人签字：
________年____月____日</td></tr>
<tr><td>部门经理审批意见</td><td colspan="5"></td></tr>
</table>

续表

人力资源部审查意见	
备　　注	

第二节　病假与医疗期

内容提要	
热点专题	病假与医疗期
背景知识	1. 病假 2. 医疗期
成本提示	3 条
配套案例	1. 特殊疾病享受 24 个月医疗期 2. 阿里巴巴开除"泡病假"员工，高院再审援引诚信原则判合法 3. 员工医疗期满后继续请病假，单位开除，法院判决合法
实操技能	1. 依法做好病假管理，保障职工合法权益 2. 建立完善防控机制，防止不良员工"泡病假"
配套文书	返岗通知书

背景知识

1. 病假

病假是指劳动者因患病或非因工负伤而停止工作治病休息的假期。员工因病或非因工负伤有停工接受治疗的权利，在医疗期内，员工按照程序提交了真实有效的病假资料，原则上用人单位不得拒绝员工请病假。不仅如此，用人单位还应当向劳动者支付病假工资。关于病假工资的支付标准，原劳动部《关于贯彻执行〈中华人民共和国劳动法〉若干问题的意见》（劳部发〔1995〕309 号）第五十九条规定，职工患病或非因工负伤治疗期间，在规定的医疗期间内由企业按有关规定支付其病假工资或疾病救济费，病假工资或疾病救济费可以低于当地最低工资标准支付，但不能低于最低工资标准的 80%。该规定属于病假工资的原则性规定，具体的计算办法，各地区出台了具体规则，大致可分为三类。第一类，有约定，从约定，即按照劳动者与用人单位在劳动合同或集体劳动合同中的约定计发病假工资，但约定的病假工资不得低于当地最低工资标准的 80%，这种类型规定的省份如广东、北京、安徽、江苏、江西等；第二类，根据劳动者的工作年限按本人工资的一定比例计发病假工资，如上海、重庆等；第三类，按照本人工资一定比例计发病假工资，如深圳。具体规定如表 9－3。

表 9－3　病假工资计算规则

类别	地区	文件依据	法律条文
第一类	广东	《广东省工资支付条例》	第二十四条　劳动者因病或者非因工负伤停止工作进行治疗，在国家规定医疗期内，用人单位应当依照劳动合同、集体合同的约定或者国家有关规定支付病伤假期工资。 用人单位支付的病伤假期工资不得低于当地最低工资标准的百分之八十。 法律、法规另有规定的，从其规定。
	北京	《北京市工资支付规定》	第二十一条　劳动者患病或者非因工负伤的，在病休期间，用人单位应当根据劳动合同或集体合同的约定支付病假工资。用人单位支付病假工资不得低于本市最低工资标准的 80%。
	安徽	《安徽省工资支付规定》	第二十二条　劳动者患病或非因工负伤停止劳动，在国家规定医疗期内的，用人单位应当按照劳动合同和集体合同的约定向劳动者支付病伤假工资。病伤假工资不得低于当地最低工资标准的 80%。
	江苏	《江苏省工资支付条例》	第二十七条　劳动者患病或者非因工负伤停止劳动，且在国家规定医疗期内的，用人单位应当按照工资分配制度的规定以及劳动合同、集体合同的约定或者国家有关规定，向劳动者支付病假工资或者疾病救济费。 病假工资、疾病救济费不得低于当地最低工资标准的百分之八十。国家另有规定的，从其规定。
	江西	《江西省企业工资支付暂行规定》	第十八条　劳动者患病或者非因工负伤停止劳动且在规定的医疗期内，用人单位应当按照国家、省有关规定或劳动合同约定、或者按依法制定的内部工资支付制度的规定，支付病伤假工资。用人单位支付的病伤假工资，在扣除职工个人按规定应缴纳的社会保险费和其他按规定应缴纳的费用之后，不得低于省人民政府确定的当地最低工资标准的 80%。

续表

类别	地区	文件依据	法律条文
第二类	上海	上海市劳动局《关于加强企业职工疾病休假管理保障职工疾病休假期间生活的通知》	四、职工疾病或非因工负伤连续休假在6个月以内的，企业应按下列标准支付疾病休假工资：连续工龄不满2年的，按本人工资的60%计发；连续工龄满2年不满4年的，按本人工资的70%计发；连续工龄满4年不满6年的，按本人工资的80%计发；连续工龄满6年不满8年的，按本人工资的90%计发；连续工龄满8年及以上的，按本人工资的100%计发。 职工疾病或非因工负伤连续休假超过6个月的，由企业支付疾病救济费，其中连续工龄不满1年的，按本人工资的40%计发；连续工龄满1年不满3年的，按本人工资的50%计发；连续工龄满3年及以上的，按本人工资的60%计发。 本人工资按职工正常情况下实得工资的70%计算。 五、职工疾病或非因工负伤休假待遇低于本企业月平均工资40%的，应补足到本企业月平均工资的40%。企业月平均工资的40%低于本市在职职工定期生活困难补助标准的，应补足到本市在职职工定期生活困难补助标准。职工疾病或非因工负伤待遇高于本市上年度月平均工资的，可按本市上年度月平均工资计发。
	重庆	《重庆市企业职工病假待遇暂行规定》	第四条　职工患病，医疗期内停工治疗在6个月以内的，其病假工资按以下办法计发：（一）连续工龄不满10年的，按本人工资的70%发给；（二）连续工龄满10年不满20年的，按本人工资的80%发给；（三）连续工龄满20年不满30年的，按本人工资的90%发给；（四）连续工龄满30年及其以上的，按本人工资的95%发给。 经济效益好的企业，可在上述标准的基础上上浮5%。经济效益差，难以达到上述标准的企业，经本企业职工大会或职工代表大会审议通过，可以适当下浮。下浮的比例一般不超过各个档次标准的5%。如情况特殊超过5%的，应报所在区县（自治县、市）劳动和社会保障行政部门批准。 第五条　职工患病，医疗期内停工治疗在6个月以上的，其病假工资按以下办法计发：（一）连续工龄不满10年的，按本人工资的60%发给；（二）连续工龄满10年不满20年的，按本人工资的65%发给；（三）连续工龄满20年及其以上的，按本人工资的70%发给。 第六条　原系全国劳动模范、省（部）级劳动模范以及部队军以上单位曾授予战斗英雄或曾荣立一等功并一直保持其荣誉的职工，在病假期间，工资照发。 第七条　职工患病，在医疗期内停工治疗期间，每月领取的病假工资不得低于当地最低工资标准的80%。

续表

类别	地区	文件依据	法律条文
第三类	深圳	《深圳市员工工资支付条例》	第二十三条　员工患病或者非因工负伤停止工作进行医疗，在国家规定的医疗期内的，用人单位应当按照不低于本人正常工作时间工资的百分之六十支付员工病伤假期工资，但是不得低于最低工资的百分之八十。

病休期从员工开始休病假之日起算，至返岗上班前一日结束。病休期属于自然期间，公休日、法定节假日包括在内，病休期并不因为遇到公休日、法定节假日而延长。

2. 医疗期

医疗期是指劳动者因患病或非因工负伤而停止工作治病休息，用人单位不得解除劳动合同的期限。原劳动部《企业职工患病或非因工负伤医疗期规定》第三条规定，企业职工因患病或非因工负伤，需要停止工作医疗时，根据本人实际参加工作年限和在本单位工作年限，给予 3 个月到 24 个月的医疗期，并且医疗期应当在一定计算周期内累计计算，具体如表 9－4。

表 9－4　医疗期及医疗期计算周期

实际工作年限	本单位工作年限	医疗期	医疗期计算周期
10 年以下	5 年以下	3 个月	6 个月
	5 年以上	6 个月	12 个月
10 年以上	5 年以下	6 个月	12 个月
	5 年以上 10 年以下	9 个月	15 个月
	10 年以上 15 年以下	12 个月	18 个月
	15 年以上 20 年以下	18 个月	24 个月
	20 年以上	24 个月	30 个月

医疗期计算应从劳动者开始休病假的第一天开始起算。在医疗期的计算周期内，劳动者累计休满规定的病休天数，视为医疗期届满。例如，某员工 2020 年 1 月 1 日开始休病假，医疗期为 6 个月，在 2021 年 1 月 1 日之前（计算周期为 12 个月），该员工累计病休期满 6 个月的，视为医疗期届满。

医疗期届满后，员工继续提交有效的病假条请病假的该如何处理？实务中，有三种不同的观点。第一种观点认为，医疗期满后劳动者继续请病假说明劳动者身体条件无法从事原工作,也无法从事用人单位另行安排的工作,用人单位可以依法单方解除合同。对于员工的病假申请,可以不予同意,反而可以作为解聘员工的证据。第二种观点认为,用人单位应为劳动者调岗,调岗后劳动者仍不能从事相关工作的,用人单位才有权单方解除;未经调岗直接解除的,属于违法解除。这种情况,对于员工在调岗前的病假申请,用人单位不得拒绝。第三种观点认为,应当按照原劳动部《关于贯彻执行〈中华人民共和国劳动法〉若干问题的意见》第三十五条规定处理,即医疗期满后仍不能从事原工作也不能从事由单位另行安排的工作的,由劳动鉴定委员会参照工伤与职业病致残程度鉴定标准进行劳动能力鉴定。被鉴定为一至四级的,应当退出劳动岗位,解除劳动关系,办理因病或非因工负伤退休退职手续,享受相应的退休退职待遇;被鉴定为五至十级的,用人单位可以解除劳动合同,并按规定支付经济补偿金和医疗补助费。持该种观点的,对于员工的病假申请,在调岗前和调岗后用人单位均不得拒绝。

以上规定适用于患一般疾病的职工,对于罹患某些特殊疾病(如癌症、精神病、瘫痪等)的职工,法律规定在24个月内尚不能痊愈的,经企业和劳动主管部门批准,可以适当延长医疗期。司法实践中,对于患特殊疾病的职工是否都应当享受24个月医疗期的问题有不同的认识。一种观点认为,无论职工工作年限多长,只要被确认患有癌症、精神病、瘫痪等难以治愈的特殊疾病,用人单位就应当给予24个月的医疗期。持有这一态度的地区包括北京、上海、江苏。另一种观点认为,特殊疾病医疗期仍然需要根据员工本人工作年限计算,不能理解为当然享有最少24个月医疗期。持有该态度的地区如广东、四川、重庆、河南。

劳动者在医疗期内受到解雇保护,主要体现在两方面:第一,患病或者非因工负伤在规定的医疗期内的,用人单位不得以《劳动合同法》第四十条、第四十一条的规定解除劳动合同,即用人单位不得对医疗期内的劳动者进行无过错解除或经济性裁员。但是,劳动者存在《劳动合同法》第三十九条规定的各项严重过失的,用人单位依然可以解除。第二,医疗期内劳动合同到期的,劳动合同应当续延至医疗期结束,用人单位不得以劳动合同到期为由终止劳动合同。

医疗期满后,对于不能从事原工作也不能从事用人单位另行安排的工作的,用人单位提前30日以书面形式通知劳动者本人或者额外支付劳动者一个月工资(即"代通知金")后可以与劳动者解除劳动合同。以此为由解除劳动合同的,用人单位应当向劳动者支付经济补偿。此外,还涉及向劳动者支付医疗补助费的问题。原劳动部在1994年12月3日公布的《违反和解除劳动合同的经济补偿办法》（劳部发〔1994〕481 号，以下简称“481 号文”）（已失效）第六条规定：“劳动者患病或者非因工负伤，经劳动鉴定委员会确认不能从事原工作、也不能从事用人单位另行安排的工作而解除劳动合同的，用人单位应按其在本单位的工作年限，每满一年发给相当于一个月工资的经济补偿金，同时还应发给不低于六个月工资的医疗补助费。患重病和绝症的还应增加医疗补助费，患重病的增加部分不低于医疗补助费的百分之五十，患绝症的增加部分不低于医疗补助费的百分之百。”“481 号文”首次提出了“医疗补助费”的概念，并明确了医疗补助费的计算规则，是医疗补助费制度设立的法律依据。但是，人力资源和社会保障部于 2017 年 11 月 24 日发布的《关于第五批宣布失效和废止文件的通知》（人社部发〔2017〕87 号）废止了“481 号文”，这是否意味着医疗补助费制度从此取消？笔者认为，尽管“481 号文”被废止，但医疗补助费制度应当继续执行。因为除了“481 号文”，原劳动部颁布的其他部门规章①也规定了该制度，全国大部分地方的司法判例亦继续支持关于医疗补助费的诉请。综上所述，医疗期满用人单位以“不能从事原工作也不能从事用人单位另行安排的工作”为由解聘员工的，需要支付的成本包括代通知金、经济补偿、医疗补助费。

成本提示

1. 员工入职后患病的，用人单位支付相关用工成本属于或有风险，这无法控制。能有所把控的，是员工的入职体检环节。如果该环节没有把好关，没有及时发现候选人已经患病，特别是已经罹患癌症等严重疾病的，建立劳动关系后，用人单位有

---

① 原劳动部《关于贯彻执行〈中华人民共和国劳动法〉若干问题的意见》（劳部发〔1995〕309 号）第三十五条　请长病假的职工在医疗期满后，能从事原工作的，可以继续履行劳动合同；医疗期满后仍不能从事原工作也不能从事由单位另行安排的工作的，由劳动鉴定委员会参照工伤与职业病致残程度鉴定标准进行劳动能力鉴定。被鉴定为一至四级的，应当退出劳动岗位，解除劳动关系，办理因病或非因工负伤退休退职手续，享受相应的退休退职待遇；被鉴定为五至十级的，用人单位可以解除劳动合同，并按规定支付经济补偿金和医疗补助费。

原劳动部《关于实行劳动合同制度若干问题的通知》（劳部发〔1996〕354 号）第二十二条　劳动者患病或者非因工负伤，合同期满终止劳动合同的，用人单位应当支付不低于六个月工资的医疗补助费；对患重病或绝症的，还应适当增加医疗补助费。

原劳动部办公厅《关于对劳部发〔1996〕354 号文件有关问题解释的通知》第二条　《通知》第 22 条“劳动者患病或者非因工负伤，合同期满终止劳动合同的，用人单位应当支付不低于六个月工资的医疗补助费”是指合同期满的劳动者终止劳动合同时，医疗期满或者医疗终结被劳动鉴定委员会鉴定为 5－10 级的，用人单位应当支付不低于六个月工资的医疗补助费。鉴定为 1－4 级的，应当办理退休、退职手续，享受退休、退职待遇。

可能需要给予员工3～24个月医疗期(特殊疾病医疗期各个地区观点不同)。医疗期内劳动者不能提供劳动,但用人单位有义务为劳动者计发病假工资、缴纳社会保险费。解聘后,还得支付代通知金、经济补偿、医疗补助费等成本。

2.如果员工恶意虚构病情、提供假病历骗取病假,这或许比较容易处理,但员工“小病大养”“泡病假”常常让HR感到棘手。除了真病和假病的界限模糊、难以认定,司法尺度趋严也常让用人单位在与员工的较量中败下阵来。以员工“泡病假”涉嫌严重违纪解除劳动合同的,应当慎之又慎。

3.医疗期制度的设立为劳动者提供了一把“保护伞”,劳动者可以安心养病,不用担心被解雇,也不用担心断了收入来源。对于用人单位,特别是利润微薄的中小微企业,医疗期的用工成本是“难以承受之重”。好不容易熬过医疗期,员工称病情依然未愈,需要继续请病假,这让大多数用人单位难以接受。用人单位不予准假,并以员工旷工为由解除劳动合同的,常常被认定为违法解除。

配套案例

案例1:特殊疾病享受24个月医疗期①

梁某于2009年11月18日入职某餐饮公司工作,双方签订了劳动合同。梁某于2010年5月初生病,经医院诊断为肾病综合征——足细胞病肾病(尿毒症),其后一直休病假,某餐饮公司向梁某支付病假工资至2011年2月。2011年3月7日,某餐饮公司以其已经将劳动合同期限顺延至医疗期满为由,通知梁某终止双方的劳动合同关系。2011年11月,梁某因病情复发至医院治疗,医院向梁某出具病重通知单,提示梁某病情严重,随时可能出现猝死,危及生命。2011年11月,梁某诉至法院,主张:(1)撤销某餐饮公司2011年3月7日作出的劳动合同终止告知书,保持与某餐饮公司的劳动合同关系;(2)判令某餐饮公司支付2011年3月至11月病假津贴8208元(1140元/月×9个月×80%)、医疗期工资27,360元(1140元/月×24个月),总计35,568元。

一审法院认为:梁某所患疾病病情严重,难以治疗,随时可能出现生命危险,应属特殊疾病,不受实际工作年限的限制,故梁某应当享受的医疗期为24个月。

① 本案例摘自(2012)宁民终字第37号民事判决书。

劳动者患病或者非因工负伤，在规定的医疗期内劳动合同期满，劳动合同应当延续至医疗期满时终止。梁某与某餐饮公司之间的劳动合同在2011年11月30日期满（某餐饮公司主张双方劳动关系于2010年11月30日期满，因劳动合同存在涂改，未获法院支持），但该日期仍在梁某享有的医疗期内，故劳动合同应当延续至医疗期满。在医疗期内被告某餐饮公司终止与梁某的劳动合同，违反了法律规定，因此某餐饮公司于2011年3月7日作出的劳动合同终止告知书无效，应予撤销。劳动者患病或者非因工负伤停止劳动，且在国家规定医疗期内的，用人单位应当按照工资分配制度的规定，按不低于当地最低工资标准的80%，向劳动者支付病假工资。遂判决：(1)撤销被告某餐饮公司于2011年3月7日作出的《劳动合同终止告知书》。(2)被告某餐饮公司于本判决发生法律效力之日向原告梁某支付2011年3月1日至11月30日的病假工资8208元。(3)被告某餐饮公司于本判决发生法律效力之日起每月以南京市最低月工资标准的80%向原告梁某支付病假工资（自2011年12月起至双方劳动关系依法解除、终止）。(4)驳回梁某的其他诉讼请求。

一审法院作出判决后，某餐饮公司不服提起上诉。二审法院驳回了某餐饮公司的上诉请求，维持了一审法院的判决。后本案被最高人民法院遴选为2013年第6期《最高人民法院公报》案例。

■ 律师评析

本案作为公报案例，具有较大的参考价值。值得注意的是，本案并不是根据最高人民法院《关于案例指导工作的规定》作为指导性案例发布，而是以普通案例刊发，不当然具有参照意义，人民法院在审判类似案例时可不予参照适用。

司法实践中，“特殊疾病是否当然享受24个月医疗期”的问题，各个省份认识不一致。一种观点认为，只要劳动者罹患癌症、精神病等难以治疗的特殊疾病，无论劳动者的工作年限多长，用人单位均应给予24个月医疗期。持有该种观点的如江苏、北京、上海等地。另一种观点认为，即便劳动者患特殊疾病，也需要根据自己的工作年限计算医疗期，不能理解为最少24个月。广东、四川、重庆、河南等地持有该种观点。因此，对于该问题并无统一定论，还需要结合当地的司法观点确定。

法条链接

《劳动部关于贯彻〈企业职工患病或非因工负伤医疗期规定〉的通知》

二、关于特殊疾病的医疗期问题

根据目前的实际情况，对某些患特殊疾病（如癌症、精神病、瘫痪等）的职工，在24个月内尚不能痊愈的，经企业和劳动主管部门批准，可以适当延长医疗期。

各省、自治区、直辖市在实施《医疗期规定》时，可根据当地实际情况，抓紧制定具体细则，并及时报我部备案。

案例2：阿里巴巴开除“泡病假”员工，高院再审援引诚信原则判合法①

丁某于2013年1月28日入职阿里巴巴公司，职位为资深经理，月薪36,000元。双方签订了劳动合同，合同期限自2013年4月1日起至2016年1月27日止。2013年4月18日丁某到医院就诊，医院诊断及建议为：颈椎病，建议休两周。2013年4月19日，丁某通过电子邮件向阿里巴巴公司提交诊断证明书、病历手册、医疗费单据，申请休病假两周，阿里巴巴公司予以批准。2013年4月19日，丁某前往巴西，2013年5月4日回国。阿里巴巴公司在丁某回国后就其出国事宜进行了询问，丁某表示自己是出国休养，不认可是出国旅游。2013年5月16日，阿里巴巴公司向丁某送达了解除劳动合同通知，主要内容为：“您提出两周病假全休申请后当日即赴巴西出境旅游，属提供虚假申请信息并恶意欺骗公司，上述行为严重违反公司规章制度，公司决定立即解除你的劳动合同，劳动合同解除日期为2013年5月16日。”

丁某向劳动仲裁委提起劳动仲裁，要求撤销阿里巴巴公司对其作出的解除劳动合同决定、继续履行劳动合同。劳动仲裁委裁决：阿里巴巴公司于2013年5月16日对丁某作出的解除劳动合同决定不能成立，双方应继续履行所签订期限为2013年4月1日至2016年1月27日的劳动合同。阿里巴巴公司不服仲裁裁决，提起诉讼。一审法院于2014年11月20日作出民事判决：撤销阿里巴巴公司于2013年5月16日对丁某作出的解除劳动合同决定，双方继续履行劳动合同。阿里巴巴公司不服，继续上诉。2015年2月6日，二审法院作出民事判决：驳回上

---

① 本案例摘自（2017）京民再65号民事判决书。

诉，维持原判。阿里巴巴公司依然不服，向市高院申请再审，市高院再审后改判为：撤销一审、二审判决，确认阿里巴巴公司与丁某之间的劳动合同于 2013 年 5 月 16 日解除。三级法院的观点对比如表 9－5。

表 9－5　三级法院观点对比

一审法院、二审法院	市高院
①阿里巴巴公司根据丁某在休病假期间长途飞行前往巴西的事实，认为丁某所谓的病情并未达到需要全休的程度，属于该公司的主观判断，丁某的病情是否需要全休显然应当以医疗机构出具的休假证明为准。在阿里巴巴公司无相反证据的情况下，根据丁某提交的诊断证明书、病历手册、医疗费单据等证据材料，法院可以认定丁某就诊情况属实，病休两周的证明也系医疗机构出具的合法有效的证明。因此，丁某向阿里巴巴公司提交病休证明并获得批准的行为，并不构成提供虚假信息、恶意欺骗公司。 ②阿里巴巴公司的规章制度中并没有对员工休病假期间的休假地点作出限制性规定，这意味着丁某在休病假期间前往巴西这一行为本身并没有制度上的约束和限制。 ③阿里巴巴公司主张丁某前往巴西是旅游而非疗养，但旅游和疗养在概念的内涵和外延上本身就存在包含和交叉关系，往往难以界定。现阿里巴巴公司提出上述主张的核心问题还是丁某的病情是否达到了应当全休的程度，如前所述，丁某是否应当全休病假两周仍应以医疗机构的诊断为准。 ④阿里巴巴公司称公司在丁某回国后询问其是否去了巴西，丁某予以否认，其行为构成了提供虚假信息、恶意欺骗公司。谈话录音表明丁某只是强调其在休病假，并没有否认其出国的相关内容。因此，阿里巴巴公司以丁某在谈话时否认出国事实为由，认定其行为构成提供虚假信息、恶意欺骗公司，缺乏充分的事实依据。	①依法保护劳动者合法权益的前提条件是劳动者与用人单位在法律上的平等和相互尊重。劳动者严重违反用人单位的劳动纪律和规章制度，有悖相互尊重和信任，导致劳动合同失去继续履行的基础，按照相关法律规定，用人单位可以解除劳动合同。 ②虽然司法实践中倡导用人单位制定明确的规章制度和劳动纪律，但是不能苛求对劳动者的日常行为事无巨细地作出规制。对于劳动纪律和规章制度中没有具体涉及的情形，应当遵循民法基本原则加以理解适用，而诚实信用原则不但是劳动者应当恪守的社会公德，更是用人单位与劳动者依法建立和履行劳动关系的基石。 ③本案中，丁某于 2013 年 4 月 18 日前往医院就诊，19 日就以自己患有严重颈椎病，医生建议休息为由，向阿里巴巴公司请病假两周，并于当日启程前往巴西。丁某回国后，阿里巴巴公司的工作人员与其谈话时，丁某回避休假地点，仅强调事先已请假，且以公司规章制度没有对员工的休假地点作出限制为由辩解。本院再审庭审中，丁某对于前往巴西期间的行程及是否遵医嘱接受适当的治疗或疗养等问题均予以回避。根据上述事实，本院再审认为，用人单位的规章制度虽然未对劳动者休假地点作出限定，但是劳动者休假期间的行为应当与其请假事由相符。按照一般生活常识判断，阿里巴巴公司有理由质疑丁某请病假的目的并非休养或治疗，丁某在阿里巴巴公司向其了解情况时拒绝提供真实信息，违背诚信原则和企业规章制度，对用人单位的工作秩序和经营管理造成恶劣影响，故阿里巴巴公司以丁某严重违反企业规章制度为由决定与其解除劳动合同合法有效。

■ 律师评析

“泡病假”是个“老大难”的问题,用人单位常常束手无策,原因主要有以下几个:第一,员工请病假的标准很低。只要劳动者向用人单位出具了有效的病历资料,原则上用人单位不得不同意员工休病假。而员工想要拿到真实有效的病假资料是件比较容易的事。随着电脑、手机的普及,现代人患有腰肌劳损、椎间盘突出之类的疾病很常见,就医后能轻松获得建议休息的诊断意见,更别提托熟人开“人情病假条”的方式。其实即便患有这些疾病,只要程度不太严重,一般人都能照常工作。但每个人掌握的尺度不一样,员工要以此为由请病假,用人单位很难拒绝。而且类似亚健康的疾病可能反复多次复发,员工似乎可以随时加以利用。第二,单位“证伪”难度大。HR 毕竟没有医学专业背景,很难辨识病假材料中的猫腻。即便有所质疑,也要提出明显合理理由后才有可能安排员工复检,而且员工配合度非常低。派员探访、走访医生、核实病历真实性等一系列工作开展耗时耗力,遇到阻碍吃闭门羹是常事,调查成本和难度都不小。第三,司法尺度对用人单位较严。从本案可以看出,劳动仲裁委、一审法院、二审法院都认为丁某的病情、病历资料是真实的,用人单位无权干涉丁某在哪里休病假、以哪种方式休病假。即便普通人都会觉得丁某长途跋涉,远赴巴西会舟车劳顿,并不是有利于病情恢复的合理休病假方式,存在“名为休假,实为旅游”的嫌疑,但劳动仲裁和一审、二审司法观点还是支持了劳动者一方。这种裁判思路十分普遍,用人单位在这个问题上与劳动者的较量败下阵来比比皆是,像本案一样能获得改判的实属不易。

本案再审最大的亮点在于法院跳出传统的判案思维,大胆运用“诚实信用”的原则,让判决结果与普通人的认知趋于一致。诚然,法律有自己独立的规则体系与内在逻辑,不应受舆论或大众认知的裹挟,但适用规则带来的结果明显有悖于公平、正义这些法律倡导的价值时,是不是应该考虑修正规则或者变通适用规则?这有待日后立法进一步予以明确。

■ 法条链接

《中华人民共和国民事诉讼法》

第十三条　民事诉讼应当遵循诚实信用原则。

当事人有权在法律规定的范围内处分自己的民事权利和诉讼权利。

案例3：员工医疗期满后继续请病假，单位开除，法院判决合法[①]

何某于2007年1月16日入职某贸易公司，职位为门店主管。2011年1月16日，双方签订无固定期劳动合同。2013年9月至2014年2月13日，何某因病陆续请假。2014年2月14日至2014年6月21日，何某休产假。2014年7月2日至2015年7月31日，何某因腰肌筋膜炎等原因累计休病假321天。何某向某贸易公司提交的2015年7月13日、2015年7月27日诊断证明显示，何某因病仍需全休至2015年8月10日。2015年7月30日，某贸易公司向何某发送了解除劳动合同通知书，该通知书显示："你因患病于2014年7月2日开始休病假至今，可使用的9个月法定医疗期以及按照公司员工手册可额外享有的1个月医疗期已休满。鉴于你于医疗期满后继续向公司提交以两周为周期的病假单，无法从事原工作，也无法从事公司另行安排的工作。公司决定解除与你之间的劳动合同，劳动合同解除日期为2015年7月31日。"

何某认为某贸易公司解除劳动合同违法，起诉到劳动仲裁委，要求支付违法解除劳动合同赔偿金70,698.98元，获得支持。某贸易公司不服裁决，诉至法院。人民法院认为，根据法律规定及某贸易公司的规章制度，何某可享受的医疗期为10个月。鉴于双方均认可病假统计天数，截至2015年7月10日何某累计病休已满300天，即截至2015年7月10日何某医疗期已满。但何某医疗期届满后仍持续向某贸易公司提交全休病假条的情况，说明何某医疗期满后的身体状况仍需全天休息，不具备从事原工作或从事另行安排工作的基本条件，某贸易公司解除劳动合同并无不妥，遂判决某贸易公司无须支付何某解除劳动合同赔偿金70,698.98元。

一审之后，何某提起上诉。二审法院驳回了何某的上诉，维持原判。何某依然不服，向市高院申请再审。市高院也认为某贸易公司解除理由正当，解除合法，裁定驳回何某的再审申请。

■ 律师评析

本案的核心法律问题是：医疗期满后劳动者继续请病假的，用人单位是否有

---

① 本案例摘自(2016)京02民终5902号民事判决书。

权根据《劳动合同法》第四十条第(一)项“劳动者患病或者非因工负伤,在规定的医疗期满后不能从事原工作,也不能从事由用人单位另行安排的工作的”的规定单方解除劳动合同。从文义理解,劳动者医疗期满后,用人单位首先要证明劳动者不能从事原工作。即便有效地证明了劳动者不能从事原工作,还不能解除劳动关系,用人单位此时还有另一项义务,即为劳动者另行安排工作。只有用人单位再次证明劳动者也不能从事用人单位另行安排的工作的,才能解除劳动关系,也就是说,中间需要体现一个调岗的步骤。

从本案人民法院的观点可以推知,无论从事原工作或从事另行安排的工作,前提条件是劳动者的身体健康条件能支持其到岗上班。而何某医疗期满继续请病假,就算调岗至新岗位,何某也不能到岗。因此,不必机械地理解与执行法律,没有苛责用人单位举示调岗的证据而直接判决解除合法。本案也给用人单位一个启示,即对于医疗期满后继续请病假的员工可以考虑以《劳动合同法》第四十条第(一)项规定解除,而不要以“员工医疗期满后单位未批准病假”从而认定员工构成旷工,以《劳动合同法》第三十九条规定的严重违纪为由解除。即便医疗期满,员工确实可能病情未愈需要继续请病假,用人单位通常明知员工系因病无法到岗而非故意旷工,认定为旷工确实不合理,存在违法解除劳动合同的风险。

■ 法条链接

《中华人民共和国劳动合同法》

第四十条　有下列情形之一的,用人单位提前三十日以书面形式通知劳动者本人或者额外支付劳动者一个月工资后,可以解除劳动合同:

(一)劳动者患病或者非因工负伤,在规定的医疗期满后不能从事原工作,也不能从事由用人单位另行安排的工作的;

……

实操技能

1. 依法做好病假管理,保障职工合法权益

(1)依法审核、批准劳动者的病假申请

员工提交病假申请大致可以分为就诊前提交、就诊后补交两种情况。对于就诊前提交病假申请的,应当履行审批流程,安排好员工的工作,尽快让员工前去就诊,以免耽搁病情。就诊完毕后,让员工补交挂号单、病历、诊断证明、医疗费发票等相关就诊资料。员工如遇突发疾病，来不及事前请假的，可以要求员工通过电话、微信、电子邮件等方式请假，事后再补交相关资料。

实践中，有的用人单位为了避免员工提交虚假病历资料或开具“人情病假条”，要求员工必须提交某个级别以上医院出具的病历资料或要求员工到指定医院就医。这个要求过于强势，且无法律依据，即便规章制度中如此规定，也难以获得支持。因此，适宜改为用倡导的方式，鼓励员工到正规医院就医。如不是某个级别以上的医院或指定医院就医的，只要就医机构具备诊疗资质，员工提交的病历资料真实、齐全，原则上不能以此为由认定员工提供的病历资料不合格。对于员工提交的病假资料，如果存在不齐全或有明显疑点的，可以要求员工限期补正或给予解释。如果不能排除合理怀疑，员工也不能自圆其说的，用人单位可以根据规章制度的规定要求员工复检。必要时，可以派员陪同复检，以核实病情的真实性。

医疗期满后，员工又提出请病假，如何处理？这个问题不能一概而论。对于该问题的司法裁判尺度不一致，实践中有不同的做法。最保险的是通过咨询专业人士，掌握当地准确的司法裁判尺度，再作决定。如果医疗期满后员工再请病假，用人单位可以合法解除的，可以考虑解除劳动关系；用人单位未选择与劳动者解除劳动关系的，员工再次提交病假申请，只要材料合格，只能同意员工申请。如果此时用人单位不准假并以旷工为由解除劳动关系的，很可能被认定为违法解除，因为用人单位明知员工是请假就医，与故意旷工有本质区别。

（2）依法支付病假工资，缴纳五险一金

员工在医疗期虽然没有提供劳动，但用人单位应当计发病假工资。病假工资的计算方法各地不一致，需结合当地地方规定依法核算，按月发放。同时，员工病假期间还应当继续缴纳五险一金，以免影员工医疗费报销。

（3）医疗期内，执行解雇保护制度

患病或非因工负伤在规定医疗期内的员工，用人单位不能以《劳动合同法》第四十条、第四十一条为由解聘病假期的员工，这是法律明文规定的；当然劳动者存在《劳动合同法》第三十九条情形的，则另当别论，用人单位可以单方解除。对于罹患癌症、精神病、瘫痪等特殊疾病的员工要给足医疗期。对于是否不论工作年限医疗期一律按 24 个月处理，这个问题各地认识不一致，需要结合当地的司法裁判尺度来确定。如员工在医疗期内劳动合同到期的，也不能以劳动合同到期为由终止劳动合同，而应当把劳动合同期限顺延至医疗期结束之日。在医疗期届满之前终止劳动合同的，劳动者可以主张恢复劳动关系或索赔违法解除劳动合同赔偿金。实务中，经常困扰 HR 的是试用期员工患病或非因工负伤的处理。按照法律规定，即便是试用期内的员工患病或非因工负伤，用人单位也应当给予医疗期，这样就耽误了对员工的试用期考核。较好的处理办法是，与劳动者签订协议，约定医疗期内试用期中止，待员工返岗后继续计算试用期，以达到考核的目的。用人单位不可单方决定延长试用期或再次约定试用期，因为约定试用期超过法定期限并且履行的，劳动者有权对超出法定试用期的部分主张双倍工资。

(4)医疗期满，依法调岗、解除劳动关系

患病或非因工负伤的劳动者在医疗期满后可能因为身体健康状况不能从事原工作。此时，用人单位还不能直接解除劳动关系，应当根据劳动者的身体条件、工作技能对劳动者进行调岗。如果劳动者亦无法从事用人单位另行安排的工作的，才能依据《劳动合同法》第四十条第(一)项规定解除劳动合同。为了确保解除劳动关系的合法性，用人单位应当固定给劳动者调岗、劳动者不能从事新工作的相关证据，如调岗通知书、调岗后劳动者提交的病假申请等。解除劳动关系的，用人单位还应当支付代通知金(提前一个月书面通知解除的，无须支付)、经济补偿、医疗补助费。规范的操作，用人单位应当与劳动者签订解除协议，明确解除理由、待遇支付的项目和时间等事项。

2. 建立完善防控机制，防止不良员工"泡病假"

(1)进行入职体检，避免员工入职即开始休病假

入职体检是管理好病假的第一道门槛，确实很有必要。实践中，有的劳动者对自己的健康状况不甚了解，自己已经罹患严重疾病却不自知；也有极少数劳动者在入职前明知患病，想混进单位"泡病假"。对于前述情况，入职体检这道程序可进行有效过滤。

(2)控制好病假工资支付基数，发挥病假工资的抑制作用

如果休病假的员工与正常上班员工享受的待遇相差无几，这无疑从反面刺激了员工多休病假，在可休可不休的情况下员工往往会选择休息。用人单位在遵守法律的基础上，拉开病假员工与正常出勤员工工资待遇方面的差距，以此抑制员工滥用休病假的权利，是一个行之有效的办法。因此，在广东、北京、安徽、江苏等允许用人单位与劳动者约定病假工资计算基数的地区，用人单位应当充分运用法律赋予的权利，在劳动合同、规章制度中明确病假工资的计算办法。

(3)完善规章制度,确保病假管理有章可循

病假管理并不是一件简单的事,用人单位建立完备的规章制度是进行科学管理的前提。规章制度中,用人单位应当明确请病假的时间、方式、流程、需提供材料、审批权限、合理怀疑的复查、病假探访等相关事宜,让员工可以照章办事。近年来,员工“小病大养”“泡病假”的情况频现,用人单位可以在规章制度中确立诚实信用的原则,要求员工据实请假,不得滥用权利。对员工“泡病假”的行为,根据情节设置相应的处理措施。对在请病假中存在手续不齐全、未按照规定程序请假等程序性瑕疵的,用人单位可以不予准假,并书面告知限期补正;对于弄虚作假,伪造材料骗取病假的,可以定义为严重违纪,规定用人单位可以单方解除劳动关系。

(4)建立病假探访慰问制度、复查制度

用人单位可以设置探访慰问制度,对生病员工,特别是需要住院治疗的员工派员探访慰问,按照规格赠与礼品及慰问金。复查制度是指用人单位对员工提交的病假资料存在明显合理怀疑而员工无法给出正当解释时,用人单位要求员工对病情进行复查的规定。复查制度可以规定用人单位的病假管理办法,设置复查制度的适用条件、复查费用承担规则、是否派员陪同、不予配合复查的处理等条款。对于“泡病假”的员工,复查制度起到了较大的威慑作用,可以帮助用人单位判别员工病情的真伪。

(5)对“泡病假”的行为给予及时处理

员工“泡病假”的,不可“一刀切”,不区分情形一律解聘容易导致“错罚不匹配”。对于正常请病假的员工,病假期限将至,用人单位可以发放《返岗通知书》,提醒员工医疗期期限,要求员工及时返岗,避免员工遗忘返岗时间而出现病假超期的情形。对于请假程序存在瑕疵的员工,可以不予准假或要求限期补正手续。如员工未遵守程序性规则休假,但病情属实,可以考虑按事假处理,不计发病假工资并给予警告、通报批评等处罚。对于伪造材料、恶意“泡病假”的员工,才考虑给予解聘处理。

配套文书

返岗通知书
________： 　　根据你的工作年限，你获批的病假期限共计______个月，至________年____月____日即将届满。现通知你于________年____月____日返回原工作岗位上班。如无正当理由未返岗上班的，公司将根据《考勤管理办法》的相关规定，按照旷工处理。旷工超过3日的，将被视为严重违纪，公司有权单方解除劳动关系。 　　特此通知！ __________公司（盖章） 年　月　日 　　附：《考勤管理办法》（略）

第三节　其他假期

内容提要	
热点专题	其他假期
背景知识	1. 事假 2. 产假 3. 婚假 4. 丧假 5. 探亲假 6. 护理假 7. 独生子女陪护假
成本提示	2条
配套案例	1. 用人单位只准3天婚假，被判补发7天婚假工资 2. 员工超期请产假，单位领导批准，诉讼中主张无效，法院不予支持
实操技能	1. 结合法律法规完善规章制度，确立各种假期管理办法 2. 审核请假资料，审查是否享有请假资格 3. 做好考勤记录，依法支付假期待遇
配套文书	休假申请单

背景知识

1. 事假

定义	劳动者在正常工作期间因个人事务无法提供劳动而向用人单位申请的休假
适用对象	所有劳动者
休假天数	一般根据劳动者个人需求及用人单位规章制度确定
假期待遇	事假期间，用人单位可以不计发工资。用人单位规章制度给员工一定带薪事假天数的，从其规定
法规举要	1.《劳动部关于印发〈对《工资支付暂行规定》有关问题的补充规定〉的通知》第三条 《规定》第十五条中所称“克扣”系指用人单位无正当理由扣减劳动者应得工资（即在劳动者已提供正常劳动的前提下用人单位按劳动合同规定的标准应当支付给劳动者的全部劳动报酬）。不包括以下减发工资的情况：……（5）因劳动者请事假等相应减发工资等； 2.《广东省工资支付条例》第二十五条 劳动者因事假未提供劳动期间，用人单位可以不支付工资； 3.《北京市工资支付规定》第二十二条 劳动者在事假期间，用人单位可以不支付其工资； 4.《山东省企业工资支付规定》第二十四条第二款 劳动者请事假的，企业可以不支付其事假期间的工资； 5.《浙江省企业工资支付管理办法》第十六条第二款 劳动者请事假或者无正当理由未提供劳动的，用人单位可以不予支付相关期间的工资

2. 产假

定义	女职工因生育或流产享受的带薪或发放津贴的假期
适用对象	生育或流产的女职工
休假天数	1. 国家规定，女职工生育享受98天产假。难产的，增加产假15天；生育多胞胎的，每多生育1个婴儿，增加产假15天。在此基础上，各个省份给予奖励假，天数不等，最长可达1年； 2. 流产女职工分为两种情况：怀孕未满4个月流产的，享受15天产假；怀孕满4个月流产的，享受42天产假
假期待遇	产前检查费、产中接生费、手术费、住院费、生育津贴
法规举要	1.《女职工劳动保护特别规定》第七条 女职工生育享受98天产假，其中产前可以休假15天；难产的，增加产假15天；生育多胞胎的，每多生育1个婴儿，增加产假15天。女职工怀孕未满4个月流产的，享受15天产假；怀孕满4个月流产的，享受42天产假； 2. 西藏自治区卫生和计划生育委员会、西藏自治区人力资源和社会保障厅《关于调整西藏自治区干部职工两孩生育待遇的通知》第三条 凡西藏自治区户籍，各社会组织、企事业单位、行政机关在职干部职工，符合法律法规生育子女的，女方每胎享受一年产假（含法定产假）；

续表

法规举要	3.《重庆市人口与计划生育条例》第二十六条 符合法律法规规定生育的女职工，在国家规定产假的基础上增加产假三十日。经本人申请，单位批准，产假期满后可连续休假至子女一周岁止； 4.《广东省人口与计划生育条例》第三十条 符合法律、法规规定生育子女的夫妻，女方享受八十日的奖励假，男方享受十五日的陪产假。在规定假期内照发工资，不影响福利待遇和全勤评奖； 5.《湖南省人口与计划生育条例》第二十一条 符合法定生育条件的夫妻，女方除享受国家规定的产假外增加产假六十天，男方享受护理假二十天。增加的产假、护理假视为出勤； 6.《福建省人口与计划生育条例》第四十一条 符合本条例生育子女的夫妻，女方产假延长为一百五十八日至一百八十日，男方照顾假为十五日； 7.《黑龙江省人口与计划生育条例》第四十五条 职工晚育的，女职工产假可以延长至一百八十日，假期工资照发，不影响聘任、工资调整、职级晋升； 8.《海南省人口与计划生育条例》第四十三条 属机关、社会团体、企业事业组织工作人员的，给予男方护理假 10 日。女职工除享受国家规定的产假外增加 3 个月的产假。产假期间，工资照发，享受全勤待遇。产假期满后，经本人申请，所在单位可以给予哺乳假至婴儿一周岁止，其工资按不低于本人基本工资的百分之八十发给，不影响晋级、调整工资和计算工龄

3. 婚假

定义	劳动者因本人结婚(包括再婚)而享受的带薪假期
适用对象	所有劳动者
休假天数	1. 天津、广东、广西、湖南、湖北、山东、浙江、四川、江西、安徽、宁夏 3 天； 2. 北京、上海、辽宁 10 天； 3. 江苏、贵州、海南 13 天； 4. 重庆、吉林、福建、青海 15 天； 5. 河北、内蒙古、云南 18 天； 6. 新疆 23 天； 7. 山西、甘肃 30 天； 8. 黑龙江 15 天，参加婚前医学检查的，增加婚假 10 天；陕西 3 天，参加婚前医学检查的，增加婚假 10 天；河南 21 天，参加婚前医学检查的，增加婚假 7 天； 9. 西藏 3 天，晚婚增加 7 天
假期待遇	婚假期间，工资照常支付
法规举要	1.《劳动法》第五十一条 劳动者在法定休假日和婚丧假期间以及依法参加社会活动期间，用人单位应当依法支付工资； 2.《云南省人口与计划生育条例》第二十二条 机关、企业事业单位、社会团体和其他组织的工作人员登记结婚的，在国家规定的婚假外增加婚假 15 天； 3.《黑龙江省人口与计划生育条例》第三十九条 依法办理结婚登记的夫妻享受婚假十五日，参加婚前医学检查的，增加婚假十日，假期工资照发；

续表

法规举要	4.《陕西省人口与计划生育条例》第四十八条　依法办理结婚登记的夫妻在结婚登记前参加婚前医学检查的，在国家规定婚假的基础上增加假期十天； 5.《河南省人口与计划生育条例》第二十七条　依法办理婚姻登记的夫妻，除国家规定的婚假外，增加婚假十八日，参加婚前医学检查的，再增加婚假七日； 6.《新疆维吾尔自治区人口与计划生育条例》第二十六条　国家机关工作人员和社会团体、企业事业单位职工依法办理结婚登记后，除国家规定的婚假外，增加婚假二十天； 7.《西藏自治区计划生育暂行管理办法（试行）》第二十五条　国家机关、企事业单位的女职工（包括合同工）实行晚婚晚育并领取"独生子女证"的，给予延长产假优待；干部、职工实行晚婚者增加婚假一周，一方晚婚一方享受； 8.《重庆市人口与计划生育条例》第二十六条　依法办理结婚登记的夫妻享受婚假十五日

4. 丧假

定义	劳动者因直系亲属（父母、配偶、子女）死亡时，用人单位给予职工料理丧事的带薪假期
适用对象	直系亲属（父母、配偶、子女）死亡的职工，部分地区职工的岳父母或公婆死亡时参照直系亲属死亡的情形执行
休假天数	各地规定不一致，一般丧假为 1 ~3 天
假期待遇	1. 职工在外地的直系亲属死亡时，可以根据路程远近，给予路程假； 2. 丧假、路程假期间，职工的工资照发；途中的车船费等全部由职工自理
法规举要	1.《劳动法》第五十一条　劳动者在法定休假日和婚丧假期间以及依法参加社会活动期间，用人单位应当依法支付工资。 2.《国家劳动总局、财政部关于国营企业职工请婚丧假和路程假问题的通知》第一条　职工本人结婚或职工的直系亲属（父母、配偶和子女）死亡时，可以根据具体情况，由本单位行政领导批准，酌情给予一至三天的婚丧假。 3.《上海市劳动局、上海市人事局、上海市财政局关于职工的岳父母或公婆等亲属死亡后可给予请丧假问题的通知》职工的岳父母或公婆死亡后，需要职工料理丧事的，由本单位行政领导批准，可给予一至三天的丧假。丧事在外地料理的，可以根据路程远近，另给予路程假。在批准的丧假和路程假期间，职工的工资照发，往返途中的车船费等，由职工自理。 4.《重庆市劳动和社会保障局关于企业职工请婚丧假的处理意见的通知》第二条　职工的直系亲属（父母、配偶或子女）死亡时，由本单位行政领导批准，给予 5 天的丧假。职工在外地的直系亲属死亡时需要职工本人去外地料理丧事的，可以根据路程远近，另给予路程假。第四条　职工的岳父、母或公、婆死亡时，需要其料理丧事的，可参照上述规定执行。 5.《广东省企业职工假期待遇死亡抚恤待遇暂行规定》第四条　职工的直系亲属（父母、配偶、子女）死亡，可给予 3 天以内的丧假。职工配偶的父母死亡，经单位领导批准，可给予 3 天以内丧假。需要到外地料理丧事的，可根据路程远近给予路程假，途中交通费由职工自理

5. 探亲假

定义	国家机关、人民团体和全民所有制企业、事业单位给予工作满 1 年且在公休假日无法与配偶或父母团聚的劳动者，供其与配偶或父母团聚的带薪假日
适用对象	享受探亲假的职工需要同时满足以下三个条件： 1. 国家机关、人民团体和全民所有制企业、事业单位的固定在职职工（民营、集体、外资企业的职工不包括在内，但可参照执行；退休、退职职工不包括在内）； 2. 在单位工作满一年（复员退伍军人军龄或军龄加工龄满一年的包括在内）； 3. 与配偶不住在一起又不能在公休假日团聚（特指不能利用公休假日在家居住一夜和休息半个白天）或与父亲、母亲（特指自幼抚养职工长大，现在由职工供养的亲属，不包括岳父母、公婆）都不住在一起又不能在公休假日团聚（职工与父亲或与母亲一方能够在公休假日团聚的不包含在内）
不享受探亲假的情形	1. 凡实行休假制度的职工（如学校的教职工），寒暑假天数超过探亲假天数的，不享受探亲假；如果休假期短于探亲假天数的，应补足探亲假的天数。 2. 学徒、见习生、实习生在学习、见习、实习期间不享受探亲假。 3. 符合探望配偶条件的职工，因工作需要当年不能探望配偶时，其不实行探亲制度的配偶到职工工作地点探亲的（职工所在单位报销往返路费），职工本人当年则不应再享受探亲待遇。 4. 女职工到配偶工作地点生育，在生育休假期间，超过法定产假天数以后，与配偶团聚 30 天以上的，不再享受当年探亲待遇。 5. 职工的父亲或母亲和职工的配偶同居一地的，职工在探望配偶时，即可同时探望其父亲或者母亲，不能再享受探望父母的待遇
休假天数	1. 职工探望配偶的，每年给予一方探亲假一次，假期为 30 天。 2. 未婚职工探望父母的，每年 20 天，也可以两年 45 天。 3. 已婚职工探望父母的，每四年给假一次，假期为 20 天
假期待遇	1. 享受探亲假的职工，可以根据实际需要给予路程假（公休假日和法定节日包括在内）。 2. 职工在规定的探亲假期和路程假期内，按照本人的标准工资发给工资。 3. 职工探望配偶和未婚职工探望父母的往返路费，由所在单位负担；已婚职工探望父母的往返路费，在本人月标准工资 30% 以内的，由本人自理，超过部分由所在单位负担
法规举要	1.《重庆市劳动局印发〈关于贯彻执行《国务院关于职工探亲待遇的规定》的实施细则〉的通知》； 2.《重庆市人事局关于机关和全民所有制事业单位工作人员探亲假及其待遇问题的实施意见》； 3.《陕西省〈国务院关于职工探亲待遇规定〉实施细则》； 4.《吉林省人民政府关于贯彻执行〈国务院关于职工探亲待遇的规定〉的实施细则》； 5.《安徽省人民政府关于贯彻执行〈国务院关于职工探亲待遇的规定〉的实施细则》

6. 护理假

定义	符合法律法规规定生育的女职工在产假期间，男方为照料女方而享有的假期
适用对象	配偶依法生育的男职工
休假天数	1. 天津、山东 7 天； 2. 上海、安徽 10 天； 3. 重庆、吉林、北京、海南、黑龙江、福建、广东、陕西、山西、新疆、河北、青海、贵州、辽宁、江西、江苏、湖北、浙江 15 天； 4. 四川、湖南 20 天； 5. 内蒙古、宁夏、广西 25 天； 6. 西藏、河南、甘肃、云南 30 天
假期待遇	护理假期间视为正常出勤，享受在岗职工同等待遇
法规举要	1.《天津市人口与计划生育条例》第二十二条第一款　符合法律、法规规定生育子女的，男方所在单位给予七日护理假，女方所在单位增加生育假（产假）三十日；不能增加生育假（产假）的，给予一个月基本工资或者实得工资的奖励。参加生育保险的，按照生育保险的规定执行。 2.《上海市人口与计划生育条例》第三十一条第二款　符合法律法规规定生育的夫妻，女方除享受国家规定的产假外，还可以再享受生育假三十天，男方享受配偶陪产假十天。生育假享受产假同等待遇，配偶陪产假期间的工资，按照本人正常出勤应得的工资发给。 3.《重庆市人口与计划生育条例》第二十六条第四款　符合法律法规规定生育的女职工产假期间，男方所在单位应当给予护理假十五日，护理假期间享受在岗职工同等待遇。 4.《四川省人口与计划生育条例》第二十六条　符合本条例规定生育子女的夫妻，除法律、法规规定外，延长女方生育假 60 天，给予男方护理假 20 天。生育假、护理假视为出勤，工资福利待遇不变。 5.《内蒙古自治区人口与计划生育条例》第三十六条　依法办理结婚登记的夫妻增加婚假十五日；符合本条例规定生育子女的夫妻，女方除享受国家规定的产假外，再增加产假六十日，并给予男方护理假二十五日。休假期间的工资、福利等待遇不变。 6. 西藏自治区卫生和计划生育委员会、西藏自治区人力资源和社会保障厅《关于调整西藏自治区干部职工两孩生育待遇的通知》第三条　凡西藏自治区户籍，各社会组织、企事业单位、行政机关在职干部职工，符合法律法规生育子女的，女方每胎享受一年产假（含法定产假），因工作原因未能休满产假的，用人单位应当给予适当的补贴；配偶享受三十天护理假（不包括在年度休假内）。期间夫妇双方工资待遇不变。女方产假期满当年，不再享受休假。参加生育保险的，按照生育保险相关规定享受生育津贴

7. 独生子女陪护假

定义	用人单位给予劳动者用于对因患病住院或失能的年满 60 岁的父母进行陪护照料的假期
适用对象	独生子女(部分省份也包括非独生子女)
休假天数	1. 重庆:独生子女≤10 天; 2. 湖北:非独生子女≤10 天,独生子女≤15 天; 3. 海南:独生子女≤15 天; 4. 福建:独生子女≤10 天; 5. 四川:非独生子女≤7 天,独生子女≤15 天; 6. 黑龙江:非独生子女≤10 天,独生子女≤20 天; 7. 云南:非独生子女≤10 天,独生子女≤20 天; 8. 广西:独生子女≤10 天
假期待遇	陪护照料期间,职工工资福利待遇不变
法规举要	1.《重庆市老年人权益保障条例》第三十条　老年人是独生子女父母的,患病住院治疗且需要二级以上护理时,用人单位应当支持其子女进行护理照料,并给予每年累计不超过十天的护理时间,护理期间工资福利待遇不变。 2.《湖北省实施〈中华人民共和国老年人权益保障法〉办法》第十一条第三款　对赡养人、扶养人照顾失能或者患病住院老年人的,用人单位应当提供便利,并给予每年累计不少于十天的护理时间;对独生子女照顾失能或者患病住院老年人的,每年护理时间应当累计不少于十五天。 3.《海南省实施〈中华人民共和国老年人权益保障法〉若干规定》第二十四条第一款　在国家提倡一对夫妻生育一个子女期间,自愿终身只生育一个子女家庭的老年人患病住院治疗期间,用人单位应当支持其子女进行护理照料,并给予每年累计不超过十五天的护理时间,护理期间工资福利待遇不变。 4.《福建省老年人权益保障条例》第二十七条第二款　独生子女的父母年满六十周岁,患病住院治疗期间,用人单位应当支持其子女进行护理照料,并给予每年累计不超过十天的护理时间,护理期间工资福利待遇不变。 5.《四川省老年人权益保障条例》第三十条　老年人患病住院期间不能自理的,其子女所在用人单位应当给予独生子女每年累计不超过十五日的护理照料时间,给予非独生子女每年累计不超过七日的护理照料时间。 6.《黑龙江省老年人权益保障条例》第十二条第三款　老年人患病住院期间,子女所在单位应当给予其陪护假。独生子女的陪护假每年累计二十日,非独生子女的陪护假每年累计十日。陪护期间工资福利待遇不变。 7.《云南省老年人权益保障条例》第二十四条　老年人患病住院治疗期间,其子女的用人单位应当支持护理照料,给予独生子女每年累计 20 天、非独生子女每年累计 10 天的护理时间,护理期间享受与正常工作期间相同的工资待遇。 8.《广西壮族自治区实施〈中华人民共和国老年人权益保障法〉办法》第二十二条第二款　独生子女父母年满六十周岁的,患病住院期间,用人单位应当给予其子女每年累计不超过十五天的护理假。护理期间的工资、津贴、补贴和奖金,其用人单位不得扣减

成本提示

1. 很多假期的地方属性强，是否执行、如何执行需要结合地方法规的规定。同时，用人单位的规章制度对假期规定与执行有较大空间，需要确保规章制度规定不低于法定标准。

2. 假期种类繁多，适用条件复杂，不熟悉规则，容易导致审查不力，对不该准假的员工批准假期，浪费用人单位成本。

配套案例

案例1：用人单位只准3天婚假，被判补发7天婚假工资

2015年5月4日，李某与某科技公司签订劳动合同，约定劳动合同期限为2015年5月4日起至2018年5月3日止，工作岗位为电气工程师，工作地点为北京，工资标准为每月6500元。2016年5月，李某登记结婚，向某科技公司申请于2016年5月7日至16日休婚假10天。某科技公司称该段时间业务繁忙，人手抽调不开，而且按照公司规定，婚假最多休3天，于是只批准李某2016年5月7日至9日休婚假3天。后双方发生劳动争议，李某诉至法院，要求某科技公司支付婚假工资2091.9元（6500÷21.75×7天）以及其他待遇。

人民法院认为，根据《国家劳动总局、财政部关于国营企业职工请婚丧假和路程假问题的通知》第一条、《北京市人口与计划生育条例》第十六条的规定，某科技公司关于员工只享受3天婚假的规定不符合法律规定。对于李某未休的7天婚假，应当按照正常出勤计算劳动报酬，故判决某科技公司支付李某婚假工资2091.9元（6500÷21.75×7天）。

■ **律师评析**

《人口与计划生育法》第二十五条规定，符合法律、法规规定生育子女的夫妻，可以获得延长生育假的奖励或者其他福利待遇。随后，北京市于2016年3月24日颁布修改后的《北京市人口与计划生育条例》，规定增加婚假7天。本案中，某科技公司显然缺乏对新法的关注，以致仍然按照旧规定执行3天婚假。因某科技公司的规章制度与法律规定相违背，应当承担支付婚假工资差额的责任。

法条链接

《国家劳动总局、财政部关于国营企业职工请婚丧假和路程假问题的通知》

第一条　职工本人结婚或职工的直系亲属（父母、配偶和子女）死亡时，可以根据具体情况，由本单位行政领导批准，酌情给予一至三天的婚丧假。

《北京市人口与计划生育条例》

第十六条　依法办理结婚登记的夫妻，除享受国家规定的婚假外，增加假期七天。

案例2：员工超期请产假，单位领导批准，诉讼中主张无效，法院不予支持

章某于2010年8月进入某房地产公司工作，担任造价主管职务。2015年10月22日，章某以医嘱要求剖腹产为由，从2015年10月22日起请产假至2016年6月22日止，共计8个月。时任总经理的冯某批准了章某的请假申请。后章某与某房地产公司发生劳动争议，某房地产公司提出章某的产假期限为128天，即便属于难产，最多延长至143天。职业经理人冯某与章某有亲戚关系，恶意串通损害某房地产公司的利益，对于超出143天的部分应属无效。

人民法院认为，《员工请假单》上领导签字属实，同时某房地产公司于2016年11月2日向章某发出的《告知函》上亦载明有章某获批的产假已于2016年6月22日结束的内容，加之某房地产公司并未举证证明其提出的照片上《员工请假单》系章某与冯某串通伪造的辩解意见，对该照片中《员工请假单》内容的真实性予以采信，即章某确系履行了产假请假手续。对于超出法定产假天数的部分，可以视为某房地产公司给予员工的福利假期，某房地产公司提出超过143天的部分产假应属无效的意见，本院不予采信。

律师评析

本案冯某因何原因超期批准章某的产假，我们不得而知。但给用人单位的启示是，务必严格审查员工提交的请假申请，做到依法、依制度准假，不偏不倚。如因为用人单位的原因超过法定期限准假或者对不该准假的员工批准假期，往往难以追回。

法条链接

《女职工劳动保护特别规定》

第七条第一款 女职工生育享受98天产假，其中产前可以休假15天；难产的，增加产假15天；生育多胞胎的，每多生育1个婴儿，增加产假15天。

《重庆市人口与计划生育条例》

第二十六条第二款 符合法律法规规定生育的女职工，在国家规定产假的基础上增加产假三十日。产假期间享受在岗职工同等待遇。

实操技能

1. 结合法律法规完善规章制度，确立各种假期管理办法

（1）根据地方法规、本单位实际情况确定假期种类

对于很多假期，国家法律层面只作了原则性规定，具体的实施办法需参照本省的地方法规执行。例如，是否执行独生子女陪护假各个省份规定就不一致，有的地区执行，有的地区不执行。《山西省实施〈中华人民共和国老年人权益保障法〉办法》第十一条第二款规定："鼓励赡养人所在单位在老年节、老年人生日以及生病住院时，为赡养人探望老年人提供便利。"山西省的地方规定只作了倡导式的规定，没有明文要求用人单位给予赡养人一定假期用于陪护老年人。因此，在山西省的用人单位可以不设置独生子女陪护假。再如，探亲假的适用条件之一是用人单位属于全民所有制企业，即国有企业。如果用人单位属于私营企业或集体企业，可选择性适用探亲假。

（2）明确规定请假方式、请假审批程序、需要提交的资料

与带薪年休假、病假管理类似，本节所称各种假期也需要用人单位在规章制度里规定请假方式、请假审批流程、请假需提交的材料等事项，以便办理请假事宜时有规可循。关于请假方式，原则上要求书面请假，情况紧急的也可口头请假，事后补书面手续。关于审批流程，需要明确规定请假的流程、审批人、审批权限等。关于需要提交的材料，应当根据不同假期类型罗列材料清单。例如，请婚假的，应当提供结婚证、身份证；男职工请护理假的，应当提供结婚证、准生证、孕检手册、住院病历、出生医学证明等材料。

（3）确定假期待遇

本节所指假期的法定待遇大多是休假期间视为正常出勤，用人单位按照职工

原工资待遇发放,这样的规定依法执行即可。有的用人单位福利待遇较好,高于法定标准给予员工假期待遇,这种情况就需要明确具体规则。例如,有的单位每年给予员工一定天数的带薪事假,这就需要明确带薪事假的天数、适用条件、排除条件等。再如,有的单位报销探亲假路费的标准高于法定标准,则需要具体规定报销的比例、对报销凭证的要求等。

2. 审核请假资料,审查是否享有请假资格

当员工提交了请假申请并附带相关资料时,进行详细审核是用人单位的义务。对于审核通过的应当予以准假,相反则可不予准假。不同种类的假期,审核的重点并不相同,具体如表 9 -6。

表 9 -6　各类假期审核重点

假期类别	审核重点
事假	重点审查事假理由是否正当,请假天数是否超限
产假	通过审查孕检手册、医嘱单、费用清单确定请假事由真实性,注意产假天数计算。如因难产、多胞胎需增加产假期限,可要求补交医疗证明、出生医学证明
婚假	重点审查结婚证真实性,注意证件领取时间
丧假	重点审查死者是否为员工直系亲属(配偶、父母、子女)或配偶父母,要求销假时补交身份关系证明(如户口本、公安机关证明)、死亡证明、火化证明、销户证明等材料
探亲假	重点审查员工是否工作满 1 年;要求员工提交不能利用公休日与配偶、父母团聚的证明材料;是否存在排除适用的情形
护理假	重点审查生育是否符合法律法规规定;女职工生产时间
独生子女陪护假	重点审查职工是否为独生子女(地方规定不作要求的除外);父母子女关系证明;陪护对象的年龄;陪护对象患病或失能的真实性

3. 做好考勤记录,依法支付假期待遇

除了保管好员工的请假申请,还应当对已准假的员工做好考勤记录,这样的证据链条才算完整,不但能体现出用人单位批准了假期,也能证明劳动者实际已经休假。此外,还应当根据请假申请和考勤记录给员工计发假期待遇。对于依规休假的,全额发放待遇;对于超期休假的,按照制度扣减待遇;对于短于法定假期的,依法补发未休假的待遇。

配套文书

休假申请单

<table>
<tr><td>姓　名</td><td></td><td>部门/职务</td><td></td><td>填写时间</td><td></td></tr>
<tr><td>请假类别</td><td colspan="5">1□病假　2□婚假　3□产假　4□年休假　5□事假　6□探亲假
7□丧假　8□护理假　9□独生子女陪护假　10 □其他</td></tr>
<tr><td>请假时间</td><td colspan="5">自________年____月____日至________年____月____日，共计______天。</td></tr>
<tr><td>请假原因（附相关证明）</td><td colspan="5"></td></tr>
<tr><td>请假人签字</td><td colspan="5">请假人签名：
（须为本人亲笔签名）
时　　间：</td></tr>
<tr><td>职务工作代理人及委托事项</td><td colspan="5">本人休假期间以下工作委托__________先生/女士代为办理。

委托事项：

代理人签字：
时　　间：</td></tr>
<tr><td rowspan="2">领导审批</td><td>部门主管</td><td>财务经理</td><td colspan="2">办公室主任</td><td>总经理</td></tr>
<tr><td></td><td></td><td colspan="2"></td><td></td></tr>
</table>

第十章

解聘裁员

导　语

本章主要探讨用人单位如何单方解除劳动关系。对于与本单位发展步调不再一致甚至背道而驰的劳动者,HR 应当适时发起解聘程序,以保障人才队伍满足公司发展需要。用人单位因各种原因经营举步维艰,冗余员工成为企业负担时,则可以考虑行使法律赋予的经济性裁员的权利。

本章第一节介绍如何单方解聘员工,主要针对单个劳动者劳动关系的解除。用人单位单方发起的解除行为法律风险比较高,解除的正当理由(justification)、规章制度(regulation)、证据(evidence)、解除程序(procedure)是影响解除行为是否合法的几个关键因素。笔者将介绍“JREP 四维解除法”,帮助 HR 实现合法解除。

本章第二节介绍如何进行经济性裁员,主要针对多个劳动者劳动关系的解除。经济性裁员关乎众多员工的切身利益,启动条件、解除对象、解除程序都受到严格限制。经济性裁员应当如何进行,笔者结合法律规定及实务经验进行全面介绍。

第一节　单方解聘员工

内容提要	
热点专题	单方解聘员工
背景知识	1. 解聘理由 2. 解聘程序 3. 解聘后果
成本提示	3 条
配套案例	1. 员工六次违纪，用人单位解除劳动关系被判违法，一审判继续履行，二审改为支付赔偿金 2. 员工公车私用出事故被开除，单位解除程序违法被判支付赔偿金
实操技能	1. 单方解聘员工的操作方法——“JREP 四维解除法” 2. 几类问题员工的解聘策略
配套文书	1. 通知工会函 2. 工会复函 3. 解除（终止）劳动合同通知书

背景知识

1. 解聘理由

根据发起主体不同，劳动关系的解除可分为劳动者发起的解除、用人单位发起的解除两类。就劳动关系解除的法定理由而言，根据《劳动合同法》的规定，用人单位可以选择包括协商一致解除（用人单位提出）、过失性解除、无过失性解除、经济性裁员四种类型。因为协商一致（用人单位提出）劳动者不同意的，用人单位无法达到解除目的，本节不列为探讨对象。那么，用人单位发起的能达到单方解除目的的法定事由只有过失性解除、无过失性解除、经济性裁员三类，本节主要讨论过失性解除、无过失性解除，本章第二节专门介绍经济性裁员。这三类由用人单位单方解除劳动关系的情形具体细分如表 10－1。

表 10－1　用人单位可单方解除劳动关系的法定情形

<table>
<tr><td rowspan="13">用人单位可单方解除劳动关系的法定情形</td><td rowspan="6">过失性解除</td><td>在试用期间被证明不符合录用条件</td></tr>
<tr><td>严重违反用人单位的规章制度</td></tr>
<tr><td>严重失职，营私舞弊，给用人单位造成重大损害</td></tr>
<tr><td>劳动者同时与其他用人单位建立劳动关系，对完成本单位的工作任务造成严重影响，或者经用人单位提出，拒不改正</td></tr>
<tr><td>以欺诈、胁迫的手段或者乘人之危，使对方在违背真实意思的情况下订立合同，致使劳动合同无效</td></tr>
<tr><td>被依法追究刑事责任</td></tr>
<tr><td rowspan="3">无过失性解除</td><td>患病或者非因工负伤，在规定的医疗期满后不能从事原工作，也不能从事由用人单位另行安排的工作</td></tr>
<tr><td>不能胜任工作，经过培训或者调整工作岗位，仍不能胜任工作</td></tr>
<tr><td>劳动合同订立时所依据的客观情况发生重大变化，致使劳动合同无法履行，经用人单位与劳动者协商，未能就变更劳动合同内容达成协议</td></tr>
<tr><td rowspan="4">经济性裁员</td><td>依照企业破产法规定进行重整</td></tr>
<tr><td>生产经营发生严重困难</td></tr>
<tr><td>企业转产、重大技术革新或者经营方式调整，经变更劳动合同后，仍需裁减人员</td></tr>
<tr><td>其他因劳动合同订立时所依据的客观经济情况发生重大变化，致使劳动合同无法履行</td></tr>
</table>

2. 解聘程序

（1）解除前通知工会

《劳动合同法》第四十三条规定："用人单位单方解除劳动合同，应当事先将理由通知工会。用人单位违反法律、行政法规规定或者劳动合同约定的，工会有权要求用人单位纠正。用人单位应当研究工会的意见，并将处理结果书面通知工会。"可见，用人单位行使单方解除权，在解除劳动关系前通知工会是必经程序。该程序的设置，使工会可以行使《工会法》赋予的监督职能，对用人单位的用工行为进行监督。如果工会认为用人单位的解除行为违反法律、法规和集体合同约定，要求重新研究处理时，用人单位应当研究工会的意见，并将处理结果书面通知工会。值得注意的是，工会只对用人单位的单方解除行为进行监督，而非审批。因此，用人单位在解除劳动关系时，需要通知工会、对工会的意见进行研究并书面通知处理结果，并不需要取得工会的批准或同意。

实践中，用人单位遇到某些特殊情况无法在解除前及时通知工会，这会不会导致违法解除？司法审判中放宽了该项程序的尺度。《最高人民法院关于审理劳动争议案件适用法律若干问题的解释（四）》（以下简称《解释（四）》）第十二条规定："建立了工会组织的用人单位解除劳动合同符合劳动合同法第三十九条、第四十条规定，但未按照劳动合同法第四十三条规定事先通知工会，劳动者以用人单位违法解除劳动合同为由请求用人单位支付赔偿金的，人民法院应予支持，但起诉前用人单位已经补正有关程序的除外。"该条司法解释的但书部分规定，允许用人单位在起诉前补正通知工会的程序。如果起诉后仍未补正的，劳动者以此为由主张用人单位违法解除劳动合同并要求支付赔偿金的，人民法院予以支持。当然，未事先通知工会毕竟是程序性瑕疵，劳动者以此为由主张恢复劳动关系的，人民法院一般不予支持。

如果用人单位未设立工会，解除前无法通知工会该怎么办？对此，法律并无明确规定。有观点认为，如果用人单位没有工会的，应当事先通知用人单位所在地的工会，以表达用人单位主观上有履行通知工会的意识。也有观点认为，《解释（四）》只对建立了工会组织的用人单位作了要求，对没有建立工会组织的用人单位未作明确要求，因此，本单位未设立工会的，可以不通知。笔者认为，从实际操作的层面看，解除前事先通知用人单位所在地的工会既不违反法律的规定，也不会明显增加管理事务和管理成本，还能表达对解除程序的尊重，宜如此操作。况且，有的地方规定也作出了明确要求，例如，《江苏省劳动合同条例》第三十一条第二款规定："用人单位单方解除劳动合同，应当事先将理由通知工会；用人单位尚未建立工会的，通知用人单位所在地工会。"

（2）向劳动者出具解除劳动合同证明文件

《劳动合同法》第五十条第一款规定："用人单位应当在解除或者终止劳动合同时出具解除或者终止劳动合同的证明，并在十五日内为劳动者办理档案和社会保险关系转移手续。"可见，用人单位解除劳动关系的，不能只是头口通知，而是要向劳动者出具书面的《解除劳动合同通知书》。实践中，书面的解除证明是认定用人单位与劳动者劳动关系解除的重要依据。向劳动者出具解除劳动合同证明文件是解除劳动合同操作步骤的最后一个环节，但这个环节十分重要，一旦发出，解除理由是否正当、证据是否充分、程序是否合法都需要接受法律的检验。

3. 解聘后果

(1)合法解除

①过失性解除

对于过失性解除,用人单位如果做到了合法解除,就不会产生解聘成本,无须向劳动者支付经济补偿。

②无过失性解除

对于无过失性解除,即便用人单位的解除行为合法,也需要支付经济补偿;如果未提前30日书面通知解除的,还需以劳动者上一个月的工资标准为基数支付代通知金,这就是所谓的“N+1”。此外,劳动者因患病或者非因工负伤,医疗期满后不能从事原工作,也不能从事用人单位另行安排的工作的,解除劳动合同时还应支付医疗补助金。

关于经济补偿的计算,分为两种情形。一般情况,经济补偿按劳动者在本单位工作的年限,每满1年支付1个月工资的标准向劳动者支付。6个月以上不满1年的,按1年计算;不满6个月的,向劳动者支付半个月工资的经济补偿。所谓“月工资”是指劳动者在劳动合同解除前12个月的平均工资,包括计时工资或者计件工资、奖金、津贴和补贴等货币性收入。比较特殊的情况,如果劳动者月工资高于用人单位所在直辖市、设区的市级人民政府公布的本地区上年度职工月平均工资3倍的,向其支付经济补偿的标准按职工月平均工资3倍的数额支付,向其支付经济补偿的年限最高不超过12年。

(2)违法解除

①继续履行劳动合同

无论何种解除理由,用人单位被认定为违法解除的,劳动者可以主张恢复劳动关系,继续履行劳动合同。此外,还可要求用人单位支付被违法解除劳动合同到恢复劳动关系期间的工资待遇。当然,如果劳动合同已经无法继续履行,如劳动者与用人单位矛盾十分尖锐、原工作岗位具有唯一性且被其他人替代等,人民法院可以不支持继续履行劳动合同的诉求,劳动者只能转而主张违法解除劳动关系赔偿金。

②支付赔偿金

如果劳动者不打算继续履行劳动合同,也可以选择要求用人单位支付赔偿金。赔偿金的计算方法为经济补偿标准的2倍。

成本提示

1. 解聘员工属于人力资源管理中的离职环节，是双方矛盾集中爆发的阶段。劳动者被用人单位单方解除，无论从情面上还是从利益上，均受到挫折，大多要与用人单位“一较高下”。劳动者维权成本低、胜诉率高，这是劳动争议的基本格局，用人单位的解除行为务必慎之又慎。

2. 用人单位选择单方解除劳动关系本身就是一件有难度的事情，要确保合法解除，要受到解除理由、规章制度、证据、解除程序等因素的限制。哪一个环节出现错误或不当，便容易导致违法解除。

3. 解聘通知书发出之前，请确保基础工作已经扎实，用人风险在可控、可承受的范围。千万不打无准备之仗，动辄让劳动者卷铺盖走人的做法，将承受违法解除的后果。或许有的用人单位觉得不怕支付赔偿金，但劳动者主张继续履行劳动合同，让义正词严的辞退命令被撤销，确有碍于管理。

配套案例

案例1：员工六次违纪，用人单位解除劳动关系被判违法，一审判继续履行，二审改为支付赔偿金①

李某系某百货公司员工，担任营运部门总经理，2013 年 11 月 1 日，双方签订无固定期限劳动合同。2015 年 4 月 30 日至 2017 年 3 月 18 日，李某先后 6 次被某百货公司给予口头或书面警告，并于 2017 年 3 月 18 日被某百货公司解除劳动关系。2017 年 5 月 12 日，李某向劳动仲裁委申请劳动仲裁，请求裁决：(1)撤销某百货公司 2017 年 3 月 18 日作出的解除劳动合同关系的决定；(2)某百货公司继续履行 2013 年 11 月 1 日与李某签订的劳动合同书。李某的仲裁请求获得劳动仲裁委的支持。某百货公司不服，诉至一审法院。一审法院经审理后，亦判决撤销某百货公司 2017 年 3 月 18 日作出的解除劳动合同关系的决定，双方继续履行 2013 年 11 月 1 日签订的劳动合同书。某百货公司提起上诉，二审法院确认某百货公司的解除行为违法，但认为双方劳动合同无法继续履行，改判某百货公司支付李某违法解除劳动合同赔偿金 272,016 元。

---

① 本案例摘自(2018)鄂 0606 民初 1070 号、(2018)鄂 06 民终 2989 号民事判决书。

对于某百货公司给予李某的六次违纪处分，一审法院评判如表10－2。

表10－2　一审法院对六次违纪事实的观点

次数	违纪事实	法院观点
第一次	2015年4月30日，第一份口头警告。某百货公司认为李某未尽到巡店职责，对鲜食监管不力。	某百货公司提供的《管理层巡店》中并未明确规定巡店发现问题应当承担何种责任、受到何种处理。某百货公司给予李某口头警告是依据《奖惩政策》中口头警告所规定的哪一项并不明确。
第二次	2015年8月28日，第二份警告通知书。某百货公司认为店内鲜食寄售商品擅自降价等行为李某负有管理责任。	某百货公司亦未提供明确规定作为依据证明此种情况李某应承担的责任。
第三次	2016年3月21日，第三份警告通知书。因政府部门检查发现过期产品导致某百货公司被罚款。两次书面警告合并为最终警告。	根据《食品保质期控制程序》中涉及的该问题，总经理应承担的责任为口头警告，而非书面警告。根据《奖惩政策》第8.3条规定，在受到书面警告的12个月内，再次发生前款第8.2条（书面警告）所列举的情况之一的，可给予最终警告。故因该次警告等级错误，与之前的书面警告合并为最终警告亦错误。
第四次	2016年5月20日，第四份书面警告。因高峰时段店内畅销商品缺货。	该次警告通知书作出时，李某在休陪产假，经上级领导批准，此期间的管理职责授权给他人。《管理层巡店》中亦规定，总经理休假或休息期间应由常务副总完成巡店任务，故该次巡店责任被给予口头警告无依据。
第五次	2016年7月5日，第五份警告通知书。因门店标准长期达不到公司要求，经过多次的巡店、沟通、培训仍然没有提高，导致销售客流持续下滑，员工士气低落。	该次警告通知书作出时，李某在休病假，故该次巡店责任被给予口头警告无依据。
第六次	2017年3月18日，第六份警告通知书。因李某借生二胎之名接受店内员工赠送礼物和现金问题。	某百货公司的调查仅为电话会谈，李某作为当事人对此事予以否认。即便某百货公司所查属实，但因前次最终警告错误，亦不能合并给予更高一级的纪律处分——解聘。

一审法院认为，某百货公司施行的《奖惩政策》《员工手册》《管理层巡店》等规章制度虽通过民主程序制定，但对李某在具体事件中应承担的责任范畴及行为后果受到何种处分并未相互印证，导致某百货公司作出的处分决定依据不足。故某百货公司解除与李某的劳动合同构成违法解除，李某要求继续履行劳动合同的请求，符合法律规定，一审法院予以支持。

对于某百货公司的解除行为是否属于违法解除，二审法院认同一审法院的认定。对于能否恢复劳动关系的问题，二审法院有不同认识。二审法院认为：劳动关系的恢复虽然是用人单位违法解除劳动合同的救济途径，但也可以以双倍赔偿金的方式予以救济。因为劳动关系具有一定的人身属性，违法解除劳动关系会对用人单位与劳动者之间的人身信任感产生巨大的破坏力。是否选择恢复劳动关系的救济途径，不仅要考虑劳动者的意愿，还应当考量是否能够缓解用人单位与劳动者之间的紧张关系，以及用人单位的商业利益。

虽然原有岗位已经被新员工替代不能成为用人单位拒绝继续履行劳动合同的充分抗辩事由，但李某作为某百货公司总经理，该岗位具有唯一性，在继续履行劳动合同上不具有现实可行性。如果强制某百货公司继续履行劳动合同，势必造成某百货公司以一个新的违反劳动合同的行为来弥补原来违法解除劳动合同的过错。另外，总经理系高级管理人员，其与用人单位的信赖程度远高于普通员工，由于某百货公司违法解除劳动合同，导致仲裁、诉讼，双方的信任关系很难恢复。如果强制某百货公司继续履行劳动合同，意味着让某百货公司将一个较为独立的经营实体交由已经存在严重信任危机的人去管理，对某百货公司的商业利益完全无视。因此，对李某要求继续履行劳动合同的请求，法院不予支持。原审法院对继续履行劳动合同的可能性和可行性未进行论证，直接作出继续履行劳动合同的判决，缺乏事实依据，应当予以纠正。

■ 律师评析

本案某百货公司被认定为违法解除，主要理由是某百货公司认定李某违纪均是适用规章制度的兜底条款，缺乏明确的制度依据。从法院的裁判思路可以看出，这对用人单位制定规章制度的要求何其之高！用人单位需要事先提前预料员工可能发生的违纪行为，并且明确规定在规章制度里，这样才能获得法院支持，这几乎是难以完成的任务。不过，在审判实践中，用人单位因规章制度规定不全长期被判败诉的事实也让法院重新审视裁判规则。让用人单位在事发前预料所有的违纪情形，这确实有点强人所难。很多地方的司法观点转而倾向认为，如果劳动者的行为明显有违诚实信用、公序良俗原则的，即便用人单位的制度中未明确规定这些违纪情形，也可利用前述法律原则解除与劳动者的劳动关系。

本案另一个问题，某百货公司与李某的劳动合同能否继续履行？一审法院是基于某百货公司“确认解除劳动合同合法，双方无须继续履行劳动合同”的诉讼请求而作出的判决。对能否继续履行的问题，既然某百货公司未提出意见，一审法院也未纳入审判的范畴。而二审法院认为，劳动者对用人单位违法解除的救济途径有两种：一种是要求继续履行劳动合同，另一种是要求用人单位支付违法解除劳动合同的赔偿金。二审法院对是否能够继续履行进行了充分的论证，认为某百货公司与李某已经没有信赖基础，继续履行合同会导致某百货公司丧失商业利益。此外，因总经理职务具有唯一性且已被他人替代，如果判决继续履行劳动合同，某百货公司势必造成对另一个劳动关系的违约。以破坏另一劳动合同的方式来维护李某的合法权益，显然不符合法律的精神，某百货公司亦面临“一波未平，一波又起”的局面。故二审法院突破了“不告不理”的原则，灵活地判令某百货公司支付李某违法解除劳动合同赔偿金，实属对法律精神的准确领会，对裁判“定分止争”作用的准确拿捏。

■ 法条链接

《中华人民共和国劳动合同法》

第四十八条 用人单位违反本法规定解除或者终止劳动合同，劳动者要求继续履行劳动合同的，用人单位应当继续履行；劳动者不要求继续履行劳动合同或者劳动合同已经不能继续履行的，用人单位应当依照本法第八十七条规定支付赔偿金。

案例2：员工公车私用出事故被开除，单位解除程序违法被判支付赔偿金[①]

刘某于2017年8月15日入职某酒店公司，担任水电工程主管职务。2018年9月30日，刘某擅自驾驶单位车辆接送女儿，途中发生四车相撞的交通事故，刘某

① 本案例摘自（2019）鲁08民特55号民事裁定书。

负主要责任。经保险公司核算，四车损失合计赔付 17,878 元，大部分损失均由某酒店公司负担，同时刘某驾驶的肇事车辆因本次事故导致次年保险费大幅度上调。某酒店公司认为刘某的行为严重失职，给单位造成巨大损害。2019 年 3 月 27 日，某酒店公司负责人口头通知刘某不用再到酒店上班，后为刘某办理了劳动关系解除手续。刘某不服，诉至劳动仲裁委，主张违法解除赔偿金 9653.7 元。

劳动仲裁委认为，认定违法解除有两个标准，即程序违法和实体违法。程序违法即未按照法定程序解除，实体违法即解除理由不合法。本案中，某酒店公司未采用书面形式向刘某送达解除通知，依据《劳动合同法》第五十条之规定，用人单位应当在解除或者终止劳动合同时出具解除或者终止劳动合同的证明，并在 15 日内为劳动者办理档案和社会保险关系转移手续，某酒店公司未向刘某履行书面送达程序，其解除程序不合法。从解除理由看，某酒店公司称刘某公车私用且给酒店造成巨大损失，仲裁委认为某酒店公司仅提供了出车记录表而无其他证据佐证，无法证明刘某系公车私用，故某酒店公司依据《劳动合同法》第三十九条第（三）项规定的严重失职，营私舞弊，给用人单位造成重大损害缺乏相应的证据。结合语音通话记录，口头解除通知时并未提及刘某交通事故造成损失的情况。另外，用人单位对劳动者的过错应当及时作出处罚，本案中解除劳动关系时交通事故已经发生数月之久，再以该理由解除对劳动者是不公平的。综上，某酒店公司作出的解除决定程序不合法、理由不正当，该解除为违法解除。

劳动仲裁委于 2019 年 8 月 13 日作出仲裁裁决，裁决某酒店公司向刘某支付违法解除劳动合同赔偿金 10,583.68 元（2645.92 元/月 ×2 个月 ×2 倍）。因刘某主张的数额低于该数额，应以刘某的要求数额为准，即 9653.7 元。

某酒店公司不服仲裁裁决，向某中级人民法院申请撤销仲裁裁决。某中级人民法院认为，在本案审理中，首先，某酒店公司提交的证据不足以证明刘某提交仲裁委的证据存在伪造或者隐瞒了足以影响公正裁决的证据，因此仲裁委依据真实证据作出裁决，于法有据。其次，某酒店公司认为仲裁裁决依据的法律法规错误，依据法院查明事实，某酒店公司与刘某解除劳动合同的形式不符合《劳动合同法》第五十条之规定，属于解除劳动关系程序违法，仲裁委据此认定本案为违法解除劳动合同，适用法律正确，并因未依法解除劳动合同支持劳动者主张的赔偿金于法有据。

■ 律师评析

本案就一般人看来，刘某未经批准公车私用，而且造成较大损失，某酒店公司完全有权解除与刘某的劳动合同,某酒店公司也这样认为。诉讼中,某酒店公司提出,即便单位未按照《劳动合同法》第五十条的规定在解除劳动合同时出具解除劳动合同的证明,其法律后果也应是《劳动合同法》第八十九条规定的"由劳动行政部门责令改正;给劳动者造成损害的,应当承担赔偿责任",而不应当被认定为违法解除。但司法裁判掌握的尺度,认为程序违法与实体违法一样,都属于违法解除,而且这是通说观点。可见,用人单位在解除与劳动者劳动关系时只重视实体问题,忽略程序正当性,同样会被认定为违法解除。

■ 法条链接

《中华人民共和国劳动合同法》

第五十条 用人单位应当在解除或者终止劳动合同时出具解除或者终止劳动合同的证明,并在十五日内为劳动者办理档案和社会保险关系转移手续。

劳动者应当按照双方约定,办理工作交接。用人单位依照本法有关规定应当向劳动者支付经济补偿的,在办结工作交接时支付。

用人单位对已经解除或者终止的劳动合同的文本,至少保存二年备查。

实操技能

1. 单方解聘员工的操作方法——"JREP 四维解除法"

单方解聘员工是用人单位主动结束劳动关系的管理行为,如果操作不慎导致违法解除,不但需要承担违法解除的法律责任,还会给管理带来较大冲击。因此,用人单位主动发起解除劳动关系的,第一要义是确保解除行为的合法性。解除的正当理由(justification)、规章制度(regulation)、证据(evidence)、解除程序(procedure)是影响解除行为是否合法的几个关键因素,这几个要素不是孤立存在的,而是相互关联、相互影响的。劳动争议诉讼中,用人单位的解除行为被认定为违法,往往是因为这几个因素出现问题。例如,用人单位以不能胜任工作为由解除"三期"女职工,解除理由不正当,会因为解除理由违法导致违法解除;用人单位以严重违反本单位规章制度为由解除违纪员工,但规章制度未经过民主、公示程序,会因为规章制度不合法导致违法解除;用人单位以试用期不符合录用条件为由解除试用期员工,但无法提供员工考核不合格的证据,会因为证据不足导致违法解除;用人单位单方解除劳动关系,但事先未征求工会意见且在起诉前未补正,会因为程序瑕疵而被认定为违法解除。实践中,违法解除的原因往往并不单一,可能是多个原因并存。认识清楚违法解除的原因,对用人单位合法解除劳动关系具有重要指导意义。为了确保用人单位单方解除劳动关系的合法性,在解除之前必须关注解除的正当理由(justification)、规章制度(regulation)、证据(evidence)、解除程序(procedure)四个维度,看是否能满足,笔者把这套主动解聘员工的操作方法称为"JREP 四维解除法",下面进行详细介绍:

(1)根据员工的问题表现,明确解除理由

或许在 HR 看来,老板发话要解除某员工,这就是最大的理由。显然,这里说的理由是指法律赋予用人单位单方解除劳动关系的法定事由,具体是指《劳动合同法》第三十九条、第四十条、第四十一条规定的情形。正常情况下,老板想解除某位员工,这位员工可能存在这样或那样的问题,HR 可以根据员工表现出的问题,从法律上找到相应的依据。当然,也可能某位员工不止存在一个问题,而是存在多个问题,此时需要确定一个主要的解除理由,其他问题表现可以作为补充情节。明确了解除理由还不够,因为解除理由还受到规章制度、证据的制约。如果规章制度缺乏相应规定或制定程序有瑕疵,证据无法证实员工存在法律上的解除事由,那么必须反过来审视解除理由是否恰当。

有时,即便明确了解除理由,因为该员工存在某些法律规定的情形的,亦不能解除。《劳动合同法》第四十二条规定:"劳动者有下列情形之一的,用人单位不得依照本法第四十条、第四十一条的规定解除劳动合同:(一)从事接触职业病危害作业的劳动者未进行离岗前职业健康检查,或者疑似职业病病人在诊断或者医学观察期间的;(二)在本单位患职业病或者因工负伤并被确认丧失或者部分丧失劳动能力的;(三)患病或者非因工负伤,在规定的医疗期内的;(四)女职工在孕期、产期、哺乳期的;(五)在本单位连续工作满十五年,且距法定退休年龄不足五年的;(六)法律、行政法规规定的其他情形。"不过,存在前述特殊情形的劳动者如果符合《劳动合同法》第三十九条规定的,用人单位依然有权对其进行过失性解除。例如,怀孕女职工无故长期旷工的,可以以严重违反用人单位规章制度为由解除劳动合同。

(2)确保规章制度有相关规定,并且经过民主、公示程序

此处的"规章制度"不是特指员工手册或某一个单独的制度,而是泛指与解除劳动关系相关的所有规章制度。例如,如果用人单位准备以"严重违纪"为由解除劳动关系,需要找到将员工某种行为定义为严重违纪的成文规定;如果用人单位准备以"试用期不符合录用条件"为由解除劳动关系,需要找到告知员工试用期录

用条件的文件;如果用人单位准备以"营私舞弊,给用人单位造成重大损失"为由解除劳动关系,需用找到用人单位关于定义营私舞弊、重大损失行为的相关规定。显然,每个解除事由、解除情形都要从规章制度上找到相应的明确规定,这对用人单位制定规章制度的能力提出了很高的要求。不过,这样的要求并不是不可企及的,用人单位通过借鉴优秀规章制度、聘用专业团队草拟制定、结合本单位实际情况实时更新等办法,是可能做到"诸事皆有章可循"的。

要做到这一步,大型企业或许较为容易,他们有深厚的历史传统、设置了专门的人力资源部和法务部、配备了专职从业人员,这些条件都使他们有意识、有能力去完善规章制度、规范管理行为。但中小微企业面临缺业务、缺资金、缺人才的生存窘境,细化管理措施、完善规章制度等与创收关联并不密切的事,他们常常显得有心无力,表现出来的管理水平就显得粗糙些。然而,《劳动合同法》并未因企业的大小而区别对待,在完善规章制度这件事上,都一视同仁,规章制度不完善的,不管企业大小,都一律判决违法解除。对于劳动争议不多的行业而言,输一单赔一单,或许未完善规章制度的代价总体不太大,做好这件事的动力也不够强;但如果是劳动密集型行业,劳动争议频发,用人单位接连败下阵来,那就不得不反思管理上的问题,在完善规章制度这件事上必须下足工夫、加大投入。

只有规章制度还不行,还必须确保规章制度合法,这样才能在发生劳动争议时被裁判机构援引为处理劳动争议的依据。如何确保规章制度的合法性?具体而言,要做好四个方面:第一,涉及员工切身利益的规章制度必须经民主程序制定。即制定规章制度时不能"闭门造车",需要充分征求员工的意见,并保留征求意见、反馈意见过程的证据,这就是民主程序。第二,规章制度必须经过公示程序,让员工知晓。即用人单位准备执行的规章制度不能秘而不宣,必须通过员工可顺利获取的渠道,向员工公开、展示,让员工清楚规章制度的详细内容,这就是公示程序。第三,规章制度的内容必须合法,不能和法律、行政法规的强制性规定相抵触,不能损害劳动者的合法权益。第四,规章制度规定的处罚措施与劳动者过失应当匹配,给予的处理措施要合理、恰当,不能出现"小错重罚"或"动辄解聘"的规定。

(3)固定解除理由对应事实的证据

在法庭上陈述的案件事实,大多需要证据加以证实,才能取信于裁判者。因为裁判者并不是案件的当事人,并不清楚实际发生了什么,他们裁判案件只看证据能证明什么。用人单位要解除某位员工,除了找到法定的解除理由、规章制度依据，还要用证据来证实劳动者确实存在应当被解除的事实。例如，用人单位准备以劳动者“与其他用人单位建立劳动关系，对完成本单位的工作任务造成严重影响”为由单方解除劳动关系，就必须要拿出两方面关于事实的证据：第一，劳动者与其他用人单位建立劳动关系，例如，与其他单位签订的劳动合同、其他用人单位向其发放劳动报酬的记录等。第二，对完成本单位的工作任务造成严重影响，例如，劳动者业绩下降的证据、劳动者最近不能完成既定工作量而此前能轻松完成的证据等。再如，用人单位准备以“不能胜任工作”为由解除某员工，首先，必须拿出该员工工作中存在过失造成严重后果或考核不合格的证据。其次，还必须举证证明为员工进行培训或调岗的证据，如培训记录表、调岗通知书、新岗位员工考勤记录等。最后，还需要再次证明劳动者在新工作岗位上考核不合格的考核记录等。

有时，收集到的证据能反作用于解除理由的选择，原来的解聘思路不得不重新调整。例如，某用人单位发现某员工自己在外创办公司，对本单位工作十分懈怠，准备以“与其他用人单位建立劳动关系，对完成本单位的工作任务造成严重影响”为由解除劳动关系。通过收集证据，发现该员工开办公司并非以本人名义，他是实际控制人，无法固定他与其他用人单位建立劳动关系的证据。但是，由于该劳动者经常分身两处工作，难以兼顾，隔三岔五出现迟到、早退的现象，而且有据可查。对照规章制度后发现，按照累进原则，该员工本年度累计迟到、早退次数超过了十次，达到“严重违纪”的认定标准，最终选择以“严重违反用人单位规章制度”为由解除劳动合同。从中可以看出，解除理由选择、规章制度适用都受到证据的制约，原本的解除思路需要结合证据才能最终落地。反过来，这也给我们在证据收集时提供了启示：不要局限于收集与既定解除思路相关的证据，应当尽可能全面收集。说不定，从最终证据收集的情况来看，又产生了新的解除思路。如果思路太局限，收集到的材料太有限，原定的解除思路行不通，另一种解除思路由于证据的缺失无法形成，可能导致丧失解除的最佳时机。

（4）按照法定程序进行解除，保证解除程序合法

这里指的解除程序，主要指两项：第一，解除前通知工会。第二，解除劳动合同时出具解除劳动合同的证明。实践中，通知工会的程序主要表现为解除前征求工会的意见，原则上应当取得工会的复函（用人单位未设立工会的除外）。工会如发现用人单位在解除劳动关系的过程中存在违规行为，有权提出并要求用人单位纠正。向劳动者出具解除劳动合同的证明主要是指向劳动者出具解除劳动合同证明文件，该份文件是劳动关系结束的证明文件。

2. 几类问题员工的解聘策略

人力资源管理实践中，有几类问题员工管理起来难度很大，老是冒出各种问题；用人单位准备解聘，常常投鼠忌器，怕操作不慎陷入违法解除的境地。这几类问题员工不容易解除，因为规章制度事先很难穷尽违纪情形，同时取证难度比较大。就单个问题而言，就算证据确凿，其违纪情形和造成的后果不算严重，很难一蹴而就直接解聘，真有“请神容易送神难”的感觉。这里，结合本节介绍的“JREP四维解除法”谈谈这几类问题员工的解聘策略。总而言之，这类员工有“大错不犯，小错不断”的特点，企图“毕其功于一役”，出现问题马上解聘是不现实的。解聘这类员工，一定要有足够的耐心，等他们的行为“量变引起质变”才能做到合法解除。解除过程中切忌心浮气躁、切忌在条件不成就时急于求成。

(1)“刺儿头”员工解聘策略

所谓“刺儿头”员工常常表现为不服从或对抗正常管理，挑衅甚至威胁领导；与同事关系不和睦，在工作场合与同事争吵甚至有肢体冲突；工作上挑肥拣瘦，出了问题喜欢推卸责任，怨天尤人；业务水平一般，业绩不尽如人意。总的说来，这类员工属于“招惹是非型”员工，对于这类员工的种种不良表现，可以采取一系列应对措施：

①不服从正常管理，挑衅、威胁领导

这类员工往往喜欢钻牛角尖，如果领导口头安排工作，没留下必要痕迹，到时难免产生纷争，因此，在沟通方式上，建议少用口头指令，多用书面沟通。例如，通过发邮件、钉钉、OA 系统等方式布置工作任务，提出工作质量和完成时间的要求。如此，也可以减少领导与员工的正面接触，避免发生冲突。对于不服从正常管理、无故挑衅甚至威胁领导的，可以把该类情形提前写入规章制度，根据情节定义为一般违纪、严重违纪的情形。对于一般违纪行为，可采用累计原则，把多次一般违纪行为定义为严重违纪行为，以期达到可以直接解除的效果。对于恶意辱骂、通过网络散布谣言毁坏领导名誉并且造成较大影响的，可以直接定义为严重违纪。取证方面，可以通过视频监控、谈话记录、电子证据、证人证言等方式加以固定。

②与同事关系不和睦，发生口角或肢体冲突

对于日常工作中，同事之间因为工作发生的摩擦，应当本着相互尊重、相互体谅、相互配合的原则通过沟通、调解的方式解决。如果不分时间地点，在工作时间、工作场合（特别是接待客户的场所）主动发起争吵甚至肢体冲突的，可以在规章制度中根据情节定义为一般违纪、严重违纪。如果出现争吵、肢体冲突的情形，首先应当辨明是非，对始终保持理性、克制的一方，不给予处分；对主动挑衅、发起争端的一方要视情节给予处分。如果双方互不相让、针锋相对导致矛盾升级的，可以视情节对争执双方给予处分。司法实践中，用人单位解除在工作场所打架斗殴的员工，一般认定用人单位解除合法。对于情节和后果不严重的行为，可以给予一般违纪的处理，采用累进原则，达到严重违纪情形时再解除。取证方面，可以通过视频监控、报警记录、就医记录、面谈记录、证人证言等方式加以证实。

③工作挑肥拣瘦，出了问题喜欢推卸责任，怨天尤人

对于这种情况，首先，需要给予明确的工作安排指令，细化业绩考核标准；其次，尽量不安排需要与他人协作的工作。如果确有需要与其他同事一起协作的，在分解工作任务的时候，应当明确划分工作范围，明确职责，避免权责不分、责任不明。对于工作上出了问题的，要判明责任归咎于谁。对于因为员工过失导致工作失误的，应当根据业绩考核的相关细则，给予相应的处理措施。取证方面，主要考虑工作任务分配清单、工作失误结果的证据、面谈笔录等。

④业务水平一般，业绩不尽如人意

对于业务水平一般，业绩能凑合的，用人单位只能暂且作罢。如果业绩表现持续低迷，多次没有完成基本考核目标的，可以定义为不能胜任工作。对于不能胜任工作的，用人单位可以进行培训或调岗，然后再给予一定期限的考核期。如果依然考核不达标的，可以考虑单方解除劳动合同。取证方面，主要考虑考核结果（要求考核对象签字）、培训或调岗记录、再次考核不达标的证据等。

（2）“老油条”员工解聘策略

所谓“老油条”员工常常表现为自恃功高，做得少拿得多，而实际上他们不思进取，业务能力和业绩停滞不前，甚至出现倒退；他们是旧制度、旧规则的受益者，常常用散布谣言、辱骂领导、撺掇新员工不配合管理的方式来对抗单位创新与变革。总的来说，这类员工属于“因循守旧型”，对于这类员工的种种不良表现，可以采取下列应对措施：

①自恃功高，不思进取，能力与业绩下滑

毫无疑问，“老油条”员工曾经为单位的发展做出过努力和贡献，否则他们到不了现在的位置，也拿不到现在的待遇。正因为他们是曾经的“功臣”，单位对他们十分尊重，处处礼遇有加。但时代在发展，人人在进步，“一招鲜，走遍天”的时代早已过去。用人单位为了保持竞争力也要持续不断地保持与时俱进，没有人可以躺在过去的“功劳簿”上睡大觉。自恃功高、骄傲自满、不思上进导致能力与业

绩下滑的,可以纳入用人单位的考核体系。业务在更新,考核办法也应该随之更细。对于不适应新业务发展、业绩持续不能达标的,可以定义为“不能胜任工作”,考虑以不能胜任工作的思路解聘,操作办法同前,此处不再赘述。

②散布谣言、辱骂领导、撺掇新员工不配合管理

因循守旧,对抗变革是“老油条”员工的目的,从形式上表现为散布谣言、辱骂领导、撺掇新员工不配合管理行为等。用人单位的规章制度应当事先尽可能地穷尽这些不良行为,区分情节及后果,把它们列为一般违纪、严重违纪,从轻到重,给予不同的处罚措施。对于一般违纪的,采用累进计算的办法,可以在规章制度里规定达到一定次数,可升格为严重违纪;对于情节、后果严重或多次违纪的,可以定义为严重违纪,直接给予解聘处理。需注意在描述相关违纪情节时尽量全面、量化、数字化,以方便认定。

(3)“磨洋工”员工的解聘策略

所谓“磨洋工”员工常常表现为“出工不出力”。工作时间内,人在工作岗位上却不务正业、装腔作势,经常借故来回走动,找同事闲聊,长时间从事网购、吃零食、带小孩、煲电话、炒股、看小说、打游戏、看电影、网聊、看直播等与工作无关的事,以消磨有效工作时间。工作态度方面,总是消极怠工,对于领导安排的工作推三阻四,迟延交付工作成果。业绩方面,不温不火,表现平平,甚至呈下降趋势。总的来说,这类员工属于“低效能型”员工,对于这类员工的种种不良表现,可以采取下列应对措施:

①“出工不出力”,不务正业,消磨有效工作时间

对于前述在工作时间内长时间“闲聊、网购、吃零食”等种种表现,虽然单个行为不足以解聘,但可以把工作时间从事这些与工作无关的事情定义为一般违纪行为,发现一次处理一次,采用累计的办法给予口头警告、书面警告、记过、记大过的处罚。对于一个年度内累计出现了一定次数的行为定义为严重违纪,给予解聘处理。这些违纪行为比较隐蔽,难以取证,可以采用巡视、监控录像、证人证言等方式固定。

②迟延交付工作成果,业绩不温不火甚至下滑

对于迟延交付工作成果的,如果是主观上拖延而致,应当视情况定义为一般违纪、严重违纪;如果是因为工作能力不足导致无法交付工作成果的,可以定义为“不能胜任工作”。取证方面,应当在下达任务时书面明确交付工作成果的时间。截止时间临近时,可以再次提醒,同时保留好相关记录。如果仍然出现了“迟延交

付工作成果”的情况，则可以按照相关制度办理。

对于业绩不温不火甚至下滑的，需要区分客观原因、主观原因。如果是因为市场外部因素，不应该归咎于劳动者。如果能明确排除客观原因，而是因为主观上不努力、未按照业务操作流程办理、未恪尽职守等主观因素的，则应当视情况给予负面评价，规章制度中可以把主观因素导致的业绩下滑定义为“不能胜任工作”。

配套文书

1. 通知工会函

通知工会函

__________工会委员会：

兹有公司员工__________，因______________________________，违反了公司《×××管理制度》第×××条的规定，符合解除劳动合同的条件，公司准备与之解除劳动合同。现特发此函，通知贵工会，急盼回复。

__________公司（盖章）

________年____月____日

附件：

1. 公司与员工________签订的劳动合同；
2. 相关证据材料；
3. 《×××管理制度》。

2. 工会复函

工会复函

__________公司：

贵公司于________年____月____日发送的《通知工会函》已经收悉。经过研究，工会提出如下意见：

□同意解除，请依法为劳动者办理离职手续；

□贵公司在解除与________劳动合同过程中存在________________行为，该行为违反了《劳动合同法》第______条第______款的规定，请予以纠正，并将新的处理结果报送给我会。

特此回复。

__________工会委员会（盖章）

________年____月____日

3. 解除(终止)劳动合同通知书

解除(终止)劳动合同通知书

________先生/女士：

您于_______年____月____日与公司签订劳动合同，合同期限截至_______年____月____日，您在公司担任_______职务。因以下第_____项原因，经公司研究，现决定自_______年____月____日起解除(终止)与您的劳动合同，在公司的工作年限_____年。

附：解除(终止)劳动合同的原因

(一)个人原因，本人申请辞职。

(二)试用期被证明不符合录用条件。

(三)严重违反用人单位规章制度。

(四)营私舞弊，给用人单位造成重大损失。

(五)与其他用人单位建立劳动关系，影响本单位工作或经本单位提出，拒不改正。

(六)因欺诈、胁迫致使劳动合同无效。

(七)被追究刑事责任。

(八)医疗期满不能从事原工作，也不能从事本单位另行安排的工作。

(九)不能胜任工作，经培训或调岗后，仍然不能胜任的。

(十)订立劳动合同时所依据的客观情况发生重大变化，经协商未能达成变更协议。

(十一)经济性裁员。

(十二)劳动合同期满。

(十三)其他：______________________________________。

________(盖章)

_______年____月____日

注：1. 请您持本通知书到本人户口所在地区县(市)劳动就业机构办理相关手续。

2. 本通知书一式四份：公司、劳动者本人、公司所在地区县(市)社会保险机构、劳动者本人户口所在地区县(市)劳动就业服务机构各执一份。

第二节　经济性裁员

内容提要	
热点专题	经济性裁员
背景知识	1. 启动条件 2. 解除对象 3. 解除程序 4. 被裁减人员的权利
成本提示	2 条
配套案例	1. 单位裁员实质、程序条件均合法，员工主张违法解除未获支持 2. 用人单位经济性裁员举证不能，员工主张违法解除赔偿金成功
实操技能	1. 实质性要件的把握 2. 程序性要件的把握
配套文书	经济性裁员实施方案

背景知识

1. 启动条件

经济性裁员的直接法律依据是《劳动合同法》第四十一条、《企业经济性裁减人员规定》（劳部发〔1994〕447 号）。根据法律规定，启动经济性裁员需要同时满足以下条件：

（1）实质条件

概言之，用人单位进行经济性裁员的实质性条件是用人单位发生重大困难或进行重大调整，法律规定了四种情形，包括：依照企业破产法规定进行重整的；生产经营发生严重困难的；企业转产、重大技术革新或者经营方式调整，经变更劳动合同后，仍需裁减人员的；其他因劳动合同订立时所依据的客观经济情况发生重大变化，致使劳动合同无法履行的。

其中，“生产经营发生严重困难”如何认定，法律并未明确规定，部分省份出台的地方规定可供借鉴。例如，《天津市企业经济性裁减人员暂行规定》（津劳局〔2001〕241 号）第六条规定，“生产经营状况发生严重困难确需裁减人员，应当同时具备下列条件：（一）生产经营实际亏损连续三年（财政决算年度）以上，亏损额逐年增加，且生产经营状况无明显好转；（二）连续两年开工率不足 60%，有 50%

以上职工下岗待工;(三)连续六个月以上在岗职工工资不能按照本市规定的最低工资标准支付”;浙江省劳动厅发布的《企业经济性裁减人员规定》(浙劳力〔1995〕2号)第一条规定,“用人单位因为生产经营发生严重困难而裁员的,其参考标准为:由于市场原因,连续两年年生产任务不足六个月,造成半停产且扭转无望的。具体由市(地)政府确定”;《海南省企业经济性裁减人员实施办法》(琼府办〔1995〕94号)第三条规定,“已依法参加社会保险并与职工订立劳动合同的企业,符合下列条件之一者,可以实施经济性裁员:……连续四年经营性亏损(新办企业按国家规定补亏后连续三年经营性亏损)、80%以上职工停工待工、连续12个月无力按最低生活费标准支付劳动者生活费用的”。司法实践中,用人单位一般需要证明存在严重亏损、业务大规模减少、开工不足、停止招工、减少加班、停工停产等情形,以此证明存在“生产经营发生严重困难”。

(2)人数条件

经济性裁员裁减的人数需20人以上,或者虽然裁减不足20人但占企业职工总数10%以上。从人数要求可以看出,经济性裁员属于批量裁员,即便用人单位具备了经济性裁员的实质条件,但被裁减的人数不够法定标准的,也不能适用经济性裁员,只能采用《劳动合同法》规定的其他方式与劳动者解除劳动关系。

2. 解除对象

经济性裁员解除的对象为用人单位的富余人员,具体的人员名单由用人单位自行决定,但是对以下人员应当优先留用,具体包括:与本单位订立较长期限的固定期限劳动合同的;与本单位订立无固定期限劳动合同的;家庭无其他就业人员,有需要扶养的老人或者未成年人的。

根据《劳动合同法》第四十二条的规定,劳动者有下列情形之一的,用人单位不得对其进行经济性裁员,具体包括:从事接触职业病危害作业的劳动者未进行离岗前职业健康检查,或者疑似职业病病人在诊断或者医学观察期间的;在本单位患职业病或者因工负伤并被确认丧失或者部分丧失劳动能力的;患病或者非因工负伤,在规定的医疗期内的;女职工在孕期、产期、哺乳期的;在本单位连续工作满十五年,且距法定退休年龄不足五年的;法律、行政法规规定的其他情形。

3. 解除程序

用人单位进行经济性裁员的,一次性要与多人解除劳动关系,其程序比一般解除劳动关系的情况更加严谨。根据《企业经济性裁减人员规定》第四条的规定,用人单位进行经济性裁员的,应按下列程序进行:“(一)提前三十日向工会或者全体职工说明情况，并提供有关生产经营状况的资料；（二）提出裁减人员方案，内容包括：被裁减人员名单，裁减时间及实施步骤，符合法律、法规规定和集体合同约定的被裁减人员经济补偿办法；（三）将裁减人员方案征求工会或者全体职工的意见，并对方案进行修改和完善；（四）向当地劳动行政部门报告裁减人员方案以及工会或者全体职工的意见，并听取劳动行政部门的意见；（五）由用人单位正式公布裁减人员方案，与被裁减人员办理解除劳动合同手续，按照有关规定向被裁减人员本人支付经济补偿金，出具裁减人员证明书。”

经济性裁员事关重大，因此法律要求用人单位将裁员方案向当地劳动行政部门报告，并听取劳动行政部门的意见。值得注意的是，企业进行经济性裁员是用人单位自主决定的行为，法律只要求向劳动行政部门报告备案，而无须取得批准同意。裁员方案向劳动行政部门报告，并不意味着用人单位进行的经济性裁员一定合法，如果不满足裁员的实质性条件或程序不合规，依然有被认定为违法解除的风险。因此，用人单位在向劳动行政部门报告裁员方案时，应当重视劳动行政部门的意见。在沟通的过程中，对劳动行政部门提出的问题及时整改，尽快补齐手续，排除不合法的因素，以确保解除的合法性。

4. 被裁减人员的权利

在经济性裁员中，被裁减人员享有以下权利：

（1）用人单位需要向被裁减人员支付经济补偿，并向劳动者出具解除劳动关系证明文件。

（2）被裁减人员参加了失业保险的，符合“非因本人原因中断就业”的条件，可以到当地劳动就业服务机构登记，申领失业救济金。

（3）用人单位经济性裁员后6个月内需要重新招用人员的，应当通知被裁减的人员，并在同等条件下优先招用被裁减的人员。

成本提示

1. 经济性裁员工作的推进，程序性要件和实质性要件一样重要，两者缺一不可，不能偏废；其中一项未落实，均有被认定为违法解除的风险。

2. 经济性裁员属于用人单位单方解除劳动关系，虽然无须取得员工的同意，但裁员的程序要求充分听取职工意见，用人单位可以借此机会完善裁员方案。裁员过程中，需要完善“困难企业认定”“公布裁员方案并听取职工意见”“向劳动行政部门报送裁员方案”三个关键环节的取证工作，以免证据证明力不足。

配套案例

案例1：单位裁员实质、程序条件均合法，员工主张违法解除未获支持①

2003年11月1日，张某到某化工公司工作。张某工作期间，签订了劳动合同，执行综合计算工时制。

2016年5月10日，某化工公司所在地的经济商务信息化和科学技术局在某化工公司《关于申报认定为“生产经营困难企业”的请示》签批“某化工公司请示内容属实，企业生产经营确实困难，请相关部门支持”。2016年7月15日，省人力资源和社会保障厅作出《关于同意某化工公司缓缴企业职工基本养老保险费的批复》；2016年8月5日，市人力资源和社会保障局作出《转发〈关于同意某化工公司缓缴企业职工基本养老保险费的批复〉的通知》，同意某化工公司缓缴2016年4月至2017年3月的企业职工基本养老保险费。

2016年10月，某化工公司全面停产，停产放假人员按所在地区最低工资标准的70%发放停产生活费。

2018年2月23日9时，某化工公司组织召开党政工联席会议，就拟将“开展经营困难企业经济性裁员工作”向党支部、工会说明，进行讨论、听取意见。2月23日16时，某化工公司召开职工代表大会，对公司经营严重困难实施企业经济性裁员方案进行说明并听取职工意见和建议。2月24日，某化工公司张贴裁减人员方案征求意见稿。2月26日16时，某化工公司又召开党政工联席会议，研究针对2月23日职工代表大会后，职工代表反馈的员工意见和向区人力资源和社会保障局报送《某化工公司经营困难企业经济性裁员方案》后人社局的意见。2月28日14时，某化工公司召开全体职工大会，对公司经营严重困难实施企业经济性裁员方案进行说明并听取职工意见和建议。2月28日16时20分，某化工公司再次召开党政工联席会议，研究针对2月28日职工大会上职工就《某化工公司经营困难企业经济性裁员方案》反馈的意见和建议。当日，某化工公司将《某化工公司经营困难企业经济性裁员方案》报区人力资源和社会保障局签收备案。

2018年3月6日，某化工公司向张某送达通知，告知公司将于2018年3月31日解除与张某的劳动合同。同年3月30日，某化工公司向张某送达《解除劳动合

---

① 本案例摘自(2019)川15民终184号判决书。

同证明书》并向张某支付了经济补偿20,010元。

后张某提起诉讼，主张某化工公司实施的裁员程序混乱，未充分听取职工的意见，未提交职工大会审议通过，属于无效行为，依法应认定为违法解除。主张某化工公司支付经济赔偿金75,503.30元。本案经历了劳动仲裁、一审、二审，张某的请求均被驳回。

律师评析

梳理本案的案情，不难发现，某化工公司进行的本次经济性裁员既满足经济性裁员的实质条件，也符合经济性裁员的程序性条件，在困难企业认定、公布裁员方案并听取职工意见、向劳动行政部门报送裁员方案三个关键环节取证充分，故取得本案的胜诉。经过梳理，某化工公司本次经济性裁员的进程表如表10－3。

表10－3　某化工公司经济性裁员进程表

要件	时间	事件	法律意义
实质条件	2016/5/10	经济商务信息化和科学技术局签批某化工公司生产经营困难属实	某化工公司被认定为“困难企业”，符合“生产经营严重困难”的认定标准
	2016/7/15	省人力资源和社会保障厅作出同意缓缴职工基本养老保险费的批复	
	2016/8/5	市人力资源和社会保障局作出同意缓缴职工基本养老保险费的批复	
	2016/10	某化工公司全面停产，停产期间按最低工资标准的70%发放停产生活费	公司全面停产，减少工资支付
程序条件	2018/2/23 9:00am	召开党政工联席会议，就经济性裁员事宜向党支部、工会说明，进行讨论、听取意见	第一轮公布裁员方案，听取职工意见，调整裁员方案
	2018/2/23 4:00pm	召开职工代表大会，说明经济性裁员方案，听取职工意见和建议	
	2018/2/24	某化工公司张贴裁员方案征求意见稿	
	2018/2/26 4:00pm	召开党政工联席会议，研究职工代表反馈的员工意见和初次报送裁员方案后人社局的反馈意见	第二轮公布裁员方案，听取职工意见，调整裁员方案
	2018/2/28 2:00pm	召开全体职工大会，再次对经济性裁员方案进行说明并听取职工意见和建议	
	2018/2/28 4:20pm	再次召开党政工联席会议，研究针对2月28日职工大会上职工就裁员方案反馈的意见和建议	
	2018/2/28	将经济性裁员方案报区人社局签收备案	报人社局备案

某化工公司本次经济性裁员操作过程思路清晰、关键环节取证充分、法律程序履行规范，可资借鉴。

案例2：用人单位经济性裁员举证不能，员工主张违法解除赔偿金成功①

2009年5月，伍某入职某生物技术公司，岗位为操作工。2019年1月6日，某生物技术公司以2017年、2018年两年连续严重亏损，现已无法维系正常的生产经营为由，分两个组邀约包括伍某在内的27名员工协商解除劳动合同及经济补偿事宜，并拿出已打印成形的《协议书》要求员工签订。伍某等15名员工未与某生物技术公司达成一致，双方未签署解除协议。某生物技术公司于当日口头告知伍某等15名员工，劳动关系于当日解除。2019年1月8日，伍某提起劳动仲裁，主张代通知金、赔偿金。本案经过仲裁程序后，双方均诉至人民法院。

人民法院认为，《劳动合同法》第四十一条规定的经济性裁员需同时满足两个法定条件，即裁员的实质性条件和程序性条件。对于某生物技术公司裁员是否符合经济性裁员的实质性条件，某生物技术公司虽然辩称2017年、2018年两年连续严重亏损，现已无法维系正常的生产经营，但并未提供充分证据证明"生产经营状况发生严重困难"达到了当地政府规定的严重困难企业的标准。对于某生物技术公司裁员是否符合经济性裁员的程序性条件，某生物技术公司并未提交相关证据证实其将裁减人员方案提前30日向工会或者全体职工说明情况，也未提交证据证实其将裁减人员方案向劳动行政部门报告。因此，人民法院认定某生物技术公司解除与伍某的劳动关系系违法解除，判决某生物技术公司支付伍某违法解除劳动合同赔偿金61,080元。

■ 律师评析

本案从法院的裁判思路可以看出，经济性裁员主要从实质性条件、程序性条件两方面来考量其合法性。某生物技术公司或许真的连续发生亏损，但解除理由选择、解除程序推进、关键证据固定显然都没有好充分准备，故而导致败诉。

---

① 本案例摘自(2019)赣07民终3538号民事判决书。

■ 法条链接

《中华人民共和国劳动合同法》

第四十一条 有下列情形之一，需要裁减人员二十人以上或者裁减不足二十人但占企业职工总数百分之十以上的，用人单位提前三十日向工会或者全体职工说明情况，听取工会或者职工的意见后，裁减人员方案经向劳动行政部门报告，可以裁减人员：

（一）依照企业破产法规定进行重整的；

（二）生产经营发生严重困难的；

（三）企业转产、重大技术革新或者经营方式调整，经变更劳动合同后，仍需裁减人员的；

（四）其他因劳动合同订立时所依据的客观经济情况发生重大变化，致使劳动合同无法履行的。

裁减人员时，应当优先留用下列人员：

（一）与本单位订立较长期限的固定期限劳动合同的；

（二）与本单位订立无固定期限劳动合同的；

（三）家庭无其他就业人员，有需要扶养的老人或者未成年人的。

用人单位依照本条第一款规定裁减人员，在六个月内重新招用人员的，应当通知被裁减的人员，并在同等条件下优先招用被裁减的人员。

实操技能

实行经济性裁员的关键是把握好经济性裁员的实质要件和程序要件，在关键环节固定好证据。下面，笔者结合实务经验介绍经济性裁员的操作要点。

1. 实质性要件的把握

（1）依照《企业破产法》规定进行重整

破产重整是企业恢复生机的一次机会。通常在破产重整中需要裁除冗余机构和富余人员，让企业轻装简行，高效运行。如用人单位陷入经营困难，需要以本条法定事由启动经济性裁员的，应当获得人民法院出具的破产重整裁定书，这是证明企业进行破产重整的法定文书，也是启动经济性裁员的关键证据。

（2）生产经营发生严重困难

本款法律规定是实务中用人单位启动经济性裁员用得最多的理由。但法律对“生产经营发生严重困难”未进行明确界定,导致各地的理解与操作大相径庭。地方法规有明确规定的,可参照地方法规规定执行;地方法规没有规定的,普遍认为用人单位达到当地政府规定的“困难企业”标准即可认为属于“生产经营发生严重困难”。例如,江西省人力资源和社会保障厅等八部门颁布《关于支持困难企业稳定就业岗位有关工作的通知》(赣人社发〔2019〕18 号)规定,“受经济形势影响面临暂时性生产经营困难,2019 年6 个月以上主营业务收入同比下降30% 以上亏损的企业或利润同比下降 50% 以上的企业”系困难企业认定的条件之一;《重庆市九龙坡区人民政府办公室关于印发〈小微企业、困难行业和困难企业社会保险缴费调整工作实施方案〉的通知》规定,“制造业、建筑业、房地产业、矿山采掘、餐饮业、物业管理、批发和零售企业(以下简称‘困难行业’)……其他行业企业确属经营困难的,除需满足上述困难行业企业标准外,还应符合以下条件:自 2015 年一季度以来,有亏损或连续一个季度以上利润指标同比下降 30% 以上”①;淮安市洪泽区人民政府发布的困难企业认定标准为:“受宏观经济影响面临暂时性生产经营困难,连续 6 个月亏损或 1 年内亏损超过 8 个月,且恢复有望,已制定稳定就业岗位措施且没有裁员或少裁员,生产经营活动符合国家、省及所在区域产业和环保政策(国家限制的行业和企业除外),依法参加社会保险并按规定履行缴费义务的企业”②。从证据固定的角度讲,申报困难企业的,需要获得政府部门出具的认定为“困难”企业的审批文件。另外,还可以第三方独立审计机构出具的《审计报告》证明企业发生严重亏损;用企业采取放长假、停工停产、停止招工、调整排班等措施的相关证据证明企业想尽办法降本增效但仍然未能扭转亏损局面。

(3)企业转产、重大技术革新或者经营方式调整,经变更劳动合同后,仍需裁减人员的

适用该条法定理由实行经济型裁员的,有两个前置条件:第一,企业有“转产”“重大技术革新”“经营方式调整”等重大事由。一般来说,可以通过主管部门的审批文件、股东会或董事会决议及其相关证据予以证明。第二,与劳动者协商变更劳动合同。即与劳动者就工作岗位、工作内容、工作地点、工作时间等劳动合同的主要内容进行协商,达成变更协议。在前述两个条件满足的前提下,企业仍然有富余人员的,才有权启动经济性裁员。

---

① 信息来源:http://www.cqjlp.gov.cn/zfxx/web_show_70856.shtml。

② 信息来源:http://www.hongze.gov.cn/col/1167_462443/art/20190201151111_oUalvNGi.html。

(4)其他因劳动合同订立时所依据的客观经济情况发生重大变化，致使劳动合同无法履行的

本条规定的适用争议较大，因为法律并未对“客观经济情况发生重大变化”进行明确界定。目前可以借鉴的是原劳动部《关于〈中华人民共和国劳动法〉若干条文的说明》第二十六条中关于“客观情况”的规定，即“发生不可抗力或出现致使劳动合同全部或部分条款无法履行的其他情况，如企业迁移、被兼并、企业资产转移等”。适用该条法律，企业应当证明由于主观不可控制的经济形势、经济政策等因素导致财务状况恶化。司法实践中，用人单位为了降低运营成本、提高生产效率，自行决定调整组织架构、精简内设部门而导致劳动合同无法履行的，通常不能适用本条规定。

2. 程序性要件的把握

(1)提前 30 日向工会或者全体职工说明情况，提供相关资料

用人单位发生经营困难准备启动经济性裁员之前，需要提前 30 日向工会或全体职工通报用人单位生产经营的情况、遇到的困难、已经采取的措施、财务亏损情况以及用人单位打算实施经济性裁员的工作计划。实务中，在召开通报会之前大多数员工已经通过各种渠道知道单位面临的形势不容乐观。召开正式会议的目的：一是通过正式会议的形式官方发布消息；二是在会议上可以做一些政策宣讲和思想动员工作，为推进下一步工作奠定基础。通报会议后，可以把财务严重亏损的资料和经济性裁员的工作计划发布在公共信息渠道，供员工阅读知晓。这项程序进行时，最好能得到政府部门的支持，请求派员到现场参会并做必要的政策宣传和解释。取证方面，应当对会议现场拍照、摄像，收集参会人员的签到表、相关资料公布的记录、会议纪要等。

(2)制订裁员方案草案

该阶段制作的裁员方案通常在征求工会、职工、劳动行政部门的意见后还需要进行调整，故为裁员方案的草案。按照法律规定，裁员方案应当包括被裁减人员名单、裁减时间、实施步骤、经济补偿办法。实践中，有的用人单位为了达到顺利裁员的目的，在裁员方案中加入一些奖励政策。例如，在正式裁员之前，对于选择自愿与用人单位协商一致解除劳动关系的，用人单位按照高于法律规定的经济补偿标准给予员工离职补偿。此外，有的用人单位还将离职手续办理、失业保险申领的办事指南载入裁员方案中。裁员方案是向全体职工发布的正式文件，应当做到依法合规、层次分明、逻辑严密、措辞准确。

（3）公布裁员方案草案，征求工会或全体职工意见，调整裁员方案

裁员方案拟定好之后，应当通过公共渠道发布，广泛征求工会或全体职工的意见。在发布裁员方案时，应当列明意见反馈的方式、渠道、截止时间。实务中，经常使用两种办法征求意见。其一，以书面的方式反馈意见，并公布意见收集的电子邮件地址、信箱地址、手机号码、微信号等；其二，以会议的方式收集反馈意见，并做好会议签到、意见反馈记录、会议纪要等。收集到员工的意见后，应当进行汇总，逐条列明问题，进行针对性的答复。对于个别无法准确回答的问题，宜采用原则化、模糊化的方式处理。意见的收集和答复可能不止进行一轮，用人单位正好可以在多轮的问题收集中摸清本次裁员的焦点问题、重点对象，不断完善裁员方案。对于某些疑难问题和阻碍裁员工作顺利推进的人员，要提前做好应对预案。

（4）向人社部门报告裁员方案及工会或全体职工的意见，听取劳动行政部门的意见

用人单位内部的意见征集完毕、裁员方案初步定稿之后，应当把裁员方案和工会与职工反馈的意见以书面的方式报告给劳动行政部门。从取证的角度看，在递交材料时，宜准备一份材料清单及签收回执，以便保留向劳动行政部门报告的证据。从工作推进的角度看，要认真听取并记录劳动行政部门的意见，以便进一步完善裁员方案。向劳动行政部门报告时可以重点反馈遇到的问题与阻力，例如，可以咨询“生产经营发生严重困难”“客观经济情况发生变化”的掌握尺度、证明标准；可以反馈在推进经济性裁员过程中受到了来自哪些方面的阻力，同时请求获得政府部门的支持。

（5）正式公布裁员方案，办理离职手续，支付经济补偿，开具离职证明

前述程序完善后，就可以把最终版本的裁员方案公之于众，并开通办理离职手续、支付经济补偿的办事渠道。对于正常办理离职手续的，按照办事程序处理即可。对于在裁员名单之列，但未前来办理离职手续的，应当采用邮寄的方式送达离职证明文件、通过转账的方式支付经济补偿，并保留好邮寄回执、转账记录等证据。

配套文书

经济性裁员实施方案

×××公司现因产能严重过剩，企业一直严重亏损，生产经营发生严重困难（详见附件一），现依据《中华人民共和国劳动合同法》第四十一条相关规定，经公司经营班子慎审研究，决定依法合规对×××公司包装装卸组人员进行经济性裁员，实施方案如下：

1. 领导小组及工作职责

1.1 领导小组

组　　长：×××

副 组 长：×××

成　　员：总经办×××、生产技术部×××、人力资源部×××、财务部×××

政府部门：区经信委、区府办、区人力社保局、区工会、×××镇派出所

1.2 工作职责

1.2.1 负责人员思想政治工作、制定及调整裁减人员具体方案、负责被裁减人员政策解释宣传、负责制定并实施裁员突发事件应急预案。

1.2.2 负责征求被裁减人员意见、与各个政府部门交换意见、向区人社局报送裁员方案、公示裁员方案及办理离职手续、支付经济补偿等相关待遇。

2. 裁减人员范围

2.1 在本单位连续工作满 15 年，且距法定退休年龄不足 5 年的员工，原则上不解除劳动合同。如本人自愿也可以与单位协商解除劳动合同。

2.2 女职工在孕期、产期、哺乳期；患病或非因工负伤在规定的医疗期内的员工，原则上不解除劳动合同。如本人自愿也可以与单位协商解除劳动合同。

2.3 在本单位患职业病或因工负伤并被确认丧失或部分丧失劳动能力的，原则上不解除劳动合同。如本人自愿也可以与单位协商解除劳动合同，单位按《工伤保险条例》的相关规定，支付相关待遇。

2.4 疑似职业病病人在诊断或者医疗观察期内，原则上不解除劳动合同。如本人自愿也可以与单位协商解除劳动合同。

2.5 劳动合同期限至××××年××月××日的员工，公司不再续签劳动合同。

2.6 其他包装装卸组人员均纳入本次经济性裁员的范围，具体人员名单详见附件二。

3. 补偿政策

3.1 解除或终止劳动合同的人员，公司依法支付经济补偿。经济补偿以本人解除或终止劳动合同前 12 个月平均工资为计算基数，根据本人工作年限，每满一年补偿一个月工资；超过半年不满一年按一个月计，不足半年按半个月计。经济补偿明细详见附件三。

3.2 员工自愿于××××年××月××日前与公司协商解除劳动关系的，公司除依法支付经济补偿，再额外支付鼓励奖 6000 元。

3.3 员工自愿于××××年××月××日前与公司协商解除劳动关系的，公司除依法支付经济补偿，再额外支付鼓励奖 3000 元。

3.4 所有被裁减人员，必须进行离岗职业体检，费用由公司全额承担。

3.5 裁减人员所涉及的失业保险、住房公积金、社会保险转移等手续均由公司行政

人事处负责办理。

4. 裁员实施步骤

4.1　测算阶段

公司人力资源部××负责收集员工入职时间、社保缴纳、劳动合同、“三期”情况、职业病及工伤情况、离职前12个月平均工资等相关信息，测算出经济补偿金额，××××年××月××日前完成。

4.2　方案拟定及讨论阶段

4.2.1　公司人力资源部××负责拟定裁员具体实施方案，报法律顾问、公司领导审批，××××年××月××日前完成。

4.2.2　公司内部讨论裁员方案，××××年××月××日前完成。

4.3　征求职工意见阶段

4.3.1　总经办××、生产技术部××、人力资源部××负责以会议方式就裁员方案征求工会、职工代表意见，并做好会议签到、会议纪要、会场拍照及摄像，××××年××月××日前完成。

4.3.2　对工会、职工代表反馈的意见，公司领导班子开会研究，对相关问题给予答复，××××年××月××日前完成。

4.3.3　对工会、职工代表反馈的意见，公司领导班子开会研究，调整裁员方案，形成报区人社局的裁员方案，××××年××月××日前完成。

4.4　裁员方案报备阶段

4.4.1　××××年××月××日前，人力资源部××向区人社局报备本次经济性裁员的方案，并听取区人社局的意见，做好记录。

4.4.2　根据区人社局反馈的意见，结合本公司实际情况，再次调整裁员方案，形成最终裁员方案，××××年××月××日前完成。

4.5　方案公布及离职手续办理阶段

4.5.1　××××年××月××日，正式公布裁员方案，人力资源部开通离职手续办理通道。

4.5.2　××××年××月××日前，人力资源部完成协商解除劳动合同的相关手续办理。

4.5.3　××××年××月××日前，人力资源部完成经济性裁员对象的离职手续办理。

4.5.4　××××年××月××日前，财务部完成经济补偿及鼓励奖奖金支付。

×××公司

××××年××月××日

附件一：《审计报告》《上级公司关于同意×××公司实施经济性裁员的批复》（略）

附件二：《被裁减人员名单》（略）

附件三：《经济补偿明细》（略）

参 考 文 献

[1]孙宗虎、李亚慧:《员工手册编写范本》(第4版),人民邮电出版社2017年版,第7页。

[2]海尔集团公司:《"人单合一双赢"模式打造信息化时代企业核心竞争力》,载《中国集体经济》2011年第29期。

[3]张瑞敏:《海尔创新人单合一双赢模式解析》,载《新远见》2013年第3期。

[4]孙玉敏:《"门店合伙人"成就永辉超市》,载《上海国资》2016年第7期。

[5]程恩富、白红丽:《我国民营企业员工分享模式的比较研究》,载《河北经贸大学学报》2018年第4期。

[6][日]稻盛和夫:《阿米巴经营》,陈忠译,曹岫云审译,中国大百科全书出版社2009年版。

[7][美]布赖恩·罗伯逊:《重新定义管理:合弄制改变世界》,潘千译,中信出版集团2015年版,第49页。

[8]王兴全:《劳动法》,法律出版社2017年版,第392页。

[9]岳宗福:《社会保险法制度解读·案例应用与实务答疑》,中国法制出版社2011年版,第1~2页。

[10][美]罗杰·道森:《优势谈判》,刘祥亚译,重庆出版社2008年版。

图书在版编目(CIP)数据

人力成本管控：HR十大必备法律技能 / 邓杰文著
. -- 北京：法律出版社，2020
ISBN 978-7-5197-4851-7

Ⅰ. ①人… Ⅱ. ①邓… Ⅲ. ①劳动合同－合同法－基本知识－中国 Ⅳ. ①D922.524

中国版本图书馆CIP数据核字(2020)第156197号

人力成本管控：HR十大必备法律技能
RENLI CHENGBEN GUANKONG：
HR SHIDA BIBEI FALÜ JINENG

邓杰文 著

责任编辑 李 群
装帧设计 汪奇峰

出版 法律出版社
总发行 中国法律图书有限公司
经销 新华书店
印刷 天津嘉恒印务有限公司
责任印制 张建伟

编辑统筹 法规出版分社
开本 710毫米×1000毫米 1/16
印张 22
字数 359千
版本 2020年11月第1版
印次 2020年11月第1次印刷

法律出版社/北京市丰台区莲花池西里7号(100073)
网址/www. lawpress. com. cn
投稿邮箱/info@ lawpress. com. cn
举报维权邮箱/jbwq@ lawpress. com. cn
销售热线/400-660-8393
咨询电话/010-63939796

中国法律图书有限公司/北京市丰台区莲花池西里7号(100073)
全国各地中法图分、子公司销售电话：
统一销售客服/400-660-8393/6393
第一法律书店/010-83938432/8433 西安分公司/029-85330678 重庆分公司/023-67453036
上海分公司/021-62071639/1636 深圳分公司/0755-83072995

书号：ISBN 978-7-5197-4851-7
定价：68.00元